수리금융의 이해와 응용

개정판

박유성 저

Risk
Portfolio
Pricing of Derivatives

자유아카데미

머리말

수리금융에 관한 책은 크게 두 부류로 나눌 수 있다. 하나는 고도의 확률론을 바탕으로 쓰여진 책으로, 충분한 수학적 지식(박사급 정도)이 없으면 거의 이해할 수 없는 난해한 수준이며 대부분 파생상품의 가격결정에 관련된 내용을 다루고 있다. 위험관리나 포트폴리오에 대한 책들은 통계적 접근이 체계적이지 못한 경우가 많아 매끄러운 이해가 쉽지 않다. 또 다른 부류의 책은 수리금융의 소개 수준이거나 단순히 따라 하기 책들이다. 소개 수준의 책들은 너무 단순하여 수리금융이라는 전체구도를 그릴 수가 없어 실제 응용에는 무리가 따르는 경우가 많고, 무조건 따라 하기 책들은 결과만 있어서 수리금융의 이론적 이해력이 떨어질 수 밖에 없다.

이 책은 이러한 수리금융의 진입장벽을 낮추고자 쓰여졌다. 수학적 배경이 강하지 못한 사회과학도에게는 통계적·수학적 배경과 지식을 제공하고 수학적 배경은 있으나 사회과학적 지식이 부족한 자연과학도에게는 수리금융의 금융공학적 접근법과 응용을 체계적이고 쉽게 제시하는 데 중점을 두고 쓰여졌다. 이 책은 금융공학을 전공하는 학부 3, 4학년 학생이나 대학원 1, 2학기생들에게 적합한 교재이고, 전문용어의 용이한 이해를 위해 영어를 그대로 쓰거나 한글과 영어를 혼용하여 썼다.

이 책을 쓰기 위해 참고한 책은 파생상품의 쉬운 이해를 위한 Higham(2004), 파생상품을 이용한 hedge와 이자율 hedge에 대해 설명이 잘된 Capinski and Zastawniak(2003), Risk management의 이론적 배경이 상세하게 설명이 된 McNeil, Frey and Embrechts(2005), Portfolio의 설명이 비교적 잘 되어 있는 Ruppert (2004), Stochastic Calculus의 입문서인 Mikosch(2006), 파생상품의 본격적인 이론서인 Shreve(2004)와 Glasserman(2004) 등이다.

이 책의 가장 큰 특징 중에 하나는 예제 위주로 내용이 구성되어 있다는 것이다. 본문의 분량만큼 예제가 있으며 예제 자체가 수학적·통계적 개념과 금융지식을 제공하고 실제 금융시장에서 이론이 어떻게 적용될 수 있는지를 살펴볼 수 있는 내용으로 구성되어 있다. 이 책의 keywords는 Statistics, Portfolio, Risk management, 파생상품의 pricing, 그리고 이자율이다.

수리금융을 이해하기 위해서는 먼저 probability theory와 stochastic process의 이해가 필요하다. 이에 대한 아주 엄격한 이론의 전개는 수리금융에서 필요하기는 하나 필수적인 것은 아니다. 쉬운 예제를 통해 그 개념을 이해하는 것만으로도 수리금융의 이해와 응용은 충분하다. 이러한 관점에서 제1장에서는 금융에 필요한 통계 및 수학적 개념을 정리하였다. 제2장에서는 portfolio 이론을 optimization이라는 관점에서 살펴보고 CAPM(capital asset pricing model)과 접목하여 설명하였다. 제3장에서는 통계적 추론에 대해 살펴보았다. 통계적 추론의 바탕이 되는 표본분포는 risk management와 파생상품 및 이자율 모형을 이해하고 적용하는 데 필수적이지만 대부분의 교재에서 소홀하게 다루는 경향이 있어 수리금융에서 반드시 필요한 부분을 논의하였다. 제4장에서는 risk를 VaR(value at risk)와 ES(expected shortfall)를 통해 측정하는 방법을 논의하였다. 통계적인 여러 가지 이론을 토대로 VaR과 ES를 어떻게 계산하는지를 다양한 예제와 실제 자료를 통해 보여 주었다. 제5장은 regression analysis이며, 제2장에서 다룬 CAPM을 정확하게 이해하고 risk에 대한 통계적 추론에서 요구되는 정상성과정을 만들기 위한 도구로서 회귀분석은 매우 중요하다. 제6장 ~ 제8장은 선물·옵션의 pricing과 이들을 이용한 risk hedge를 논의하고 있다. 선물·옵션의 pricing을 위해 많은 수학적 배경을 공부해야 하지만 공부의 양이 너무 방대하고 난해하여 정작 수리금융을 공부하기 이전에 포기하게 만드는 최대의 장애요인이다. 그러나 Taylor expansion과 간단한 적분 개념으로 이해되는 오직 네 가지의 사실만 외워 두면(이 네 가지 사실을 도출하기 위해 확률론, measure theory, 해석학 등의 너무 많은 공부를 사전에 해야 한다), 선물·옵션을 포함한 파생상품의 pricing에 관련된 내용을 이해하는 데 무리가 없다는 사실을 이용하여 논리를 전개하였다. Risk neutral, complete market, no arbitrage가 equivalent하다는 개념을 쉬운 예를 통해 이해하고 좀 더 높은 수준의 pricing이론을 전개하였다. 파생상품의 pricing을 위해 중점을 둔 것은 수학적 공식의 도출보다는 Monte Carlo simulation을 이용한 pricing이다. 이색옵션 pricing에 특히 유용하며, ELS(equity linked security)의 pricing에 대한 응용도 수록하였다. 제

9장은 이자율을 다루고 있다. 이자율의 종류와 상호연관성을 설명하였으며 이자율 파생상품의 pricing의 내용을 포함시켰으나 short rate나 forward rate의 stochastic process를 포함하여 이자율 파생상품의 pricing은 포함하지 않았다. 주된 이유는 너무 높은 수준의 수학적·통계적 지식을 요구하기 때문이다.

이 책의 또 하나의 목적은 고도의 수리금융 공부를 위한 훈련소의 역할을 담당하는 것이다. 이 책을 모두 이해하면 중급 정도의 수리금융 실력을 갖추게 되나 금융공학 전문가가 되기 위해서는 무엇인가 모자랄 것으로 생각된다. 그러나 이 책은 고급수리금융을 공부하는 데 확실한 예비지식을 제공할 것으로 믿는다.

이 책은 5년의 준비기간과 2년의 강의, 2년의 집필기간을 통해 완성되었으나 아직도 미진한 부분이 너무 많은 것은 필자의 능력 부족이라고 생각한다. 이 책이 완성되기까지 typing과 typo를 세심하게 살펴준 대학원생에게 고마움을 표하고 싶다. 특히, 김성준군의 노고에 고마움을 전한다. 이 책을 쓰기까지 사랑하는 아내와 가족의 희생과 격려가 없었다면 이 책은 나오지 못했을 것이다.

2012년 11월

저자 씀

차례

Chapter 01 금융에 필요한 통계 및 수학적 개념

Chapter 02 포트폴리오(Portfolio Theory)

Chapter 03 분포함수와 통계적 추론

Chapter 04 VaR(Value at Risk)과 ES(Expected Shortfall)

Chapter 05 회귀모형

Chapter 06 파생상품 투자전략 및 선물 · 선도거래 가격결정

01 CHAPTER

금융에 필요한 통계 및 수학적 개념

자산의 수익률 및 가격변동의 분석, 포트폴리오의 구성, 선물 · 옵션 등의 파생상품의 가격을 결정하기 위해 필요한 확률, 확률변수, 적률, 적분 등의 개념을 쉽게 이해할 수 있도록 하는 것이 이 장의 목적이다. 그러므로 매우 정밀하고 정확한 정의와 논리와는 다소 거리가 있다. 그러나 수학적 · 통계적 지식이 충분하지 않은 독자들에게 고도의 수학적 표현과 논리전개는 수리재무를 이해하는 데 오히려 해가 되고 수리금융의 진입장벽이 된다. 그러므로 이 장에서는 논의되는 통계적 · 수학적 개념을 쉬운 말로 표현하여 이해할 수 있도록 하였으며, 이를 토대로 본격적인 수리금융을 공부하는 데 바탕이 되도록 논의를 전개하였다.

1 확률변수, 확률, 분포함수

흔히 기초통계학에서 확률변수를 설명할 때 가장 많이 예를 드는 것이 있다. 동전을 두 번 던졌을 때 나올 수 있는 모든 사건은 $\{HH, HT, TH, TT\}$로, 이를 표본공간이라고 한다. $X(\omega)$를 앞면의 수라고 정의할 때 $X(HH) = 2$, $X(TT) = 0$, $X(HT) = X(TH) = 1$이 됨을 알 수 있고 이러한 $X(\omega)$를 확률변수라고 정의하고 있다. 즉 표본의 사건을 실수화(mapping)한 함수를 확률변수라고 정의하고 있다.

그러나 확률변수를 이해하기에는 무엇인가 부족하다.

시장상황이 좋을 때와 나쁠 때의 수익률이 각각 14% 또는 12%인 주식 A가 있고 시장상황에 따라 각각 22%와 2%인 주식 B가 있다고 하자. 일반적으로 주식 B가 주식 A에 비해 위험한 투자라고 말할 것이다. 이는 주식 B의 변동성이 주식 A의 변동성보다 크기 때문이다. 변동성은 수익률의 불확실성 때문에 발생하게 되며 불확실성은 수익률이 확률변수가 되는 전제조건이다. 그리고 수익률은 시장상황이 좋을 때 주식 A는 14%, 주식 B는 22%로, 시장상황이 나쁠 때 주식 A는 12%, 주식 B는 2%로 수량화하고 있다. 즉 시장상황은 14% 및 22% 또는 12% 및 2%로, 실수로 보낸 함수가 수익률이므로 이 수익률은 앞의 동전던지기 예제에서 정의된 확률변수이다.

실수함수인 수익률에 불확실성을 부여해서 확률변수를 좀더 구체화했지만 아직 필요한 것이 있다. 확률이다.

시장상황이 좋을 때와 나쁠 때의 확률이 각각 0.98과 0.02이면 주식 A의 수익률이 14%일 가능성이 거의 확실(확률이 98%이므로)하고 주식 B의 수익률이 22%일 가능성이 거의 확실하게 되어 주식 B가 주식 A에 비해 위험한 투자라고 말하기 어렵다. 이와 같이 불확실성에 확률이라는 규칙을 부여하면 이를 확률변수라고 한다. 좀더 일반화하여 확률변수를 정의하면 다음과 같다.

정의 1.1 확률변수(Random Variable)

R(ω)을 시장상황이 ω일 때 어떤 주식의 수익률이라고 하자.
Ω를 ω의 모든 가능한 결과의 집합(표본공간)이고 R(ω)가 실수값을 가지며 P를 표본공간의 모든 부분집합에 부여된 확률이라고 하면 R을 확률변수라고 한다(일반적으로 R(ω)대신 R로 표기한다).

예제 1.2 어떤 주식의 수익률이 시장상황이 좋을 때는 22%, 나쁠 때는 2%라고 가정하자. 시장상황이 좋을 때와 나쁠 때의 확률이 각각 0.5일 때와 각각 0.98, 0.02일 때는 기대되는 수익률과 변동성이 큰 차이를 보일 것이다(이에 대한 정확한 논의는 1.2.3절의 적률에서 자세히 다룰 것이다). 즉 수익률의 결과는 동일하더라도 확률이 다르게 되면(즉, 불확실성에 부여된 규칙이 다르면) 불확실성의 정도가 매우 다르게 됨을 알 수 있다.

확률을 보다 정확하게 설명하기 위해 확률의 정의를 정리하면 다음과 같다.

정의 1.3 확률(Probability)

표본공간을 Ω로 표현할 때 다음의 세 조건을 모두 만족하면 확률이라고 한다.

(i) Ω의 임의의 부분집합 A에 대해 $P(A) \ge 0$

(ii) $P(\Omega) = 1$

(iii) 상호배반사건(어느 두 개의 사건도 동시에 일어나지 않는 사건)의 합집합의 확률은 이 상호배반사건의 확률의 합과 동일하다.
예를 들어 Ω의 부분집합 A, B, C가 상호배반이면 $P(A \cup B \cup C) = P(A) + P(B) + P(C)$이다.

(i) $P(A) \ge 0$은 "확률은 음의 값을 가질 수 없다(nonnegativeness)"를 의미하고

(ii) $P(\Omega) = 1$은 확률의 최대값이 1 임을 의미한다.

사실 확률은 거리나 면적의 합과 같다. 예를 들어 $\{-1 \le x \le 2\} \cup \{3 \le x \le 10\}$의 거리는 10이고 $\{-1 \le w \le 2\}$의 거리는 3이며, $\{3 \le x \le 10\}$의 거리는 7이므로 확률 (iii)의 정의와 일치한다. 그러나 거리와 면적의 상한선은 없으며 거리와 면적은 오직 실수와 평면에 정의될 수 있는 측정단위(measure)이지만 확률은 실수, 평면뿐만 아니라 특정 사건의 수, 시장상황, 주식의 상승, 하락, 성별 등과 같은 양적 자료와 질적 자료에도 정의될 수 있다는 차이점이 있다.

예제 1.4

(1) $\emptyset$를 공집합이라고 할 때 $\emptyset$와 Ω는 상호배반사건이고 $\emptyset \cup \Omega = \Omega$이므로 (ii)와 (iii)에 의해
$1 = P(\Omega) = P(\emptyset \cup \Omega) = P(\emptyset) + P(\Omega) = P(\emptyset) + 1$이 되어 $P(\emptyset) = 0$이 된다.

(2) $\Omega = A \cup A^c$이며 A와 A^c는 상호배반이므로
$1 = P(\Omega) = P(A) + P(A^c)$이므로 $P(A^c) = 1 - P(A)$이다.

(3) $A \supset B$이면 $A = (A \cap B^c) \cup B$이며 $A \cap B^c$와 B는 상호배반이므로
$P(A) = P(A \cap B^c) + P(B)$이고 $P(A \cap B^c) = P(A) - P(B)$이며
확률의 정의 (i)에 의해 $P(A \cap B^c) \ge 0$이므로 $P(A) \ge P(B)$이다.

(4) $A \cup B = (A \cap B^c) \cup B$이며 $A \cap B^c$와 B는 상호배반이므로

$P(A \cup B) = P((A \cap B^c) \cup B) = P(A \cap B^c) + P(B)$이다.

$A \cap B^c = A \cap (A \cap B)^c$이고 $A \supset A \cap B$이므로 (3)에 의해

$P(A \cap B^c) = P(A \cap (A \cap B)^c) = P(A) - P(A \cap B)$가 되므로

$P(A \cup B) = P(A) + P(B) - P(A \cap B)$ 가 된다.

위의 예제와 확률의 정의에서 암시적으로 확률을 정의하기 위해서는 표본공간 Ω의 부분집합들의 집합이 필요함을 알 수 있다. 이 집합을 $\mathcal{A}$로 표현하자.

Ω의 어떤 부분집합 A가 $\mathcal{A}$에 속해있다면 $P(A^c) = 1 - P(A)$가 정의되기 위해 그 여집합 A^c도 $\mathcal{A}$에 있어야 하며 A, B, C가 $\mathcal{A}$에 있으면 $P(A \cup B \cup C)$을 P(A), P(B), P(C)등으로 표현하기 위해 $A \cup B \cup C$도 $\mathcal{A}$에 있어야 한다.

이러한 성격을 가진 집합을 시그마필드(sigma-field)라고 한다. 그러므로 확률을 정의하기 위해서는 Ω, Ω의 부분집합으로 만들어진 시그마필드 $\mathcal{A}$, 그리고 확률 P의 세 요소가 있어야 한다. 이를 흔히 $(\Omega, \mathcal{A}, P)$로 쓰며 이를 확률공간(Probability space)이라고 한다.

표본공간 Ω의 어떤 부분집합 A의 확률 P(A)는 Ω를 1로 했을 때 A의 상대적인 크기로 해석할 수 있다. $A \subset \Omega$이므로 예제 1.4의 (3)에서와 같이 $P(\Omega) \geq P(A)$이고 확률정의 (i)과 $P(\Omega) = 1$이므로 $0 \leq P(A) \leq 1$이 된다. 즉 확률은 0과 1 사이의 값을 가지고, $P(A) = 0$이면 사건 A는 일어날 수 없다는 것을 $P(A) = 1$은 A는 어떤 경우에도 일어난다고 할 수 있다. 즉 어떤 사건의 확률은 그 사건이 일어날 수 있는 가능성을 말한다.

그러면 어떤 사건 B가 일어난 상태에서 또 다른 사건 A가 일어날 확률은 어떻게 표현할 수 있을까?

이를 달리 표현하면 Ω 대신에 B를 "1"로 했을 때 $A \cap B$의 상대적 크기를 측정하는 문제가 된다. 이 크기는 $\frac{P(A \cap B)}{P(B)}$로 쉽게 표현할 수 있으며 이를 $P(A|B)$로 표기하고 A의 조건부확률이라고 말한다. 매우 당연하지만 B가 일어난 상태에서 B가 일어날 확률은 $P(B|B)$이므로 당연하게 1이 된다. 그러므로 조건부 확률은 표본공간을 Ω부터 이보다 작은 부분집합으로 축소하여 축소된 표본공간으로 만든 것으로 이해하면 될 것이다.

예제 1.5 과거의 자료를 근거로 미국의 S&P500 지수가 연속해서 3일간 오를 확률은 0.2, 연속해서 4일 이상 오를 확률이 0.1이라고 가정하자. 한국의 KOSPI200 지수는 오르거나 내릴 확률은 각각 0.5이지만, S&P500 지수가 연속해서 3일 오를 때 KOSPI200 지수가 오를 확률은 0.8, S&P500 지수가 연속해서 4일 이상 오를 때 KOSPI200 지수가 오를 확률은 0.95라고 하면, 투자자들은 S&P500 지수의 상승행태를 우선적으로 보고 한국의 KOSPI200에 투자여부를 결정하게 될 것이다.

S&P500 지수가 연속해서 3일간 오를 사건을 A로, 연속해서 4일 이상 오를 사건을 B로 표현하고, S&P500 지수가 연속해서 2일 이하로 오를 사건을 C로 표현하면

$$P(C) = 1 - P(A) - P(B) = 1 - 0.2 - 0.1 = 0.7$$

이 될 것이다.

KOSPI200 지수가 오를 사건을 H로, 내릴 사건을 L로 표현한다면

$$P(H \cap A) = P(H \mid A)P(A) = 0.8 \times 0.2 = 0.16,$$
$$P(H \cap B) = P(H \mid B)P(B) = 0.95 \times 0.1 = 0.095$$

이 된다. 한편 $P(H) = P(H \cap A) + P(H \cap B) + P(H \cap C)$이므로

$$P(H \cap C) = 0.5 - 0.16 - 0.095 = 0.245$$

가 된다. 그러므로

$$P(H \mid C) = \frac{P(H \cap C)}{P(C)} = \frac{0.245}{0.70} = 0.35$$

가 되어 S&P500 지수가 연속해서 2일 이하로 오를 경우에는 KOSPI200 지수가 오를 가능성이 0.35로 현저히 낮아짐을 알 수 있다.

물론 $P(L \mid A) = 1 - P(H \mid A) = 0.2$, $P(L \mid B) = 1 - P(H \mid B) = 0.05$, $P(L \mid C) = 1 - P(H \mid C) = 0.65$임을 쉽게 계산할 수 있다.

연습문제 1.6

다음을 증명하라.

(1) $P(A^c \mid B) = 1 - P(A \mid B)$

(2) $A \subset B$일 때 임의의 집합 C에 대해 $P(B|C) \geq P(A|C)$, 단 $P(C) > 0$이다.

(3) $P(A \cup B \mid C) = P(A \mid C) + P(B \mid C) - P(A \cap B \mid C)$

(4) $0 \leq P(A \mid B) \leq 1$

표본공간에 부여된 확률을 이용하여 확률변수의 값에 확률을 정의하면 이를 확률변수의 분포함수(distribution function)라고 한다. 예를 들어 시장상황이 좋을 때와 나쁠 때의 확률이 각각 0.7, 0.3이고 수익률이 시장상황 각각에 따라 14%, 12%일 때, $P(R \leq r)$은 수익률 R의 분포함수가 된다. 여기에서 r은 $-\infty < r < \infty$인 모든 실수이다.

즉,

$$P(R \leq r) = \begin{cases} 0, & r < 12\% \\ P(\text{시장상황이 나쁠 때}) = 0.3, & 12\% \leq r < 14\% \\ P(\text{시장상황이 나쁠 때나 좋을 때}) = 1, & 14\% \leq r \end{cases}$$

이를 그림으로 표현하면 다음과 같다.

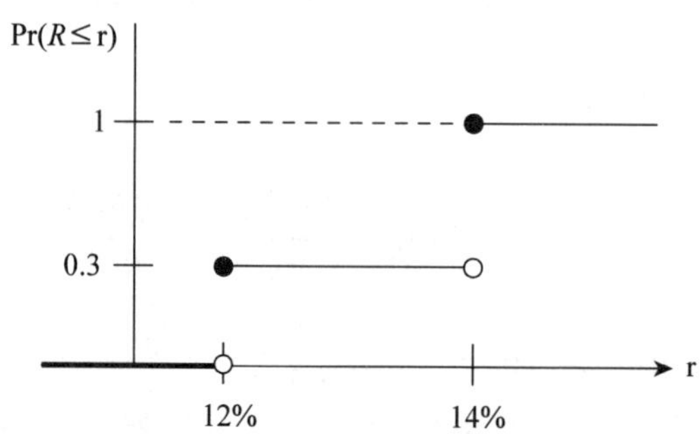

그림 1.1 ■ 분포함수의 예 (이산형)

<그림 1.1>을 보면 R = 12%와 R = 14%일 때, 점프가 발생하고 점프의 양이 P(R = 12%) = 0.3, P(R=14%) = 0.7임을 알 수 있다. 이와 같이 표본공간의 확률을 확률변수의 분포로 변환시키는 이유는 우리의 관심사가 표본공간보다는 확률

변수에 있을 뿐만 아니라 표본공간을 시장상황이 좋을 때 혹은 시장상황이 나쁠 때로 구분하는 것은 지극히 주관적인 판단에 의존하며 그 구분기준이 명확하지 않기 때문이다. 그러나 확률변수는 실수로 수량화된 값으로 시장상황을 객관적으로 구분할 수 있게 되어 확률변수의 분포함수를 고려하게 된다.

위의 예제에서와 같이 수익률을 단순하게 12%, 14%로 나누기보다는 12%~14%로 구간으로 주어서, 만약 $P[R<r] = \int_{12}^{r} \frac{1}{2}\,ds = \frac{1}{2}(r-12)$, 12%≤r≤14% 로 확률변수의 분포함수를 부여할 수 있다면 $P[R \le 13] = \frac{1}{2}(13-12) = \frac{1}{2}$, $P[13 \le R \le 13.5] = \frac{1}{2}(13.5 - 13) = \frac{1}{4}$ 등과 같이 12%~14% 전구간에 대해 확률이 존재하며, 그 분포함수는 <그림 1.2>와 같다.

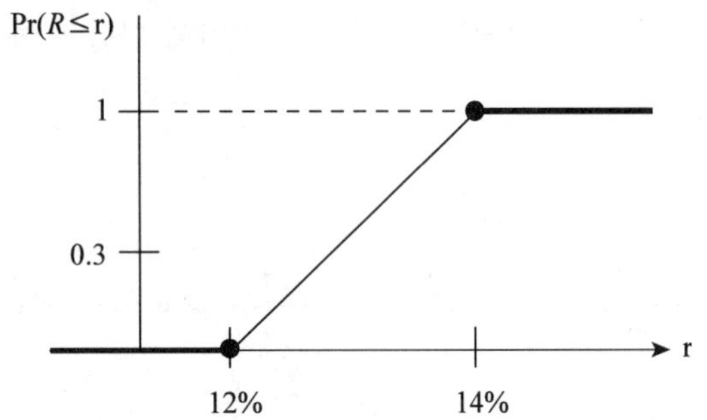

그림 1.2 ▪ 분포함수의 예 (연속형)

<그림 1.1>과 <그림 1.2>를 비교하여 보면 <그림 1.2>는 r의 전구간에서 점프가 존재하지 않는 연속함수인 것을 알 수 있다. <그림 1.1>과 같이 분포함수가 점프가 있는 계단형일 때 확률은 점프의 양이며 대응되는 확률변수는 이산형(discrete)이라고 한다.

한편 <그림 1.2>와 같이 분포함수가 연속함수이면 점프가 없기 때문에 확률변수가 특정값을 가질 확률은 0이 되며(예를 들어, $P[R = 13\%] = 0$), 확률은 구간에서만 정의되고 대응되는 확률변수를 연속형(continuous)이라고 한다.

분포함수가 이산형이면 $P[R = r_i]$ (여기에서 r_i는 i번째 점프가 일어난 값, $i = 1,2,3,\cdots,n$)에 의해서 확률이 정의되며, 특히 이를 확률질량함수(probability mass function)라고 한다. 분포함수가 연속형이면, 분포함수 $P[R \le r]$를 $F(r)$로 놓고 이의 미분값 $f(r) = \frac{dF(r)}{dr}$를 확률밀도함수(probability density function)라고 하며 이

f(r)은 이산형의 확률질량함수와 대응된 개념으로 사용한다.

연습문제 1.7

<그림 1.1>과 <그림 1.2>에 정의된 분포함수에 대응되는 확률질량함수 및 확률밀도함수를 정의하라.

2 확률과정, 정상성과정, 적률

수익률 R을 좀더 확장하여 R_t를 시점 t에서의 수익률이라고 정의하자. 시장상황이 좋을 때를 G로, 나쁠 때를 B로 표현하여 다음의 예제를 고려하여 보자.

예제 1.8

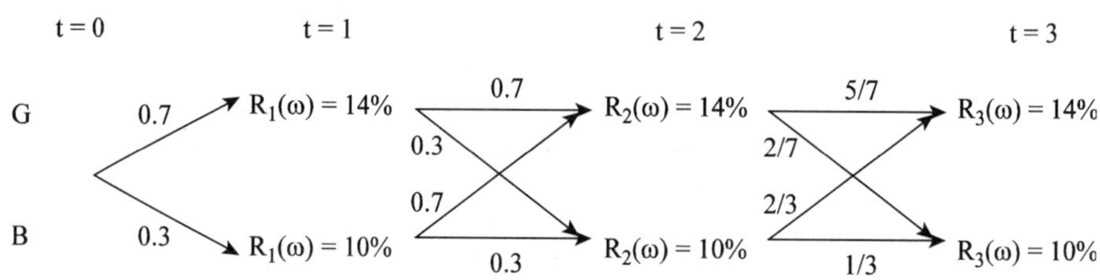

그림 1.3 ■ 확률과정의 예

<그림 1.3>의 예는 매우 간단하지만 통계 및 금융의 중요한 개념을 이해하는데 큰 도움을 준다. <그림 1.3>의 화살표는 확률을 나타내며, 예를 들어, t = 0이 현 시점일 때 t = 1에서의 시장상황이 좋을 확률(G)이 0.7이고 나쁠 확률(B)이 0.3이며 G이면 $R_1(\omega) = 14\%$, B이면 $R_1(\omega) = 10\%$이다.

t=1에서 $R_1(\omega) = 14\%$가 주어진 상황에서 t=2에서 시장상황이 G일 확률이 0.7, B일 확률이 0.3이다. 한편, $R_1(\omega)=10\%$이면 시장상황이 G일 때 $R_2(\omega) = 14\%$, B일 때 $R_2(\omega) = 10\%$임을 나타낸다.

동일하게 $R_2(\omega) = 10\%$가 주어진 상황에서 t=3 에서 시장상황이 G일 확률이 2/3, B일 확률이 1/3이며 시장상황이 G일 때 $R_3(\omega) = 14\%$, B일 때 $R_3(\omega) = 10\ \%$임을 말하고 있다.

<그림 1-3>에서 표본공간은 다음의 8개의 시장상황으로 구성되어 있다.

$$\omega_1 = (G \text{ at } t{=}1, G \text{ at } t{=}2, G \text{ at } t{=}3), \omega_2 = (GGB), \omega_3 = (GBG),$$
$$\omega_4 = (GBB), \omega_5 = (BGG), \omega_6 = (BGB), \omega_7 = (BBG), \omega_8 = (BBB)$$

이다.

이에 대응되는 확률변수 수익률은

$$[R_1(\omega_1) = 14\%, R_2(\omega_1) = 14\%, R_3(\omega_1) = 14\%],$$
$$[R_1(\omega_2) = 14\%, R_2(\omega_2) = 14\%, R_3(\omega_2) = 10\%],$$
$$\cdots\cdots,$$
$$[R_1(\omega_8) = 10\%, R_2(\omega_8) = 10\%, R_3(\omega_8) = 10\%]$$

이다.

2.1 결합확률(joint probability), 조건부확률(conditional probability), 독립성(independence)

세 개의 사건 A, B, C가 있을 때 조건부확률의 정의에 의해

$$P(A \cap B \cap C) = P(C|A \cap B)P(B|A)P(A)$$

의 관계가 성립한다.

$P(A \cap B \cap C)$는 A, B, C가 동시에 발생하는 확률(결합확률)이고, $P(C|A \cap B)$는 $A \cap B$가 발생했을 때 C가 발생할 조건부확률이며, $P(B|A)$는 A가 발생했다는 조건하에서 B가 발생할 조건부확률이다.

만약 $P(B|A) = P(B)$이면 A와 B는 독립이라고 하며 더 나아가 $P(C|A \cap B) = P(C)$이면

$$P(A \cap B \cap C) = P(A) \cdot P(B) \cdot P(C)$$

이 성립된다. 이 등식이 성립되면, A, B, C가 모두 독립이라고 말한다.

만약 $P(C|A \cap B) = P(C|B)$가 되면 B가 주어진 상태에서 C와 A는 조건부독립(conditional independence)이라고 말한다.

연습문제 1.9

(i) $P(A \cap B \cap C) = P(C|A \cap B)P(B|A)P(A)$ 임을 조건부확률의 정의에 의해 증명하라.

(ii) A, B, C 세 개의 사건에서 A와 B, A와 C, B와 C는 독립이지만 A, B, C는 독립이 아닌 예를 들어라.

예제 1.10 <예제 1.7>에서

$$\begin{aligned} &P(R_1 = 14\%, R_2 = 10\%, R_3 = 14\%) \\ &\quad = P(R_3 = 14\% | R_2 = 10\%, R_1 = 14\%) P(R_2 = 10\% | R_1 = 14\%) P(R_1 = 14\%) \\ &\quad = \frac{2}{3} \times 0.3 \times 0.7 \end{aligned}$$

이 됨을 알 수 있다.

$P(R_2 = 10\% | R_1 = 14\%) = 0.3$은 R_1이 어떤 값을 갖더라도(이 경우, 오직 두 개의 값만 존재한다. 즉, 14% 또는 10%) 동일함을 <그림 1.3>에서 쉽게 알 수 있다. 즉

$$P[R_2 = 10\% |\, R_1 = 14\%] = P[R_2 = 10\% |\, R_1 = 10\%] = 0.3$$

이므로 R_1와 R_2는 독립이다.

한편 $P(R_3 = 14\% | R_2 = 10\%, R_1 = 14\%) = 2/3$는 $R_2 = 10\%$이면 $R_1 = 10\%$이든 14%이든 관계없이 항상 2/3임을 알 수 있다. 그러므로 R_3와 R_1은 R_2가 주어진 상태에서 조건부독립이다. 특히 R_t에서 t가 시간을 나타내므로, 예를 들어, 다섯 시점의 확률변수 R_1, R_2, R_3, R_4, R_5가 있을 때 $P(R_5 | R_4, R_3, R_2, R_1) = P(R_5 | R_4)$가 되어 R_5가 가장 최근 시점인 R_4에만 의존하면 이를 특히 마코프체인(Markov chain)이라고 하며 금융시장에서 자산의 가격변동을 설명할 때 이 마코프체인은 핵심적인 역할을 한다.

x, y, z를 R_1, R_2, R_3 각각이 가질 수 있는 가능한 값이라고 할 때, $P(R_1 = x, R_2 = y, R_3 = z)$를 확률변수 R_1, R_2, R_3의 결합분포(joint distribution)라고 하며, $P[R_2 = y |\, R_1 = r_1]$를 $R_1 = r_1$으로 주어졌을 때 R_2의 조건부분포(conditional distribution)라고

하고, $P(R_1 = x)$를 R_1의 주변분포(marginal distribution)라고 한다.

2.2 확률과정 및 정상성과정

<그림 1.3>에서 $\omega = \omega_5$(BGG)일 때 $R_1(\omega) = 10\%$, $R_2(\omega) = 14\%$, $R_3(\omega) = 14\%$로 숫자의 나열(a sequence of number)이다.

한편 t=2로 고정하면

$$\begin{aligned} P[R_2 = 14\%] &= P[R_2 = 14\%, R_1 = 14\%] + P[R_2 = 14\%, R_1 = 10\%] \\ &= P[R_2 = 14\% | R_1 = 14\%]P[R_1 = 14\%] \\ &\quad + P[R_2 = 14\% | R_1 = 10\%]P[R_1 = 10\%] \\ &= 0.7 \times 0.7 + 0.7 \times 0.3 = 0.7 \text{이 되며} \end{aligned}$$

$$\begin{aligned} P[R_2 = 10\%] &= P[R_2 = 10\%, R_1 = 14\%] + P[R_2 = 10\%, R_1 = 10\%] \\ &= P[R_2 = 10\% | R_1 = 14\%]P[R_1 = 14\%] \\ &\quad + P[R_2 = 10\% | R_1 = 10\%]P[R_1 = 10\%] \\ &= 0.3 \times 0.7 + 0.3 \times 0.3 = 0.3 \text{이 되어} \end{aligned}$$

시점 t=2에서 R_2는 확률변수임을 알 수 있다.

같은 방법으로

$$\begin{aligned} P[R_3 = 14\%] &= P[R_3 = 14\% | R_2 = 14\%]P[R_2 = 14\%] \\ &\quad + P[R_3 = 14\% | R_2 = 10\%]\, P[R_2 = 10\%] \\ &= \frac{5}{7} \times \frac{7}{10} + \frac{2}{3} \times \frac{3}{10} = 0.7 \text{이며} \end{aligned}$$

$$\begin{aligned} P[R_3 = 10\%] &= P[R_3 = 10\% | R_2 = 14\%]P[R_2 = 14\%] \\ &\quad + P[R_3 = 10\% | R_2 = 10\%]P[R_2 = 10\%] \\ &= \frac{2}{7} \times \frac{7}{10} + \frac{1}{3} \times \frac{3}{10} = 0.3 \text{이 되어} \end{aligned}$$

$t = 3$에서 R_3 역시 확률변수이다.

이와 같이 $\{R_t,\ t \geq 0\}$의 계열이 있을 때, 표본공간의 요소 ω를 고정했을 때 $\{R_t,\ t \geq 0\}$가 불확실성이 없는 숫자의 나열(sequence of numbers)이 되고, 시점

t를 고정했을 때 확률변수가 되면 $\{R_t, t \geq 0\}$를 확률과정(stochastic process)이라고 말한다. 금융에서 주관심대상인 자산의 수익률이나 채권의 이자율은 모두 확률과정에 속한다.

R_2와 R_3의 계산에서 본 바와 같이 R_2의 확률은 R_1과 R_2의 결합확률 또는 조건부확률로부터 계산되었고, R_3역시 R_2와 R_3의 결합 또는 조건부확률로부터 계산되었다. 비록 R_1과 R_2의 결합확률과 R_2와 R_3의 결합확률의 구조가 다르더라도(즉, 그림 <1.3>에서 조건부확률값들이 다르더라도),

$$P[R_2 = 14\%] = P[R_3 = 14\%] = 0.7\text{이며}$$
$$P[R_2 = 10\%] = P[R_3 = 10\%] = 0.3\text{으로}$$

계산되어 R_2와 R_3의 확률분포(이를 주변분포(marginal distribution)라고 한다)가 동일함을 알 수 있다.

또한 $P[R_1 = 14\%] = 0.7$이고 $P[R_2 = 10\%] = 0.3$으로 R_1, R_2, R_3의 결합분포와 관계없이 R_1, R_2, R_3 모두 동일한 주변분포를 가지고 있음을 알 수 있다. 이러한 성질을 가지고 있는 확률과정을 정상성과정(stationary process)이라고 말하고 금융시계열의 제 문제를 분석하는 데 핵심적인 개념이다.

연습문제 1.11

시장 상황이 좋을 때를 R로, 보통일 때를 M으로, 나쁠 때를 B로 표현하고 어떤 특정 자산의 시점 t에서의 수익률을 R_t라고 표기할 때 3개의 시점 t=1,2,3에서의 조건부 확률의 구조가 아래와 같다고 하자.

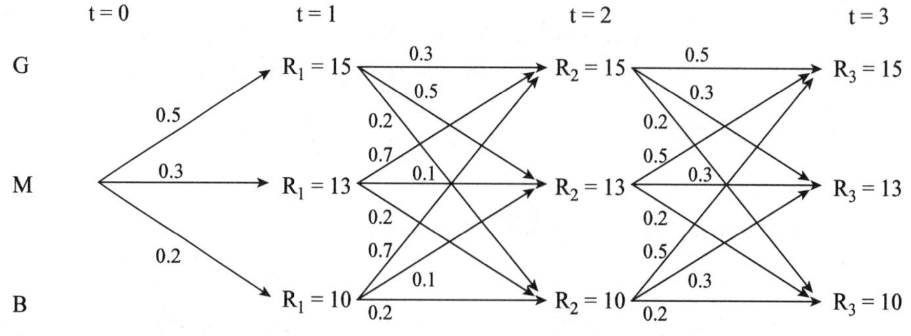

다음을 증명하라.

(ⅰ) 27개의 표본공간을 써라.

(ⅱ) R_1, R_2, R_3의 결합분포를 구하라.

(ⅲ) R_1, R_2, R_3의 독립성 및 조건부 독립성을 점검하라.

(ⅳ) R_1, R_2, 및 R_3의 주변분포를 구하고 R_1, R_2, R_3가 정상성 과정인지 점검하라.

2.3 적률(moment)

적률은 포트폴리오의 구성, VaR (Value at Risk), 그리고 파생상품의 가격 결정을 위해 사용되는 이토 공식(Itô formula)을 이해하고 적용하는 데 핵심적인 역할을 한다. 사실 적률은 적분의 통계적인 표현이다. 그러므로 먼저 적분의 개념을 간단하게 살펴보도록 하자(좀더 정확하고 자세한 적분의 논의가 필요한 독자는 적분에 대한 전문 교재를 선택하여 읽어보길 바란다).

먼저 Riemann 적분을 고려하여 보자. 어떤 연속함수 g(x)에 대한 구간 [a, b]에서의 Riemann 적분을 그림으로 표현하면 <그림 1.4(a)>와 같다.

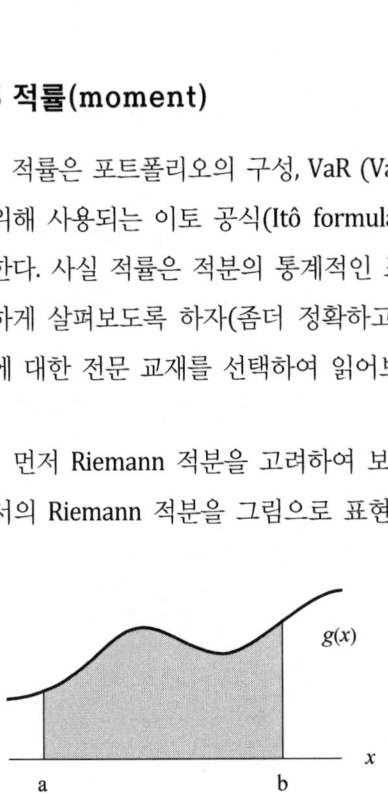

그림 1.4(a)

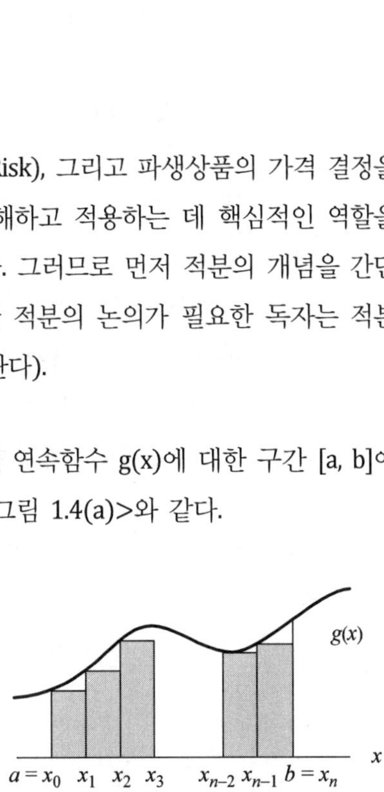

그림 1.4(b)

<그림 1.4(a)>의 빗금 친 면적은 <그림 1.4(b)>의 빗금 친 직사각형에 의해 근사적으로 구할 수 있다. 특히 n→∞으로 보내면(즉, $x_i - x_{i-1} \to 0$로 보내면) <그림 1.4(b)>의 근사치는 <그림 1.4(a)>의 빗금 친 면적과 일치하게 된다.

즉,

$$\lim_{n\to\infty} \sum_{i=1}^{n} g(x_{i-1})(x_i - x_{i-1}) = \int_a^b g(x)dx$$

가 성립하게 된다. $\lim_{n\to\infty} \sum_{i=1}^{n}$은 $\int_b^a$에 대응하고, $g(x_{i-1})$은 g(x)에, $x_i - x_{i-1}$은

dx에 대응되게 하여 구한 적분이 흔히 알고 있는 Riemann 적분이다.

여기에서 $g(x_{i-1})$은 구간 $[x_{i-1}, x_i)$ 에서 왼쪽 끝점에 대응되는 값을 택했다. 구간 $[x_{i-1}, x_i)$ 사이에 있는 임의의 x_i^* 를 택하여 $g(x_i^*)$ 를 정의하더라도 $\lim_{n\to\infty}\sum_{i=1}^{n} g(x_i^*)(x_i - x_{i-1})$이 동일한 값(즉, $\int_a^b g(x)dx$)을 갖는 성질을 가진다.

예제 1.12

$g(x)=x^2$일 때 $x_i = a+\frac{b-a}{n}i$으로 선택하면 $x_i - x_{i-1} = \frac{b-a}{n}$ 가 되고

$$\sum_{i=1}^{n}\left(a + \frac{b-a}{n}(i-1)\right)^2 \frac{b-a}{n} \xrightarrow{n\to\infty} \int_a^b x^2\,dx = \frac{1}{3}(b^3 - a^3)$$

이 된다.

어떤 주식의 수익률이 14%일 확률이 0.7이고 12%일 확률이 0.3이면, 이 주식의 수익률의 기대치는 14%×0.7 + 12%×0.3 = 13.4%으로 계산된다. X를 수익률이라고 표현하면 이 기대치는 E(X)라고 표기하고 위의 계산식에 의해 E(X) = 14% × P[X=14%] + 12% × P[X=12%]로 표현된다.

이 X의 분포함수 $F(x)(=P[X\le x])$는 앞에서 공부한 바와 같이

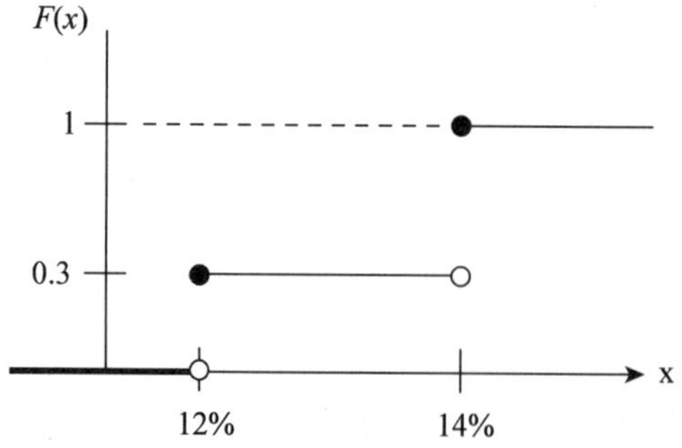

그림 1.5(a) ■ Riemann-Stieltjes 적분

<그림 1.5(a)>와 같으므로 확률변수 X의 분포함수는

$$F(X) = \begin{cases} 0, & x < 12\% \\ 0.3, & 12 \le x < 14\% \\ 1, & x \ge 14\% \end{cases}$$

이 된다.

Riemann 적분에서 사용한 구간 [a, b]가 F(a) = 0(즉, P[X≤a] = 0)과 F(b) = 1 (즉, P[X≤b] = 1)을 만족하는 값이라고 가정할 때(F(x)가 x에 대해 단조 증가함수이므로 a≤b이면 F(a) ≤ F(b) 가 성립한다), $x_0 = a < x_1 < x_2 < \cdots < x_n = b$으로 구간 [a, b]를 나눈 후, Riemann 적분에서 $g(x_{i-1})$ 를 $g(x_i)$로, $x_i - x_{i-1}$을 $F(x_i) - F(x_{i-1})$으로 대치하면 $\sum_{i=1}^{n} g(x_i)(F(x_i) - F(x_{i-1})) \xrightarrow{n\to\infty} \int_a^b g(x)dF(x)$가 된다. 이러한 적분을 Riemann-Stieltjes 적분이라고 한다.

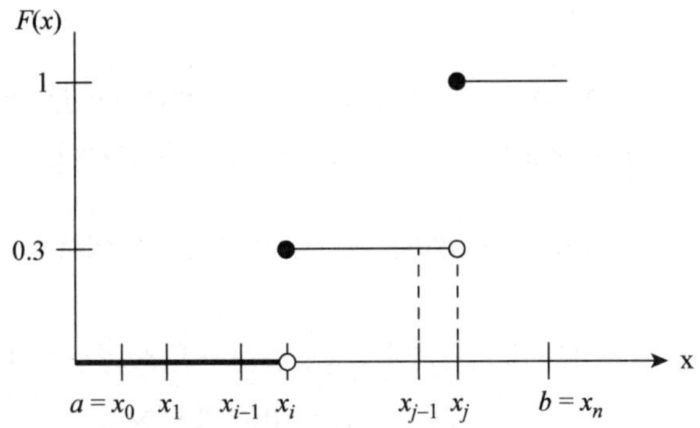

그림 1.5(b) ▪ Riemann-Stieltjes 적분

앞에서 구한 E(X) = 14% × P[X = 14%] + 12% × P[X = 12%]를 이 Riemann-Stieltjes 적분을 통해 구할 수 있다. <그림 1.5(b)>를 살펴보면 구간 [a, b]가 있으며 이 구간의 분할을 표현하고 있고 이 분할(partition)에서 $x_i = 12\%$, $x_j = 14\%$를 나타낸다.

$$F(x) = \begin{cases} 0, & x < 12\% \\ 0.3, & 12 \le x < 14\% \\ 1, & x \ge 14\% \end{cases}$$

이므로

$$F(x_k) - F(x_{k-1}) = \begin{cases} 0, & k \le i-1 \\ 0.3, & k = i \\ 0, & i+1 \le k \le j-1 \\ 0.7, & k = j \\ 0, & k \ge j+1 \end{cases}$$

이 된다.

$g(x) = x$로 놓으면 $\sum_{k=1}^{n} x_k(F(x_k) - F(x_{k-1})) = 14\% \times 0.7 + 12\% \times 0.3$이 됨을 알 수 있다. <그림 1.5(b)>의 구간 [a, b]에 대해 특수한 경우를 고려하였지만 n을 ∞로 보내기 때문에(즉 $x_i - x_{i-1}$이 아주 작은 값이기 때문에) 어떠한 분할을 쓰더라도 n이 충분히 크면 <그림 1.5(b)>와 같이 $x_i = 12\%$, $x_j = 14\%$를 만족하는 분할이 항상 존재하여 동일한 계산결과를 갖게 된다.

한편 F(a)=0이고 F(b)=1인 상수이므로 a보다 작은 x에 대한 분할을 하더라도 $F(x_k) - F(x_{k-1})=0$가 되고 b보다 큰 x에 대해서도 어떤 분할을 하더라도 $F(x_k) - F(x_{k-1})=0$가 되므로

$$\begin{aligned}\lim_{n\to\infty} \sum_{k=1}^{n} x_k(F(x_k) - F(x_{k-1})) &= \int_a^b x\, dF(x) = \int_{-\infty}^{\infty} x\, dF(x) \\ &= 14\% \times 0.7 + 12\% \times 0.3 = 14\% \times P[X=14\%] + 12\% \times P[X=12\%]\end{aligned}$$

가 되어 E(x)는 Riemann-Stieltjes 적분임을 알 수 있다.

$$\begin{aligned}E(x^2)\text{은 } \lim_{n\to\infty} \sum_{k=1}^{n} x_k^2(F(x_k) - F(x_{k-1})) &= \int_{-\infty}^{\infty} x^2\, dF(x) \\ &= 12^2 \times 0.3 + 14^2 \times 0.7\end{aligned}$$

로 계산된다. 이 식이 의미하는 바는 $E(X^2)$을 구할 때 X^2의 확률분포를 이용하지 않고 X의 확률분포를 이용하게 된다는 것이다.

만약 분포함수가 미분 가능한 연속함수이면 $dF(x) = f(x)dx$로 변하게 된다. 여기에서 f(x)는 F(x)를 미분한 함수이다(즉, 확률밀도함수). 그러므로 확률변수가 연속형이면 $\int_{-\infty}^{\infty} x\, dF(x) = \int_{-\infty}^{\infty} x \cdot f(x)\, dx$ 가 되어 Riemann-Stieltjes 적분이 Riemann 적분으로 변하게 된다.

지금까지의 논의를 바탕으로 확률변수의 함수 g(X)의 기대치 E(g(X))를 정리하면 다음과 같다.

(1) $E(g(X)) = \int_{-\infty}^{\infty} g(x)\, dF(x)$이다. 여기에서 F(x)는 x의 분포함수이다

(2) X가 이산형이며 X가 가질 수 있는 가능한 값이 $x_1, x_2, \ldots, x_n$이라고 하면 $E(g(X)) = \int_{-\infty}^{\infty} g(x)\, dF(x) = \sum_{j=1}^{n} g(x_j)P[X = x_j]$가 된다.

(3) 확률변수 X가 연속형이고 확률 밀도 함수가 f(x)라고 표현하면 $E(g(X)) = \int_{-\infty}^{\infty} g(x)\, dF(x) = \int_{-\infty}^{\infty} g(x)f(x)\, dx$가 된다.

예제 1.13 (1) 국채 수익률이 연 4%인데 한 은행에서 판매하는 주식연계증권(Equity Linked Security, ELS)의 수익률이 국채수익률보다 높다고 한다. 그 ELS의 구조는 주식 A의 가격이 향후 3개월 동안 일일 종가 기준으로 현재보다 한번이라도 30% 이상 상승하면 연 8%의 수익률을 보장해주고, 일일종가 기준으로 한번이라도 –20% 이하로 떨어지면 연 1%의 수익률을 보장해주며, 위의 두 경우에 속하지 않으면 즉 3개월 내내 일일 종가 기준으로 상승률이 –20%~30%에 있으면 연 3%의 수익률을 보장해 준다고 한다. 과거의 자료에 근거하여 주식 A의 3개월 동안의 상승률이 30% 이상일 확률은 0.25, –20%~30%일 확률은 0.7이라고 가정하자.

확률의 합은 항상 1이 되어야 하므로 –20% 이하의 확률은 0.05가 되고 이 ELS의 기대 수익률은 $E(X) = 8\% \times 0.25 + 3\% \times 0.7 + 1\% \times 0.05 = 4.15\%$가 되어 이 ELS의 수익률이 국채 수익률 4%보다 높다는 은행의 주장은 타당하다고 볼 수 있다. 그러나 이 ELS의 평균 수익률이 국채 수익률 4%보다 크지만, ELS의 수익률의 변동성 때문에 이 ELS를 구입할지는 변동성에 대한 측정 후에 결정되어야 할 것이다. 변동성은 다음 절에서 논의하게 될 것이다. 참고로, $E(X^2) = 8^2 \times 0.25 + 3^2 \times 0.7 + 1^2 \times 0.05 = 22.35$이다.

(2) 신용등급이 AAA인 어떤 회사채의 수익률의 확률밀도함수가 다음과 같다고 한다.

$$f(x) = a|x - 4\%|, 2\% \le x \le 8\% \qquad F(x) = \int_{-\infty}^{x} dF(x)$$

이므로 확률변수 x가 이산형이면 $F(x) = \sum_{x_i \le x} p[x = x_i]$가 되고 확률변수가 연속형이면 $F(x) = \int_{-\infty}^{x} f(x)\,dx$가 된다. 당연한 결과로, $F(\infty) = 1$이므로 $\int_{-\infty}^{\infty} f(x)\,dx = 1$ 이 되어야 한다.

이 조건을 만족하는 a는 $\int_{-\infty}^{4} -a(x-4)dx + \int_{4}^{\infty} a(x-4)dx = 1$이다. 그런데 확률변수 X가 가질 수 있는 값은 $2\% \le x \le 8\%$이므로

$$\begin{aligned} 1 &= \int_{-\infty}^{4}(-ax + 4a)dx + \int_{4}^{\infty}(ax - 4a)\,dx \\ &= \int_{2}^{4}(-ax + 4a)\,dx + \int_{4}^{8}(ax - 4a)\,dx = 10a \end{aligned}$$

이 되어 $a = \frac{1}{10}$ 이 됨을 알 수 있다.

그러므로 $f(x) = \frac{1}{10}|x - 4\%|, 2\% \le x \le 8\%$가 된다.

$$E(X) = \int_2^8 x \cdot \frac{1}{10}|x - 4\%|\, dx = 5.7$$

$$E(X^2) = \int_2^8 x^2 \cdot \frac{1}{10}|x - 4\%|\, dx = 37.73$$이 된다.

연습문제 1.14

예제 1.13 (1)과 (2)에서 $E(X-E(X))^2$을 구하라.

2.4 평균, 분산, 공분산

자산의 수익률의 기대치(expectation)와 변동성(volatility)은 투자자들에게 매우 중요한 투자척도이다. 수익률의 변동성이 크다는 말은 수익률이 안정적이지 못하고 불확실성이 높아 수익률이 크게 나타날 수도 있지만 수익률이 아주 낮게 심지어 음의 수익률을 보일 가능성이 높다는 것을 의미한다. 그리하여 어떤 자산의 수익률의 변동성을 그 자산의 위험(risk)이라고 말한다. 한편 두 개 이상의 자산이 있을 때 이들 자산의 상호 작용과 변동성은 최적의 포트폴리오를 구성하는데 중요한 역할을 하게 된다.

어떤 확률변수 R에 대해 k차 적률(moment)은 $E(R^k)$을 말하고 E(R)을 R의 기대치라고 하며 $E(R-E(R))^2$을 분산이라고 말한다.
R이 E(R)에 많이 떨어질 확률이 크면 클수록 분산은 크게 나타나고 $\sqrt{E(R - E(R))^2}$을 R의 변동성(volatility)이라고 말한다.

예제 1.15 시장 상황에 따라 3개의 주식 A, B, C의 수익률 R_A, R_B, R_C가 다음과 같다고 하자.

시장상황	확률	R_A	R_B	R_C
호황(Boom)	0.25	8%	12%	20%
불황(recession)	0.75	8%	8%	6%

수익률 R_A, R_B, R_C에 대한 기대값과 분산을 구하면 다음과 같다.

$$E(R_A) = 0.25\times8\%+0.75\times8\% = 8\%$$
$$E(R_B) = 0.25\times12\%+0.75\times8\% = 9\%$$
$$E(R_C) = 0.25\times20\%+0.75\times6\% = 9.5\%$$

이며

$$Var(R_A) = E(R_A-E(R_A))^2 = E(R_A-8\%)^2 = (8\%-8\%)^2\times0.25+(8\%-8\%)^2\times0.75 = 0$$
$$Var(R_B) = E(R_B-E(R_B))^2 = E(R_B-9\%)^2 = (12\%-9\%)^2\times0.25+(8\%-9\%)^2\times0.75 = 3$$
$$Var(R_C) = E(R_C-E(R_C))^2 = E(R_C-9.5\%)^2 = (20\%-9.5\%)^2\times0.25 +(6\%-9.5\%)^2\times0.75 = 36.75$$

가 되어 주식 C가 가장 투자 위험이 크고 A는 투자 위험이 전혀 없는 국채와 같은 주식이다. 변동성이 크면 수익률의 기대치도 크게 나타나고 있다.

예제 1.16 다음의 두 주식 A, B의 수익률 R_A, R_B 를 고려하여 보자.

시장상황	확률	R_A	R_B
호황	0.5	10%	-5%
불황	0.5	-5%	10%

어떤 투자자가 주식 A에만 투자할 경우 호황이면 10%의 수익률을 올리지만 불황일 경우 -5% 수익률로 손실을 보게 되고, 주식 B에만 투자할 경우 반대의 현상이 일어날 것이다. 그러므로 이 투자자가 A와 B 두 주식에 동시에 투자를 하게 되면 시장 상황에 관계없이 항상 5%의 투자 수익률을 확보하게 될 것이다. 이러한 현상은 주식 A와 주식 B의 투자 수익률의 패턴이 시장상황에 반대로 반응하기 때문이다.

R_A와 R_B의 움직임의 방향을 측정하기 위해

$E(R_A \cdot R_B) = 10\times(-5)\times0.5 + (-5)\times10\times0.5 = -50$이고
$E(R_A) = 10\times0.5+(-5)\times0.5 = 2.5$, 그리고 $E(R_B) = (-5)\times0.5+10\times0.5 = 2.5$이다.

그러므로

$$E(R_A \cdot R_B) - E(R_A)\cdot E(R_B) = -56.25$$

이 된다. 이를 공분산(covariance)이라고 하며 $Cov(R_A, R_B)$로 표현한다.

$$Var(R_A) = E(R_A - E(R_A))^2 = (10\%-2.5\%)^2 \times 0.5 + (-5\%-2.5\%)^2 \times 0.5 = 56.25 \text{이고}$$
$$Var(R_B) = E(R_B - E(R_B))^2 = (-5\%-2.5\%)^2 \times 0.5 + (10\%-2.5\%)^2 \times 0.5 = 56.25$$

이 된다. 이를 이용하여

$$\frac{Cov(R_A, R_B)}{\sqrt{Var(R_A)}\sqrt{Var(R_B)}} = \frac{-56.25}{56.25} = -1$$

이 되며 이를 R_A와 R_B의 상관계수(correlation)라고 한다. 이 상관계수가 R_A와 R_B의 선형적 관계를 나타내며 $Corr(R_A, R_B)$로 표기한다. 음의 값은 R_A와 R_B가 선형적으로 반대의 방향을 가진다는 것을 말하고 상관계수는 항상 -1과 1 사이의 값을 갖는다.

정의 1.17 확률변수 X, Y에 대해 분산과 공분산 및 상관계수는

$$Var(X) = E(X - E(X))^2$$

이고 $$Cov(X, Y) = E[(X - E(X))(Y - E(Y))],$$

그리고 $$Corr(X, Y) = \frac{Cov(R_A, R_B)}{\sqrt{Var(R_A)}\sqrt{Var(R_B)}}$$

으로 정의된다.

$Cov(X, Y) = E[(X-E(X))(Y-E(Y))]$의 정의에 의해 X가 E(X)보다 크고 Y가 E(Y)보다 클(또는 X가 E(X)보다 작고 Y가 E(Y)보다 작을) 확률이 아주 크면 $Cov(X, Y) \geq 0$이 되고, X가 E(X)보다 크고 Y가 E(Y)보다 작을(또는 X가 E(X)보다 작고 Y가 E(Y)보다 클) 확률이 아주 크면 $Cov(X, Y) \leq 0$이 된다.

이 의미는 X가 증가할 때 Y도 증가하면(혹은 X가 감소할 때 Y도 감소하면) X와 Y의 공분산은 양의 값을 가지며, 반대로 X가 증가할 때 Y는 감소하면(혹은 X가 감소할 때 Y가 증가하면) X와 Y의 공분산은 음의 값을 가지게 됨을 의미한다.

Cauchy-Schwarz Inequality에 의해

$$Cov(X, Y)^2 \leq Var(X)Var(Y)$$

를 보일 수 있다. 그러므로

$$\mathrm{Corr}(X,Y) = \frac{\mathrm{Cov}(R_A, R_B)}{\sqrt{\mathrm{Var}(R_A)}\sqrt{\mathrm{Var}(R_B)}} \text{는 } -1 \leq \mathrm{Corr}(X,Y) \leq 1$$

가 된다.

만약 Y=X이면

$$\mathrm{Cov}(X,Y) = E[(X-E(X))(Y-E(Y))] = E[X-E(X)]^2 = \mathrm{Var}(X)$$

이므로 $\mathrm{Corr}(X,Y) = 1$이 됨을 알 수 있다.

만약 $Y = -X$이면

$$\mathrm{Cov}(X,Y) = E[-(X-E(X))(Y-E(Y))] = -E[X-E(X)]^2 = -\mathrm{Var}(X)$$

이고 Var(Y)=Var(-X)=Var(X) (이에 대한 증명은 아래의 평균과 분산의 성질에 의해 알 수 있다)이므로 Corr(X, Y) = -1이 된다. 이러한 관점에서 상관계수는 두 확률변수의 선형관계를 의미한다. +값은 두 확률변수가 선형적으로 같은 방향으로 움직이고 −값은 선형적으로 반대 방향으로 움직인다는 것을 의미한다. 1의 상관계수는 Y=X의 관계를, -1의 상관계수는 Y=-X의 관계를 가지는 것을 의미하므로 상관계수의 절대값이 1에 가까울수록 선형관계가 강하고 0에 가까울수록 두 확률변수는 선형관계가 없음을 의미한다.

연습문제 1.18

Cauchy-Schwarz Inequality를 정의하고 증명하라.

공분산을 정의하기 위해서는 두 개 이상의 확률변수에 대한 결합분포함수(joint distribution function)를 정리할 필요가 있다.

확률변수 X와 Y가 이산형일 때 확률변수의 가능한 값을 $x_1, x_2, \dots, x_n$이라고 하고, 확률변수 Y의 가능한 값을 $y_1, y_2, \dots, y_m$이라고 표현하면

$F(x,y) = \sum_{x_i \leq x} \sum_{y_i \leq y} P[X = x_i,\ Y = y_i]$이며 dF(x,y)=P[X=x, Y=y]가 된다.

한편, X와 Y가 연속형이고 f(x, y)를 x와 y의 결합확률밀도함수라고 하면

$$F(x,y) = \int_{-\infty}^{x}\int_{-\infty}^{y} f(u,v)dudv \text{ 이며 } dF(x,y) = f(x,y)dxdy$$

가 된다.

확률변수가 X_1, X_2, ..., X_k로 3개 이상일 때도 위와 동일하게 확률질량함수 $P[X_1=x_1, \cdots, X_k= x_k]$를 정의할 수 있으며, 이에 대응하는 확률밀도함수 $f(x_1, x_2, \cdots x_k)$를 정의할 수 있다.

다음에 정리된 평균과 분산의 성질은 제2장의 포트폴리오뿐만 아니라 수리금융에서 매우 유용하게 사용되므로 가능한 한 외워두기를 권장한다.

평균과 분산의 성질

(i) 상수 a에 대해 $E(a) = a$ 이며 $Var(a)=0$

(ii) $E(aX \pm bY) = aE(X) \pm bE(Y)$

(iii) $Var(aX) = a^2Var(X)$

(iv) $Cov(aX, bY) = ab\,Cov(X, Y)$

증명

(i) $E(a) = \int_{-\infty}^{\infty} a\,dF(x) = a\int_{-\infty}^{\infty} dF(x) = a(F(\infty) - F(-\infty)) = a(1-0) = a$

(ii)
$$\begin{aligned} E(aX \pm bY) &= \int_{-\infty}^{\infty}\int_{-\infty}^{\infty}(ax \pm by)\,dF(x,y) \\ &= \int_{-\infty}^{\infty}\int_{-\infty}^{\infty}ax\ dF(x,y) \pm \int_{-\infty}^{\infty}\int_{-\infty}^{\infty}by\ dF(x,y) \\ &= a\int_{-\infty}^{\infty}\int_{-\infty}^{\infty}x\ dF(x,y) \pm b\int_{-\infty}^{\infty}\int_{-\infty}^{\infty}y\ dF(x,y) \\ &= a\int_{-\infty}^{\infty}x\ dF(x) \pm b\int_{-\infty}^{\infty}y\ dF(y) \\ &= aE(X) \pm bE(Y) \end{aligned}$$

(iii)
$$\begin{aligned} Var(aX) &= E[aX-E(aX)]^2 = E[aX-aE(X)]^2 \\ &= a^2\,E(X-E(X))^2 = a^2Var(X) \end{aligned}$$

여기에서 두 번째와 세 번째 등호는 (ii)에 의해 성립한다.

(iv)
$$\begin{aligned} Cov(aX, bY) &= E[(aX-E(aX))(bY-E(bY))] \\ &= E[ab(X-E(X))(Y-E(Y))] \\ &= ab\,E[(X-E(X))(Y-E(Y))] \\ &= ab\,Cov(X, Y) \end{aligned}$$

정의에 따라 Var(X) = Cov(X, X)로 표현할 수 있다. 그러므로 분산은 공분산의 특수한 경우로 생각할 수 있다. 포트폴리오를 구성한 주식이 k개 있을 때 그 포트폴리오의 수익률은 $W_1R_1+W_2R_2+\cdots+W_kR_k$로 표현할 수 있다. 여기에서 W_i는 i번째 주식에 투자한 투자비율(weight)이며 R_i는 i번째 주식의 수익률이다.

포트폴리오의 위험(risk)을 측정하기 위해 $Var(W_1R_1+W_2R_2+\cdots+W_kR_k)$를 계산해야 한다. k=3일 경우를 예를 들어 설명하면

$$Var(W_1R_1+W_2R_2+W_3R_3) = Cov(W_1R_1+W_2R_2+W_3R_3, W_1R_1+W_2R_2+W_3R_3)$$

로 재표현할 수 있으며

$$(W_1R_1+W_2R_2+W_3R_3)(W_1R_1+W_2R_2+W_3R_3)$$
$$= W_1^2R_1R_1+ W_2^2R_2R_2 + W_3^2R_3R_3 + 2\,W_1W_2\,R_1R_2 + 2\,W_1W_3\,R_1R_3 + 2\,W_2W_3\,R_2R_3$$

로 전개한 후 여기에 Cov를 부여해주면, 예를 들어, $W_1W_2R_1R_2$에 Cov를 부여해서 $W_1W_2\,Cov(R_1, R_2)$로 표현하면,

$$\begin{aligned} &Cov(W_1R_1+W_2R_2+W_3R_3, W_1R_1+W_2R_2+W_3R_3) \\ &\quad = W_1^2Cov(R_1, R_1) + W_2^2Cov(R_2, R_2) + W_3^2Cov(R_3, R_3) + 2\,W_1W_2\,Cov(R_1, R_2) \\ &\qquad + 2\,W_1W_3\,Cov(R_1, R_3) + 2\,W_2W_3\,Cov(R_2, R_3) \\ &\quad = W_1^2Var(R_1) + W_2^2Var(R_2) + W_3^2Var(R_3) + 2\,W_1W_2\,Cov(R_1, R_2) \\ &\qquad + 2\,W_1W_3\,Cov(R_1, R_3) + 2\,W_2W_3\,Cov(R_2, R_3) \end{aligned}$$

이 된다. 이와 같은 방법으로 k개의 확률변수의 어떠한 선형결합(즉, $\sum_{i=1}^{k} W_iR_i$)의 분산도 쉽게 구할 수 있다.

한편,

$$\begin{aligned} Cov(X, Y) &= E[(X-E(X))(Y-E(Y))] \\ &= E(XY)-E(XE(Y))-E(E(X)Y)+E(E(X)E(Y)) \\ &= E(XY)-E(X)E(Y) \end{aligned}$$

가 된다. 그러므로 $Var(X) = E(X^2) - [E(X)]^2$이 됨을 쉽게 알 수 있다.

예제 1.19 다음 시장상황에 따른 두 주식의 수익률을 고려해 보자.

시장상황	확률	R_A	R_B
호황	0.3	+5%	+10%
정상	0.5	0	+5%
불황	0.2	-5%	-8%

$$E(R_A) = 5\times0.3 + 0\times0.5 + (-5)\times0.2 = 0.5\%$$
$$E(R_B) = 10\times0.3 + 5\times0.5 + (-8)\times0.2 = 3.9\%$$

로 계산되어 주식 A의 기대수익률은 0.5%, 주식 B의 기대수익률은 3.9%로 나타났다. 이 수익률을 주식 1주당 수익률이라고 할 때 10주의 평균수익률은 $E(10R_A) = 10\times0.5 = 5\%$이고, $E(10R_B) = 10\times3.9\% = 39\%$의 기대수익률이 된다.

$Var(R_A) = E(R_A^2) - (E(R_A))^2$ 이므로 $E(R_A^2) = 5^2\times0.3 + 0^2\times0.5 + (-5)^2\times0.2 = 12.5$가 되어 $Var(R_A) = 12.5-(0.5)^2 = 11.75$이고, 같은 방법으로 $Var(R_B) = 55.3 - (3.9)^2 = 40.09$이다. 그러므로 주식 A의 위험은 $\sigma_A = \sqrt{11.75} = 3.43\%$이며 주식 B의 위험은 $\sigma_B = \sqrt{40.09} = 6.33\%$이다.

R_A와 R_B 의 공분산은

$$E(R_A \cdot R_B) = (5\times10)\times0.3 + (5\times0)\times0.5 + (-5\times-8)\times0.2 = 23$$

이므로

$$Cov(R_A, R_B) = E(R_A R_B) - E(R_A)E(R_B) = 23 - 0.5\times3.9 = 21.05$$

이다. 그러므로 R_A와 R_B의 상관계수는 $Corr(R_A,R_B) = \frac{Cov(R_A,R_B)}{\sigma_A\sigma_B} = 0.97$로, 주식 A의 수익률이 오르면 주식 B도 오르고 주식 A의 수익률이 떨어지면 주식 B의 수익률도 떨어지는 경향이 매우 강하다.

두 개의 주식 A와 B의 포트폴리오에 의한 수익률은

$$R_P = W_1R_A + W_2R_B$$

이며 여기에서 $W_1 + W_2 = 1$이다.

공매도(short selling: 현재에 없는 자산을 빌려서 판매한 후 일정한 시간이 지난 후 빌린 자산을 돌려주는 거래행위)가 허용되지 않으면 $0 \le W_1, W_2 \le 1$가 된다.

$R_P = -0.5R_A + 1.5R_B$를 고려하여 보자. 즉 주식 A를 공매도하여 생긴 자금을 주식 B에 투자한 포트폴리오이다.

$$E(R_P) = -0.5E(R_A) + 1.5E(R_B) = -0.5 \times 0.5 + 1.5 \times 3.9 = 5.6\%$$

이고

$$\begin{aligned} Var(R_P) &= Var(-0.5R_A + 1.5R_B) = Cov(-0.5R_A + 1.5R_B, -0.5R_A + 1.5R_B) \\ &= (-0.5)^2 Var(R_A) - 0.5\times1.5Cov(R_A, R_B) - 0.5\times1.5Cov(R_A, R_B) + (1.5)^2 Var(R_B) \\ &= 0.25\times11.75 - 1.5\times21.05 + 2.25\times40.09 = 61.57 \end{aligned}$$

이다. 그러므로 공매도에 의한 포트폴리오에 의해 이 포트폴리오의 기대수익률이 주식 B보다 높게 나타났으나 위험(risk)도 더 크게 나타났음을 알 수 있다.

3 적률의 추정

시점 t에서의 어떤 자산의 가격을 S(t)라고 할 때 Δt시간 동안의 수익률은 $\frac{S(t+\Delta t)-S(t)}{S(t)}$으로 표현된다.

무위험(risk-free)자산의 수익률은 국채나 금융시장(money market; 은행에서의 저축 등)에서의 이자율이 대표적이며 이들은 통상 연 단위로 표현한다. 예를 들어, 국채의 수익률이 연 5%이고, Δt가 1일이면 국채의 일일 수익률은 $\frac{1}{365}\times5\%$가 된다(또는 1년을 365일로 하지 않고 거래일 기준(252일)으로 $\frac{1}{252}\times5\%$로도 계산한다). 무위험자산은 수익률이 결정되어 있으므로 불확실성이 없어 확률변수가 아니다.

그러나 주식, 회사채 등은 불확실성이 존재하게 되어 확률변수가 된다. 우리의 관심사는 수익률이 확률변수일 때이다. 현재시점(t)에서 미래시점(t+Δt)까지의 시간거리가 멀수록(즉, Δt가 커질수록) 기대수익률은 높아지고 불확실성이 커지므로, $\frac{S(t+\Delta t)-S(t)}{S(t)}$은 평균이 $\mu_S \cdot \Delta t$이고 분산이 $\sigma_S^2 \cdot \Delta t$인 확률변수로 간주할 수 있다(이러한 가정은 파생상품의 가격결정을 위해 사용되는 확률과정모형의 기본가정이다). 여기에서 μ_S는 연기준 기대수익률이며 σ_S는 연 변동성을 의미한다.

μ_S와 σ_S를 추정하기 위해 $R_i = \frac{S(i\cdot\Delta t) - S((i-1)\Delta t)}{S((i-1)\cdot\Delta t)}$를 i번째 관찰된 수익률이라고 정의하고 $R_1, R_2, \cdots, R_m$의 m개의 관찰치를 이용하여 추정하는 방법을 고려하여 보자.

가장 간단하고 광범위하게 사용하고 있는 추정방법은 적률추정법(moment estimation)이다. 적률추정법은 다음과 같다.

어떤 확률변수 X의 k차 적률은 $E(X^k)$이다. 확률변수 X의 관찰치를 $x_1, x_2, \cdots, x_m$이라고 할 때, $E(X^k)$의 적률추정치는 $\frac{1}{m}\sum_{i=1}^{m} x_i^k$이다. 즉 'E'를 '$\frac{1}{m}\sum_{i=1}^{m}$'으로 대체하고 X^k를 x_i^k로 대체한 추정치가 적률추정치이다. 이 적률추정치는 간단하지만 통계적 분포이론에 충실한 추정치로 일반적으로 좋은 추정치이다.

$R = \frac{S(t+\Delta t) - S(t)}{S(t)}$의 기대치는 $E(R) = \mu_s \cdot \Delta t$이고 분산은 $Var(R) = \sigma_S^2 \cdot \Delta t$ 이므로 $\mu_s \cdot \Delta t$의 추정치는

$$\frac{1}{m}\sum_{i=1}^{m} R_i$$

이며 $Var(R) = E(R - E(R))^2$ 이므로, $\sigma_S^2 \cdot \Delta t$의 추정치는

$$\frac{1}{m}\sum_{i=1}^{m} (R_i - \overline{R})^2$$

이다. 여기에서 $\overline{R} = \frac{1}{m}\sum_{i=1}^{m} R_i$이다.

$\mu_S \cdot \Delta t$의 추정치가 $\frac{1}{m}\sum_{i=1}^{m} R_i$이므로 μ_S의 추정치

$$\widehat{\mu_S} = \frac{1}{m \cdot \Delta t}\sum_{i=1}^{m} R_i$$

이 된다. 같은 방법으로 $\sigma_S^2 \cdot \Delta t$의 추정치가 $\frac{1}{m}\sum_{i=1}^{m}(R_i - \overline{R})^2$이므로 σ_S^2의 추정치는

$$\widehat{\sigma_S^2} = \frac{1}{m \cdot \Delta t}\sum_{i=1}^{m} (R_i - \overline{R})^2$$

이다.

예제 1.20 일일 종가기준으로 계산된 어떤 주식의 수익률에 대한 최근 10일간의 관찰치가 다음과 같다고 하자. 단위는 베이시스 포인트(Basis Point, 0.01%)이다.

(2, 1.5, −2, 1.2, 1.5, −3, 1, 2, 2.5, 2) 즉 $\Delta t = 1/365$이고 $m = 10$인 경우로 $\overline{R} = 8.7/10 = 0.87$bp이다. 그러므로 이 주식의 연 기대수익률은 $\widehat{\mu_S} = 365 \times 0.87$bp $= 317.55$bp로 약 3.2%의 연 수익률을 기대할 수 있다.

한편 $\widehat{\sigma_S^2} = \frac{1}{10\times(\frac{1}{365})}\times[38.19 - 10(0.87)^2] = 1117.67$이 되어 이 주식의 수익률의 변동성(volatility, 또는 같은 의미로 위험(risk) 또는 표준편차(standard deviation))은 33.43bp로 약 0.33%의 연 변동성을 보이고 있다.

이제 두 개의 자산 A, B가 있고 이들의 수익률을 R_A, R_B라고 표현하며 이들 두 자산의 가격에 대한 관찰시점이 t_0, $t_0+\Delta t$, $t_0+2\Delta t$, ⋯, $t_0+m\Delta t$인 (m+1)개 시점일 때 $R_{Ai} = \frac{S_A(t_0+i\Delta t)-S_A(t_0+(i-1)\Delta t)}{S_A(t_0+(i-1)\Delta t)}$, $R_{Bi} = \frac{S_B(t_0+i\Delta t)-S_B(t_0+(i-1)\Delta t)}{S_B(t_0+(i-1)\Delta t)}$, i=1,⋯,m로 m개의 수익률의 쌍이 관찰된다. 여기에서 $S_A(t)$와 $S_B(t)$는 시점 t에서 두 자산의 가격을 말한다.

이 R_{Ai}와 R_{Bi}를 이용하여 R_A와 R_B의 연 기대수익률과 연 변동성의 추정치는 이미 논의하였으므로 R_A와 R_B의 공분산의 추정치(적률추정치)를 구하여 보자.

$$\mathrm{Cov}(R_A,R_B) = E[(R_A-E(R_A))(R_B-E(R_B))]$$

이므로 이에 대한 적률추정치는

$$\frac{1}{m}\sum_{i=1}^{m}(R_{Ai}-\overline{R}_A)(R_{Bi}-\overline{R}_B)$$

가 된다. 여기에서 $\overline{R}_A = \frac{1}{m}\sum_{i=1}^{m} R_{Ai}$이고 $\overline{R}_B = \frac{1}{m}\sum_{i=1}^{m} R_{Bi}$이다. 그런데 연 기대수익률과 연 변동성을 구할 때와 마찬가지로 $\mathrm{Cov}(R_A,R_B) = \sigma_{AB}^2\cdot\Delta t$이므로 연 공분산의 추정치는 $\widehat{\sigma_{AB}^2} = \frac{1}{m\cdot\Delta t}\sum_{i=1}^{m}(R_{Ai}-\overline{R}_A)(R_{Bi}-\overline{R}_B)$가 된다.

연습문제 1.21

두 개의 주식에 대한 2009년 1월부터 2010년 6월까지의 매월 말일 종가 기준의 가격이 다음과 같다고 하자.

2009년 2010년	1월 10월	2월 11월	3월 12월	4월 1월	5월 2월	6월 3월	7월 4월	8월 5월	9월 6월
삼성	488,000	477,000	568,000	592,000	558,000	592,000	724,000	771,000	815,000
전자	723,000	720,000	799,000	784,000	744,000	818,000	849,000	776,000	774,000
Posco	360,000	315,000	364,500	397,000	420,000	423,500	502,000	461,500	487,000
	504,000	558,000	618,000	536,000	530,000	528,000	499,000	472,000	466,500

(i) 두 주식의 월별 수익률을 구하고 월별 수익률을 통해 주식 A와 B의 연 기대 수익률과 연 변동성의 추정치를 구하라.

(ii) 두 주식의 연 공분산과 상관계수의 추정치를 구하라.

금융에서 가장 중요한 주제는 수익률(return), 이자율(interest), 그리고 변동성(volatility)이다. 위험자산의 수익률은 앞에서 이용한 수익률의 정의에 따라 기대수익률 및 변동성을 구할 수 있다.

그러나 대부분의 경우, 원래의 수익률인 $\frac{S(t+\Delta t)-S(t)}{S(t)}$ 대신에 $\ln\frac{S(t+\Delta t)}{S(t)}$를 사용한다. 이 $\ln\frac{S(t+\Delta t)}{S(t)}$를 로그수익률이라고 한다. Δt가 매우 작은 값이므로 $\frac{S(t+\Delta t)-S(t)}{S(t)}$는 매우 작은 값을 갖는다(Δt가 흔히 1분 또는 30분 단위일 경우가 대부분이다). 이 경우 $\ln\frac{S(t+\Delta t)}{S(t)} = \ln\left(1+\frac{S(t+\Delta t)-S(t)}{S(t)}\right) \approx \frac{S(t+\Delta t)-S(t)}{S(t)}$ 가 된다. 그러므로 위험자산의 수익률은 $\frac{S(t)-S(t-\Delta t)}{S(t-\Delta t)}$ 대신에 로그수익률 $\log\left(\frac{S(t)}{S(t-\Delta t)}\right)$를 이용하여 수익률의 연 기대수익률과 연 변동성 그리고 공분산 등을 구할 수 있다.

연습문제 1.22

연습문제 1.21의 자료를 이용하여 로그수익률을 계산하고 이 로그수익률을 이용하여 R_A와 R_B의 연 기대수익률, 연 변동성, 그리고 연 공분산 및 상관계수를 구하라.

지금까지 논의한 적률추정치는 확률과정이 정상성(stationarity)이어야 신뢰성 있는 추정치가 된다. 확률과정의 정상성의 의미는 이미 정의하였으나 가장 일반적으로 사용하는 정상성의 의미는 평균이 시간 t에 의존하지 않고 분산 또한 시간에 의존하여 커지거나 작아지는 경향이 없는 확률과정을 말한다. 그러므로 일반적으로 y축에 로그수익률을, x축에 시간을 놓고 그림을 그려 로그수익률이 x축에 평행이며 자료가 시간에 의존하여 퍼지거나 줄어드는 현상이 일어나지 않으면 이러한 확률과정(또는 관찰시점의 간격이 동일할 때의 확률과정인 시계열)을 정상성과정이라고 한다.

만약 수익률의 확률과정(또는 시계열)이 정상적이지 않다면 가능한 한 최근의 짧은 확률과정자료를 이용하는 것이 바람직하다. 충분히 짧은 확률과정자료(시계열)는 거의 항상 정상성을 만족하기 때문이다. 다른 방법으로는 회귀분석이나 이분산모형 등을 사용하여 수익률의 기대치, 분산, 공분산을 구할 수 있으나 이에 대한 것은 고급 시계열 분석기법을 설명해야 하므로 생략하기로 한다.

02 CHAPTER

포트폴리오 (Portfolio Theory)

자산의 손실은 미래 가격의 불확실성으로부터 발생한다. 어떤 특정자산에 투자하여 발생하는 위험을 여러 자산에 분산투자하여 위험(변동성)을 줄이는 포트폴리오 이론을 공부하고자 한다. 또한 최적 포트폴리오(optimal portfolio)의 구성으로부터 자산가격모형(Capital Asset Pricing Model)을 도출하고 CAPM의 의미를 고려하고자 한다.

2개 이상의 자산의 분산투자로 정의되는 포트폴리오 이론을 이해하기 위해서는 최소한 선형대수(linear algebra)에 대한 기초지식이 요구된다. 그러므로 먼저 포트폴리오에 필요한 선형대수와, 목표 기대수익률 조건을 만족시키면서 변동성(위험)을 최소화하는 포트폴리오를 구성하는 방법 중의 하나인 Lagrange Multiplier 기법을 소개하고자 한다.

1 행렬의 연산

행렬(matrix)은 숫자나 부호의 집합으로 행과 열로 이루어져 있다. 예를 들어

$$A = \begin{pmatrix} a & b & c \\ d & e & f \end{pmatrix}$$

는 2개의 행과 3개의 열로 구성된 행렬로써 $A_{2\times3}$로 표현하기도 한다.

$$B = \begin{pmatrix} g & h & i \\ j & k & l \end{pmatrix}$$

라고 할 때, 두 행렬 A와 B의 덧셈과 뺄셈은

$$A \pm B = \begin{pmatrix} a \pm g & b \pm h & c \pm i \\ d \pm j & e \pm k & f \pm l \end{pmatrix}$$

으로 정의된다. 그러므로 2개의 행렬의 덧셈과 뺄셈은 행과 열의 숫자가 일치되어야 한다.

행렬 A의 전치행렬(transpose matrix)은

$$A^T = \begin{pmatrix} a & d \\ b & e \\ c & f \end{pmatrix}$$

이며 A의 행과 열을 바꾼 행렬을 말한다. 그러므로 $A_{2\times3}$이면 A의 전치행렬은 $A^T{}_{3\times2}$가 된다. 또한 $(A \cdot B)^T = B^T \cdot A^T$이다.

행렬 A와 B^T 의 곱은

$$\begin{aligned} A \cdot B^T &= \begin{pmatrix} a & b & c \\ d & e & f \end{pmatrix} \begin{pmatrix} g & j \\ h & k \\ i & l \end{pmatrix} \\ &= \begin{pmatrix} a \cdot g + b \cdot h + c \cdot i & a \cdot j + b \cdot k + c \cdot l \\ d \cdot g + e \cdot h + f \cdot i & d \cdot j + e \cdot k + f \cdot l \end{pmatrix} \end{aligned}$$

으로 정의된다. 즉 A의 첫 번째 행과 B^T의 첫 번째 열을 곱해서 $A \cdot B^T$의 첫 번째 행과 열의 값을 구하고, A의 첫 번째 행과 B^T의 두 번째 열을 곱해서 $A \cdot B^T$의 첫 번째 행과 두 번째 열의 값을 구하고, A의 두 번째 행과 B^T의 첫 번째 열을 곱해서 $A \cdot B^T$의 (2,1)째 값을 구하고, A의 두 번째 행과 B^T의 두 번째 열을 곱해서 $A \cdot B^T$의 (2,2)째 값을 구한다.

그러므로 $C_{m\times n}$, $D_{k\times p}$가 있을 때 행렬의 곱 $C \cdot D$가 성립하기 위해서는 C의 열의 수와 D의 행의 수가 일치하여야 하며(즉, $n=k$), $C \cdot D$행렬은 $m \times p$행렬이 된다.

어떤 행렬 $F_{p\times q}$에서 $p=1$이 되면 행벡터라고 하고 $q=1$이면 열벡터라고 한다. 특히, $p=q$이면 이를 정방행렬(square matrix)이라고 한다.

정방행렬 F가 있을 때 $F^{-1} \cdot F = I$가 되면 F^{-1}를 F의 역행렬이라고 한다. 여기에서 I는 단위행렬(identity matrix)이라고 하며 대각행렬은 모두 1이고 나머지 행과 열의 값은 모두 0인 행렬을 말한다.

그러므로 F^{-1}는 실수에서는 역수에 대응되는 행렬이며 I는 1에 해당되는 행렬이다. 그러므로 $A \cdot I = I \cdot A = A$가 된다. 여기에서 A는 임의의 정방행렬이다.

예제 2.1

$F = \begin{pmatrix} 2 & 5 \\ 1 & 3 \end{pmatrix}$일 때

$$F^{-1} = \frac{1}{2 \times 3 - 5 \times 1} \begin{pmatrix} (-1)^{1+1} \cdot 3 & (-1)^{1+2} \cdot 1 \\ (-1)^{2+1} \cdot 5 & (-1)^{2+2} \cdot 2 \end{pmatrix}^T = \begin{pmatrix} 3 & -5 \\ -1 & 2 \end{pmatrix}$$

가 된다. 이를 통해

$$\begin{pmatrix} 2 & 5 \\ 1 & 3 \end{pmatrix} \begin{pmatrix} 3 & -5 \\ -1 & 2 \end{pmatrix} = \begin{pmatrix} 1 & 0 \\ 0 & 1 \end{pmatrix}$$

이 됨을 알 수 있다.

$F = \begin{pmatrix} 1 & 0 & 2 \\ 2 & -1 & 3 \\ 6 & -1 & -1 \end{pmatrix}$의 역행렬은 $F^{-1} = \begin{pmatrix} -11 & 2 & 2 \\ -4 & 0 & 1 \\ 6 & -1 & -1 \end{pmatrix}$이다.

역행렬을 구체적으로 구하는 방법을 여기에서는 생략하기로 한다. 관심있는 독자들은 시중의 선형대수책(예를 들어, 행렬대수학. S. R. Searle 저, 김병철 역)을 참고하기 바란다. 일반적으로 $F_{3\times3}$ 이상의 역행렬을 직접 구하는 것은 시간 낭비이기 때문에 컴퓨터를 이용해서 구하게 된다.

연습문제 2.2

$F = \begin{pmatrix} 1 & 0 & 2 \\ 2 & -1 & 3 \\ 4 & 1 & 8 \end{pmatrix}$의 역행렬을 구하는 방법을 구체적으로 제시한 후 F의 역행렬이 $F^{-1} = \begin{pmatrix} -11 & 2 & 2 \\ -4 & 0 & 1 \\ 6 & -1 & -1 \end{pmatrix}$임을 보여라.

2 행렬로 표현된 기대값과 분산 그리고 이에 관련된 행렬의 미분

세 개의 자산으로 구성된 포트폴리오의 수익률 $R_p = W_1R_1 + W_2R_2 + W_3R_3$, $W_1+W_2+W_3=1$을 고려하여 보자.

$$E(R_p) = W_1E(R_1)+ W_2E(R_2)+ W_3E(R_3) \text{이고}$$
$$Var(R_p) = W_1^2Var(R_1) + W_2^2Var(R_2) + W_3^2Var(R_3) + 2W_1W_2Cov(R_1, R_2) + 2W_1W_3Cov(R_1, R_3) + 2W_2W_3Cov(R_2, R_3)$$

임은 이미 논의하였다.

이제 $\mathbf{W}=\begin{pmatrix}W_1\\W_2\\W_3\end{pmatrix}$, $\mathbf{R}=\begin{pmatrix}R_1\\R_2\\R_3\end{pmatrix}$, $\mu=\begin{pmatrix}\mu_1\\\mu_2\\\mu_3\end{pmatrix}=\begin{pmatrix}E(R_1)\\E(R_2)\\E(R_3)\end{pmatrix}$로 놓고

$$\Omega=\begin{pmatrix}Var(R_1) & Cov(R_1,R_2) & Cov(R_1,R_3)\\ Cov(R_1,R_2) & Var(R_2) & Cov(R_2,R_3)\\ Cov(R_1,R_3) & Cov(R_2,R_3) & Var(R_3)\end{pmatrix}$$

로 정의하여 보자. Ω는 $Var\begin{pmatrix}R_1\\R_2\\R_3\end{pmatrix} = Var(\mathbf{R})$이며 **R**의 분산·공분산 행렬이라고 한다. **R**의 분산·공분산 행렬은 대각행렬의 값으로 $Var(R_1)$, $Var(R_2)$, $Var(R_3)$를 가지고 있으며 비대각행렬의 값은 공분산들로 구성되어 있다. 또한 $\Omega=\Omega^T$가 성립하는 대칭행렬 (symmetric matrix)이다.

$R_p = W_1R_1 + W_2R_2 + W_3R_3 = \mathbf{W}^T\mathbf{R}$ 로 재표현할 수 있고, $E(R_p) = E(\mathbf{W}^T\mathbf{R}) = \mathbf{W}^TE(\mathbf{R})$가 되며, $Var(R_p) = Var(\mathbf{W}^T\mathbf{R}) = \mathbf{W}^TVar(\mathbf{R})\mathbf{W}$가 되는 것을 보일 수 있다. 즉,

$$\mathbf{W}^TVar(\mathbf{R})\mathbf{W} = (W_1\ W_2\ W_3)\begin{pmatrix}Var(R_1) & Cov(R_1,R_2) & Cov(R_1,R_3)\\ Cov(R_1,R_2) & Var(R_2) & Cov(R_2,R_3)\\ Cov(R_1,R_3) & Cov(R_2,R_3) & Var(R_3)\end{pmatrix}\begin{pmatrix}W_1\\W_2\\W_3\end{pmatrix}$$
$$= W_1^2Var(R_1) + W_2^2Var(R_2) + W_3^2Var(R_3) + 2W_1W_2Cov(R_1, R_2) + 2W_1W_3Cov(R_1, R_3) + 2W_2W_3Cov(R_2, R_3)$$

가 되어 앞에서 구한 $Var(R_p)$와 일치함을 알 수 있다.

$R_p = W_1R_1 + W_2R_2 + W_3R_3$이므로 $\frac{\partial R_p}{\partial W_1} = R_1$, $\frac{\partial R_p}{\partial W_2} = R_2$, $\frac{\partial R_p}{\partial W_3} = R_3$이다.

$\begin{pmatrix} \frac{\partial R_p}{\partial W_1} \\ \frac{\partial R_p}{\partial W_2} \\ \frac{\partial R_p}{\partial W_3} \end{pmatrix} = \begin{pmatrix} R_1 \\ R_2 \\ R_3 \end{pmatrix}$으로 표현되며 이는 $\frac{\partial R_p}{\partial \mathbf{W}}$ 로 표현한다.

즉 $R_p = \mathbf{W}^T R$ 이므로 $\frac{\partial R_p}{\partial \mathbf{W}} = \mathbf{R}$ 이 됨을 알 수 있다.

벡터 **W**에 대한 미분을 설명하기 위해, 일반적인 미분 ax를 x로 미분하면 a가 남게 된다. 그러므로 위의 예에서 볼 수 있듯이 벡터 **W**에 대한 $\mathbf{W}^T\mathbf{R}$의 미분은 벡터 **W**가 $\mathbf{W}^T$를 상쇄하는 것으로 생각하면 된다. 물론 $R_p = \mathbf{R}^T\mathbf{W}$로 표현할 수 있다. 이 경우에도 $\frac{\partial R_p}{\partial \mathbf{W}} = \mathbf{R}$이 된다. 그 이유는 **W**에 대한 미분은 $\mathbf{W}^T$를 상쇄하므로 $R_p = \mathbf{W}^T\mathbf{R}$로 재표현하여 미분하기 때문이다.

다음으로 $\frac{\partial \operatorname{Var}(R_p)}{\partial \mathbf{W}}$ 를 고려하여 보자.

$$\begin{aligned} \operatorname{Var}(R_p) = {} & W_1^2\operatorname{Var}(R_1) + W_2^2\operatorname{Var}(R_2) + W_3^2\operatorname{Var}(R_3) + 2W_1W_2\operatorname{Cov}(R_1,R_2) \\ & + 2W_1W_3\operatorname{Cov}(R_1,R_3) + 2W_2W_3\operatorname{Cov}(R_2,R_3) \end{aligned}$$

이므로

$$\begin{aligned} \frac{\partial \operatorname{Var}(R_p)}{\partial \mathbf{W}} &= \begin{pmatrix} \frac{\partial \operatorname{Var}(V_p)}{\partial W_1} \\ \frac{\partial \operatorname{Var}(V_p)}{\partial W_2} \\ \frac{\partial \operatorname{Var}(V_p)}{\partial W_3} \end{pmatrix} \\ &= \begin{pmatrix} 2W_1\operatorname{Var}(R_1) + 2W_2\operatorname{Cov}(R_1,R_2) + 2W_3\operatorname{Cov}(R_1,R_3) \\ 2W_2\operatorname{Var}(R_2) + 2W_1\operatorname{Cov}(R_1,R_2) + 2W_3\operatorname{Cov}(R_2,R_3) \\ 2W_3\operatorname{Var}(R_3) + 2W_1\operatorname{Cov}(R_1,R_3) + 2W_2\operatorname{Cov}(R_2,R_3) \end{pmatrix} \\ &= 2\begin{pmatrix} \operatorname{Var}(R_1) & \operatorname{Cov}(R_1,R_2) & \operatorname{Cov}(R_1,R_3) \\ \operatorname{Cov}(R_1,R_2) & \operatorname{Var}(R_2) & \operatorname{Cov}(R_2,R_3) \\ \operatorname{Cov}(R_1,R_3) & \operatorname{Cov}(R_2,R_3) & \operatorname{Var}(R_3) \end{pmatrix} \begin{pmatrix} W_1 \\ W_2 \\ W_3 \end{pmatrix} \\ &= 2\operatorname{Var}(R)W \end{aligned}$$

임을 알 수 있다. 그러므로 $\frac{\partial \operatorname{Var}(R_p)}{\partial \mathbf{W}} = \frac{\partial \mathbf{W}^T \operatorname{Var}(\mathbf{R})\mathbf{W}}{\partial \mathbf{W}} = 2\operatorname{Var}(\mathbf{R})\mathbf{W}$가 된다.

이 미분을 이해하기 위해 x^2의 미분을 고려하여 보자. 이 미분은 2x이다. 그런데 $x^2 = x \cdot x$로 생각하여 앞의 x에 대해 미분을 취한 값과 뒤의 x에 대해 미분을 취한 값을 더하면 동일하게 2x의 결과를 얻을 수 있다. 동일한 방법으로 $\mathbf{W}^T\mathrm{Var}(\mathbf{R})\mathbf{W}$를 $\mathbf{W}$로 미분하면 앞에 $\mathbf{W}^T$가 상쇄되어 $\mathrm{Var}(\mathbf{R})\mathbf{W}$가 남고 뒤의 $\mathbf{W}$를 미분하기 위해 $\mathbf{W}^T\mathrm{Var}(\mathbf{R})\mathbf{W}$에 전치행렬을 취하면 $\mathbf{W}^T\mathrm{Var}^T(\mathbf{R})\mathbf{W}$가 되어 $\mathrm{Var}^T(\mathbf{R})\mathbf{W}$ 가 된다. 그런데 $\mathrm{Var(R)} = \Omega$는 대칭행렬이므로 $\Omega^T = \Omega$ 가 되어 $\mathrm{Var}(\mathbf{R})\mathbf{W} + \mathrm{Var}^T(\mathbf{R})\mathbf{W} = 2\,\mathrm{Var}(\mathbf{R})\mathbf{W}$가 된다.

여기에서 눈여겨 보아야 할 것은 $\mathrm{Var}(R_p) = W_1^2\,\mathrm{Var}(R_1) + W_2^2\,\mathrm{Var}(R_2) + W_3^2\mathrm{Var}(R_3) + 2W_1W_2\mathrm{Cov}(R_1,R_2) + 2W_1W_3\mathrm{Cov}(R_1,R_3) + 2W_2W_3\mathrm{Cov}(R_2,R_3)$이므로, $\mathrm{Var}(R_p)$는 W_1, W_2, 그리고 W_3에 대해 2차 형식이며, W_1^2, W_2^2, W_3^2의 계수가 각각 $\mathrm{Var}(R_1)$, $\mathrm{Var}(R_2)$, $\mathrm{Var}(R_3)$가 되어, 위험자산(risky asset)인 경우에 이들 분산은 항상 양의 값을 가지므로 계수 W_1, W_2, W_3에 대해 아래로 볼록이며 $\mathrm{Var}(R_p)$가 최소값이 되는 W_1, W_2, W_3가 존재함을 의미한다.

지금까지의 논의를 일반화하여 정리하면 다음과 같다. n개의 위험자산으로 구성된 포트폴리오의 수익률을 $R_p = \sum_{i=1}^{n} W_i\,R_i$로 표현할 때 $R_p = \mathbf{W}^T\mathbf{R}$로 재표현될 수 있다. 여기에서 $\mathbf{W} = (W_1, W_2, \cdots, W_n)^T$이고 $\mathbf{R} = (R_1, R_2, \cdots, R_n)^T$이다.

그러면

$$E(R_p) = \mathbf{W}^T E(R) \text{이고 } \mathrm{Var}(R_p) = \mathbf{W}^T\mathrm{Var}(R)\mathbf{W}$$

가 되며

$$\frac{\partial\,\mathrm{Var}(V_p)}{\partial \mathbf{W}} = 2\mathrm{Var}(R)\mathbf{W}$$

이고 $\mathrm{Var}(R_p)$는 $\mathbf{W}$에 대해 2차 형식이며 $\mathrm{Var}(R_p)$를 최소화하는 $\mathbf{W}$가 존재한다.

여기에서

$$\mathrm{Var(R)} = \Omega_{nxn} = \begin{pmatrix} \mathrm{Var}(R_1) & \mathrm{Cov}(R_1,R_2) & \cdots & \mathrm{Cov}(R_1,R_n) \\ \mathrm{Cov}(R_1,R_2) & \mathrm{Var}(R_2) & & \mathrm{Cov}(R_2,R_n) \\ \vdots & & \ddots & \vdots \\ \mathrm{Cov}(R_1,R_n) & \mathrm{Cov}(R_2,R_n) & \cdots & \mathrm{Var}(R_n) \end{pmatrix}$$

이다.

3 제약조건이 있는 이차형식의 최적화

어떤 $n \times 1$ 벡터 W에 대해 W^TAW를 이차형식이라고 말한다. 이 이차형식 W^TAW의 최적화 문제는 W^TAW를 최대 또는 최소화하는 W를 찾는 문제를 말한다. 그러나 최적 포트폴리오를 찾는 문제는 많은 경우에 W에 대한 제약조건이 따르게 된다.

예를 들어 W가 포트폴리오의 투자비중이라고 하면 $1^TW = \sum_{i=1}^{n} W_i = 1$(1은 모든 요소가 1인 $n \times 1$ 벡터이다)과 같은 제약조건이 있다. 이러한 조건이 k개 있다고 가정하자. 이 제약조건을 $g_1(W) = a_1$, $g_2(W) = a_2, \cdots$, $g_k(W) = a_k$ 라고 표기하자. 그러면 최적화의 목적함수는

$$O_w = W^TAW + 2\lambda_1(g_1(W) - a_1) + 2\lambda_2(g_2(W) - a_2) + \cdots + 2\lambda_k(g_k(W) - a_k)$$

가 된다. 만약 A의 대각행렬이 모두 양의 값이면 W^TAW를 전개했을 때 W_1^2, W_2^2, $\cdots$, W_k^2의 계수가 모두 양의 값을 갖게 되어 O_w의 최적화는 O_w를 최소화하는 W를 구하는 문제로 해결된다. $W, \lambda_1, \lambda_2, \cdots, \lambda_k$에 대해 미분을 취하면

$$\frac{\partial O_W}{\partial W} = 2AW + 2\lambda_1\frac{\partial g_1(W)}{\partial W} + 2\lambda_2\frac{\partial g_2(W)}{\partial W} + \cdots + 2\lambda_k\frac{\partial g_k(W)}{\partial W}$$
$$\frac{\partial O_W}{\partial \lambda_1} = 2(g_1(W) - a_1)$$
$$\vdots$$
$$\frac{\partial O_W}{\partial \lambda_k} = 2(g_k(W) - a_k)$$

가 된다. 그러므로 O_w의 최적화를 위한 W의 값은

$$\frac{\partial O_W}{\partial W} = AW + \lambda_1\frac{\partial g_1(W)}{\partial W} + \lambda_2\frac{\partial g_2(W)}{\partial W} + \cdots + \lambda_k\frac{\partial g_k(W)}{\partial W} = 0$$
$$\frac{\partial O_W}{\partial \lambda_1} = g_1(W) - a_1 = 0$$
$$\vdots$$
$$\frac{\partial O_W}{\partial \lambda_k} = g_k(W) - a_k = 0$$

의 해가 된다. 이러한 해를 Lagrange-multiplier를 이용한 해라고 한다. 이 식에서 볼 수 있듯이 O_w에서 라그랑지 승수(Lagrange multiplier) $\lambda_1, \cdots, \lambda_k$에 2를 곱한

이유는 계산의 편리를 위해서이다. 즉, $\frac{\partial O_W}{\partial W}$의 2차식 WAW의 미분값이 2AW가 되기 때문에 $\lambda_1, \cdots, \lambda_k$보다 $2\lambda_1, \cdots, 2\lambda_k$가 위의 식 $\frac{\partial O_W}{\partial W}$를 간단하게 해주기 때문이다. 그리고 O_w의 각 라그랑지 승수에 제약조건을 곱한 이유는 $\frac{\partial O_W}{\partial \lambda_1} = 0, \ldots, \frac{\partial O_W}{\partial \lambda_k} = 0$가 제약조건이 되기 때문이다.

예제 2.3 어떤 변수 x로 변수 y를 설명하기 위한 모형으로 $y_i = \beta_0 + \beta_1 x_i + \varepsilon_i$, $i = 1, 2, \cdots, n$을 고려할 수 있다. 즉 $(x_1, y_1), (x_2, y_2), \cdots, (x_n, y_n)$으로 n개 쌍의 관찰치가 있을 때 위와 같은 선형모형으로 y를 x로 설명하려는 모형이다. 이 모형에서 ε_i를 오차항(error term)이라고 하며 $\beta_0 + \beta_1 x_i$로 설명하지 못한 부분으로 해석한다.

위의 모형을 모든 관찰치에 대해 쓰면

$$\begin{aligned} y_1 &= \beta_0 + \beta_1 x_1 + \varepsilon_1 \\ y_2 &= \beta_0 + \beta_1 x_2 + \varepsilon_2 \\ &\vdots \\ y_n &= \beta_0 + \beta_1 x_n + \varepsilon_n \end{aligned}$$

이 되고 이를 행렬로 재표현하면

$$\begin{pmatrix} y_1 \\ y_2 \\ \vdots \\ y_n \end{pmatrix} = \begin{pmatrix} 1 & x_1 \\ 1 & x_2 \\ \vdots & \vdots \\ 1 & x_n \end{pmatrix} \begin{pmatrix} \beta_0 \\ \beta_1 \end{pmatrix} + \begin{pmatrix} \varepsilon_1 \\ \varepsilon_2 \\ \vdots \\ \varepsilon_n \end{pmatrix}$$

으로 표현할 수 있다. 간단하게 $\mathbf{y} = X\boldsymbol{\beta} + \boldsymbol{\varepsilon}$으로 표현된다.

이제 오차항의 제곱합 $\sum_{i=1}^{n} \varepsilon_i^2$을 최소화하는 β_0와 β_1을 구해보자.
이를 최소제곱추정량(least square estimator)이라고 말한다.

$$\begin{aligned} \sum_{i=1}^{n} \varepsilon_i^2 &= \boldsymbol{\varepsilon}^T \boldsymbol{\varepsilon} = (\mathbf{y} - X\boldsymbol{\beta})^T (\mathbf{y} - X\boldsymbol{\beta}) = \mathbf{y}^T\mathbf{y} - \boldsymbol{\beta}^T X^T \mathbf{y} - \mathbf{y}^T X \boldsymbol{\beta} + \boldsymbol{\beta}^T X^T X \boldsymbol{\beta} \\ &= \mathbf{y}^T\mathbf{y} - 2\boldsymbol{\beta}^T X^T \mathbf{y} + \boldsymbol{\beta}^T X^T X \boldsymbol{\beta} \end{aligned}$$

($\boldsymbol{\beta}^T X^T \mathbf{y}$와 $\mathbf{y}^T X \boldsymbol{\beta}$는 스칼라(scalar, 즉 1×1 행렬)이기 때문에 같은 값이다)

그러므로 제약조건이 없는 목적함수는

$$O_{\boldsymbol{\beta}} = \mathbf{y}^T\mathbf{y} - 2\boldsymbol{\beta}^T X^T \mathbf{y} + \boldsymbol{\beta}^T X^T X \boldsymbol{\beta}$$

이 되며 X^TX의 대각행렬은 n과 $\sum_{i=1}^{n} x_i^2$이 되어(X^TX의 대각행렬은 X행렬의 각 열의 제곱합이므로 항상 양의 값을 갖는다), $O_{\boldsymbol{\beta}}$를 최소화하는 $\boldsymbol{\beta}$는

$\frac{\partial O_{\beta}}{\partial \beta} = -2X^T\mathbf{y} + 2X^TX\,\boldsymbol{\beta} = 0$ 를 만족하는

$$\hat{\boldsymbol{\beta}} = (X^TX)^{-1}X^T\mathbf{y}$$

이다. 위와 같이 하나의 독립변수로 y를 설명하려는 선형모형을 단순회귀모형(simple regression model)이라고 한다.

연습문제 2.4

(i) 예제 2.3에서 $\hat{\boldsymbol{\beta}} = (X^TX)^{-1}X^T\mathbf{y}$를 풀어서

$$\widehat{\beta_0} = \bar{y} - \widehat{\beta_1}\,\bar{x} \text{ 이며 } \widehat{\beta_1} = \frac{\sum_{i=1}^{n}(x_i - \bar{x})(y_i - \bar{y})}{\sum_{i=1}^{n}(x_i - \bar{x})^2}$$

임을 보여라. 단 $\bar{x} = \frac{1}{n}\sum_{i=1}^{n} x_i$, $\bar{y} = \frac{1}{n}\sum_{i=1}^{n} y_i$이다.

(ii) $y_i = \beta_0 + \beta_1 x_{1i} + \cdots + \beta_k x_{ki} + \varepsilon_i$, $i = 1,2,\cdots,n$을 다중회귀모형(multiple regression model)이라고 한다. 이를 행렬을 이용하여 재표현한 후, 목적함수와 $\hat{\boldsymbol{\beta}}$은 예제 2.3과 동일함을 보여라.

예제 2.5 3개의 위험자산(risky asset)의 기대수익률은 각각 0.07(연 7%), 0.12(연 12%), 0.09(연 9%)라고 하고 분산은 각각 0.2, 0.3, 0.25라고 가정하자.

그리고 계산의 편의를 위해 3개의 위험자산들은 무상관 관계를 가지고 있다고 하자. 국채와 같은 무위험자산(risk-free asset)의 수익률을 0.05(연 5%)라고 할 때 연 10%의 기대수익률을 위한 다음의 포트폴리오를 비교하라.

(i) 3개의 위험자산으로만 구성된 최적 포트폴리오

(ii) 첫 번째 위험자산과 무위험자산의 최적 포트폴리오

(iii) 3개의 위험자산과 무위험자산의 최적 포트폴리오

위의 세 가지의 포트폴리오를 비교하기 위해 행렬연산을 사용하지 않는 방법과 행렬연산과 Lagrange multiplier를 이용한 방법을 모두 사용하여 이해를 돕고자 한다.

(i) $R_p = W_1R_1+W_2R_2+W_3R_3$ 이므로 $E(R_p) = W_1E(R_1)+W_2E(R_2)+W_3E(R_3)$이며 목표수익률이 연 10%이므로

$$0.07W_1 + 0.12\, W_2 + 0.09\, W_3 = 0.1$$

이 된다.

이 제약조건과 $W_1+ W_2+ W_3 = 1$ 이라는 제약조건에 의해

$$W_2 = \frac{1}{3} + \frac{2}{3}W_1\,,\, W_3 = \frac{2}{3} - \frac{5}{3}\, W_1$$

이 된다.

이 제약조건에서 R_p의 최소분산(즉, 최소위험)을 갖는 포트폴리오가 최적 포트폴리오가 된다. 공분산이 모두 0이므로

$$\begin{aligned} Var(R_p) &= W_1^2 Var(R_1) + W_2^2 Var(R_2) + W_3^2 Var(R_3) \\ &= W_1^2 \cdot (0.2) + (\frac{1}{3} + \frac{2}{3}W_1)^2 \cdot (0.3) + (\frac{2}{3} - \frac{5}{3}W_1)^2 \cdot (0.25) \end{aligned}$$

W_1에 대해 미분을 취하면

$$\frac{\partial Var(Rp)}{\partial W_1} = 2.055\, W_1 - 0.422 = 0$$에 의해 $W_1 = 0.2054$이 되어

$$W_2 = \frac{1}{3} + \frac{2}{3}W_1 = 0.4703 \text{ 이고 } W_3 = 1 - W_1 - W_2 = 0.3243$$

이 된다. 그러므로 목표수익률이 연 10%를 달성할 수 있는 최소 위험 포트폴리오는

$$R_p = 0.2054\, R_1 + 0.4703\, R_2 + 0.3243\, R_3$$

이며 이때의 분산 $Var(R_p) = 0.1011$이다.

즉, 총 자본금의 20.54%를 첫 번째 자산에, 47.03%를 두 번째 자산에,

32.43%를 세 번째 자산에 투자함으로써 목표기대수익률 10%를 달성하는데 위험(risk)이 가장 작은 최적 포트폴리오를 구성할 수 있게 된다.

이제 이 문제를 라그랑지 승수를 이용한 행렬 연산에 의해 구해보자.

$$E(\mathbf{R}) = \begin{pmatrix} E(R_1) \\ E(R_2) \\ E(R_3) \end{pmatrix} = \begin{pmatrix} 0.07 \\ 0.12 \\ 0.09 \end{pmatrix} \text{ 이고,}$$

$$\Omega = \mathrm{Var}(\mathbf{R}) = \mathrm{Var}\begin{pmatrix} R_1 \\ R_2 \\ R_3 \end{pmatrix} = \begin{pmatrix} 0.2 & 0 & 0 \\ 0 & 0.3 & 0 \\ 0 & 0 & 0.25 \end{pmatrix}$$

이다.

제약조건 $g_1(\mathbf{W})=a_1$에 해당되는 조건은 $0.07W_1 + 0.12\ W_2 + 0.09\ W_3 = 0.1$이다. 그러므로

$$(0.07 \quad 0.12 \quad 0.09)\begin{pmatrix} W_1 \\ W_2 \\ W_3 \end{pmatrix} = 0.1 \text{이 되며 이는}$$

$$(0.07 \quad 0.12 \quad 0.09)\mathbf{W} = 0.1\text{이다.}$$

두 번째 제약조건 $g_2(\mathbf{W})=a_2$에 해당되는 조건은 $W_1+ W_2+ W_3 = 1$이다. 그러므로 $(1 \quad 1 \quad 1)\begin{pmatrix} W_1 \\ W_2 \\ W_3 \end{pmatrix} = 1$ 이며 이는 $\mathbf{1}^T\mathbf{W} = 1$로 표현된다.

$R_p = W_1R_1+W_2R_2+W_3R_3 = \mathbf{W}^T\mathbf{R}$ 이므로

$$\begin{aligned} \mathrm{Var}(R_p) &= \mathbf{W}^T \Omega\, \mathbf{W} = \mathbf{W}^T \mathrm{Var}(\mathbf{R})\mathbf{W} \\ &= (W_1 \quad W_2 \quad W_3)\begin{pmatrix} 0.2 & 0 & 0 \\ 0 & 0.3 & 0 \\ 0 & 0 & 0.25 \end{pmatrix}\begin{pmatrix} W_1 \\ W_2 \\ W_3 \end{pmatrix} \text{이다.} \end{aligned}$$

그러므로 목적함수는

$$O_W = \mathbf{W}^T \Omega\, \mathbf{W} + 2\lambda_1((0.07 \quad 0.12 \quad 0.09)\mathbf{W} - 0.1) + 2\lambda_2(\mathbf{1}^T\mathbf{W} - 1)$$

이 된다. 미분을 취해 0으로 놓으면

$$\frac{\partial O_W}{\partial \mathbf{W}} = 2\,\Omega\,\mathbf{W} + 2\lambda_1 \begin{pmatrix} 0.07 \\ 0.12 \\ 0.09 \end{pmatrix} + 2\lambda_2 \begin{pmatrix} 1 \\ 1 \\ 1 \end{pmatrix} = 0$$

$$\frac{\partial O_W}{\partial \lambda_1} = 2((0.07 \quad 0.12 \quad 0.09)\mathbf{W} - 0.1) = 0$$

$$\frac{\partial O_W}{\partial \lambda_2} = 2(1^T\mathbf{W} - 1) = 0$$

이 된다.

첫 번째 식에 의해 $\mathbf{W} = -\lambda_1\Omega^{-1}\begin{pmatrix} 0.07 \\ 0.12 \\ 0.09 \end{pmatrix} - \lambda_2\Omega^{-1}\begin{pmatrix} 1 \\ 1 \\ 1 \end{pmatrix}$이며 여기에서

$$\Omega^{-1} = \begin{pmatrix} 0.2^{-1} & 0 & 0 \\ 0 & 0.3^{-1} & 0 \\ 0 & 0 & 0.25^{-1} \end{pmatrix}$$

이다(대각행렬로만 이루어진 행렬의 역행렬은 대각행렬의 역수를 대각 요소로 가지는 대각행렬이기 때문).

그러므로

$$\mathrm{W} = -\lambda_1 \begin{pmatrix} 0.07/0.2 \\ 0.12/0.3 \\ 0.09/0.25 \end{pmatrix} - \lambda_2 \begin{pmatrix} 1/0.2 \\ 1/0.3 \\ 1/0.25 \end{pmatrix} = -\lambda_1 \begin{pmatrix} 0.35 \\ 0.4 \\ 0.36 \end{pmatrix} - \lambda_2 \begin{pmatrix} 5 \\ 3.33 \\ 4 \end{pmatrix}$$

$$= \begin{pmatrix} -0.35\,\lambda_1 - 5\lambda_2 \\ -0.4\,\lambda_1 - 3.33\lambda_2 \\ -0.36\,\lambda_1 - 4\lambda_2 \end{pmatrix}$$

가 된다.

이 **W**를 두 번째 식에 대입하면

$$(0.07 \quad 0.12 \quad 0.09)\begin{pmatrix} -0.35\,\lambda_1 - 5\lambda_2 \\ -0.4\,\lambda_1 - 3.33\lambda_2 \\ -0.36\,\lambda_1 - 4\lambda_2 \end{pmatrix} = 0.1 \text{ 이 되어}$$

$-0.1049\,\lambda_1 - 1.11\lambda_2 = 0.1$이 나오고

세 번째 식에 대입하면

$-1.11\,\lambda_1 - 12.33\lambda_2 = 1$ 이 되어, 이 두 식을 풀면 $\lambda_1 = -2.012$, $\lambda_2 = 0.1$ 이 된다. 그러므로

$$\mathbf{W} = \begin{pmatrix} W_1 \\ W_2 \\ W_3 \end{pmatrix} = \begin{pmatrix} -0.35\,\lambda_1 - 5\lambda_2 \\ -0.4\,\lambda_1 - 3.33\lambda_2 \\ -0.36\,\lambda_1 - 4\lambda_2 \end{pmatrix} = \begin{pmatrix} 0.204 \\ 0.472 \\ 0.324 \end{pmatrix}$$

가 되어 절삭오차(round error)를 제외하면 앞의 해와 일치함을 알 수 있다.

(ii) R_f를 무위험자산의 수익률이라고 표기하면

$$R_p = WR_1 + (1-W)\ R_f$$

가 된다. 목표수익률이 10%이므로

$$0.1 = WE(R_1) + (1-W)E(R_f) = 0.07W + 0.05(1-W)$$

가 되어 W = 2.5가 된다. 그러므로 $R_p = 2.5R_1 - 1.5R_f$이다. 여기에서 R_f는 무위험자산이므로 확률변수가 아닌 상수이다. 그러므로 $R_f = E(R_f)$가 되고, $Var(R_f) = 0$가 된다. 그러므로

$$Var(R_p) = (2.5)^2 Var(R_1) = 1.25$$

가 된다.

$R_p = 2.5R_1 - 1.5R_f$ 식에서 볼 수 있듯이, 무위험 이자율(이 경우 $R_f = 0.05$)로 자기자본의 150%를 빌려서 첫 번째 자산에 250%의 자본을 투자하는 포트폴리오이다. 이와 같이 무위험 이자율로 돈을 빌려서 자산(asset)을 사는 거래를 투기매입(buying on margin)이라고 한다.

(iii) $R_p = W_1R_1 + W_2R_2 + W_3R_3 + W_4R_f$이고 $W_4 = 1 - W_1 - W_2 - W_3$ 이므로

$$R_p = W_1R_1 + W_2R_2 + W_3R_3 + (1 - W_1 - W_2 - W_3)\ R_f$$

가 된다. 목표수익률이 10%이므로

$0.1 = E(R_p) = 0.07\,W_1 + 0.12W_2 + 0.09W_3 + 0.05(1 - W_1 - W_2 - W_3)$가 되어 정리하면

$$0.05 = 0.02\,W_1 + 0.07W_2 + 0.04W_3 \text{ 이고}$$

이로부터 $W_1 = \frac{5}{2} - \frac{7}{2}W_2 - 2W_3$ 가 된다. 위험자산의 공분산이 모두 0이고, $Var(R_f) = 0$ 이므로

$$\begin{aligned} Var(R_p) &= W_1^2 Var(R_1) + W_2^2 Var(R_2) + W_3^2 Var(R_3) \\ &= 0.2W_1^2 + 0.3W_2^2 + 0.25W_3^2 \\ &= 0.2(\frac{5}{2} - \frac{7}{2}W_2 - 2W_3)^2 + 0.3W_2^2 + 0.25W_3^2 \end{aligned}$$

이 된다. 그러므로

$$\frac{\partial Var(R_p)}{\partial W_2} = -3.5 + 5.5W_2 + 2.8W_3 = 0$$

$$\frac{\partial Var(R_p)}{\partial W_3} = -2 + 2.8W_2 + 2.1W_3 = 0$$

이 되어 $W_2 = 0.472, W_3 = 0.323$이 된다. 이로부터 $W_1 = \frac{5}{2} - \frac{7}{2}W_2 - 2W_3 = 0.202$이다.

$W_1 + W_2 + W_3 = 0.997$이므로, 3개의 위험자산에 99.7%를 투자하고 0.3%를 무위험자산에 투자하는 포트폴리오가 최적의 포트폴리오가 된다.

한편 위험자산에 대하여 99.7% 투자 중 첫 번째 자산에 $\frac{0.202}{0.997} \times 100 = 20.26\%$를, 두 번째 자산에 $\frac{0.472}{0.997} \times 100 = 47.34\%$를, 그리고 세 번째 자산에 32.4%를 투자하는 포트폴리오를 구성하게 된다.

이제 행렬을 이용하여 풀어보면

$$\begin{aligned} R_p &= W_1R_1 + W_2R_2 + W_3R_3 + (1 - W_1 - W_2 - W_3)\, R_f \\ &= \mathbf{W}^T R + (1 - 1^T W)\, R_f \end{aligned}$$

이다. 그러므로 $0.1 = \mathbf{W}^T \begin{pmatrix} 0.07 \\ 0.12 \\ 0.09 \end{pmatrix} + (1 - 1^T W) \cdot 0.05$가 제약조건이 된다.

$$Var(R_p) = \mathbf{W}^T Var(R) \mathbf{W} + Var((1 - 1^T W)\, R_f) = \mathbf{W}^T Var(R) \mathbf{W}$$

이므로 목적함수는

$$O_W = \mathbf{W}^T Var(R)\mathbf{W} + 2\lambda[\mathbf{W}^T\begin{pmatrix}0.07\\0.12\\0.09\end{pmatrix} + 0.05(1-\mathbf{1}^T\mathbf{W}) - 0.1]$$

이 되며

$$\frac{\partial O_W}{\partial \mathbf{W}} = 2Var(R)\mathbf{W} + 2\lambda\left(\begin{pmatrix}0.07\\0.12\\0.09\end{pmatrix} - 0.05\begin{pmatrix}1\\1\\1\end{pmatrix}\right) = 0$$

$$\frac{\partial O_W}{\partial \lambda} = \mathbf{W}^T\begin{pmatrix}0.07\\0.12\\0.09\end{pmatrix} + 0.05(1-\mathbf{1}^T\mathbf{W}) - 0.1 = 0$$

이 된다.

(i)의 해에서 $\Omega = Var(R) = \begin{pmatrix}0.2 & 0 & 0\\0 & 0.3 & 0\\0 & 0 & 0.25\end{pmatrix}$ 이므로 $\frac{\partial O_W}{\partial \mathbf{W}} = 0$으로부터

$$\mathbf{W} = -\lambda\Omega^{-1}\left(\begin{pmatrix}0.07\\0.12\\0.09\end{pmatrix} - 0.05\begin{pmatrix}1\\1\\1\end{pmatrix}\right) = -\lambda\begin{pmatrix}0.1\\0.233\\0.16\end{pmatrix}$$

이 된다.

이를 $\frac{\partial O_W}{\partial \lambda} = 0$에 대입하여 풀면 $\lambda = -2.024$가 된다. 그러므로

$$\mathbf{W} = -2.024\begin{pmatrix}0.1\\0.233\\0.16\end{pmatrix} = \begin{pmatrix}0.202\\0.472\\0.323\end{pmatrix}$$

이 된다. 그리고

$$Var(R_p) = (0.202)^2 \cdot 0.2 + (0.472)^2 \cdot 0.3 + (0.323)^2 \cdot 0.25 = 0.101$$

이 된다.

지금까지 논의된 3종류의 포트폴리오는 모두 연 10% 기대수익률을 올릴 수 있으며 첫 번째 포트폴리오의 위험은 $\sqrt{0.1011} = 0.3179$로 31.79%, 두 번째 포트폴리오의 위험은 $\sqrt{1.25} = 1.118$로 111.8%, 세 번째 포트폴

리오의 위험은 $\sqrt{0.101} = 0.3178$로 31.78%이다. 다음 장에서 자세히 설명하겠지만 세 번째 포트폴리오와 같이 무위험자산과 위험자산으로 구성된 포트폴리오가 가장 좋은(optimal) 포트폴리오 구성의 전제조건이 된다.

---

4 포트폴리오

위험자산 A와 B의 현재의 가격을 각 단위당 $S_1(0)$와 $S_2(0)$이라고 하자. A를 x_1단위 구입하고 B를 x_2단위 구입할 때 총 투자금액은

$$V(0) = x_1 S_1(0) + x_2 S_2(0)$$

가 되어 자산 A의 투자비율은 $W_1 = \frac{x_1 S_1(0)}{V(0)}$ 가 되고 자산 B의 투자비율은 $W_2 = \frac{x_2 S_2(0)}{V(0)}$가 된다. 이제 시점 t=1에서의 자산 A의 가격이 $S_1(1)$로, 자산 B의 가격이 $S_2(1)$로 변하게 되면 t=1에서 총 자산의 가치는

$$V(1) = x_1 S_1(1) + x_2 S_2(1)$$

이 된다. 그러므로 자산 A와 B에 대한 포트폴리오의 수익률은

$$\begin{aligned}\frac{V(1)-V(0)}{V(0)} &= \frac{x_1(S_1(1)-S_1(0))+x_2(S_2(1)-S_2(0))}{V(0)} \\ &= \frac{x_1 S_1(0)}{V(0)}\left(\frac{S_1(1)-S_1(0)}{S_1(0)}\right)+\frac{x_2 S_2(0)}{V(0)}\left(\frac{S_2(1)-S_2(0)}{S_2(0)}\right) \\ &= W_1R_1+W_2R_2\end{aligned}$$

가 됨을 알 수 있다. 여기에서 R_1은 자산 A의 수익률을, R_2는 자산 B의 수익률을 말한다. 즉, 자산의 수익률에 기반한 t=1에서의 포트폴리오의 가중치(weight)는 바로 전 시점(이 경우, t=0) 투자비율임을 말하고 있다.

예제 2.6 주식 A와 B가 있는데 주식 A의 현재 가격은 주당 4만원, 주식 B의 현재 가격은 주당 5만원이라고 한다. 주식 A의 수익률의 분산은 0.2, 주식 B의 수익률의 분산은 0.3, 그리고 주식 A와 B의 공분산은 0.1이라고 할 때, 수익률의 분산이

최소가 되는 포트폴리오를 구성하기 위해 주식 A와 주식 B는 각각 몇 주씩 구입해야 하는가? 단, 총 100만원 투자금액을 가지고 있다고 가정한다.

$$R_p = WR_1 + (1-W)R_2$$

이고

$$\begin{aligned} Var(R_p) &= W^2 Var(R_1) + 2W(1-W)Cov(R_1, R_2) + (1-W)^2 Var(R_2) \\ &= W^2 \cdot 0.2 + 0.2W(1-W) + 0.3(1-W)^2 \\ &= 0.3W^2 - 0.4W + 0.3 \end{aligned}$$

이 된다.

$\frac{\partial Var(R_p)}{\partial W} = 0.6W - 0.4 = 0$가 되어 $W = \frac{2}{3}$이 된다. 그러므로 주식 A의 투자비율은 $\frac{2}{3}$, 주식 B의 투자비율은 $\frac{1}{3}$이 된다. 주식 A를 X_1주, 주식 B를 X_2주 구입한다면 $4X_1 + 5X_2 = 100$이 되고 $\frac{4X_1}{4X_1 + 5X_2} = \frac{4X_1}{100} = \frac{2}{3}$이므로 $X_1 = 16.67$, $X_2 = 6.66$이 된다.

연습문제 2.7

n개 자산의 현재 시점 t=0에서의 가격이 $S_1(0), S_2(0), \cdots, S_n(0)$이며 이 n개의 자산을 각각 $X_1, X_2, \cdots, X_n$ 단위만큼 구입했다고 가정하자. 그러므로 i번째 자산의 투자 비중은 $X_iS_i(0)/\sum_{j=1}^{n} X_jS_j(0)$이다. 다음 시점인 시점 t=1에서 자산의 가격이 $S_1(1), S_2(1), \cdots, S_n(1)$ 으로 변동했을 때 이 포트폴리오의 수익률은 $R_p = W_1R_1 + \cdots + W_nR_n$, $W_i = \frac{X_iS_i(0)}{\sum_{j=1}^{n} X_jS_j(0)}$임을 보여라. 단 R_i는 i번째 자산의 수익률을 나타낸다.

4.1 Efficient Frontier

Efficient frontier의 개념을 이해하기 위해, 먼저 두 개의 위험자산으로만 구성된 포트폴리오를 살펴보도록 하자.

두 개의 자산의 수익률을 R_1과 R_2로 표현하면 $R_p = WR_1 + (1-W)R_2$가 된다. 이때 $E(R_1) = 0.14$, $E(R_2) = 0.08$, $Var(R_1) = 0.2^2$, 그리고 $Var(R_2) = 0.15^2$이라고 가

정하면, 포트폴리오 R_p의 기대수익률과 위험은

$$\mu_p = E(R_p) = 0.14W + (1\text{-}W)0.08 = 0.06W + 0.08,$$

$$\sigma_p = \sqrt{Var(R_p)} = \sqrt{0.2^2 \cdot W^2 + 0.15^2 \cdot (1-W)^2 + 2\rho(0.2)(0.15)W(1-W)}$$
$$= \sqrt{(0.0625 - 0.06 \cdot \rho)W^2 - (0.045 - 0.06 \cdot \rho)W + 0.022}$$

가 된다. 여기에서 ρ는 R_1과 R_2의 상관계수이다.

다음의 표는 상관계수 $\rho = -1, -0.5, 0.5, 1$일 때, 포트폴리오 가중치 W를 -1에서 2까지 변화할 때의 (μ_p, σ_p)의 값이다.

표 2.1 ■ 두 개의 위험자산으로 구성된 포트폴리오의 기대수익률과 위험

	W	−1	−0.6	−0.3	0	0.2	0.4	0.6	0.8	1	1.3	1.6	2
ρ	μ_p	0.02	0.044	0.062	0.08	0.092	0.104	0.116	0.128	0.14	0.158	0.176	0.2
−1		0.5	0.36	0.255	0.15	0.08	0.01	0.06	0.13	0.2	0.305	0.41	0.55
−0.5		0.436	0.317	0.231	0.15	0.106	0.085	0.104	0.147	0.2	0.285	0.373	0.492
0	σ_p	0.361	0.268	0.204	0.15	0.126	0.120	0.134	0.163	0.2	0.264	0.332	0.427
0.5		0.264	0.208	0.173	0.15	0.144	0.147	0.159	0.177	0.2	0.241	0.286	0.35
1		0.1	0.12	0.135	0.15	0.16	0.17	0.18	0.19	0.2	0.215	0.23	0.25

여기에서 W가 음의 값일 때는 첫 번째 자산을 공매도(short selling)하였다는 것을 의미하며 W가 1보다 큰 경우는 두 번째 자산을 공매도하였다는 것을 의미한다.

첫 번째 자산의 기대수익률이 연 14%로 두 번째 자산의 기대수익률인 연 8%보다 높기 때문에 <표 2.1>의 μ_p에서 볼 수 있듯이 첫 번째 자산의 가중치(투자비율)가 높을수록 포트폴리오의 기대수익률이 커지고 있음을 알 수 있다. <표 2.1>의 결과를 그림으로 표현하면 <그림 2.1>과 같다.

<그림 2.1>에서 볼 수 있듯이 $\rho=-1$일 때는 $\sigma_p=0$에서 꺾인 직선으로 나타나고 $\rho=1$일 때는 기울기가 0보다 큰 직선으로 나타나고 있다. 상관계수가 −1과 1 사이에 있을 때 아래로 볼록인 2차 함수를 눕혀 놓은 형태를 보이고 있다. 상관계수가 −1에서 1로 접근함에 따라 2차 함수가 점차 오른쪽에 있는 직선(즉 $\rho=1$일 때)쪽으로 이동하면서 점차 직선의 형태로 바뀌어가고 있음을 알 수 있다.
이것의 의미를 살펴보면 아래로 볼록인 2차 함수이므로 최소 위험을 가진 포트

폴리오가 존재한다. 또한 2차 함수이기 때문에 동일한 위험(risk)을 가진 2개의 포트폴리오가 존재하고 위쪽 곡선에 있는 포트폴리오의 기대수익률이 아래곡선에 있는 포트폴리오보다 항상 크다. 그러므로, 위쪽의 곡선에 있는 포트폴리오가 유용하다.

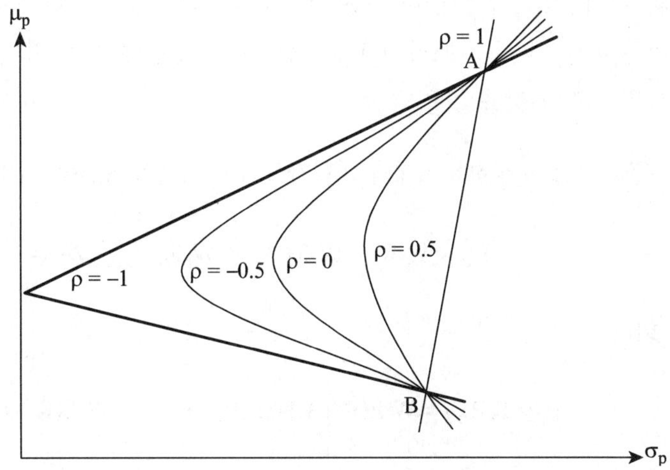

그림 2.1 ■ 두 개의 자산으로 구성된 포트폴리오의 (μ_p, σ_p)의 관계

상관계수가 −1에서 1로 접근함에 따라 2차 함수가 점차 오른쪽으로 이동하므로 고정된 기대수익률(μ_p)에서 상관계수가 커짐에 따라 위험이 커진다는 것을 의미한다. 그러나 이는 $0 \leq W \leq 1$ 때에만 성립한다.

<그림 2.1>에 표기된 A는 W=1일 때를 나타내므로 첫 번째 자산으로만 구성된 포트폴리오를 의미한다. A에서 B의 곡선 또는 직선을 따라 움직일 때가 $0 \leq W \leq 1$일 경우이다. A의 오른쪽의 포트폴리오는 W가 1보다 큰 값을 갖는 경우로, 두 번째 자산을 공매도(short selling)한 경우이고, B의 오른쪽의 포트폴리오는 W가 음의 값을 갖는 경우에 해당되므로 첫 번째 자산을 공매도한 경우이다.

이와 같이 자산을 공매도하는 경우에는 $0 \leq W \leq 1$인 경우와는 반대로 상관관계가 −1에서 1로 접근함에 따라, 고정된 기대수익률(μ_p)에서 위험이 점차적으로 줄어들고 있음을 <그림 2.1>과 <표 2.1>에서 확인할 수 있다. 이는 상관계수가 −1에서 1로 접근함에 따라 점차 직선의 형태로 바뀌어 가기 때문이다.

<그림 2.1>의 포트폴리오가 2개의 위험자산만으로 구성된 포트폴리오이므로 오직 하나의 W만 결정하면 포트폴리오의 구성은 완성된다. 그러므로 <그림 2.1>의 직선 또는 2차 곡선상에만 포트폴리오가 존재하게 된다. 그러나 3개 이상의 위험자산으로 포트폴리오를 구성하는 문제에서는 두 개 이상의 투자비율을

결정해야만 한다.

예를 들어, 4개의 위험자산으로 구성된 포트폴리오의 수익률은 $R_p = W_1R_1 + W_2R_2 + W_3R_3 + W_4R_4$이고 $W_1 + W_2 + W_3 + W_4 = 1$이므로 W_1, W_2, W_3의 3개의 투자 비중의 변화에 따라 R_p의 기대수익률과 위험이 결정되게 된다(물론 R_1, R_2, R_3, R_4의 기대수익률과 이들의 분산, 공분산을 모두 알고 있다는 가정을 하고 있다. 알지 못하는 경우는 제1장에서 논의한 적률추정법에 따라 기대수익률과 분산, 공분산을 추정한 값을 이용한다).

포트폴리오를 구성하는 n개의 위험자산의 수익률을 $R_1, R_2, \cdots, R_n$이라고 할 때

$$R_p = W_1R_1 + W_2R_2 + \cdots + W_nR_n,\ \sum_{i=1}^{n} W_i = 1$$

이 되며

$$\mu_p = E(R_p) = W_1E(R_1) + W_2E(R_2) + \cdots + W_nE(R_n) = \mathbf{W}^T\mu$$

이다. 여기에서 $\mathbf{W}^T = (W_1, W_2, \cdots, W_n), \mu^T = (E(R_1), E(R_2), \cdots, E(R_n))$이다.

그러므로 포트폴리오의 기대수익률 μ_p는 투자비율(가중치) $\mathbf{W}$의 선형함수이다. $Var(R_p) = \mathbf{W}^T\Omega\mathbf{W}$이고 Ω는 $\mathbf{R}^T = (R_1, R_2, \cdots, R_n)$의 분산, 공분산 행렬이므로 대각행렬의 값은 모두 양의 값을 갖는다. 그러므로 $Var(V_p) = \mathbf{W}^T\Omega\mathbf{W}$는 2차 형식이며 각 W_i에 대해 아래로 볼록이다.

σ_p를 $\sqrt{Var(R_p)}$로 표현할 때 μ_p와 σ_p의 일반적인 괘적은 <그림 2.2>와 같이 2차 곡선의 경계선 및 빗금 친 부분이 된다. 이미 살펴본 바와 같이 n=2일 때(즉, 오직 두 개의 위험자산일 경우)는 2차 곡선의 경계선이 μ_p와 σ_p의 관계이다.

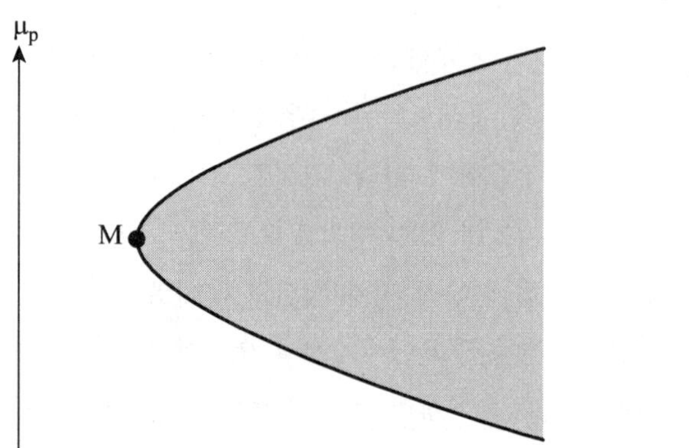

그림 2.2 ■ 포트폴리오 $R_p = \sum_{i=1}^{n} W_i$, $n \geq 3$ 의 기대수익률과 위험의 관계

<그림 2.2>에서 M은 최소위험 포트폴리오(minimum risk portfolio)를 나타내고 있으며 이 최소위험 포트폴리오의 우측 상단의 2차 곡선을 효율적 경계선(efficient frontier)이라고 한다. 이 효율적 경계선상에 있는 포트폴리오를 효율적 포트폴리오(efficient portfolio)라고 말한다. 효율적 포트폴리오의 특징은 고정된 기대수익률에서 최소의 위험을 가진 포트폴리오이며, 고정된 위험에서 최대의 기대수익률을 가진 포트폴리오이다. 즉, 어떤 주어진 $\mu_p = \mathbf{W}^T\mu$와 $\mathbf{W}^T\mathbf{1}=1$을 만족하는 조건에서 $Var(V_p) = \mathbf{W}^T\Omega\mathbf{W}$를 최소화하는 포트폴리오를 말한다. 여기에서 $\mathbf{1}^T = (1,1,1,\cdots,1)$이다.

$$O_w = \mathbf{W}^T\Omega\mathbf{W} + 2\lambda_1(\mathbf{W}^T\mu - \mu_p) + 2\lambda_2(\mathbf{W}^T\mathbf{1} - 1)$$

으로 목적함수를 설정한 후, $\mathbf{W}$와 λ_1, λ_2에 대해 각각 미분을 취해

$$\frac{\partial O_W}{\partial \mathbf{W}} = 2\Omega\mathbf{W} + 2\lambda_1\mu + 2\lambda_2\mathbf{1} = 0$$

$$\frac{\partial O_W}{\partial \lambda_1} = \mathbf{W}^T\mu - \mu_p = 0$$

$$\frac{\partial O_W}{\partial \lambda_2} = \mathbf{W}^T\mathbf{1} - 1 = 0$$

의 해를 구한다.

첫 번째 식으로부터 $\mathbf{W} = -\lambda_1\Omega^{-1}\mu - \lambda_2\Omega^{-1}\mathbf{1}$이므로 두 번째와 세 번째 식에 의해 $-\lambda_1 a - \lambda_2 b = \mu_p$와 $-\lambda_1 b - \lambda_2 c = 1$이 된다. 여기에서 $a = \mu^T\Omega^{-1}\mu$, $b = \mu^T\Omega^{-1}\mathbf{1}$, $c = \mathbf{1}^T\Omega^{-1}\mathbf{1}$이다. 그러므로 $\lambda_1 = \frac{-b+c\mu_p}{b^2-ac}$이고 $\lambda_2 = \frac{a-b\mu_p}{b^2-ac}$이므로 O_w를 최소화하는

$$\mathbf{W} = -\lambda_1\Omega^{-1}\mu - \lambda_2\Omega^{-1}\mathbf{1} = \frac{b-c\mu_p}{b^2-ac}\Omega^{-1}\mu + \frac{-a+b\mu_p}{b^2-ac}\Omega^{-1}\mathbf{1}$$

이 된다. 이를 효율적 포트폴리오라고 하며 이에 해당되는 분산은

$$Var(R_p) = \mathbf{W}^T\Omega\mathbf{W} = \frac{-a+2\mu_p b-\mu_p^2 c}{b^2-ac}$$

가 된다. 한편, 이 $Var(R_p)$를 최소화하는 μ_p를 찾기 위해 $Var(R_p)$를 μ_p에 대해 미분하면 $\mu_p = \frac{b}{c}$이며 이에 대응하는 최소분산은 $\frac{1}{c}$이고 대응되는 투자비율은

$-\Omega^{-1}1/c$가 된다. 이 최소분산 포트폴리오가 <그림 2.2>에 표시된 M이다.

연습문제 2.8

<그림 2.3>의 M으로 표현된 최소분산 포트폴리오(Global minimum variance portfolio)는 $O_w = W^T\Omega W + 2\lambda(W^T1-1)$의 목적함수를 최소화함으로써 구할 수 있다. 즉, 효율적 포트폴리오에서의 제한조건 $\mu_p = W^T\mu$를 제외하면 최소분산 포트폴리오를 구할 수 있다. 이 O_w를 최소화하는 $W=\Omega^{-1}1/c$임을 보이고 이를 이용하여 최소분산 포트폴리오의 $\mu_p = \frac{b}{c}$이고 분산은 $\frac{1}{c}$임을 보여라.

연습문제 2.9

다음의 자료는 삼성전자, 포스코, 종근당, s-oil, 신한지주 주식의 2005년 6월부터 2010년 6월까지 60개월 동안의 월말 주가 기준을 이용하여 구한 로그수익률의 월 평균과 월 분산 및 공분산의 추정치이다.

주식	수익률	위험(σ)	공분산	
삼성전자	0.75%	7.75%	Cov(삼성,Posco)=13.7%	Cov(Posco,종근당)=41.61%
포스코	1.56%	8.75%	Cov(삼성,신한)=24.4%	Cov(Posco,S-oil)=27.08%
종근당	-1.1%	13.1%	Cov(삼성,종근당)=7.85%	Cov(신한,종근당)=45.74%
S-oil	-7.13%	6.37%	Cov(삼성,S-oil)=10.41%	Cov(신한,S-oil)=24.84%
신한은행	8.81%	9.71%	Cov(Posco,신한)=44.68%	Cov(종근당,S-oil)=13.43%

월 기대수익률과 분산 및 공분산을 연 기대수익률과 공분산으로 전환한 후

(1) 월 기대수익률과 분산 및 공분산을 이용하여 최소분산 포트폴리오와 월 0.825% 기대수익률이 전제된 효율적 포트폴리오를 구하라.

(2) 연 기대수익률과 분산 및 공분산을 이용하여 구한 최소분산 포트폴리오와 연 9.9%의 기대수익률이 전제된 효율적 포트폴리오가 (1)에서 구한 포트폴리오와 같음을 보여라.

4.2 자본자산 가격결정모형(Capital Asset Pricing Model)

효율적 포트폴리오를 구하기 위해서 위험자산의 분산·공분산 행렬 Ω를 구해야 한다. 위험자산의 수가 적은 경우에는 Ω를 구하는 데 큰 문제가 되지 않지만 그 수가 많은 경우에는 Ω를 구하는 데 상당한 부담을 가지게 된다.

자본자산 가격결정모형(CAPM)은 Ω를 구하지 않고 위험자산의 경제적 의미를 파악하는 데 매우 유용한 모형이다. 자본자산 가격결정모형은 모든 투자자는 비대칭적 시장정보가 완전하게 배제된 시장 및 경제정보를 동일하게 가지고 있다는 가정으로부터 출발한다. 그러므로 모든 위험자산에 대해 동일한 기대수익률, 분산, 공분산을 가지고 있다고 가정하며 모든 투자가는 이 정보를 기반으로 투자를 결정한다고 가정한다. CAPM을 설명하기 이전에 가장 중요한 개념부터 정리하도록 하자.

수익률이 R_f인 하나의 무위험자산과 n개의 위험자산이 있는 시장을 고려하여 보자. <그림 2.3>은 위험자산과 무위험자산의 최적포트폴리오를 표현한 그림이다.

무위험자산의 수익률 좌표 (0, R_f)를 절편으로 하고 효율적 경계선(efficient frontier)의 접점(그림에서 T)을 기울기로 한 직선 사이의 모든 점들이 최적 포트폴리오가 된다. 여기에서 T를 Tangency portfolio라고 한다. <그림 2.3>에서 B는 목표 기대수익률이 μ_p일 때의 최적 포트폴리오로 R_f와 B까지의 직선의 거리가 위험자산의 투자비율이 된다. 이 투자비율은 투자자의 위험에 대한 인식의 차이에 의해 결정된다. R_f와 T를 잇는 직선상의 포트폴리오가 최적의 포트폴리오가 되는 것은 다음과 같은 이유로 자명하다.

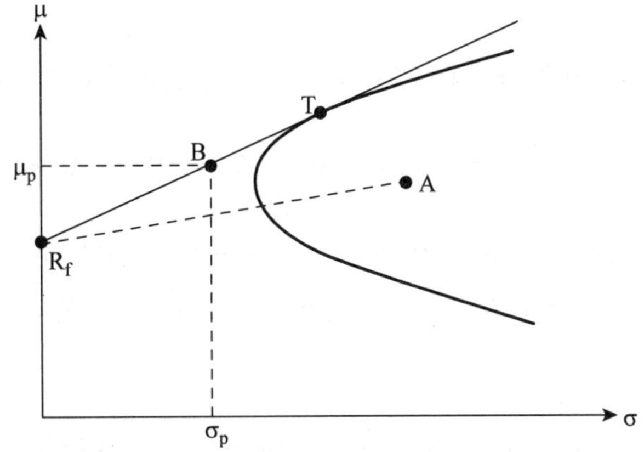

그림 2.3 ■ 무위험자산과 위험자산의 최적 포트폴리오와 Tangency Portfolio

(μ, σ)의 관계식 상에 있는 모든 포트폴리오와 R_f를 잇는 직선도 무위험자산과 위험자산으로 구성된 포트폴리오이다. <그림 2.3>에서 R_f와 A를 잇는 직선도 이러한 포트폴리오에 해당된다. R_f와 T를 잇는 직선상의 포트폴리오는 주어진 기대수익률에서 최소의 위험을 가진 포트폴리오이며 주어진 위험에서 최대의 기대수익률을 가진 포트폴리오(R_f와 A를 잇는 직선상의 포트폴리오와 같이 무위험자산과 위험자산으로 구성된 포트폴리오와 비교하여)이기 때문에 최적 포트폴리오가 된다.

특히 R_f와 T를 잇는 직선의 기울기는 $(\mu_p-R_f)/\sigma_p$가 되고 이 기울기를 Sharpe's ratio라고 말한다. 그러므로 Sharpe ratio의 관점에서 볼 때, 무위험자산과 위험자산으로 구성된 포트폴리오 중 가장 큰 Sharpe ratio를 가진 포트폴리오가 최적의 포트폴리오임을 알 수 있다.

이제 이 최적포트폴리오를 구해보자. R_f를 무위험자산의 수익률로 표기하고 $R_1, \cdots, R_n$을 n개의 위험자산의 수익률이라고 표현할 때, 이 두 종류의 자산을 기반으로 하는 포트폴리오의 수익률은

$$R_p = \sum_{i=1}^{n} W_i R_i + \left(1 - \sum_{i=1}^{n} W_i\right) R_f$$

가 된다. 이 식에서 볼 수 있듯이 $\sum_{i=1}^{n} W_i$는 더 이상 1이 아니다. 무위험자산의 투자비율은 $1-\sum_{i=1}^{n} W_i$이고 위험자산의 투자비율은 $\sum_{i=1}^{n} W_i$이기 때문이다.

$$W^T = (W_1, \cdots, W_n), \qquad R^T = (R_1, R_2, \cdots, R_n),$$

$$M^T = (E(R_1), \cdots, E(R_n)) = (\mu_1, \cdots, \mu_n) \text{ 그리고 } Var(\mathbf{R}) = \Omega$$

로 표현할 때 무위험자산과 위험자산을 기반으로 한 최적 포트폴리오는

$$\mu_P = E(R_p) = \mathbf{W}^T\boldsymbol{\mu} + (1 - \mathbf{W}^T\mathbf{1})R_f \text{가 주어진 상태(즉, } \mu_P \text{가 주어진 값)에서}$$

$$Var(R_p) = Var(\mathbf{W}^T\mathbf{R} + (1 - \mathbf{W}^T\mathbf{1})R_f) = \mathbf{W}^T Var(\mathbf{R})W = \mathbf{W}^T\Omega\mathbf{W}$$

를 최소화하는 W를 가진 포트폴리오를 말한다. 위의 식이 성립하는 이유는 R_f는 상수이므로 R과 R_f는 독립이 되어 공분산이 0이고 R_f의 분산이 0이 되기 때문이다. 그러므로 목적함수

$$O_W = \mathbf{W}^T\Omega\mathbf{W} + 2\lambda[\mathbf{W}^T\boldsymbol{\mu} + (1 - \mathbf{W}^T\mathbf{1})R_f - \mu_P]$$

가 된다. **W**와 λ 대해 미분을 취하면

$$\frac{\partial O_{\mathbf{W}}}{\partial \mathbf{W}} = 2\Omega\mathbf{W} + 2\lambda(\boldsymbol{\mu} - 1R_f) = 0$$

$$\frac{\partial O_{\mathbf{W}}}{\partial \lambda} = \mathbf{W}^{\mathrm{T}}\boldsymbol{\mu} + (1 - \mathbf{W}^{\mathrm{T}}\mathbf{1})\,R_f - \mu_P = 0$$

이 된다. 이 두 식으로부터 optimal fortfolio의 투자비율은

$$\mathbf{W} = \frac{\mu_p - R_f}{(\boldsymbol{\mu} - \mathbf{1}R_f)^T \Omega^{-1} (\boldsymbol{\mu} - \mathbf{1}R_f)} \Omega^{-1}(\boldsymbol{\mu} - \mathbf{1}R_f)$$

이 된다. 한편 tangency portfolio는 투자비율의 합이 1이 되는 위험자산들만의 포트폴리오이므로 tangency portfolio의 투자비율은

$$\mathbf{W}^* = \mathbf{W}/\mathbf{W}^{\mathrm{T}}1$$

이다.

예제 2.10 3개의 위험자산의 기대수익률을 각각 0.07, 0.12, 0.09이고 이들의 분산·공분산 행렬은 $\mathrm{Var}\begin{pmatrix} R_1 \\ R_2 \\ R_3 \end{pmatrix} = \begin{pmatrix} 0.2 & 0.1 & -0.2 \\ 0.1 & 0.3 & -0.1 \\ -0.2 & -0.1 & 0.25 \end{pmatrix}$라고 한다. 즉 첫 번째 위험자산의 수익률의 분산은 0.2, 두 번째 위험자산의 분산은 0.3, 그리고 세 번째 위험자산의 분산은 0.25로, 첫 번째 위험자산의 기대수익률이 가장 낮은 대신에 위험도 가장 낮게 나타나고 있다. 한편, 무위험자산의 수익률을 0.05라고 할 때, 8%와 10%의 기대수익률이 보장된 위험자산과 무위험자산을 기반으로 하는 최적 포트폴리오를 구하고자 한다.

$\mathbf{W} = \frac{\mu_p - R_f}{(\boldsymbol{\mu} - \mathbf{1}R_f)^T \Omega^{-1} (\boldsymbol{\mu} - \mathbf{1}R_f)} \Omega^{-1}(\boldsymbol{\mu} - \mathbf{1}R_f)$ 이므로 먼저 μ_P=0.08일 경우

$$\boldsymbol{\mu} - \mathbf{1}R_f = \begin{pmatrix} 0.07 - 0.05 \\ 0.12 - 0.05 \\ 0.09 - 0.05 \end{pmatrix} = \begin{pmatrix} 0.02 \\ 0.07 \\ 0.04 \end{pmatrix} \text{ 이고 } \Omega^{-1} = \begin{pmatrix} 26 & -2 & 20 \\ -2 & 4 & 0 \\ 20 & 0 & 20 \end{pmatrix}$$

이다. 이를 대입하여 풀면 $\mathbf{W} = \begin{pmatrix} 0.400 \\ 0.081 \\ 0.407 \end{pmatrix}$이 되어 위험자산에 88.8%(=0.400 +

0.081 + 0.047)를 투자하고 무위험자산에 11.2%를 투자하는 포트폴리오가 최적 포트폴리오가 된다.

한편, tangency portfolio는 $\mathbf{W}^T/0.888 = (0.450, 0.092, 0.458)$가 되어 총 투자의 88.8%를 차지하는 위험자산의 투자비율은 첫 번째 자산에 45%, 두 번째 자산에 9.2%, 세 번째 자산에 45.8%가 된다.

μ_P=0.1일 경우, 동일한 방법으로 계산하여 구한 투자비율은

$$\mathbf{W} = \begin{pmatrix} 0.6674 \\ 0.1357 \\ 0.6787 \end{pmatrix}$$

되어 무위험이자율 R_f =0.05로 총 투자비용 대비 48.18%를 투기매입(buying on margin)하여 위험자산에 148.18%를 투자한다. 위험자산의 투자비율은 첫 번째 자산에 45.04%, 두 번째 자산에 9.16%, 세 번째 자산에 45.80%를 투자하게 된다.

4.2.1 자본시장선(Capital Market Line)

하나의 무위험자산과 수많은 위험자산을 기반으로 하는 최적 포트폴리오의 구성은 위험자산으로부터 산출된 효율적 경계선(efficient frontier)에 의해서 결정된다. CAPM의 가장 근본적인 가정은 모든 투자자가 동일한 위험자산의 기대수익률과 분산, 공분산 행렬을 가지고 있다는 것이다. 그러므로 모든 투자자는 동일한 효율적 경계선을 가지게 되어 효율적 경계선 상의 모든 포트폴리오는 시장 포트폴리오(market portfolio)가 되게 된다. 이 시장 포트폴리오의 대표적인 예는 KOSPI200지수(한국의 경우) 또는 S&P500지수 (미국의 경우)가 있다.

<그림 2.4>는 무위험자산의 수익률 R_f 가 주어지면 모든 합리적인 투자자(rational investor)는 $(0, R_f)$와 좌표(σ_M, μ_M)으로 표현된 tangency portfolio T를 연결한 직선상의 포트폴리오를 구성하게 됨을 보여주고 있다. 포트폴리오의 선택은 위험에 대한 투자자의 성향에 따라 결정된다. 즉, 자본시장선(capital market line)은

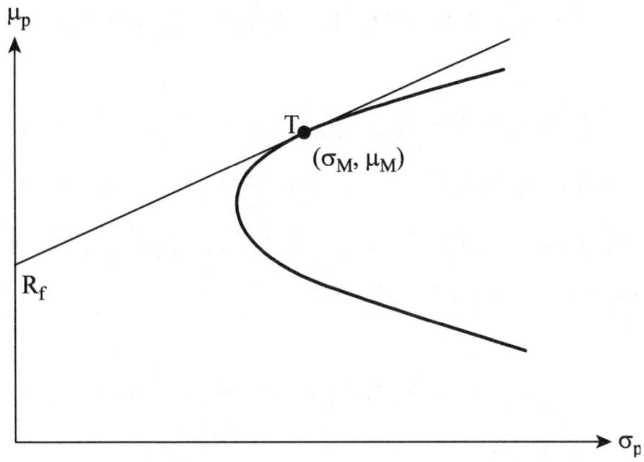

그림 2.4 ▒ 자본시장선

$$\mu = R_f + \frac{\mu_M - R_f}{\sigma_M}\sigma$$

으로 정의된다.

이 자본시장선 위의 포트폴리오 중 위험이 σ인 포트폴리오는 그 수익률이 $R_f + \frac{\mu_M - R_f}{\sigma_M}\sigma$으로 $\frac{\mu_M - R_f}{\sigma_M}\sigma$를 위험프리미엄(risk premium)이라고 하며 위험 노출에 대한 보상으로 해석할 수 있다.

4.2.2 베타 및 증권시장선(Beta and Security Market Line)

어떤 포트폴리오의 수익률을 시장 포트폴리오의 수익률로 설명하고자 할 때 다음의 모형을 고려할 수 있다.

$$R_p = \alpha_p + \beta_p R_M + \varepsilon_P$$

여기에서 R_p와 R_M은 각각 특정 포트폴리오의 수익률과 시장 포트폴리오의 수익률을 나타내고 ε_P는 R_M에 의해서 설명될 수 없는 R_p의 특성을 나타내는 평균이 0인 오차항으로써 R_M과 ε_P는 무상관 관계이다. α_p와 β_p는 특정 포트폴리오 P에 의존하는 모수이다. $\varepsilon_P = R_p - \alpha_p - \beta_p R_M$이므로

$$E(\varepsilon_P{}^2) = E(R_P{}^2) + \alpha_P{}^2 + \beta_P{}^2 E(R_M{}^2) - 2\alpha_P E(R_p) - 2\beta_p E(R_p R_M) + 2\alpha_P \beta_p E(R_M)$$

이 된다. ε_P의 평균이 0이므로 $E(\varepsilon_P{}^2) = Var(\varepsilon_P)$가 된다.

$Var(\varepsilon_P)$를 최소화하는 α_p와 β_p를 찾는 것은 특정 포트폴리오 R_p의 변동을 시장 포트폴리오 수익률의 변동(즉, $\alpha_p + \beta_p R_M$)으로 최대한 설명하는 α_p와 β_p를 찾고자 하는 것과 같다. 그러므로 $E(\varepsilon_P{}^2)$를 β_p와 α_p에 대해 미분을 취한 후 0으로 놓으면 다음 식을 구할 수 있다.

$$\alpha_P E(R_M) + \beta_p E(R_M{}^2) = E(R_p R_M), \quad \alpha_p + \beta_p\ E(R_M) = E(R_p).$$

이 두 식으로부터

$$\beta_p = \frac{E(R_pR_M) - E(R_p)E(R_M)}{E(R_M{}^2) - (ER_M)^2} \text{ 이므로 } \beta_p = \frac{Cov(R_p, R_M)}{Var(R_M)}$$

이 된다.

$R_p = \alpha_p + \beta_p R_M + \varepsilon_P$ 이므로 $\beta_p > 0$이면 시장 포트폴리오의 기대수익률이 증가할 때 R_p의 기대수익률도 증가하지만, $\beta_p < 0$이면 시장 포트폴리오의 수익률과 R_p는 반대방향으로 움직인다는 것을 의미한다.

또한 $R_p = \alpha_p + \beta_p R_M + \varepsilon_P$에서 R_M과 ε_P가 무상관 관계를 가지고 있으므로

$$Var(R_p) = \beta_P{}^2 Var(R_M) + Var(\varepsilon_P)$$

가 된다. 만약 R_p가 시장 포트폴리오이면 $R_p = R_M$ 이 되어 위의 관계식의 의해 $\beta_p = 1$이고 $Var(\varepsilon_P) = 0$이 된다. 그러므로 $Var(\varepsilon_P)$는 시장 포트폴리오를 택함으로써 분해할 수 있는 위험(diversifiable risk)이라고 하며 $\beta_P{}^2 Var(R_M)$은 분해할 수 없는 위험(undiversifiable risk)이라고 한다. R_M은 시장 포트폴리오이기 때문에 시장에 존재하는 모든 위험자산으로 구성된 포트폴리오로 해석된다. 이는 분산투자는 $Var(\varepsilon_P)$를 줄인다는 이론적 근거를 제시하고 있다.

예제 2.11 3개의 위험자산으로 구성된 포트폴리오의 수익률이

$$R_p = 0.2R_1 + 0.3R_2 + 0.5R_3$$

으로 정의되고 R_1에 대한 베타가 0.5, R_2에 대한 베타가 0.4, R_3에 대한 베타가 0.3일 때 R_p의 베타 값은 다음과 같이 구할 수 있다.

$$\text{Cov}(R_p,R_M) = 0.2\text{Cov}(R_1,R_M) + 0.3\text{Cov}(R_2,R_M) + 0.5\text{Cov}(R_3,R_M)$$

이므로 양변을 $\text{Var}(R_M) = \sigma_M{}^2$으로 나누면

$$\frac{\text{Cov}(R_P,R_M)}{\sigma_M 2} = 0.2\frac{\text{Cov}(R_1,R_M)}{\sigma_M 2} + 0.3\frac{\text{Cov}(R_2,R_M)}{\sigma_M 2} + 0.5\frac{\text{Cov}(R_3,R_M)}{\sigma_M 2}$$

이 된다. $\beta_i = \frac{\text{Cov}(R_i,R_M)}{\sigma_M 2}$, i=1,2,3 이므로 $\beta_p = 0.2\times0.5+0.3\times0.4+0.5\times0.3 = 0.37$이 된다.

4.2절에서 보여준 하나의 무위험자산과 위험자산으로 구성된 최적 포트폴리오의 투자비율은 어떤 $s^*>0$에 대해 $\mathbf{W} = s^*\Omega^{-1}(\mu - R_f\mathbf{1})$으로 표현되고 tangency portfolio는 $\mathbf{W}^* = \mathbf{W}/\mathbf{1}^T\mathbf{W}$이므로 이 또한 $\mathbf{W}^* = s\Omega^{-1}(\mu - R_f\mathbf{1})$로 표현된다. 여기에서 $s=s^*/\mathbf{1}^T\mathbf{W}$이다. 시장 포트폴리오는 모두 위험자산으로 구성되어 있으므로 tangency portfolio와 동일한 형태를 가지게 되어 투자비율은 $\mathbf{W}_M = s\Omega^{-1}(\mu - R_f\mathbf{1})$이 된다. 즉 $s^{-1}\Omega\mathbf{W}_M = \mu - R_f\mathbf{1}$이다. 여기에서 $\mu^T = (E(R_1), E(R_2), \cdots, E(R_n))$이며 R_f는 무위험자산의 수익률이다. 그리고 시장 포트폴리오 $R_M = \mathbf{W}_\mathbf{M}^\mathbf{T}\mathbf{R}$로 표현된다.

이제 임의의 포트폴리오를 $R_p = \sum_{i=1}^n W_{p_i} R_i = \mathbf{W}_p{}^\text{T}\mathbf{R}$ 라고 표기하면

$$\text{Cov}(R_p, R_M) = \text{Cov}(\mathbf{W}_p{}^\text{T}\text{R}, \mathbf{W}_M{}^\text{T}\text{R}) = \mathbf{W}_p{}^\text{T}\text{Var(R)}\,\mathbf{W}_M = \mathbf{W}_p{}^\text{T}\Omega\mathbf{W}_M$$

이 된다. $\beta_p = \frac{\text{Cov}(R_P,R_M)}{\text{Var}(R_M)}$ 이므로

$$\beta_p = \frac{\text{Cov}(R_P,R_M)}{\text{Var}(R_M)} = \frac{\mathbf{W}_p{}^T\Omega\mathbf{W}_M}{\mathbf{W}_M{}^T\Omega\mathbf{W}_M} = \frac{s^{-1}\mathbf{W}_p{}^T\Omega\mathbf{W}_M}{s^{-1}\mathbf{W}_M{}^T\Omega\mathbf{W}_M}$$

이다. 그런데 $s^{-1}\Omega\mathbf{W}_M = \mu - R_f\mathbf{1}$이므로 $\beta_p = \frac{\mathbf{W}_p{}^T(\mu - R_f\mathbf{1})}{\mathbf{W}_M{}^T(\mu - R_f\mathbf{1})}$ 가 된다. $\mathbf{W}_p{}^T\mu = E(R_p)$, $\mathbf{W}_p{}^T\mathbf{1} = \sum_{i=1}^n W_{p_i} = 1$ 이고 $\mathbf{W}_M{}^T\mu = E(R_M)$, $\mathbf{W}_M{}^T\mathbf{1} = \sum_{i=1}^n W_{M_i} = 1$ 이므

로 이를 이용하여 β_p를 재표현하면 $\beta_p = \frac{E(R_p) - R_f}{E(R_M) - R_f}$ 가 된다. 즉,

$$E(R_p) = R_f + (E(R_M) - R_f)\beta_p$$

가 되며 이 식을 증권시장선(security market line)이라고 한다.

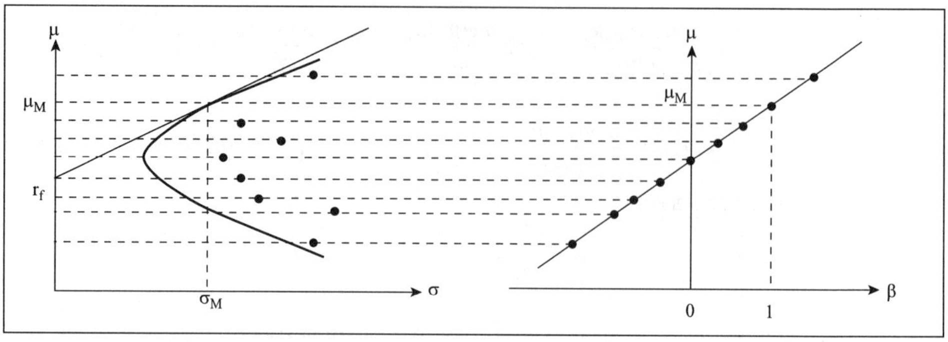

그림 2.5 ▒ 자본시장선과 증권시장선

<그림 2.5>는 왼쪽은 자본시장선(즉, 좌표$(0, R_f)$과 (σ_M, μ_M)를 지나는 직선)을 오른쪽은 증권시장선을 나타내고 있다. 증권시장선에서 고려하고 있는 포트폴리오가 시장 포트폴리오이면(즉, $R_p = R_M$) 증권시장선 $E(R_p) = R_f + (E(R_M) - R_f)\beta_p$에 의해 $\beta_p = 1$이 되는 것을 쉽게 알 수 있다. <그림 2.5>의 증권시장선은 7개의 임의의 포트폴리오(왼쪽 그림의 점으로 표현된 7개의 포트폴리오)의 기대수익률 μ_p와 β_p의 값을 연결하여 구한 것이다. 즉 증권시장선은 $E(R_p)$와 β_p의 관계를 나타낸 직선으로 임의의 포트폴리오에 적용된다. 그러나 자본시장선은 효율적 포트폴리오(efficient portfolio)에만 적용할 수 있다.

$E(R_p) - R_f = (E(R_M) - R_f)\beta_p$이므로 β_p는 R_p로 표현된 포트폴리오가 시장의 변화에 얼마나 민감하게 움직이는가의 척도를 나타낸다. $\beta_p > 1$이면 이 포트폴리오는 공격적(aggressive)이라고 하며, $\beta_p < 1$ 이면 포트폴리오가 방어적(defensive)이라 말한다. 일반적으로 첨단산업 기업(high-tech company)은 시장상황에 민감하게 반응하므로 $\beta_p > 1$이며, 식품회사 등과 같이 경제순환에 민감하지 않은 기업은 $\beta_p < 1$ 이 되는 경우가 많다.

증권시장선의 의미를 좀더 살펴보자. 수익률 R_p 로 표현된 포트폴리오가 $E(R_p) - R_f > (E(R_M) - R_f)\beta_p$이면 증권시장선의 균형을 깨뜨리고 좀더 높은 기대수익률을 보이기 때문에 이 포트폴리오를 좀 더 많이 소유하려고 할 것이며,

반면에 $E(R_p) - R_f < (E(R_M) - R_f)\beta_p$ 이면 이 포트폴리오를 팔려고 할 것이다. 실제 문제에서는 $R_p - R_f = \alpha_p + \beta_p(R_M - R_f) + \varepsilon$이라는 회귀모형(예제 2.3을 참조할 것. 좀더 자세한 내용은 제5장을 참조할 것)을 통해 α_p와 β_p를 추정한 후, α_p가 0보다 크면 $R_p - R_f > \beta_p(R_M - R_f)$가 되어 이 포트폴리오는 저평가(underpriced)되어 있으므로 좀더 사야 하고, α_p가 0보다 작으면 $R_p - R_f < \beta_p(R_M - R_f)$ 가 되어 이 포트폴리오는 고평가(overpriced)되어 있으므로 팔아야 한다.

또한 시장에서 거래되고 있는 위험자산(예를 들어, 주식) 각각에 대해

$$R_i - R_f = \alpha_i + \beta_i(R_M - R_f) + \varepsilon$$

의 모형을 적합하여 모든 α_i가 0이면 이 위험자산들이 거래되고 있는 시장은 CAPM모형의 가정(이를 효율적 시장가설(efficient market hypothesis)이라고 한다)이 성립한다고 한다.

예제 2.12 2005년 7월부터 2010년 6월까지의 삼성전자, 포스코, 종근당, 신한은행, S-oil 주식의 월말 기준 수익률 자료와, 시장 포트폴리오의 수익률로 KOSPI200의 수익률을 이용하여 다음의 회귀모형을 적합하였다.

$R_i - R_f = \alpha_i + \beta_i(R_M - R_f) + \varepsilon$, i = 삼성전자, 포스코, 종근당, 신한은행, S-oil

여기에서 무위험 수익률 R_f는 CD 금리의 3개월 평균치를 이용하였다.

주식	삼성전자	포스코	종근당	신한은행	S-oil
α	0.057	0.723	−0.731	−0.093	−1.195
P-Value	0.9463	0.408	0.6362	0.9161	0.084
β	0.633	0.8377	0.900	0.5531	1.020
$\boldsymbol{\beta^2\sigma_M^2}$	18.87	33.05	38.1	14.41	49.00
$\boldsymbol{\sigma_\varepsilon^2}$	41.77	44.26	138.89	45.14	27.12
샤프비	0.092	0.175	−0.011	0.087	−0.117

5개 주식의 모든 α에 대한 p-값(이 p-값에 대한 자세한 해석은 제3장을 참조할 것, p-값이 작을수록 α가 유의하게(significantly) 0과 다르다는 의미를 갖는다)을 기준으로 살펴볼 때 시장에서 저평가(즉 $\alpha>0$)되거나, 고평가($\alpha<0$)된

주식이 없는 것으로 나타났다. 그러나 S-oil의 경우 통계적으로 유의하지 않으나 p-값이 0.084로 작은 편에 속하므로 고평가된 주식일 가능성이 높다.

β(베타)는 시장수익률의 변화에 얼마나 민감하게 주식의 수익률이 변동하는가를 측정하는 측도이다. S-oil이 시장 상황에 가장 민감하게 반응하고 신한은행이 시장상황에 가장 둔감하게 반응하는 것으로 나타났다. 종근당 고유의 위험(즉, σ_{ε}^2)은 다른 주식에 비해 매우 크게 나타난 것으로 보아, 종근당 수익률의 변동이 매우 큰 것으로 보인다. 샤프비는 포스코, 삼성전자가 비교적 높게 나타나 투자 효율이 비교적 높은 종목인 것으로 판단할 수 있다.

03 CHAPTER

분포함수와 통계적 추론

자산의 가격과 수익률, 채권의 이자 그리고 자산과 채권의 이자를 이용한 파생상품의 가격 등은 모두 불확실성을 가지고 있는 확률변수이다. 자산의 가격 및 채권의 이자율은 불확실성 안에 존재하는 어떤 규칙을 통해 움직이며, 이 규칙을 이용하여 자산의 가격 및 채권의 이자율에 연계된 파생상품의 가격을 계산한다. 자산들의 수익률 또한 불확실성 안에 있는 규칙을 이용하여 자산의 손실을 측정하여 위험관리(risk management)를 하게 된다. 이러한 불확실성 안에서의 규칙을 확률변수의 분포함수라고 하며, 이미 제1장에서 공부한 바와 같이 확률변수 X의 분포함수는 $F(X) = P[X \leq x], -\infty < x < \infty$로 정의된다.

확률변수 X가 연속형이면 F(x)의 미분을 f(x)라고 표현하며, 이를 확률밀도함수(Probability Density Function)라고 한다. 확률변수 X가 이산형이면 $f(x) = P[X=x]$로 정의되고, 이를 확률질량함수(Probability Mass Function)라고 한다. 파생상품 가격결정이나 위험관리에서 가장 널리 사용되는 분포함수는 정규분포 또는 로그정규분포이므로 이들의 특성을 먼저 살펴보고 정규분포로부터 도출된 t, χ^2, F 분포를 차례로 살펴보고자 한다. t 분포는 위험관리에 유용하게 이용되며, χ^2(카이스퀘어) 분포는 이자율 파생상품의 가격을 계산하는 데 유용하게 사용된다.

1 정규분포

정규분포의 가장 큰 특징은 평균과 분산만 알면 정규분포는 완전히 결정되고 또한 정규분포를 따르는 확률변수들의 어떠한 선형결합도 정규분포를 따른다는 것이다. 어떤 확률변수 X가 평균이 μ이고 분산이 σ^2인 정규분포를 따르면 $X \sim N(\mu, \sigma^2)$로 표현하고 확률밀도함수는

$$f(x) = \frac{1}{\sqrt{2\pi}\sigma} \exp\left(-\frac{(x-\mu)^2}{2\sigma^2}\right), \qquad -\infty < x < \infty$$

이다. 이를 그림으로 표현하면 <그림 3.1>과 같이 평균을 중심으로 좌우대칭인 함수이다.

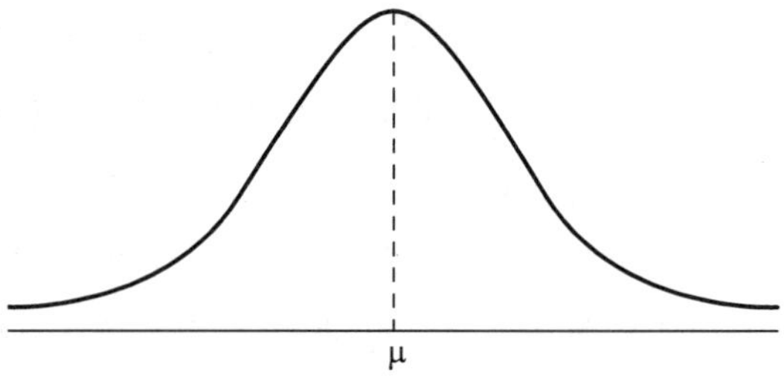

그림 3.1 ■ 평균이 μ이고 분산이 σ^2인 정규분포의 확률밀도함수

정규분포를 따르는 확률변수 $X_1, X_2, \cdots, X_n$이 있을 때 이 변수들의 선형결합은 $\sum_{i=1}^{n} a_i X_i$를 말한다. 단, a_i는 상수이다. 그러면 이 선형결합은 평균이 $E(\sum_{i=1}^{n} a_i X_i)$이고 분산이 $Var(\sum_{i=1}^{n} a_i X_i)$인 정규분포를 따른다. 그러므로 $R_1, R_2, \cdots, R_n$을 n개의 자산의 수익률이라고 할 때 포트폴리오 $\sum_{i=1}^{n} W_i R_i$도 R_i들의 선형결합이다. 이 $R_1, R_2, \cdots\cdots, R_n$이 모두 정규분포를 따르면 포트폴리오 $\sum_{i=1}^{n} W_i R_i$는 정규분포를 따르게 된다. $\sum_{i=1}^{n} W_i R_i = \mathbf{W}^T\mathbf{R}$로 표현되므로 평균은 $\mathbf{W}^T E(\mathbf{R})$, 분산은 $\mathbf{W}^T Var(\mathbf{R})\mathbf{W}$인 정규분포, 즉

$$\mathbf{W}^T\mathbf{R} \sim N(\mathbf{W}^T E(\mathbf{R}), \mathbf{W}^T Var(\mathbf{R})\mathbf{W})$$

이 된다.

예제 3.1 $S_i(t)$를 시점 t에서의 i번째 자산의 가치라고 할 때 1-시점 수익률은

$$R_i = \frac{S_i(t) - S_i(t-1)}{S_i(t-1)}$$

이고 $S_i(t)$의 최소값은 0이므로 수익률 $R_i \geq -1$이 된다. 어떤 확률변수가 정규분포를 따르면 그 확률변수는 $-\infty$에서 $+\infty$까지의 값을 취할 수 있어야 하므로 R_i를 정규분포를 따르는 확률변수라고 정의할 수 없게 된다. 그러나 로그수익률

$$\ln\frac{S_i(t)}{S_i(t-1)} = \ln(1+R_i) \approx R_i$$

으로 R_i을 근사할 수 있다(R_i가 0에 가까울 때 이 근사가 성립하며 재무자료의 경우 하루 또는 그 이하의 시간단위가 대부분이므로 R_i가 0에 가까운 값이다). 특히, 로그수익률은 $-\infty$와 $+\infty$ 사이의 값을 가지게 되므로 R_i 대신에 일반적으로 로그수익률 $R_i = \ln\frac{S_i(t)}{S_i(t-1)}$가 정규분포를 따른다는 가정을 한다.

이제 자산 3개의 로그수익률을 R_1, R_2, R_3로 표현하고 이 로그수익률의 평균이 각각 0.12, 0.1, 0.15이고 $Var = \begin{pmatrix} R_1 \\ R_2 \\ R_3 \end{pmatrix} = \begin{pmatrix} 0.2 & 0.1 & 0.05 \\ 0.1 & 0.3 & 0.15 \\ 0.05 & 0.15 & 0.15 \end{pmatrix}$이 정규분포를 따른다고 가정하자. 그러면 포트폴리오 $R_p = 0.5R_1+0.2R_2+0.3R_3$의 분포는 정규분포의 선형결합이므로 정규분포이며 평균은

$$\mu_p = 0.5(0.12) + 0.2(0.1) + 0.3(0.15) = 0.125$$

이고 분산은

$$(0.5\ \ 0.2\ \ 0.3)\begin{pmatrix} 0.2 & 0.1 & 0.05 \\ 0.1 & 0.3 & 0.15 \\ 0.05 & 0.15 & 0.15 \end{pmatrix}\begin{pmatrix} 0.5 \\ 0.2 \\ 0.3 \end{pmatrix} = (0.135\ \ 0.155\ \ 0.1)\begin{pmatrix} 0.5 \\ 0.2 \\ 0.3 \end{pmatrix} = 0.1285$$

이므로 $R_p \sim N(0.125, 0.1285)$인 확률변수가 된다.

예제 3.2 로그수익률 R이 평균이 μ이고 분산이 σ^2인 정규분포를 따르면 $E\left(\frac{R-\mu}{\sigma}\right) = \frac{1}{\sigma}E(R-\mu) = \frac{1}{\sigma}(E(R)-\mu) = 0$이 되고 $Var\left(\frac{R-\mu}{\sigma}\right) = \frac{1}{\sigma^2}Var(R-\mu) = \frac{1}{\sigma^2}Var(R) = 1$이다.

$\frac{R-\mu}{\sigma}$는 R의 선형함수(즉, 선형결합)이므로 $\frac{R-\mu}{\sigma}$는 평균이 0이고 분산이 1인 정규분포를 따른다. 즉 $\frac{R-\mu}{\sigma} \sim N(0,1)$이며 이 확률변수는 표준정규분포(standard normal distribution)를 따른다고 한다. 표준정규분포를 따르는 확률변수 Z에 대해 $P[Z \le z_{1-\alpha}] = \alpha$라고 정의하면 $P[Z \le z_\alpha] = 1-\alpha$를 만족하는 표준정규분포가 0에 대해 대칭인 것을 이용하여 $z_{1-\alpha} = -z_\alpha$임을 알 수 있다.

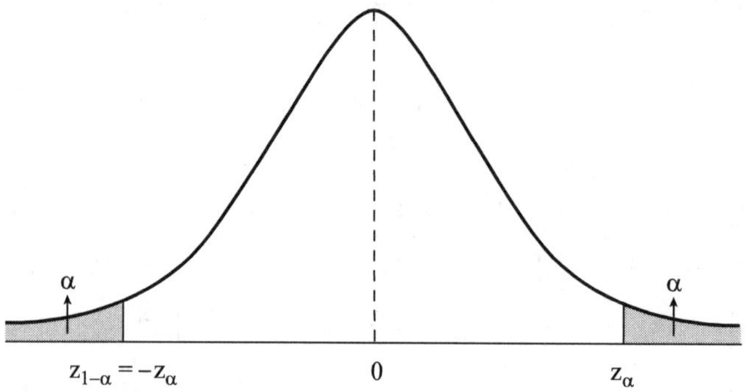

그림 3.2 ▪ 표준정규분포의 임계값과 확률

이러한 임계값 z_α를 이용하여

$$P\left[-z_{\alpha/2} \le \frac{R-\mu}{\sigma} \le z_{\alpha/2}\right] = 1-\alpha$$

가 되고

$$P\left[-z_{\alpha/2} \le \frac{R-\mu}{\sigma} \le z_{\alpha/2}\right] = P[R - \sigma \cdot z_{\alpha/2} \le \mu \le R + \sigma \cdot z_{\alpha/2}]$$

이 되므로 $[R - \sigma \cdot z_{\alpha/2},\ R + \sigma \cdot z_{\alpha/2}]$를 R의 평균 μ에 대한 100(1−α)% 신뢰구간(confidence interval)이라고 한다.

이제, 로그수익률 $R_1, R_2, \cdots, R_n$을 평균이 μ이고 분산이 σ^2인 집단(이를 모집단(population)이라고 한다)으로부터 서로 독립적인 표본이라고 할 때(이를 i.i.d. 하다고 한다. 즉, 같은 모집단으로부터의 표본이므로 identical, 독립이므로 independent의 약자를 써서 identically independently distributed의 의미이다) 이것의 표본평균(sample mean)은

$$\bar{R} = \frac{1}{n}\sum_{i=1}^{n} R_i$$

이다. R_i들이 정규분포를 따르면 표본평균 $\bar{R}$는 R_i들의 선형결합이므로 정규분포를 따르고 평균은

$$E(\bar{R}) = \frac{1}{n}\sum_{i=1}^{n} E(R_i) = \frac{1}{n}\cdot n\mu = \mu$$

가 되고 분산은

$$Var(\bar{R}) = Var\left(\frac{1}{n}\sum_{i=1}^{n} R_i\right) = \frac{1}{n^2}Var(\sum_{i=1}^{n} R_i)$$

이다. 그런데 R_i가 서로 독립이므로

$$Var(\bar{R}) = \frac{1}{n^2}Var(\sum_{i=1}^{n} R_i) = \frac{1}{n^2}\sum_{i=1}^{n} Var(R_i) = \frac{1}{n^2}\cdot n\sigma^2 = \frac{\sigma^2}{n}$$

이 된다. 그러므로 $\bar{R} \sim N(\mu, \frac{\sigma^2}{n})$이다.

이를 다시 $\frac{\bar{R}-\mu}{\sigma/\sqrt{n}}$으로 변환하면 이 역시 $\bar{R}$의 선형변환이므로 정규분포를 따르고

$$E\left(\frac{\bar{R}-\mu}{\sigma/\sqrt{n}}\right) = \frac{1}{\sigma/\sqrt{n}}E(\bar{R} - \mu) = \frac{1}{\sigma/\sqrt{n}}(E(\bar{R}) - \mu) = 0$$

가 되고

$$Var\left(\frac{\bar{R}-\mu}{\sigma/\sqrt{n}}\right) = \left(\frac{1}{\sigma/\sqrt{n}}\right)^2 Var(\bar{R}) = 1$$

이 됨을 알 수 있다. 그러므로 $\frac{\bar{R}-\mu}{\sigma/\sqrt{n}} \sim N(0, 1)$인 표준정규분포를 따르는 확률변수가 된다. 그러므로

$$P\left[-z_{\alpha/2} \le \frac{\bar{R}-\mu}{\sigma/\sqrt{n}} \le z_{\alpha/2}\right] = 1-\alpha = P\left[\bar{R} - \frac{\sigma}{\sqrt{n}}\cdot z_{\alpha/2} \le \mu \le \bar{R} + \frac{\sigma}{\sqrt{n}}\cdot z_{\alpha/2}\right]$$

이며

$$\left[\bar{R} - \frac{\sigma}{\sqrt{n}}\cdot z_{\alpha/2}, \bar{R} + \frac{\sigma}{\sqrt{n}}\cdot z_{\alpha/2}\right]$$

을 모평균 μ에 대한 $100(1-\alpha)\%$ 신뢰구간이라고 한다.

예를 들어, $R_1, R_2, \cdots\cdots, R_{100}$을 $N(\mu, 0.2^2)$으로부터의 일일수익률(one day return)이라고 정의하자. 100일 동안의 평균 일일수익률 $\bar{R} = 0.5\%$으로 가정하고 $\sigma^2 = 0.2^2$으로 가정하면, $\alpha=0.05$일 때 $z_{\alpha/2}= 1.96$이므로 모평균 μ의 95% 신뢰구간은 $[0.5-1.96\frac{0.2}{\sqrt{100}}, 0.5+1.96\frac{0.2}{\sqrt{100}}] = [0.4608\%, 0.5392\%]$가 된다.

우리는 이 예에서 두 가지 점을 유념해야 한다. 첫 번째는 μ와 σ는 일반적으로 재무에서 사용되는 연 수익률과 연 위험(annual return and risk)을 의미하지 않고 일일수익률과 일일수익률의 위험을 나타낸다는 점이다. 그러므로 제1장에서와 같이 연 수익률과 연 위험을 추정하기 위해 1/365로 나누어줄 필요가 없다. 두 번째는 μ와 $\bar{R}$의 구별이다. μ는 우리가 알고 싶어하는 참 일일수익률(모수익률)이고 $\bar{R}$는 μ의 추정량(estimator)이다. 동일하게, σ는 일일수익률의 위험의 참 값이며 $S = \sqrt{\frac{1}{n}\sum_{i=1}^{n}(R_i - \bar{R})^2}$은 σ의 추정량이다. S^2은 제1장에서 소개한 바 있는 적률추정량이다. 즉 $\sigma^2 = Var(R) = E(R-E(R))^2$ 이므로 $S^2 = \frac{1}{n}\sum_{i=1}^{n}(R_i - \bar{R})^2$이 일일수익률의 분산의 추정량이다.

이 두 가지 유념해야 할 점을 설명하면서 새로운 통계적 용어, 추정량(estimator)과 추정치(estimate)를 소개하였다. $\bar{R}$는 100일 동안의 일일수익률의 평균으로 정의하였다. 그러면, 예를 들어 3개월 전의 100일 동안의 $\bar{R}$와 현재 시점 기준 100일 동안의 $\bar{R}$는 일반적으로 동일하지 않을 것이다. 즉, $\bar{R}$는 불확실성을 가진 확률변수라는 의미에서 추정량이라고 표현하고, $\bar{R} = 0.5\%$와 같이 0.5%로 계산되면 (그러므로 $\bar{R}$의 수많은 가능한 값 중 하나가 관찰된 것으로 해석) 이 0.5%를 추정치라고 하여 구분한다.

예제 3.3 어떤 위험자산의 로그일일수익률 R이 $N(\mu,\sigma^2)$를 따를 때 $\frac{R-\mu}{\sigma}$는 표준정규분포를 따른다. 그러므로

$$P[-z_\alpha \le \frac{R-\mu}{\sigma} \le z_\alpha] = P[\mu - \sigma \cdot z_\alpha \le R \le \mu + \sigma \cdot z_\alpha] = 1-2\alpha$$

가 된다. 그림으로 표현하면 <그림 3.3>과 같다.

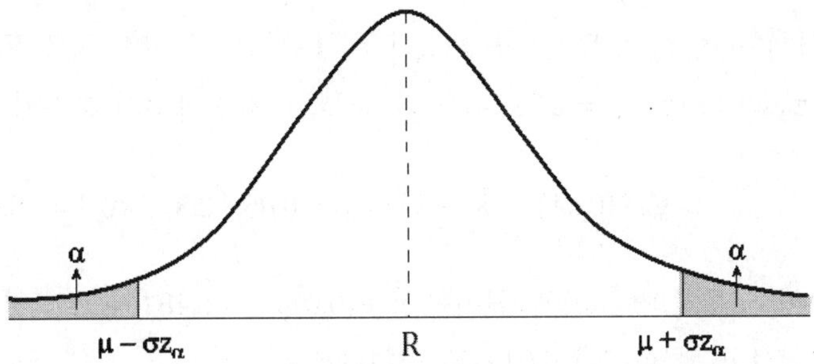

그림 3.3 ■ 수익률 R의 분포 및 α백분율(percentile) 하한값과 상한값

즉, 수익률 R이 $\mu - \sigma z_\alpha$보다 아래로 떨어질 확률은 α이며 이에 대한 신뢰도는 100(1-2α)%이다. 예를 들어, α = 0.01일 때 신뢰수준 98%에서 일일로그수익률 R이 $\mu - \sigma \cdot z_{0.01}$아래로 떨어질 확률은 0.01이 되므로 이 $\mu - \sigma \cdot z_{0.01}$는 일일로그수익률에서 발생하기 매우 어려운 극단적으로 나쁜 일일수익률이라고 해석할 수 있다.

그런데 μ와 σ를 알지 못하므로 이들의 추정치 $\bar{R}$와 S를 이용하여 $\bar{R} - S \cdot z_{0.01}$로 $\mu - \sigma \cdot z_{0.01}$를 추정하고 $\mu - \sigma \cdot z_{0.01}$에 투자액을 곱해서 나온 값을 VaR(Value at Risk)라고 하며 VaR(0.01)로 표기한다. 그러므로 신뢰구간과 VaR(α)은 동일한 확률적인 의미로부터 출발하지만, 신뢰구간은 모평균 μ에 관심이 있는 통계적 관점이고, VaR(α)는 모평균과 모분산의 추정치를 이용하여 수익률에 대한 극단적인 값의 경계점을 구하고자 하는 재무론적 관점이다.

이제 이 위험자산으로부터 100개의 일일로그수익률을 구하여 $\bar{R}$ = 0.05%, S^2 = $0{,}3^2$으로 추정치를 구했다고 가정하자. 신뢰구간의 관점에서 일일로그수익률의 참평균(즉, 모평균)값에 관심이 있으므로

$$\frac{\bar{R} - \mu}{\sigma/\sqrt{n}} \sim N(0,1)$$

을 이용하여 $P[\bar{R} - \frac{\sigma}{\sqrt{n}} \cdot z_\alpha \le \mu \le \bar{R} + \frac{\sigma}{\sqrt{n}} \cdot z_\alpha]$=1-2α이 된다. 즉, 일일로그수익률의 모평균에 대한 95% 신뢰구간은, $z_{0.025}$ = 1.96이므로,

$$\left[0.05 - 1.96\frac{0.3}{\sqrt{100}},\ 0.05 + 1.96\frac{0.3}{\sqrt{100}}\right] = [-0.0088, 0.1088]$$

가 된다. 여기에서 σ 대신 추정치 S = 0.3를 이용하였다.

한편, 이 위험자산의 수익률 $R \sim N(\mu, \sigma^2)$를 따르므로 $P[-z_\alpha \le \frac{R-\mu}{\sigma} \le z_\alpha] = P[\mu - \sigma \cdot z_\alpha \le R \le \mu + \sigma \cdot z_\alpha] = 1-2\alpha$이다. 그러므로 $VaR(0.01) = \mu - \sigma \cdot z_{0,01}$이고 $z_{0,01} = 2.327$이므로 μ의 추정치 $\bar{R}$와 σ의 추정치 S를 이용하여

$$VaR(0.01) = \bar{R} - S \cdot z_{0,01} = 0.05 - 2.327 \times 0.3 = -0.6481\%$$

이다. 투자액이 100만원이면 VaR(0.01) = -6,481원으로, 일일손실액이 6,481원 이상이 될 확률이 0.01임을 말한다.

2 기타 연속형 분포

2.1 로그정규분포

어떤 확률변수 X가 $N(\mu, \sigma^2)$를 따를 때 $Y = e^X$는 lognormal(μ, σ^2)를 따른다고 말한다. 즉,

$$\ln Y \sim N(\mu, \sigma^2)$$

일 경우 Y가 로그정규분포를 따른다고 말한다. 그러므로 어떤 확률변수들이 로그정규분포를 따르면 그 확률변수에 로그를 취해 앞에서 공부한 정규분포의 성질을 그대로 이용하면 된다. 특히, 앞 절에서 로그수익률이 정규분포를 따른다는 말은 $e^{\text{로그수익률}}$이 로그정규분포를 따르는 확률변수라는 말과 동일하다. 로그정규분포 함수의 확률밀도함수는 <그림 3.4>와 같이 오른쪽이 찌그러진(right skewed) 형태를 가지고 있다.

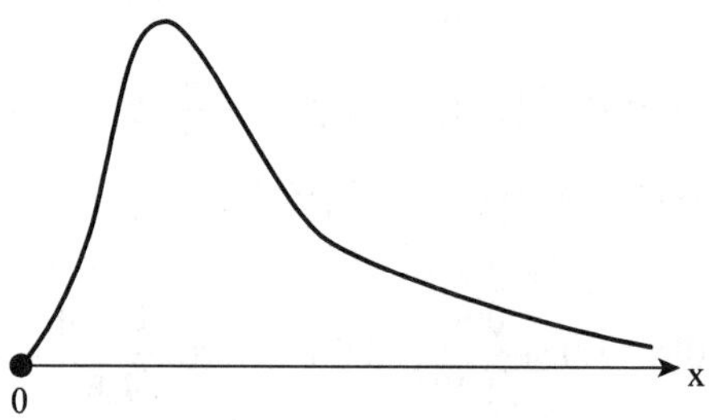

그림 3.4 ■ 로그정규확률밀도함수

즉, 로그정규분포를 따르는 확률변수의 최소값은 0이며 0보다 약간 큰 값을 가질 확률이 가장 높고 오른쪽으로 길게 뻗은(즉, 극단적으로 큰 값을 가질 확률이 정규분포보다 높은) 형태를 가지고 있다. 로그정규분포의 본격적인 응용은 제6장에서 공부할 파생상품의 가격결정에서 다루게 될 것이다.

2.2 파레토분포(Pareto Distribution)

정규분포와 비교해서, 같은 평균과 분산을 가지고 있으나 높은 꼬리 확률(high tail probability)를 가지고 있는 분포함수를 두꺼운 꼬리(heavy-tail)를 가지고 있다고 말한다. 위험자산 또는 포트폴리오의 수익률은 극단적으로 작은 값을 가지게 되어 파산에 이르거나 또는 극단적으로 큰 수익률을 보일 경우가 자주 있다. 그러므로 수익률 분포는 정규분포보다 두꺼운 꼬리를 가진 분포를 가정하여 VaR 측정에 매우 유용하게 응용되고 있다. 두꺼운 꼬리를 가진 분포 중에서 재무에서 가장 널리 사용되고 있는 분포는 파레토분포이다. 파레토 분포의 우측꼬리를 정규분포와 비교하면 <그림 3.5>와 같다.

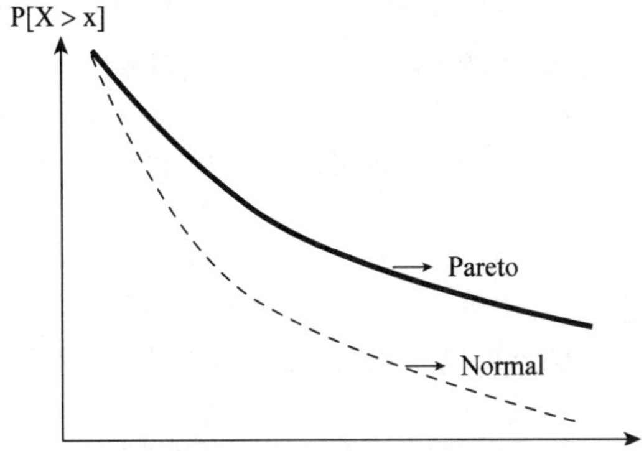

그림 3.5 ■ 파레토분포와 정규분포의 오른쪽 꼬리분포

<그림 3.5>에서 X를 어떤 위험자산의 손실(loss)이라고 하면 P[X>x]는 이 위험자산의 손실이 어떤 x(보통 큰 값)보다 큰 확률을 의미한다. <그림 3.5>에서 볼 수 있듯이 파레토분포가 정규분포보다 어떤 주어진 손실 x보다 클 확률이 항상 크며 손실 x가 커짐에 따라 파레토분포의 P[X>x]와 정규분포의 P[X>x]의 차가 커짐을 알 수 있다. 재무에서는 손실 X는 −투자액 × 수익률로 흔히 정의되며 수익률이 음의 값이면 손실이 발생하게 된다. 파레토분포의 VaR에의 응용은 제

4장에서 살펴보도록 하고 여기에서는 파레토 분포의 특성만 간단히 논의하고자 한다.

F(x)를 파레토 분포함수(즉, P[X≤x])로 정의할 때

$$1-F(x)=L(x)\cdot x^{-\alpha}$$

으로 정의된 F(x)를 파레토 분포함수라고 한다. 1−F(x) = P[X>x]이므로 이를 우측 파레토꼬리(pareto right tail)라고 한다. 여기에서 α>0이고 꼬리지수(tail index)라고 하며 추정해야 할 모수(parameter)이다. L(x)는 x가 매우 큰 값일 때 x에 대해 느리게 움직이는 함수를 나타낸다. 즉 어떤 x_1과 x_2가 매우 큰 값일 경우 $\frac{L(x_1)}{L(x_2)} \approx 1$을 의미한다. 이러한 L(x)의 성질을 이용하여 L(x)의 구체적인 함수형태를 정의하지 않고 VaR을 계산하게 된다.

예제 3.4 어떤 포트폴리오의 음의 일일수익률이 α=4인 파레토 분포를 따르며 VaR(0.05) = 100,000원이라고 가정하자. 즉, 이 포트폴리오의 일일손실액이 100,000원 이상일 확률이 0.05인 것을 가정하고 있다. 이를 파레토 분포를 이용하여 표현하여 보자. R을 이 포트포리오의 일일수익률이라고 정의하고 V를 투자액이라고 정의하면 손실은 −V× R이 된다. 가정에 의해

$$P[-R>x]=L(x)x^{-4},\quad x>0$$

이므로

$$0.05=P[-V\cdot R>VaR(0.05)]=L(VaR(0.05))\cdot VaR(0.05)^{-4}$$

이 된다. 이를 이용하여 VaR(0.01)을 구해보자.

$$0.01=P[-V\cdot R>VaR(0.01)]=L(VaR(0.01))\cdot VaR(0.01)^{-4}$$

이 되어

$$\frac{0.05}{0.01}=\frac{L(VaR(0.05))}{L(VaR(0.01))}\left(\frac{VaR\ (0.05)}{VaR\ (0.01)}\right)^{-4}$$

가 된다. 그런데 VaR(0.05)와 VaR(0.01)은 충분히 큰 값(즉, 상위 5%와 상위 1%

는 큰 값으로 고려될 수 있다)이므로 함수 L(x)의 성질에 의해 $\frac{L(VaR(0.05))}{L(VaR(0.01))} \approx 1$ 이 된다. 그러므로

$$\frac{0.05}{0.01} = \left(\frac{VaR\ (0.05)}{VaR\ (0.01)}\right)^{-4} = \left(\frac{100{,}000}{VaR\ (0.01)}\right)^{-4}$$

이 성립하게 된다. 이로부터 VaR(0.01)를 구하면 VaR(0.01) = 149,535원이 된다. 그러므로 이 포트폴리오의 일일손실액이 149,535원 이상이 될 확률은 0.01이라고 해석할 수 있으며, 이 포트폴리오의 손실액이 149,535원 이상이 발생될 가능성이 보이면, 100일에 1번 일어날 수 있는 매우 큰 손실액에 해당하므로 즉시 포트폴리오를 재구성하거나 매도포지션(short position)을 취해 예상 손실액을 최소화해야 한다.

---

3 모수추정 및 중심극한정리

어떤 투자자가 위험자산 및 파생상품의 포지셔닝(long or short position; long은 산다(buy)는 short는 판다(sell)는 의미이다) 또는 포트폴리오의 구성을 하고자 할 때 관심을 가지고 있는 자산의 수익률의 평균과 위험은 매우 중요한 투자정보가 된다. 그러나 수익률의 평균과 분산 등의 참값(모수값)을 안다는 것은 불가능하기 때문에 표본(sample)에 의해 모수값을 추정하고 검정하는 통계적 추론 statistical inference)을 하게 된다.

3.1 모수의 추정

모수의 추정은 적률추정법(moment estimation), 최우추정법(maximum likelihood estimation), 최소제곱추정법(least squares estimation) 등이 있다.

적률추정법은 제1장 3절에서 이미 다뤘기 때문에 그 정의만 살펴보면, $E(R^k)$의 추정은 표본 $R_1, R_2, \cdots\cdots, R_n$을 이용한 표본적률추정치인 $\frac{1}{n}\sum_{i=1}^{n} R_i^k$ 으로 한다. 여기에서 $R_1, R_2, \cdots\cdots, R_n$을 특정자산이나 포트폴리오의 수익률이라고 하면 첨자는 매 1시간마다 관찰된 n개의 수익률, 매일 간격으로 관찰되는 n개의 일일수익률

또는 매년 간격으로 관찰되는 n개의 연간수익률 등으로 표현될 수 있는 관찰시간단위를 의미한다. 적률추정법은 확률변수 R(또는 R_1, …… , R_n)의 분포함수를 가정하지 않는 장점을 가지고 있다.

최우추정법(Maximum likelihood estimation)은 확률변수 R의 분포함수는 알고 있으나 분포함수를 결정하는 모수(정규분포의 경우, μ와 σ^2)를 모를 때 사용하는 모수추정법으로 통계학 및 경제학에서 널리 사용되고 있다. 확률변수 R의 분포함수를 알고 있다고 가정하기 때문에 R의 분포함수가 정확하다면 최우추정법은 매우 우수하나, 분포함수가 정확하지 않다면 최우추정법의 사용은 신중해야 한다. 최우추정치(maximum likelihood estimate, MLE)는 그 이름에서 알 수 있듯이 n개의 관찰치 $R_1, R_2, \cdots, R_n$이 있을 때 이 관찰치가 나올 확률을 최대화하는 모수추정치를 말한다.

예제 3.5 $R_1, R_2, \cdots, R_n$가 N(μ,1)으로부터의 i.i.d한 표본일 때 $P[R_1=r_1, R_2=r_2, \cdots, R_n=r_n]$를 우도함수(likelihood function)라고 하고 이를 $L(r_1, r_2, \cdots, r_n)$로 표현한다. $R_1, R_2, \cdots, R_n$ 이 i.i.d N(μ,1)으로부터의 표본이므로

$$L(r_1, r_2, \cdots, r_n) = P[R_1=r_1] \times P[R_2=r_2] \times \cdots \times P[R_n=r_n]$$

$$= \left(\frac{1}{\sqrt{2\pi}}\right)^n \exp\left(-\frac{\sum_{i=1}^n (r_i - \mu)^2}{2}\right)$$

가 된다.

이 문제에서 모수는 μ이므로 μ의 최우추정치는 $L(r_1, r_2, \cdots, r_n)$을 최대화하는 μ를 구하면 된다. L을 최대화하는 μ를 찾기 위하여 L에 로그를 취하면

$$\ln L = n \ln \frac{1}{\sqrt{2\pi}} - \frac{\sum_{i=1}^n (r_i - \mu)^2}{2}$$

이 되고 ln함수는 단조증가함수이므로 lnL을 최대화하는 μ는 L을 최대화하는 μ와 동일하다. ln L은 μ에 대해 2차 함수이고 μ^2의 계수가 음의 값을 가지므로

$$\frac{\partial \ln L}{\partial \mu} = \sum_{i=1}^{n} (r_i - \mu) = 0$$

으로부터 구한 $\hat{\mu} = \frac{1}{n}\sum_{i=1}^{n} r_i$ 은 ln L을 최대화하는 최우추정치가 된다.

연습문제 3.6

$R_1, R_2, \cdots, R_n$이 $N(\mu, \sigma^2)$로부터의 i.i.d 표본일 때 μ와 σ^2의 최우추정치와 적률추정치를 구한 후 최우추정치와 적률추정치를 비교하라.

예제 3.7 과거의 특정시점 t에서부터 현재시점 T까지 n개의 등간격(Δt)으로 나눈 시점을 $t_i = t + i \cdot \Delta t$라고 표현하면, 즉 $t_0 = t, t_1 = t+\Delta t, t_2 = t+2\Delta t, \cdots, t_n = t+n\Delta t = T$로 표현하고 $S(t_i)$를 어떤 위험자산의 시점 t_i에서의 가격이라고 정의하면 이 자산의 수익률은

$$R_i = \frac{S(t_i) - S(t_{i-1})}{S(t_{i-1})}, \qquad i = 2, 3, \quad \cdots, n$$

으로 정의된다.

이제 R_i가 평균이 $\mu\Delta t$이고 분산이 $\sigma^2\Delta t$ 인 i.i.d.한 정규분포로부터의 표본이라고 하면, 즉

$$R_i = \mu\Delta t + \sigma\sqrt{\Delta t}\ Z_i$$

여기에서 $Z_i \sim N(0, 1)$ 이며 서로간에 독립이다(즉, i.i.d). 그리고 μ는 연 수익률이 고 σ는 연 변동성이다. 수익률의 변동성은 시간의 거리(Δt)가 커짐에 따라 커지므로 R_i의 위험은 $\sigma\sqrt{\Delta t}$를 가정하고 있다. 그러면 n개의 관찰치 $r_1, r_2, \cdots, r_n$을 이용하여 구한 우도함수는

$$P[R_1 = r_1, R_2 = r_2, \cdots, R_n = r_n] = P[R_1 = r_1] \times P[R_2 = r_2] \times \cdots \times P[R_n = r_n]$$

$$= \left(\frac{1}{\sqrt{2\pi\sigma^2\Delta t}}\right)^n \exp\left(-\frac{\sum_{i=1}^{n}(r_i - \mu\Delta t)^2}{2\sigma^2\Delta t}\right)$$

이 된다. 이 우도함수에 자연로그를 취한 로그우도함수는

$$\ln L = -\frac{n}{2}\ln 2\pi - \frac{n}{2}\ln\sigma^2 \cdot \Delta t - \frac{\sum_{i=1}^{n}(r_i - \mu\Delta t)^2}{2\sigma^2\Delta t}$$

이 된다.

$$\frac{\partial \ln L}{\partial \mu} = \frac{\sum_{i=1}^{n}(r_i - \mu\Delta t)}{\sigma^2} = 0$$

$$\frac{\partial \ln L}{\partial \sigma^2} = -\frac{n}{\sigma^2} + \frac{\sum_{i=1}^{n}(r_i - \mu\Delta t)^2}{\sigma^4\Delta t} = 0$$

이므로 이 두 방정식의 해는

$$\hat{\mu} = \frac{1}{n\Delta t}\sum_{i=1}^{n} r_i \text{ 와 } \widehat{\sigma^2} = \frac{1}{n\Delta t}\sum_{i=1}^{n}(r_i - \hat{\mu}\,\Delta t)^2$$

가 $\ln L$를 최대화하는 최우추정치가 된다. 그런데 $n\times\Delta t = T-t$이므로

$$\hat{\mu} = \frac{1}{T-t}\sum_{i=1}^{n} r_i \text{ 이고 } \widehat{\sigma^2} = \frac{1}{T-t}\sum_{i=1}^{n}(r_i - \hat{\mu}\,\Delta t)^2$$

이 된다.

연습문제 3.8

<예제 3.7>에서 μ와 σ의 적률추정량을 구하고 이를 <예제 3.7>의 최우추정량과 비교하라.

3.2 중심극한정리(Central Limit Theorem)

중심극한정리는 통계학, 계량경제학 및 수리금융에서 매우 중요한 이론 중 하나이다. 중심극한정리의 유용성은 어떤 모집단으로부터 충분히 큰 표본을 가지고 있을 때 모집단의 분포를 모르더라도 표본평균의 분포는 근사적으로 정규분포를 따른다는 것이다.

즉 $R_1, R_2, \cdots, R_n$이 분포를 알 수 없지만 평균이 μ이고 분산이 σ^2인 모집단으로부터의 i.i.d 표본일 때

$\frac{\sum_{i=1}^{n} R_i - E(\sum_{i=1}^{n} R_i)}{\sqrt{Var(\sum_{i=1}^{n} R_i)}}$는 n이 충분히 클 때 N(0,1)을 따른다. 단, $\sigma^2 < \infty$이어야 한다.

identical의 가정이 없고 독립(independent)가정만 있는 좀더 일반적인 중심극한정리도 있으나 이 책에서는 사용하지 않으므로 생략한다.

$$E(\sum_{i=1}^{n} R_i) = \sum_{i=1}^{n} E(R_i) = \sum_{i=1}^{n} \mu = n\mu$$

이고 $Var(\sum_{i=1}^{n} R_i)$ 은 독립가정에 의해

$$Var(\sum_{i=1}^{n} R_i) = \sum_{i=1}^{n} Var(R_i) = \sum_{i=1}^{n} \sigma^2 = n\sigma^2$$

이므로 $\frac{\sum_{i=1}^{n} R_i - n\mu}{\sqrt{n\sigma^2}} = \frac{\sqrt{n}(\frac{1}{n}\sum_{i=1}^{n} R_i - \mu)}{\sigma}$는 근사적으로 N(0,1)을 따른다. 즉, n이 충분히 크고 $\sigma^2 < \infty$ 이면

$$\sqrt{n}(\bar{R} - \mu) \approx N(0, \sigma^2)$$

가 중심극한정리의 결과이다. 그러므로 중심극한정리에 의해 n이 충분히 크면 (일반적으로 i.i.d인 경우 30 이상) $Y = \sqrt{n}(\bar{R} - \mu)$를 $N(0, \sigma^2)$으로 가정하여도 통계적 신뢰성을 확보할 수 있다는 이론적인 배경을 제공받게 된다. 여기에서 $\bar{R} = \frac{1}{n}\sum_{i=1}^{n} R_i$이다.

중심극한정리의 또 다른 중요한 결과를 살펴보자. 확률변수는 불확실성이 있으나 유한값을(-∞나 ∞가 아닌) 가지게 된다(정확하게 표현하면 유한값일 확률이 1). 그러므로 $Y = \sqrt{n}(\bar{R} - \mu)$는 유한값이다. 그런데 $\sqrt{n}$은 $n \to \infty$일 때 무한대의 값을 가지므로 Y가 유한값을 갖기 위해서는 $\bar{R} - \mu$가 $\frac{1}{\sqrt{n}}$의 속도로 감소해야 한다는 것을 의미하게 된다.

결국 $n \to \infty$에 따라 $(\bar{R} - \mu)$은 0으로 접근하게 되어 $\bar{R} \approx \mu$가 된다. 이와 같이 어떤 추정량이 표본크기 $n \to \infty$에 따라 모수에 수렴하면 이 추정량은 모수에 확률적으로 수렴한다고 말하며 이 추정량을 일치추정량(consistent estimator)이라고 한다. 이러한 관점에서 $\bar{R} \to \mu$ in probability라고 표현하고 $\bar{R}$는 μ의 일치추정량이 된다.

이를 좀더 체계적으로 정리하면 다음과 같다. $X_1, X_2, \cdots\cdots, X_n$이 평균이 μ인 어떤 모집단으로부터의 독립표본이면 $\frac{1}{n}\sum_{i=1}^{n} X_i \to \mu$ in probability이고 $\frac{1}{n}\sum_{i=1}^{n} X_i$는 μ

의 일치추정량이 된다. 이러한 법칙을 약대수의 법칙(weak law of large number, 강대수의 법칙도 있으나 약대수의 법칙으로도 충분하므로 여기에서는 생략하기로 한다)이라고 한다. 통계학 및 계량경제학에서 가장 중요한 추정량 중 하나이다.

예제 3.9 <예제 3.8>에서 살펴본 바와 같이 $R_1, R_2, \cdots, R_n$이 평균이 $\mu\Delta t$이고 분산이 $\sigma^2\Delta t$인 i.i.d한 확률변수(정규분포일 필요가 없음)이므로

$$\bar{R} = \frac{1}{n}\sum_{i=1}^{n} R_i \text{일 때 } E(\bar{R}) = \frac{1}{n}\sum_{i=1}^{n} \mu\Delta t = \mu\Delta t$$

이다. 약대수의 법칙에 의해 $\bar{R}$는 $\mu\Delta t$의 일치추정량이고 $\frac{1}{\Delta t}\bar{R} = \frac{1}{n\Delta t}\sum_{i=1}^{n} R_i = \frac{1}{T-t}\sum_{i=1}^{n} R_i$는 μ의 일치추정량이다.

$R_1, R_2, \cdots, R_n$이 i.i.d이므로 $R_1^2, R_2^2, \cdots, R_n^2$ 역시 i.i.d 확률변수이다. $\sigma^2\Delta t = Var(R_i) = E(R_i^2) - [E(R_i)]^2$이므로 $E(R_i^2) = \sigma^2\Delta t + (\mu\Delta t)^2$ 이다. 그러므로 약대수의 법칙에 의해 $\frac{1}{n}\sum_{i=1}^{n} R_i^2$은 $\sigma^2\Delta t + (\mu\Delta t)^2$ 의 일치추정량이 된다.

$S^2 = \frac{1}{n}\sum_{i=1}^{n}(R_i - \bar{R})^2 = \frac{1}{n}\sum_{i=1}^{n} R_i^2 - \bar{R}^2$으로 재표현되고 $\bar{R}$는 $\mu\Delta t$의 일치추정량이고 $\frac{1}{n}\sum_{i=1}^{n} R_i^2$은 $\sigma^2\Delta t + (\mu\Delta t)^2$ 의 일치추정량이므로 S^2은 $\sigma^2\Delta t + (\mu\Delta t)^2 - (\mu\Delta t)^2 = \sigma^2\Delta t$의 일치추정량이 된다. 그러므로

$$\frac{1}{\Delta t}S^2 = \frac{1}{n\Delta t}\sum_{i=1}^{n}(R_i - \bar{R})^2 = \frac{1}{T-t}\sum_{i=1}^{n}(R_i - \bar{R})^2$$

은 σ^2의 일치추정량이 된다.

예제 3.10 <예제 3.7>에서 가정한 바와 같이 $R_i = \mu\Delta t + \sigma\sqrt{\Delta t}\,Z_i$ 라고 정의하자. 여기에서 Z_i는 평균이 0이고 분산이 1인 i.i.d한 확률변수이다. 그러므로 <예제 3.7>과 비교하여 Z_i가 정규분포를 따른다는 가정이 없다는 차이가 있다.

$R_i = \frac{S(t_i) - S(t_{i-1})}{S(t_{i-1})}$ 이고 $R_i = \mu\Delta t + \sigma\sqrt{\Delta t}\,Z_i$이므로

$$S(t_i) = S(t_{i-1})(1 + \mu\Delta t + \sigma\sqrt{\Delta t}\,Z_i)$$

가 된다. 이 식을 반복적으로 풀면

$$S(T) = S(t)\prod_{i=1}^{n}(1 + \mu\Delta t + \sigma\sqrt{\Delta t}\,Z_i)$$

이 되고 자연로그를 취하면 $\ln\frac{S(T)}{S(t)} = \sum_{i=1}^{n}\ln(1 + \mu\Delta t + \sigma\sqrt{\Delta t}Z_i)$가 된다. 여기에서 μ는 연 평균수익률($0.01 \leq \mu \leq 0.1$이 전형적인 값)이고 σ($0.05 \leq \sigma \leq 0.5$가 일반적인 값)는 연 위험이며 Δt가 매우 작은 값(일일수익률일 경우 $\Delta t = 1/365$)이므로 $\mu\Delta t + \sigma\sqrt{\Delta t}Z_i$는 0에 가까운 매우 작은 값을 갖게 된다.

논의를 더 전개하기 위해 다음의 사실을 먼저 언급하도록 하자. 어떤 ε이 0에 가까운 매우 작은 값일 때 $\ln(1+\varepsilon) \approx \varepsilon - \varepsilon^2/2$ 이 된다(이를 Taylor 전개에 의해 쉽게 증명할 수 있다. Taylor 전개는 파생상품 가격을 결정하는 데 기본적인 개념이므로 다음 장에서 상세하게 다룰 것이다). 이를 이용하여

$$\begin{aligned}\ln\frac{S(T)}{S(t)} &= \sum_{i=1}^{n}\ln(1 + \mu\Delta t + \sigma\sqrt{\Delta t}Z_i) \\ &\approx \sum_{i=1}^{n}\left(\mu\Delta t + \sigma\sqrt{\Delta t}Z_i - \frac{1}{2}\sigma^2\Delta t Z_i^2 - \frac{1}{2}\mu^2(\Delta t)^2 - \mu\sigma^2(\Delta t)^{3/2}Z_i\right) \\ &= \sum_{i=1}^{n}\left(\mu\Delta t + \sigma\sqrt{\Delta t}Z_i - \frac{1}{2}\sigma^2\Delta t Z_i^2\right) + o(\Delta t)\end{aligned}$$

여기에서 $o(\Delta t)$는 Δt 보다 더 빠른 속도로 0으로 접근하는 함수를 나타낸다. $\frac{1}{2}\mu^2(\Delta t)^2 + \mu\sigma(\Delta t)^{\frac{3}{2}}Z_i$가 $o(\Delta t)$로 표현된다. $Z_1, Z_2, \cdots, Z_n$이 i.i.d이므로 $\mu\Delta t + \sigma\sqrt{\Delta t}Z_1 - \frac{1}{2}\sigma^2\Delta t Z_1^2$, $\mu\Delta t + \sigma\sqrt{\Delta t}Z_2 - \frac{1}{2}\sigma^2\Delta t Z_2^2, \cdots,$ $\mu\Delta t + \sigma\sqrt{\Delta t}Z_n - \frac{1}{2}\sigma^2\Delta t Z_n^2$ 역시 i.i.d 확률변수이다. 한편

$$E(\mu\Delta t + \sigma\sqrt{\Delta t}Z_i - \frac{1}{2}\sigma^2\Delta t Z_i^2) = \mu\Delta t - \frac{1}{2}\sigma^2\Delta t$$

이고

$$\begin{aligned}&Var(\mu\Delta t + \sigma\sqrt{\Delta t}Z_i - \frac{1}{2}\sigma^2\Delta t Z_i^2) \\ &= Var(\sigma\sqrt{\Delta t}Z_i) - 2Cov(\sigma\sqrt{\Delta t}Z_i, \frac{1}{2}\sigma^2\Delta t Z_i^2) + Var(\frac{1}{2}\sigma^2\Delta t Z_i^2) \\ &= \sigma^2\Delta t Var(Z_i) - \sigma^3(\Delta t)^{\frac{3}{2}}Cov(Z_i, Z_i^2) + \frac{1}{4}\sigma^4(\Delta t)^2 Var(Z_i^2) \\ &= \sigma^2\Delta t + o(\Delta t)\end{aligned}$$

가 된다.

시간 t에서 T까지 Δt의 시간간격으로 n등분하였으므로 $\Delta t \to 0$으로 보낸다는 것은 $n \to \infty$로 보낸다는 것과 동일하다. 위의 도출된 기대값과 분산을 이용하여

$$\ln\frac{S(T)}{S(t)} = \sum_{i=1}^{n}(\mu\Delta t + \sigma\sqrt{\Delta t}Z_i - \frac{1}{2}\sigma^2\Delta t Z_i^2)$$

이므로

$$E(\ln\frac{S(T)}{S(t)}) = \sum_{i=1}^{n}(\mu\Delta t - \frac{1}{2}\sigma^2\Delta t) = \mu\sum_{i=1}^{n}\Delta t - \frac{1}{2}\sigma^2\sum_{i=1}^{n}\Delta t = (T-t)(\mu - \frac{1}{2}\sigma^2)$$

이며

$$Var(\ln\frac{S(T)}{S(t)}) = \sum_{i=1}^{n}(\sigma^2\Delta t + o(\Delta t)) = \sigma^2(T - t) + (T - t)\, o(1)$$

이 된다.

그러므로 중심극한정리에 의해

$$\ln\frac{S(T)}{S(t)} \approx N((\mu - \frac{1}{2}\sigma^2)(T - t),\ \sigma^2(T - t))$$

를 따른다. 이 분포는 파생상품가격 결정을 위한 핵심적인 모형을 나타낸 것으로 기하 브라우니안 모션(geometric Brownian motion)이라고 한다. 이 모형은 제6장부터 중점적으로 다루어질 것이다.

마지막으로 모수에 대한 추정법인 최소제곱추정법을 간략하게 논의하여 보자. 이 추정법은 확률변수를 평균과 오차의 합으로 정의하고 오차의 제곱합을 최소화하는 추정법을 말한다. 제2장에서 다룬 바와 같이 목적함수 O_w를 최소화하는 모수의 추정법으로 이 추정법은 회귀분석(regression analysis)에서 다시 다룰 것이다.

예제 3.11 어떤 위험자산에 대한 n개 시점에서 정의된 수익률을 $R_1, R_2, \cdots, R_n$으로 표현할 때 $R_i = \mu\Delta t + \varepsilon_i$, i=1,2, ⋯,n 이라고 가정하자. 그러므로 <예제 3.10>의 $R_i = \mu\Delta t + \sigma\sqrt{\Delta t}\,Z_i$에서 $\sigma\sqrt{\Delta t}\,Z_i$를 ε_i로 표현한 것이다. 불확실성을 가지고 있는 확률변수에 상수($\sigma\sqrt{\Delta t}$)를 곱한 항을 모두 ε_i로 표현한 것으로 이 불확실성의 제곱합은 $\sum_{i=1}^{n}\varepsilon_i^2 = \sum_{i=1}^{n}(R_i - \mu\Delta t)^2$이며 이 제곱 합을 최소화하는 μ는 ($\mu^2$의 계수가 $n\Delta t$ = T-t로 양의 값이므로)

$$\frac{\partial\sum_{i=1}^{n}\varepsilon_i^2}{\partial\mu} = -2\Delta t\sum_{i=1}^{n}(R_i - \mu\Delta t) = 0$$

으로부터 $\hat{\mu} = \frac{1}{n\Delta t}\sum_{i=1}^{n} R_i = \frac{1}{T-t}\sum_{i=1}^{n} R_i$가 되며 이 추정량은 μ의 최소제곱추정량이다.

---

4 표본분포

지금까지 살펴본 바와 같이 관심있는 모수(예를 들어, 기대수익률 또는 위험)의 추정치는 추정방법에 따라 하나 이상 존재할 수 있고 이들 중 어떤 추정치가 모수를 잘 추정하고 있는지의 척도가 필요하다.

$\hat{\theta}$를 모수 θ의 추정량이라고 할 때 가장 많이 사용되고 있는 척도는 $E(\hat{\theta} - \theta)^2$와 100(1-α)% 신뢰구간이 있다. $E(\hat{\theta}-\theta)^2$를 MSE(Mean Squared Error)라고 한다. MSE가 작다는 것은 $\hat{\theta}$이 θ에 가깝다는 것을 의미한다. 한편, $\hat{\theta}$에 의해 구한 θ의 신뢰구간이 짧다는 것 역시 $\hat{\theta}$이 θ의 좋은 추정치라는 것을 의미한다. 그러나 MSE 또는 100(1-α)%의 신뢰구간을 구하기 위해서는 $\hat{\theta}$의 확률분포를 알아야 가능하다. $\hat{\theta}$은 표본에 의해서 결정되므로(또는 계산되므로) $\hat{\theta}$의 분포를 흔히 표본분포(sampling distribution)라고 말한다. 통계학 교재나 특히 수리통계학 교재는 표본분포에 대해 매우 복잡하고 난해한 설명과 증명을 통해 설명하고 있으나 여기에서는 매우 간단한 도표에 의해 표본분포의 특성과 응용을 살펴보고자 한다.

표본분포는 다음의 그림으로 표현된 표본분포의 가계도를 통해 이해할 수 있다. <그림 3.6>에 표현된 표본분포의 가계도를 살펴보면 정규분포로부터 카이제곱(χ^2)분포가 나오고 정규분포와 χ^2 분포의 결합에 의해 t 분포를 만들어 내고 χ^2 분포와 χ^2 분포의 결합에 의해 F 분포를 도출할 수 있음을 보여주고 있다.

t 분포는 정규분포보다 꼬리가 두꺼운 분포로 VaR(Value At Risk)를 측정하는 데 유용할 뿐만 아니라, 평균의 검정이나 회귀계수에 대한 검정 등에 가장 널리 사용되는 표본분포이다. χ^2 분포 역시 이자율 모형에서 사용되는 분포이며 F 분포와 더불어 2개 이상의 모수를 동시에 검정할 때 유용하게 사용되는 표본분포이다. 먼저 이들 분포들의 관계와 특성을 살펴보고 모수의 추정과 검정에 어떻게 사용되는가를 살펴보고자 한다.

<그림 3.6>의 두 번째 행의 정규분포는 이미 논의된 바와 같이

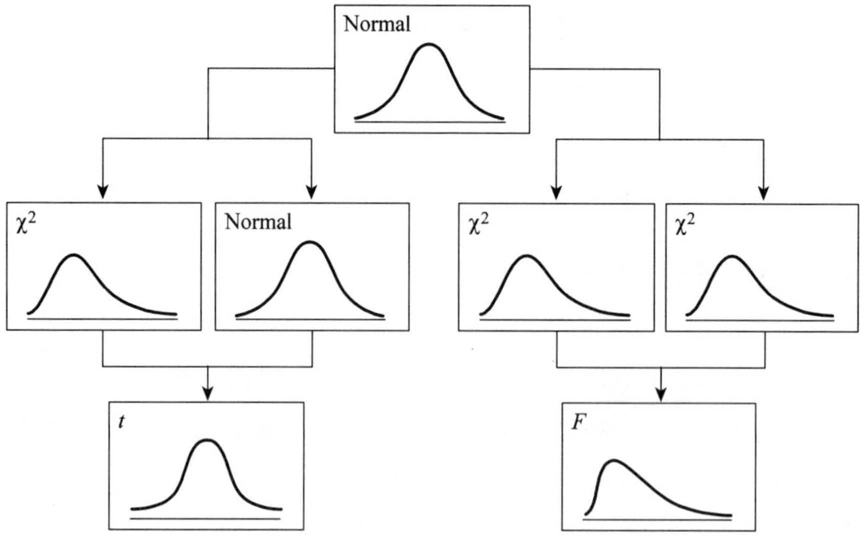

그림 3.6 ■ 표본분포의 가계도

- 정규분포의 선형결합은 정규분포이며 정규분포는 평균과 분산에 의해 결정된다.
  - (i) $X \sim N(\mu, \sigma^2)$이면 $\frac{X-\mu}{\sigma} \sim N(0, 1)$ (표준정규분포)이다.
  - (ii) $X_1, X_2, \cdots, X_n$이 평균이 μ이고 분산이 σ^2인 정규분포로부터의 임의표본 (즉 i.i.d)이면 $\bar{X} \sim N(\mu, \frac{\sigma^2}{n})$이다. 여기에서 $\bar{X} = \frac{1}{n}\sum_{i=1}^{n} X_i$이다.

- 두 번째 열의 카이제곱(χ^2) 분포의 성질은 다음과 같다.
  - (i) 표준정규분포의 제곱은 자유도가 1인 χ^2 분포이다.
  - (ii) 자유도가 n_1인 χ^2 분포와 자유도가 n_2인 χ^2 분포가 있을 때, 이 두 분포가 독립이면 두 분포의 합은 자유도가 n_1+n_2인 χ^2 분포이다.
  - (iii) 자유도가 n인 χ^2 분포의 평균은 n이고 분산은 2n이다.

통계학에 쓰이는 통계량의 형태가 표본자료의 제곱합으로 표현되면 이 통계량(statistic, 정의는 다음 예제 참조)은 χ^2 분포를 따른다고 보면 된다. χ^2 분포에는 반드시 자유도가 따른다. 자유도의 정의는 말 그대로 통계량의 자유스러운 값을 가질 수 있는 경우의 수라고 할 수 있다. 일반적으로

$$\text{자유도} = \text{표본수} - \text{통계량에 포함된 모수의 추정치수}$$

로 계산된다.

예제 3.12 $X_1, X_2, \cdots, X_n$을 평균이 μ, 분산이 σ^2인 정규분포로부터의 i.i.d 표본이라고 할 때 $\frac{X_i - \mu}{\sigma}$는 N(0,1)을 따른다. 그러므로 $(\frac{X_i - \mu}{\sigma})^2$ 은 자유도가 1인 χ^2분포를 따르고 $X_1, X_2, \cdots, X_n$이 모두 독립이므로 $\left(\frac{X_1 - \mu}{\sigma}\right)^2$, $\left(\frac{X_2 - \mu}{\sigma}\right)^2$, ⋯, $\left(\frac{X_n - \mu}{\sigma}\right)^2$은 모두 독립인 자유도가 1인 χ^2분포를 따른다. 그러므로 $\sum_{i=1}^{n}\left(\frac{X_i - \mu}{\sigma}\right)^2$은 자유도가 n인 χ^2분포를 따른다. 이제 μ는 알지 못하나 σ^2는 어떤 주어진 값이라고 가정하자. $\sum_{i=1}^{n}\left(\frac{X_i - \mu}{\sigma}\right)^2$은 자유도가 n인 χ^2분포를 따르지만 통계량은 아니다. 그 이유는 X_i가 관찰되더라도 모수 μ를 알 수 없으므로 $\sum_{i=1}^{n}\left(\frac{X_i - \mu}{\sigma}\right)^2$를 계산할 수 없기 때문이다.

그러나 $\sum_{i=1}^{n}\left(\frac{X_i - \bar{X}}{\sigma}\right)^2$은 X_i가 관찰되면 즉시 계산할 수 있는 값이므로(σ^2가 알려진 값이므로) 통계량이 된다. 또한 이 통계량은 제곱의 형태이므로 χ^2분포를 따르며 자유도가 n–1인 통계량이다. 자유도가 n–1인 이유는 다음과 같다.

$X_1, X_2, \cdots, X_n$이 모두 확률변수이므로 $X_1, X_2, \cdots, X_n$이 모두 자유스럽게 값을 가질 수 있다(그러므로 자유도는 n). 그런데 $\sum_{i=1}^{n}\left(\frac{X_i - \bar{X}}{\sigma}\right)^2$을 계산하기 위해서는 $\bar{X}$를 알고 있어야 한다. 이는 μ의 추정치로 $\bar{X}$가 고정되면 $X_1, X_2, \cdots, X_n$ 중 (n–1)개만 정해지면 나머지 1개의 표본은 $\bar{X}$에 의해 결정되므로 자유도를 하나 잃게 된다. 그러므로 $\sum_{i=1}^{n}\left(\frac{X_i - \bar{X}}{\sigma}\right)^2$의 자유스러운 정도는 n–1이며 자유도는 n–1이 된다.

<그림 3.6>의 세 번째 열의 t 분포와 F 분포를 고려하여 보자.

■ t 분포는 확률변수의 분산을 알지 못할 때 사용하는 분포로서 t 분포의 정의는

$$t = \frac{Z}{\sqrt{\chi_n^2 / n}}$$

이며 자유도가 n인 t 분포라고 한다. 그러므로 t 분포의 자유도는 χ^2분포로부터 온다는 것을 알 수 있다. 여기에서 Z는 표준정규분포이며 χ_n^2는 자유도가 n인 χ^2 분포이며 Z와 χ_n^2는 독립임을 가정한다.

예제 3.13 $X_1, X_2, \cdots, X_n$이 i.i.d N(μ, σ^2)일 때 $\bar{X} \sim N(\mu, \frac{\sigma^2}{n})$이므로 $\frac{\bar{X}-\mu}{\sigma/\sqrt{n}}$ 은 N(0,1)이 된다. <예제 3.12>에서 $\sum_{i=1}^{n}\left(\frac{X_i-\bar{X}}{\sigma}\right)^2$ 은 자유도가 n−1인 χ^2분포를 따르는 확률변수이다(이 확률변수는 통계량이 아니다. <예제 3.12>와 달리 σ를 모르기 때문이다). t 분포의 정의에 의해

$$\frac{\frac{\bar{X}-\mu}{\sigma/\sqrt{n}}}{\sqrt{\sum_{i=1}^{n}\left(\frac{X_i-\bar{X}}{\sigma}\right)^2/(n-1)}} = \frac{\bar{X}-\mu}{S/\sqrt{n}}$$

은 자유도가 n−1인 t 분포를 따른다. 여기에서 $S = \sqrt{\frac{1}{n-1}\sum_{i=1}^{n}(X_i-\bar{X})^2}$ 이다. 이 식에서 볼 수 있듯이 t 분포는 알지 못하는 σ를 제거시킨 확률변수라고 할 수 있다. 즉, $\frac{\bar{X}-\mu}{\sigma/\sqrt{n}}$은 N(0,1)을 따르나 $\frac{\bar{X}-\mu}{S/\sqrt{n}}$은 자유도가 n−1인 t 분포를 따른다. S는 σ의 추정치이다. 만약 $\mu=\mu_0$ 를 특정한 값($\mu=\mu_0$인지를 검정할 때와 같이)으로 고정하면 $\frac{\bar{X}-\mu}{\sigma/\sqrt{n}}$은 통계량이 아니나 $\frac{\bar{X}-\mu}{S/\sqrt{n}}$은 통계량이 된다. 이러한 의미에서 σ가 알지 못하는 모수일 때 사용하는 분포가 t 분포라는 해석을 할 수 있다.

■ F 분포의 정의는

$$F = \frac{\chi^2_{n_1}/n_1}{\chi^2_{n_2}/n_2}$$

이며 이 F를 자유도가 $(n_1,\ n_2)$인 F 분포를 따른다고 한다. 단, $\chi^2_{n_1}$과 $\chi^2_{n_2}$는 독립이다. 이 정의에서 볼 수 있듯이 F 분포의 자유도$(n_1,\ n_2)$는 χ^2분포로부터 온다. 어떤 통계량이 제곱합이면 χ^2분포를 따르듯이 어떤 통계량이 제곱합의 비로 표현되면 그 통계량은 F 분포를 따른다고 보아도 무방하다.

예제 3.14 $X_1, X_2, \cdots, X_n$이 i.i.d $N(\mu_x, \sigma_x^2)$이고 이 표본과 독립인 또 다른 표본 $Y_1, Y_2, \cdots, Y_m$이 i.i.d $N(\mu_Y, \sigma_Y^2)$인 표본이라고 가정하자. 그러면 <예제 3.12>에서와 동일하게 $\sum_{i=1}^{n}\left(\frac{X_i-\bar{X}}{\sigma_X}\right)^2$ 은 자유도가 n−1인 χ^2 확률변수이고 $\sum_{i=1}^{m}\left(\frac{Y_i-\bar{Y}}{\sigma_Y}\right)^2$ 은 자유

도가 m-1인 χ^2 확률변수이다. 여기에서 $\bar{X} = \frac{1}{\mathrm{n}}\sum_{i=1}^{n} X_i$이고 $\bar{Y} = \frac{1}{\mathrm{m}}\sum_{i=1}^{m} Y_i$이다. X와 Y가 독립이므로 $\sum_{i=1}^{n}\left(\frac{X_i - \bar{X}}{\sigma_X}\right)^2$과 $\sum_{i=1}^{m}\left(\frac{Y_i - \bar{Y}}{\sigma_Y}\right)^2$은 서로간에 독립이다. 그러므로

$$\frac{\sum_{i=1}^{n}\left(\frac{X_i - \bar{X}}{\sigma_X}\right)^2 /(n-1)}{\sum_{i=1}^{m}\left(\frac{Y_i - \bar{Y}}{\sigma_Y}\right)^2 /(m-1)} = \frac{S_x^2/\sigma_x^2}{S_Y^2/\sigma_Y^2}$$

은 자유도가 (n-1, m-1)인 F 분포를 따른다. 여기에서 $S_x^2 = \frac{1}{n-1}\sum_{i=1}^{n}(X_i - \bar{X})^2$이고 $S_Y^2 = \frac{1}{m-1}\sum_{i=1}^{m}(Y_i - \bar{Y})^2$ 이며 각각 σ_x^2와 σ_Y^2의 추정량이다.

연습문제 3.15

<예제 3.14>에서 $\bar{X} - \bar{Y}$의 분포를 구하라.

---

5 표본분포의 응용(신뢰구간 및 검정을 중심으로)

$R_1, R_2, \cdots, R_n$을 어떤 위험자산의 일일 수익률이라고 할 때 일일수익률의 기대값은 $\bar{R} = \frac{1}{n}\sum_{i=1}^{n} R_i$로, 일일 수익률의 위험은 $\mathrm{S} = \sqrt{\frac{1}{n-1}\sum_{i=1}^{n}(R_i - \bar{R})^2}$로 추정할 수 있다. 이를 점추정치(point estimate)라고 한다. 만약 최근의 일일수익률이 과거와 비교하여 얼마나 다른지를 알고자 한다면 위의 점추정치는 한계를 가지게 된다. 예를 들어 과거의 자료에 의해 일일수익률의 위험이 0.5%로 추정되었는데 최근의 위험을 조사해 보니 0.55%으로 나왔다면 최근의 위험이 과거보다는 커졌으나 0.55%가 유의(significant)할 정도로 과거에 비해 커졌다고 할 수 있는가? 이에 대한 답은 σ의 추정량의 표본분포에 의해 결정될 것이다. 같은 이유로 일일수익률의 기대치에 대해서도 추정량 $\bar{R}$의 표본분포에 의해 결정된다. 이에 대한 절차를 살펴보기로 한다.

▶ 5.1 모평균 μ에 대한 구간추정과 검정

어떤 위험자산 또는 포트폴리오의 일일수익률 $R_1, R_2, \cdots, R_n$이 평균이 μ이고 분산이 σ^2인 i.i.d 한 정규분포를 따르거나 적어도 독립이며 정상성을 만족하는 표본 또는 시계열(time series : $R_1, R_2, \cdots, R_n$에서 첨자가 시간을 나타내면 이를 확률과정 중에서 시계열이라고 말한다)이면 $\bar{R} = \frac{1}{n}\sum_{i=1}^{n} R_i \sim N(\mu, \frac{\sigma^2}{n})$을 따르게 된다. 물론 전자의 경우, 정확하게 평균이 μ이고 분산이 $\frac{\sigma^2}{n}$인 정규분포를 따르고, 후자의 경우 중심극한정리에 의해 근사적으로 $N(\mu, \frac{\sigma^2}{n})$을 따른다. 즉

$$\frac{\bar{R} - \mu}{\sigma/\sqrt{n}} \sim N(0, 1)$$

을 따르고, 만약 n이 작고 σ를 모를 경우 앞 절에서 설명한 바와 같이

$$\frac{\bar{R} - \mu}{S/\sqrt{n}} \sim t_{(n-1)}$$

을 따르게 된다. 여기에서 $t_{(n-1)}$은 자유도가 n–1인 t 분포를 의미한다.

σ를 모를 경우에도 n이 충분히 크다면 S가 σ의 일치추정량이므로 t 분포는 N(0, 1)으로 접근하므로

$$\frac{\bar{R} - \mu}{S/\sqrt{n}} \sim N(0, 1)$$

으로 적용하여 사용할 수 있다.

$\frac{\bar{R} - \mu}{\sigma/\sqrt{n}} \sim N(0, 1)$이나 $\frac{\bar{R} - \mu}{S/\sqrt{n}} \sim t_{(n-1)}$은 100(1–α)% 신뢰구간을 구하거나 모평균 μ를 검정하는 데 사용할 수 있다. z_α를 표준정규분포에서의 상위 α%에 대응되는 표준정규분포값이라고 할 때, 즉, $P[Z > z_\alpha] = \alpha$, 여기에서 $Z \sim N(0, 1)$이다. 이미 정규분포에서 공부하였듯이

$$P\left[-z_{\alpha/2} \le \frac{\bar{R} - \mu}{\sigma/\sqrt{n}} \le z_{\alpha/2}\right] = 1 - \alpha$$

가 되며 1 – α를 신뢰계수라고 한다. 이를 μ에 대해 정리하면

$$P[\bar{R} - z_{\alpha/2}\frac{\sigma}{\sqrt{n}} \le \mu \le \bar{R} + z_{\alpha/2}\frac{\sigma}{\sqrt{n}}] = 1 - \alpha$$

가 되므로 μ의 100(1 - α)% 신뢰구간(confidence interval)은

$$\left[\bar{R} - z_{\alpha/2}\frac{\sigma}{\sqrt{n}}, \bar{R} + z_{\alpha/2}\frac{\sigma}{\sqrt{n}}\right]$$

이 된다. 만약 σ를 모르면, 위의 식으로 100(1-α)% 신뢰구간을 구할 수 없으므로

$$\left[\bar{R} - z_{\alpha/2}\frac{S}{\sqrt{n}}, \bar{R} + z_{\alpha/2}\frac{S}{\sqrt{n}}\right]$$

으로 μ의 100(1-α)% 신뢰구간을 구할 수 있다. 단, n이 커야 한다(보통, $n \ge 30$ 이상).

만약 σ도 모르고 n도 작다면 $\frac{\bar{R} - \mu}{S/\sqrt{n}} \sim t_{(n-1)}$이므로 $t_{\alpha,(n-1)}$을 자유도가 (n-1)인 t 분포에서의 상위 α%에 대응되는 t 분포값이라면, 즉

$$P\left[\frac{\bar{R} - \mu}{S/\sqrt{n}} \ge t_{\alpha,(n-1)}\right] = \alpha$$

를 만족하는 값으로 표기하면

$$P[-t_{\alpha/2,(n-1)} \le \frac{\bar{R} - \mu}{S/\sqrt{n}} \le t_{\alpha/2,(n-1)}] = 1 - \alpha$$

가 된다. 이유는 표준정규분포가 0에 대해 좌우대칭이듯이, t 분포 역시 0에 대해 좌우대칭이기 때문이다. 단지 차이점은 자유도가 작을 때 t 분포의 꼬리가 표준정규분포의 꼬리보다 두껍다는 것이다. 그러므로 위험자산의 수익률과 같이 극단적인 값을 가질 확률이 높을 때 자유도가 작은 t 분포를 사용하여 좀 더 현실에 가까운 추론(보통 VaR)을 할 수 있다. 그러므로 σ도 모르고 n이 작으면, μ의 100(1 -α)% 신뢰구간은 t 분포를 이용하여,

$$\left[\bar{R} - t_{\alpha/2,(n-1)}\frac{S}{\sqrt{n}},\ \ \bar{R} + t_{\alpha/2,(n-1)}\frac{S}{\sqrt{n}}\right]$$

이 된다.

주식 또는 포트폴리오의 수익률의 변화는 투자자에게 매우 중요한 정보이다. 예를 들어, 포트폴리오로 구성된 기존 펀드의 연 기대수익률은 8%인데 새롭게 구성된 포트폴리오의 연 기대수익률은 최소 8%보다 높다는 증거로 최근 거래로

부터 계산된 연 기대수익률의 추정치를 8.5%로 제시하였다고 가정하여 보자.

자연스러운 기대수익률의 추정치는 $\bar{R}$이므로 μ = 0.08이 맞다는 가정에서(즉, 새로운 포트폴리오도 기존의 포트폴리오와 동일한 연 기대수익률을 가지고 있다는 가정에서) $\bar{R}$가 0.085보다 클 확률이 예를 들어 $P[\bar{R}>0.085 \mid \mu = 0.08]$이 0.01이면 기존의 연 기대수익률 μ = 8%에서 표본평균수익률 $\bar{R}$ = 0.085는 상위 1%에 속하는 매우 큰 값이므로 새로운 포트폴리오의 수익률은 기존의 것보다 높아졌다는 주장을, $\bar{R}$ = 8.5%가 충분히 뒷받침하고 있다고 해석할 수 있다. 그러나 예를 들어 $P[\bar{R}>0.085 \mid \mu = 0.08] = 0.45$이면 기존의 μ = 8%에서 $\bar{R}$ = 0.085는 상위 45%에 해당하는 값이므로 μ = 8%에서 충분히 일어날 수 있는 값에 해당되어 $\bar{R}$ = 8.5%는 μ > 8%라는 주장을 뒷받침하지 못한다고 할 수 있다.

이와 같이 $P[\bar{R}>0.085 \mid \mu = 0.08]$의 값으로 계산된 0.01, 0.45와 같은 수치를 p-값(p-vlaue)이라고 하며 통계적 가설검정의 의사결정을 위한 값이다. 이 예에서 볼 수 있듯이 통계적 가설검정은 기존의 사실, 주장 등으로 표현되는 귀무가설(null hypothesis, H_0로 표현하며 이 예에서는 $H_0: \mu = 8\%$)이 맞다는 가정에서 뚜렷한 증거(즉, 아주 작은 p-값)가 나타나면 귀무가설을 기각하는 매우 보수적인 검정법에 속한다. 귀무가설에 대립되는 가설을 대립가설(alternative hypothesis)이라고 하며 H_a라고 표현한다. 이 예에서 $H_a: \mu > 8\%$이다.

$R_1, R_2, \cdots, R_n$이 평균이 μ이고 분산이 σ^2인 i.i.d 한 정규분포로부터의 표본 또는 독립이면서 정상성과정의 시계열 자료일 때 $\bar{R} = \bar{r}$로 관찰된 관찰치를 가지고 $H_0: \mu = \mu_0$ *vs* $H_a: \mu > \mu_0$ (또는 $H_0: \mu = \mu_0$ *vs* $H_a: \mu < \mu_0$)에 대한 검정절차는 다음과 같다.

$H_0: \mu = \mu_0$ *vs* $H_a: \mu > \mu_0$일 경우 $P[\bar{R} > \bar{r} \mid \mu = \mu_0]$를 계산하고

$H_0: \mu = \mu_0$ *vs* $H_a: \mu < \mu_0$일 경우 $P[\bar{R} < \bar{r} \mid \mu = \mu_0]$를 계산하여

이 값이 매우 작을 경우(예를 들어, 0.05 이하) $H_0: \mu = \mu_0$를 기각하고 $H_a: \mu > \mu_0$를 채택($P[\bar{R} > \bar{r} \mid \mu = \mu_0]$를 이용) 또는 $H_a: \mu < \mu_0$를 채택($P[\bar{R} < \bar{r} \mid \mu = \mu_0]$를 이용)하게 된다.

$P[\bar{R} > \bar{r} \mid \mu = \mu_0]$의 계산은 매우 간단하다. $\frac{\bar{R}-\mu}{\sigma/\sqrt{n}}$이 N(0, 1)을 따르는 것을 알고 있으므로 $H_0: \mu = \mu_0$에서

$$P[\bar{R} > \bar{r} \mid \mu = \mu_0] = P[\frac{\bar{R}-\mu_0}{\sigma/\sqrt{n}} > \frac{\bar{r}-\mu_0}{\sigma/\sqrt{n}}] = P[Z > \frac{\bar{r}-\mu_0}{\sigma/\sqrt{n}}]$$

의 값을 표준정규분포표로부터 쉽게 구할 수 있다. 여기에서 $Z \sim N(0,1)$이다.

같은 방법으로,

$$P[\bar{R} < \bar{r} \mid \mu = \mu_0] = P[\frac{\bar{R}-\mu_0}{\sigma/\sqrt{n}} < \frac{\bar{r}-\mu_0}{\sigma/\sqrt{n}}] = P[Z < \frac{\bar{r}-\mu_0}{\sigma/\sqrt{n}}]$$

이므로 이 p-값 역시 표준정규분포표로부터 쉽게 구할 수 있다.

만약 n이 작고, σ를 알지 못할 경우,

$$P[\bar{R} > \bar{r}] = P[\frac{\bar{R}-\mu_0}{S/\sqrt{n}} > \frac{\bar{r}-\mu_0}{S/\sqrt{n}}] = P[t_{(n-1)} > \frac{\bar{r}-\mu_0}{S/\sqrt{n}}]$$

이고

$$P[\bar{R} < \bar{r}] = P[\frac{\bar{R}-\mu_0}{S/\sqrt{n}} < \frac{\bar{r}-\mu_0}{S/\sqrt{n}}] = P[t_{(n-1)} < \frac{\bar{r}-\mu_0}{S/\sqrt{n}}]$$

이므로 자유도가 n−1인 t 분포표에 의해 이들 p-값을 쉽게 구할 수 있다.

예제 3.16 주식 X와 Y로 구성된 포트폴리오의 수익률 $R_p = 0.6R_X + 0.4R_Y$가 있다고 하자. R_X 는 주식 X의 수익률이고 R_Y 는 주식 Y의 수익률이다. $R_X \sim N(\mu_x \Delta t, \sigma_x^2 \Delta t)$를 따르고 $R_Y \sim N(\mu_Y \Delta t, \sigma_Y^2 \Delta t)$를 따른다고 가정한다. Δt는 수익률을 계산한 시간거리를 나타낸다. 예를 들어 1일이면 $\Delta t = 1/365$이며 1달이면 $\Delta t = 1/12$이다. 그러므로 μ_x, μ_Y, σ_x^2, σ_Y^2은 연 기대수익률과 분산을 나타낸다. 여기에서 $\sigma_X = 5\%$이고 $\sigma_Y = 3\%$이며 R_X와 R_Y는 서로 독립이라고 가정한다. 이 가정하에서 R_p는 R_X와 R_Y의 선형결합이므로 R_p는 정규분포를 따르고 R_X와 R_Y가 독립이므로 $\Delta t = 1$일 때

$$R_p \sim N(0.6\mu_x + 0.4\mu_Y, (0.6)^2 5^2 + (0.4)^2 3^2)$$

이 된다. 이제 최근 25개월 동안 관찰된 주식 X의 월 수익률을 $R_{X,1}$, $R_{X,2}, \cdots$, $R_{X,25}$로 표현하고 이 표본의 표본평균이 $\bar{R}_X = 0.8\%$으로 계산되었고 주식 Y는 최근 16개월 동안 월 수익률 $R_{Y,1}$, $R_{Y,2}, \cdots$, $R_{Y,16}$을 관찰하여 표본평균 $\bar{R}_Y = 0.5\%$로 계산되었다고 가정하자. 그러면,

$$\mathrm{Var}(\bar{R}_X) = \frac{5^2 \times \frac{1}{12}}{25} = \frac{1}{12} \text{ 이고 } \mathrm{Var}(\bar{R}_Y) = \frac{3^2 \times \frac{1}{12}}{16} = \frac{3}{64} \text{ 이므로}$$

$$\frac{\bar{R}_X - \mu_x \cdot \frac{1}{12}}{\sqrt{\frac{1}{12}}} \sim N(0,1) \text{이고 } \frac{\bar{R}_Y - \mu_Y \cdot \frac{1}{12}}{\sqrt{\frac{3}{64}}} \sim N(0,1)$$

이 된다.

주식 X의 연 기대수익률 μ_x의 95% 신뢰구간은 $\bar{R}_X = 0.8\%$이므로

$$0.8\% - 1.96\sqrt{\frac{1}{12}} \le \mu_x \cdot \frac{1}{12} \le 0.8\% + 1.96\sqrt{\frac{1}{12}}$$

를 μ_x에 대해 풀면 [2.81%, 16.38%]이 된다.

주식 Y의 연 기대수익률 μ_Y의 95% 신뢰구간은 $\bar{R}_Y = 0.5\%$이므로

$$[12(0.5\% - 1.96\sqrt{\tfrac{3}{64}}), 12(0.5\% + 1.96\sqrt{\tfrac{3}{64}})] = [0.91\%, 11.09\%]$$

이 된다.

한편, 포트폴리오 기대수익률 $E(R_p) = \mu_P \Delta t$의 추정치는 $\bar{R}_p = 0.6\,\bar{R}_X + 0.4\,\bar{R}_Y$ 이고 R_X와 R_Y는 서로 독립이므로 $\mathrm{Var}(\bar{R}_p) = 0.6^2\,\mathrm{Var}(\bar{R}_X) + 0.4^2\,\mathrm{Var}(\bar{R}_Y)$임을 쉽게 알 수 있다. 그러므로

$$\mathrm{Var}(\bar{R}_p) = 0.6^2 \cdot \frac{1}{12} + 0.4^2 \cdot \frac{3}{64} = 0.04875$$

이다. 또한

$$E(\bar{R}_p) = 0.6\mu_x \frac{1}{12} + 0.4\mu_Y \cdot \frac{1}{12} = (0.6\mu_x + 0.4\mu_Y)\frac{1}{12} = \mu_P \cdot \frac{1}{12}$$

이므로

$$\frac{\bar{R}_p - \mu_P \cdot \frac{1}{12}}{\sqrt{0.04875}} \sim N(0,1)$$

을 따른다. $\bar{R}_p = 0.6\bar{R}_X + 0.4\bar{R}_Y = 0.6 \times 0.8\% + 0.4 \times 0.5\% = 0.68\%$이므로 μ_P의 95% 신뢰구간은

$$0.68\% - 1.96\sqrt{0.04875} \le \mu_P \cdot \frac{1}{12} \le 0.68\% + 1.96\sqrt{0.04875}$$

으로부터, [2.97%, 13.36%]이 된다.

다음으로, 최근 25개월의 월평균수익률 $\bar{R}_X$ =0.8%를 기초로 해석하면 연 기대수익률의 추정치는 0.8%×12=9.6%가 되므로 주식 X의 μ_x가 과거의 8%에서 8% 이상으로 증가했다고 주장할 수 있다. 즉, $H_0: \mu_x = 8\%$ *.vs.* $H_a: \mu_x > 8\%$를 검정하고자 한다.

$\bar{R}_X$가 월평균 수익률이므로 $\bar{R}_X$를 기준으로 $H_0: \mu_x \cdot \frac{1}{12} = 0.67\%(\frac{8}{12}\%)$ *.vs.* $H_a: \mu_x \cdot \frac{1}{12} > 0.67\%$가 된다.

$$P[\bar{R}_X > 0.8\% | \frac{\mu_x}{12} = 0.67\%] = P[\frac{\bar{R}_X - 0.67}{\sqrt{1/12}} > \frac{0.8 - 0.67}{\sqrt{1/12}}] = P[Z > 0.45] = 0.3264$$

가 되어 이 p-값이 매우 크기 때문에 μ_x가 연 8%보다 증가했다고 할 수 없다.

비록 R_Y의 분산이 3^2으로 알려져 있으나 t-검정을 소개하기 위해 $Var(R_Y)$가 알려지지 않고 $S^2 = \frac{1}{n-1}\sum_{i=1}^{n}(R_{Y,i} - \bar{R}_Y)^2 = \frac{1}{15}\sum_{i=1}^{16}(R_{Y,i} - 0.5)^2 = (0.6)^2$ 으로 계산되었다고 가정하자. n=16이 작고 σ^2를 모르기 때문에

$$\frac{\bar{R}_Y - \mu_Y \cdot \frac{1}{12}}{0.6/\sqrt{16}}$$

는 자유도가 15인 t 분포를 따르게 된다. 주식 Y의 μ_Y가 7%였다고 알려져 있을 때 $\bar{R}_Y$= 0.5%이므로 Y의 연 기대수익률은 6%로 추정되었다. 그러므로 $H_0: \mu_Y = 7\%$ *.vs.* $H_a: \mu_Y < 7\%$에 대한 검정은 $\bar{R}_Y$= 0.5%로 관찰되었으므로

$$P[\bar{R}_Y < 0.5\% | \mu_Y/12 = \frac{7}{12}\%] = P[\frac{\bar{R}_Y - \frac{7}{12}}{0.6/\sqrt{16}} < \frac{0.5\% - \frac{7}{12}}{0.6/\sqrt{16}}] = P[t_{15} < -0.5556] > 0.1$$

이므로 이 역시 p-값이 작지 않아 Y의 연 기대수익률이 과거의 7%에서 줄었다고 말할 수 없다.

마지막으로 과거에 $\mu_x = 8\%$, $\mu_Y = 7\%$이므로 포트폴리오 R_p는 Δt=1일 때 $N(0.6\mu_x + 0.4\mu_Y, 10.44)$을 따르고, R_p의 연 기대수익률은 $\mu_P = 0.6 \times 8\% + 0.4 \times 7\% = 7.6\%$가 된다. 그런데 $\bar{R}_X$= 0.8%이고 $\bar{R}_Y$= 0.5%이므로 연 기준으로 μ_x는 $0.8 \times 12 = 9.6\%$로 추정되고 μ_Y는 $0.5 \times 12 = 6\%$로 추정된다. 그러므로 μ_P의

추정치는

$$\bar{R}_p \times 12 = 0.6 \times 9.6 + 0.4 \times 6 = 8.16\%$$

가 된다. 이 μ_P의 추정치 8.16%는 μ_P가 과거의 μ_P=7.6%보다 커졌다고 할 수 있는 근거가 되는지를 살펴보기 위해

H_0: μ_P= 7.6% *.vs.* H_a: μ_P>7.6%에 대한 가설검정을 위해

$$P[\bar{R}_p \times 12 > 8.16\% | \mu_P = 7.6\%] = P[\bar{R}_p > 0.68\% | \mu_P = 7.6\%]$$

$$= P[\frac{\bar{R}_p - \frac{7.6}{12}}{\sqrt{0.04875}} > \frac{0.68 - \frac{7.6}{12}}{\sqrt{0.04875}}] = P[Z > 0.211] = 0.4168$$

으로 p-값이 크기 때문에 포트폴리오의 연 기대수익률 μ_P= 7.6%에서 증가했다고 할 수 없다.

5.2 모분산 σ^2에 대한 구간추정과 검정

선물 · 옵션 등 기초자산(주식, 채권 등)의 파생상품에서 변동성은 가격결정에 중요한 모수이며, 기초자산과 파생상품 등으로 만들 수 있는 투자전략(investment strategy, 제 6장에서 자세하게 설명될 것임)에서 중요한 고려대상이다.

$R_1, R_2, \cdots, R_n$을 n개의 등간격시점(equi-distanced time points)에서 관찰된 수익률이라고 하고 이 n개의 수익률이 평균이 $\mu\Delta t$이고 분산이 $\sigma^2\Delta t$인 정규분포로부터의 i.i.d 시계열이면 (여기에서 Δt는 시간 간격을 나타낸다) $\sum_{i=1}^{n}\left(\frac{R_i - \bar{R}}{\sigma\sqrt{\Delta t}}\right)^2$은 자유도가 n−1인 χ^2분포를 따르는 확률변수이고 χ^2분포의 평균은 자유도이기 때문에

$$E\left(\sum_{i=1}^{n}\left(\frac{R_i - \bar{R}}{\sigma\sqrt{\Delta t}}\right)^2\right) = n-1$$

이다. 그러므로 $E(\frac{1}{n-1}\sum_{i=1}^{n}(R_i - \bar{R})^2) = \sigma^2\Delta t$ 이 성립한다. $S^2 = \frac{1}{n-1}\sum_{i=1}^{n}(R_i - \bar{R})^2$는 $\sigma^2\Delta t$의 추정량이며, S^2은 표본분산이라고 한다.

모수 θ에 대한 어떤 추정량 $\hat{\theta}$가 $E(\hat{\theta}) = \theta$를 만족하면 $\hat{\theta}$을 θ의 불편추정량(unbiased estimator)라고 말한다. 그러므로 표본분산 S^2은 $\sigma^2\Delta t$의 불편추정량이다.

통계학에서는 σ^2를 분산이라고 하고 σ를 표준편차라고 한다. 특히, σ는 사용되

는 학문의 영역에 따라 위험관리에서는 위험(risk)이라고 하며 수리금융에서는 변동성(volatility)이라고 불린다.

분산 σ^2의 100(1 - α)% 신뢰구간은 모평균 μ에서와 같이 간단하다. $\chi^2_{n,\alpha}$를 자유도가 n인 χ^2분포의 α백분위(percentile)값이라고 할 때, 즉, $\chi^2_{n,\alpha}$는 $P[\chi^2 \leq \chi^2_{n,\alpha}] = \alpha$를 만족하는 값이다. 그러므로

$$P\left[\chi^2_{\alpha/2} \leq \frac{\sum_{i=1}^{n}(R_i - \bar{R})^2}{\sigma^2 \Delta t} \leq \chi^2_{1-\alpha/2}\right] = 1 - \alpha$$

이 된다. 이를 σ^2에 대해 정리하면

$$P\left[\frac{\sum_{i=1}^{n}(R_i - \bar{R})^2}{\Delta t \cdot \chi^2_{1-\alpha/2}} \leq \sigma^2 \leq \frac{\sum_{i=1}^{n}(R_i - \bar{R})^2}{\Delta t \cdot \chi^2_{\alpha/2}}\right]$$

이므로 분산 σ^2의 100(1 - α)% 신뢰구간은

$$\left[\frac{\sum_{i=1}^{n}(R_i - \bar{R})^2}{\Delta t \cdot \chi^2_{1-\alpha/2}}, \frac{\sum_{i=1}^{n}(R_i - \bar{R})^2}{\Delta t \cdot \chi^2_{\alpha/2}}\right]$$

이다.

모평균 μ의 검정을 할 때 μ의 추정치 $\bar{R}$을 이용하였듯이 분산 σ^2의 검정도 σ^2의 추정량 S^2를 이용하여 아래와 같이 검정을 실시한다. S^2가 s^2로 관찰되면 이 관찰치가 $H_0 : \sigma^2 = \sigma_0^2$라는 귀무가설에서 s^2가 얼마나 큰 값 또는 작은 값인가에 따라(즉 $H_a : \sigma^2 > \sigma_0^2$ 또는 $H_a : \sigma^2 < \sigma_0^2$: 대립가설은 새로운 주장이나 현상으로 정의되지만, 일반적으로 $\frac{s^2}{\Delta t}$이 σ_0^2보다 크면 $H_a : \sigma^2 > \sigma_0^2$가 되고 $\frac{s^2}{\Delta t}$이 σ_0^2보다 작으면 $H_a : \sigma^2 < \sigma_0^2$로 하는 게 자연스럽다) 검정을 하게 된다.

$H_0 : \sigma^2 = \sigma_0^2$ *.vs.* $H_a : \sigma^2 > \sigma_0^2$일 경우 $P[S^2 > s^2 | \sigma^2 = \sigma_0^2]$의 확률(즉 p-값)을 구해 이 p-값이 아주 작은 값이면 H_0를 기각하게 되고 그렇지 않으면 H_0를 기각할 수 없다.

$P[S^2 > s^2 | \sigma^2 = \sigma_0^2]$ 는 다음과 같이 구한다.

$$P[S^2 > s^2 | \sigma^2 = \sigma_0^2] = P[\frac{1}{n-1}\sum_{i=1}^{n}(R_i - \bar{R})^2 > s^2 | \sigma^2 = \sigma_0^2]$$

$$= P\left[\frac{\sum_{i=1}^{n}(R_i - \bar{R})^2}{\sigma_0^2 \Delta t} > \frac{(n-1)s^2}{\sigma_0^2 \Delta t}\right] = P\left[\chi^2_{n-1} > \frac{(n-1)s^2}{\sigma_0^2 \Delta t}\right]$$

를 자유도가 n-1인 χ^2 분포표로부터 $\frac{(n-1)s^2}{\sigma_0^2 \Delta t}$에 해당되는 값을 찾아 구한다. 동일

한 방법으로, $H_0 : \sigma^2=\sigma_0^2$ .vs. $H_a : \sigma^2<\sigma_0^2$의 경우, $P[S^2\le s^2|\sigma^2=\sigma_0^2]$를 구해 H_0의 기각여부를 판단하며, 이 p-값은 $P[S^2\le s^2|\sigma^2=\sigma_0^2] = P[\chi_{n-1}^2 \le \frac{(n-1)s^2}{\sigma_0^2\Delta t}]$에 의해 계산된다.

예제 3.17 어떤 회사에서 새로운 포트폴리오를 구성하여 판매하고 있는데 이 새로운 포트폴리오는 기존의 연 변동률(또는 위험) σ=3%를 획기적으로 줄였다고 주장하고 있다. 이를 검정하기 위해 최근 24개월 동안의 월 수익률을 구한 후 이로부터 s = 8bp(즉 0.08%)를 구하였다. H_0: $\sigma^2 = (3\%)^2$ .vs. H_a: $\sigma^2<(3\%)^2$ 이 되고

$$P[S^2 \le (0.08)^2 | \sigma = 3\%] = P[\frac{1}{23}\sum_{i=1}^{24}(R_i - \bar{R})^2 \le (0.08)^2 | \sigma = 3\%]$$

$$= P\left[\frac{\sum_{i=1}^{24}(R_i - \bar{R})^2}{3^2 \cdot \frac{1}{12}} \le \frac{(0.08)^2 \cdot 23}{3^2 \cdot \frac{1}{12}}\right]$$

$$= P[\chi_{23}^2 \le 0.196]$$

이다. 이 p-값은 자유도가 23인 χ^2분포표에 의해 $P[\chi_{23}^2 \le 0.196] < 0.001$이 되어 이 포트폴리오는 변동성을 획기적으로 줄였다는 주장이 타당성이 있다는 결론을 내릴 수 있다.

이제 위험자산 X의 수익률을 $R_{X,1}, R_{X,2}, \cdots, R_{X,n}$ 으로 표현하고 이 시계열은 $N(\mu_x\Delta t, \sigma_x^2\Delta t)$로부터의 i.i.d 표본이라고 하자. 또한 위험자산 Y의 수익률을 $R_{Y,1}, R_{Y,2}, \cdots, R_{Y,m}$ 으로 표현하고 이들은 $N(\mu_Y\Delta t, \sigma_Y^2\Delta t)$로부터의 i.i.d한 표본이라고 가정하자. X의 수익률과 Y의 수익률은 서로간에 독립이라고 가정하고

$$S_X^2 = \frac{1}{n-1}\sum_{i=1}^{n}(R_{X,i} - \overline{R_X})^2,\ S_Y^2 = \frac{1}{m-1}\sum_{i=1}^{m}(R_{Y,i} - \overline{R_Y})^2$$

라고 정의하면, 이미 설명하였듯이

$$\frac{(n-1)S_X^2}{\sigma_X^2\Delta t} \sim \chi_{n-1}^2 \text{이며 } \frac{(m-1)S_Y^2}{\sigma_Y^2\Delta t} \sim \chi_{m-1}^2$$

이 된다. 그러므로 F 분포의 정의에 의해

$$\frac{\frac{(n-1)S_X^2}{\sigma_X^2\Delta t}/(n-1)}{\frac{(m-1)S_Y^2}{\sigma_Y^2\Delta t}/(m-1)} = \frac{S_X^2/\sigma_X^2}{S_Y^2/\sigma_Y^2} \sim F_{(n-1,m-1)}$$

이 된다. 그러므로 F_α를 $P[F_{(n-1,m-1)} \le F_\alpha] = \alpha$라고 표현할 때,

$$P[F_{\alpha/2} \le \frac{S_X^2/\sigma_X^2}{S_Y^2/\sigma_Y^2} \le F_{1-\alpha/2}] = 1 - \alpha$$

이므로 σ_Y^2/σ_X^2 의 $100(1-\alpha)\%$ 신뢰구간은

$$\left[F_{\alpha/2} \cdot \frac{S_Y^2}{S_X^2}, F_{1-\alpha/2} \cdot \frac{S_Y^2}{S_X^2}\right]$$

이 된다.

두 위험자산의 변동성 비교는 $H_0 : \sigma_x^2 = \sigma_Y^2$ .vs. $H_a : \sigma_x^2 > \sigma_Y^2$ 또는 $H_0 : \sigma_x^2 = \sigma_Y^2$ .vs. $H_a: \sigma_x^2 < \sigma_Y^2$의 검정을 통해 할 수 있다. 이 가설검정은

$$H_0: \frac{\sigma_Y^2}{\sigma_X^2} = 1 \text{ .vs. } H_a: \frac{\sigma_Y^2}{\sigma_X^2} < 1 \text{ 또는 } H_0: \frac{\sigma_Y^2}{\sigma_X^2} = 1 \text{ .vs. } H_a: \frac{\sigma_Y^2}{\sigma_X^2} > 1$$

으로 재표현할 수 있다. 그러므로 $H_0: \frac{\sigma_Y^2}{\sigma_X^2} = 1$에서

$$\frac{S_X^2}{S_Y^2} \sim F_{(n-1,m-1)}$$

을 따르므로 S_X^2의 관찰치 s_X^2와 S_Y^2의 관찰치 s_Y^2를 이용하여 $H_0 : \frac{\sigma_X^2}{\sigma_Y^2} = 1$ .vs. $H_a : \frac{\sigma_X^2}{\sigma_Y^2} > 1$ 의 경우, $P[\frac{S_X^2}{S_Y^2} > \frac{s_X^2}{s_Y^2}]$의 확률을 $F_{(n-1, m-1)}$에서 구한 후 이 p-값이 작으면 (통상적으로 0.05 이하) H_0를 기각하고 H_a를 채택하게 된다.

$H_0 : \frac{\sigma_X^2}{\sigma_Y^2} = 1$ .vs. $H_a : \frac{\sigma_X^2}{\sigma_Y^2} < 1$의 경우, $P[\frac{S_X^2}{S_Y^2} < \frac{s_X^2}{s_Y^2}]$의 확률을 $F_{(n-1, m-1)}$에서 구한 후 이 p-값에 따라 작은 값이면 H_0를 기각하고 작지 않으면 H_0를 기각하지 않는다.

연습문제 3.18

X의 관찰 수는 n = 20, Y의 관찰 수는 m=15이고, 두 위험자산의 수익률은 일일 수익률(즉 $\Delta t = \frac{1}{365}$)이며, 일일수익률로부터 구해진 $S_X^2 = 0.3$bp, $S_Y^2 = 0.1$bp로 계산되었을 때 X의 연 변동률 σ_X가 Y의 연 변동률 σ_Y보다 크다고 할 수 있는가?

6 비모수적 방법에 의한 접근법

수익률에 대한 정규분포가정이나 수익률의 평균이나 분산이 수익률의 관찰단위 Δt에 비례한다는 가정(즉 $E(R_i) = \mu\Delta t$, $Var(R_i) = \sigma^2\Delta t$)을 할 수 없을 때, Δt의 시간간격으로 관찰된 R_i의 기대치와 분산의 신뢰구간과 검정방법을 고려하고자 한다.

우선 가장 쉬운 방법은 과거의 수익률 R_i를 크기 순으로 재배열한 후 $E(R_i)$의 $100(1-\alpha)\%$ 신뢰구간을 구할 수 있다. 예를 들어, 1000개의 수익률 자료가 있을 때 25번째의 작은 수가 95% 신뢰구간의 하한 값이 되며 25번째로 큰 수가 상한 값이 된다. 그러나 이 방법은 자료가 우선 매우 커야 하고 정상성을 만족하여야 한다. 특히 Δt가 1년이면 수익률 R_i의 관찰치는 10년 동안 10개의 관찰치 밖에 없기 때문에 이 방법은 많은 문제를 가지게 된다.

표본의 크기가 작더라도 좀더 정교하고 통계적으로 좋은 성질을 가진 방법이 재표집(resampling)이다. $R_1, R_2, \cdots, R_n$이 시간간격 Δt를 가진 n개의 i.i.d한 위험자산의 수익률이라고 하자. 재표집은 이 $R_1, R_2, \cdots, R_n$의 수익률 자료를 모집단으로 취급하여 이들 n개의 자료부터 중복을 허용한 n개의 임의 표집(random sample, 예를 들어 1부터 n까지 적힌 종이가 모자 속에 있을 때 잘 섞은 후 1개의 종이를 뽑아 해당 번호의 표본을 뽑고, 이 종이를 다시 집어 넣은 후 다시 잘 섞어 1개의 종이를 뽑아 해당번호의 표본을 뽑는 절차를 n번 반복하는 표집 방법)절차를 말한다.

원래의 수익률 $R_1, R_2, \cdots, R_n$으로부터 계산된 표본평균을 $\bar{R} = \frac{1}{n}\sum_{i=1}^{n} R_i$, 표본분산을 $S^2 = \frac{1}{n-1}\sum_{i=1}^{n}(R_i - \bar{R})^2$이라고 쓰고 $R_1, R_2, \cdots, R_n$으로부터 재표집된 임의

표집자료 $R_1^*, R_2^*, \cdots, R_n^*$으로부터 계산된 표본평균을 $\bar{R}^* = \frac{1}{n}\sum_{i=1}^{n} R_i^*$, 표본분산을 $S^{*^2} = \frac{1}{n-1}\sum_{i=1}^{n}(R_i^* - \bar{R}^*)^2$으로 표현한 후,

$$t^* = \frac{\bar{R}^* - \bar{R}}{S^*/\sqrt{n}}$$

을 계산한다. 이 임의 표집과정을 B번 반복하여 B개의 t^*를 만들어낸 후 이를 크기 순으로 나열한다. t_L^*를 $\alpha/2$번째 백분위수(percentile)이고 t_u^*를 $(1-\alpha/2)$번째 백분위수라고 표현할 때 R_i의 기대수익률($E(R_i) = \mu$)에 대한 $100(1-\alpha)\%$ 신뢰구간은

$$\left[\bar{R} - t_L^* \frac{S}{\sqrt{n}},\ \bar{R} + t_u^* \frac{S}{\sqrt{n}}\right]$$

이 된다.

μ에 대한 가설검정도 매우 간단하다. $H_0: \mu = \mu_0$ *.vs.* $H_a: \mu > \mu_0$ 에 대해서

$$t = \frac{\bar{R} - \mu_0}{S/\sqrt{n}}$$

을 계산한 후 $P[t^* > t]$를 계산한다. 이 확률은

(t보다 큰 t^*의 갯수)/B

에 의해 계산하며 이 p-값이 작을 경우 H_0를 기각하고 H_a를 채택하게 된다. $H_0 : \mu = \mu_0$ *.vs.* $H_a : \mu < \mu_0$도 동일한 방법에 의해 $P[t^* < t]$에 의해 H_0의 채택여부를 결정한다.

이상에서 살펴본 바와 같이 원래의 $t = \frac{\bar{R} - \mu}{S/\sqrt{n}}$으로 정의되었는데 재표집의 모집단은 표본 $R_1, R_2, \cdots, R_n$이므로 t^*를 계산할 때 $\bar{R}$가 μ의 역할을 하게 됨을 알 수 있다. 이러한 재표집 절차를 붓스트랩(Bootstrap)이라고 말한다.

분산 σ^2에 대한 $100(1-\alpha)\%$ 신뢰구간과 검정절차도 μ와 동일하다. 즉

$$\chi^{*2} = \frac{(n-1)S^{*2}}{S^2}$$

을 B번 계산한 후 χ_L^{*2}을 $\alpha/2$번째 백분위수, χ_u^{*2}를 $(1-\alpha/2)$번째 백분위수라고 할 때 분산 $\sigma^2 = Var(R_i)$의 $100(1-\alpha)\%$ 신뢰구간은

$$\left[\frac{(n-1)S^2}{\chi_u^{*2}}, \frac{(n-1)S^2}{\chi_L^{*2}}\right]$$

가 된다.

σ^2의 검정도 $H_0 : \sigma^2 = \sigma_0^2$에 대해서 $\chi^2 = \frac{(n-1)S^2}{\sigma_0^2}$를 계산하여 $P[\chi^{*2} > \chi^2]$ 또는 $P[\chi^{*2} < \chi^2]$($H_a : \sigma^2 > \sigma_0^2$ 또는 $H_a : \sigma^2 < \sigma_0^2$ 각각에 대해)를 B개의 χ^{*2}의 값에 의해 계산하여 H_0의 채택여부를 결정한다.

예제 3.19 어떤 위험자산의 최근 1년간 2개월단위 수익률은 82, 93, 99, 103, 104, 110 bp로 관찰되었다고 가정하면 $\bar{R}$=98.5bp이고 S^2=97.45이다. 다음은 3개의 붓스트랩 표본을 예시한 것이다(이러한 붓스트랩 표본은 일반적으로 매우 큰 B개(일반적으로 10,000정도)를 구해 붓스트랩 신뢰구간과 검정을 하게 된다).

첫 번째 붓스트랩 표본 : 82, 82, 93, 93, 103, 110

$\bar{R}^* = 93.83$bp, $S^{*2} = 125.86$ 이므로 $\frac{S^*}{\sqrt{6}} = 4.57$bp가 된다. 그러므로 $t^* = \frac{93.83-98.5}{4.57} = -1.02$이고 $\chi^{*2} = \frac{5\times125.86}{97.45} = 6.46$이 된다.

두 번째 붓스트랩 표본 : 82, 103, 110, 110, 110, 110

$\bar{R}^* = 104.17$ bp, $S^{*2} = 125.86$ 이므로 $\frac{S^*}{\sqrt{6}} = 4.57$bp이다. 그러므로 $t^* = \frac{104.17-98.5}{4.57} = 1.24$이며 $\chi^{*2} = \frac{5\times125.86}{97.45} = 6.46$이다.

세 번째 붓스트랩 표본 : 82, 82, 93, 99, 104, 110

$\bar{R}^* = 95$bp, $S^{*2} = 132.54$이므로 $\frac{S^*}{\sqrt{6}} = 4.7$bp이다. 그러므로 $t^* = \frac{95-98.5}{4.7} = -0.74$이며 $\chi^{*2} = \frac{5\times132.54}{97.45} = 6.8$이다.

연습문제 3.20

위험자산 X의 수익률의 관찰치를 $R_{X,1}, R_{X,2}, \cdots, R_{X,n}$이고 위험자산 Y의 수익률의 관찰치를 $R_{Y,1}, R_{Y,2}, \cdots, R_{Y,m}$이라고 할 때 R_X의 분산과 R_Y의 분산비에 대한 붓스트랩 신뢰구간과 검정방법을 설명하라.

7 이산형 확률변수(discrete random variables)

가격의 상승 또는 하락, 일 년 동안 파산한 기업체의 수, 일 년 전보다 신용등급이 상승 또는 하락한 기업체 수 등은 이산형 확률변수(discrete random variable)의 예들이다. 이산형 확률변수는 파생상품의 가격결정이론을 이해하고 응용하기 위해 매우 유용하며 특히, 신용평가와 기업체 및 국가의 신용등급을 결정하는 데 매우 중요한 역할을 한다.

7.1 베르누이 시행과 이항분포(Bernoulli trial and Binomial Distribution)

가격의 상승 또는 하락, 신용등급의 상승 또는 하락, 성공 또는 실패, 흑 또는 백, 남 또는 여 등과 같이 오직 2개의 사건으로 이루어진 확률변수를 베르누이 사건이라고 하며, 이들은 모두 1 또는 0으로 확률변수화 할 수 있다. 예를 들어, X(상승) = 1과 X(하락) = 0, X(성공) = 1과 X(실패) = 0, 그리고 X(남) = 1과 X(여) = 0과 같이 확률변수로 만들 수 있다.

$P[X=1] = p$라고 하면 $P[X=0] = 1-p$가 된다. 그러므로

$$E(X) = 1 \cdot P[X=1] + 0 \cdot P[X=0] = p$$

이며

$$Var(X) = E(X^2) - (E(X))^2 = 1^2 \cdot p + 0^2 \cdot (1-p) - p^2 = p(1-p)$$

임을 쉽게 알 수 있다.

X의 분포가 P[X=1]=p, P[X=0] = 1-p인 모집단으로부터 n개의 i.i.d 표본을 $X_1, X_2, \cdots, X_n$으로 표기할 때 이를 베르누이 시행(Bernoulli trial)이라고 한다.

이제 $Y=\sum_{i=1}^{n} X_i$라고 정의하자. 각 X_i들이 1 또는 0이므로 Y는 1의 값을 갖는 X_i의 숫자를 의미한다. 그러므로 Y는 0과 n 사이의 값을 가지게 되고 $X_1, X_2, \cdots, X_n$ 중에서 k개가 '1'(성공)일 확률은 $X_1, X_2, \cdots, X_n$의 i.i.d 성질에 의해 $p^k(1-p)^{n-k}$이며 이러한 k번의 성공이 일어날 경우의 수는 $\binom{n}{k}$이므로

$$P[Y=k] = \binom{n}{k} p^k (1-p)^{n-k}, \quad k = 0, 1, \cdots, n$$

이 된다. 이러한 분포를 이항분포라고 하며 베르누이 사건의 기대치에 의해

$$E(Y) = E\left(\sum_{i=1}^{n} X_i\right) = \sum_{i=1}^{n} E(X_i) = \sum_{i=1}^{n} p = np$$

이며 $X_1, X_2, \cdots, X_n$이 독립이므로 베르누이 분산을 이용하여

$$Var(Y) = Var\left(\sum_{i=1}^{n} X_i\right) = \sum_{i=1}^{n} Var(X_i) = \sum_{i=1}^{n} p(1-p) = np(1-p)$$

가 된다.

예제 3.21 이항나무모형(binomial tree model)은 위험자산의 가치변화를 확률적 모형으로 평가하는 데 유용하게 사용되는 모형이다. 다음의 경우를 고려하여 보자.

① 하루 동안 주가상승확률이 65%이고 하락확률이 35%이며 전날의 주가와는 무관하게 가격변동이 된다.

② 가격의 변동은 전일 주가 대비 1% 상승하거나 1% 하락한다.

③ 현재의 주가는 주당 1000원이다.

④ 국채의 하루 동안의 이자율은 0.2%이다.

① ~ ③의 조건에서 이항나무 모형은 <그림 3.7>과 같다.

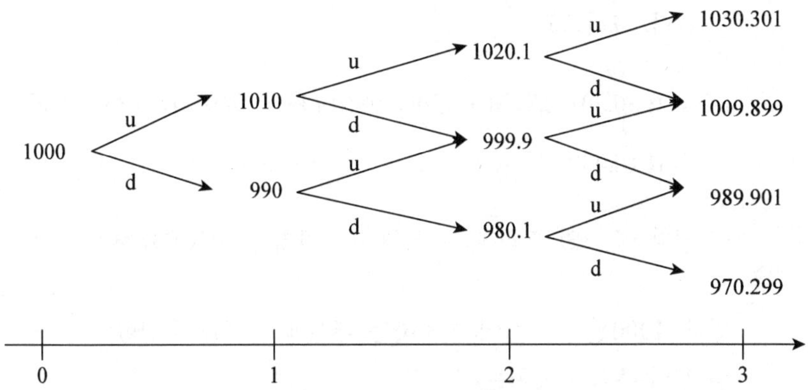

그림 3.7 ▦ 이항나무 모형

<그림 3.7>에서 u는 주가의 상승을, d는 주가의 하락할 때를 나타내며

• 3일 연속주가가 상승할 확률은

$$P(uuu) = \binom{3}{3} 0.65^3 \cdot 0.35^0 = 0.275$$

• 3일 중 2일 주가가 상승할 확률은

$$P(uud)+P(udu)+P(duu) = \binom{3}{2} 0.65^2 \cdot 0.35 = 0.444$$

• 3일 중 1일 주가가 상승할 확률은

$$\binom{3}{1} 0.65^1 \cdot 0.35^2 = 0.239$$

• 3일 내내 주가가 하락할 확률은

$$\binom{3}{0} 0.65^0 \cdot 0.35^3 = 0.043$$

이다.

그러므로 확률변수 X를 3일 후의 주가라고 정의할 때

$$P[X=1030.301] = 0.275,\ P[X=1009.899] = 0.444,$$

$$P[X=989.901] = 0.239 \text{ 그리고 } P[X=970.299] = 0.043$$

이 된다. 그러므로

$$E(X) = 1030.301(0.275) + 1009.899(0.444) + 989.901(0.239) + 970.299(0.043)$$
$$= 1010.037$$

이 된다. 즉, 3일 후의 이 주식의 기대가치는 1010.037원이 된다.

만약, 1000원을 주식에 투자하는 대신에 국채를 구입했다면 복리로 계산된 3일 후의 주식의 가치는

$$1000(1+0.002)^3 = 1006.012\text{원}$$

이 된다. 위험자산인 주식의 기대수익률이 무위험자산의 보장된 수익률보다 높기 때문에 이 주식에 대한 수요가 증가하게 되어 주식의 가격을 상승시키는 결과를 초래하게 된다. 그리고 주식가격의 상승은 주식의 수익률의 하락으로 귀결되게 된다. 반면, 주식의 수익률이 국채 수익률(이자율)보다 낮게 되면 주식의 수요가 감소하게 되어 주식가격의 하락을 초래하고 주식가격의 하락은 주식의 수익률의 증가로 귀결된다. 그러므로 결국, 주식의 수익률은 국채 이자율과 동일한 균형관계를 유지하게 된다. 이러한 상태를 위험중립(risk-neutral)이라고 정의한다.

전일 대비 가격상승이 u%, 하락이 d%라고 하고 국채의 이자율은 r%라고 했을 때 가격의 상승 확률을 $\frac{r-d}{u-d}$로, 하락확률은 $1-\frac{r-d}{u-d}$로 새롭게 정의하여 보자. 즉, 이 예제에서 $u = 0.01$, $d = -0.01$, $r = 0.002$이므로 원래의 주가 상승확률 0.65를 $\frac{r-d}{u-d} = \frac{0.012}{0.02} = \frac{3}{5} = 0.6$으로 변경하고 원래의 하락확률 0.35를 $1-\frac{r-d}{u-d} = 1 - \frac{3}{5} = 0.4$로 변경하면 이 주식의 3일 후의 가치에 대한 확률은

$$P[X=1030.301] = \binom{3}{3}0.6^3 \cdot 0.4^0 = 0.216,\ P[X=1009.899] = \binom{3}{2}0.6^2 \cdot 0.4^1 = 0.432,$$

$$P[X=989.901] = \binom{3}{1}0.6^1 \cdot 0.4^2 = 0.288,\ P[X=970.299] = \binom{3}{0}0.6^0 \cdot 0.4^3 = 0.064$$

가 된다. 그러므로 이 새로운 확률 구조에서의 3일 후의 주식의 기대가치는

$$E(X) = 1030.301(0.216) + 1009.899(0.432) + 989.901(0.288) + 970.299(0.064)$$
$$= 1006.012$$

가 됨을 알 수 있다. 이 값은 놀랍게도 이자율이 0.2%인 국채의 3일 후의 가치와 정확하게 일치함을 알 수 있다. 즉, 주가상승확률은 $\frac{r-d}{u-d} = 0.6$으로 변경하고 주가하락 확률은 $1-\frac{r-d}{u-d} = 0.4$로 변경한 새로운 확률분포가 위험중립(risk-neutral) 상태임을 알 수 있다. 이러한 새로운 확률을 위험중립측도(risk neutral measure) 또는 Q-측도(Q-measure)라고 말한다. 이와 대응하여 원래의 주가상승확률 0.65와 하락확률 0.35를 P-측도(P-measure)라고 말한다. Q-측도를 어떻게 정의했는지의 논의를 포함해서 제6장, 제7장, 제8장에서 좀더 자세하고 명료하게 설명하게 될 것이다.

7.2 포아송 분포(Poisson distribution)

최근의 리먼브라더스 사태로 촉발된 금융위기는 위험자산의 급격한 하락을 초래했다. 이와 같은 위험자산 가격의 급격한 상승이나 하락을 초래하는 사건은 위험자산의 미래가치에 지대한 영향을 미치며 파생상품의 가격결정에서 고려되어야 할 부분이다. 은행에서 보유하고 있는 채권의 채무불이행(default)은 은행의 신용위험(credit risk)의 핵심 고려사항이며 일정기간 내에서 은행이 보유하고 있는 수많은 채권에서 채무불이행이 일어난 채권의 숫자는 은행의 지불준비금을 결정하는 요소가 된다.

이와 같이 일정기간(1일, 1달, 또는 1년) 동안에 일어난 사건의 숫자를 확률변수로 하는 중요한 이산형 분포가 포아송 분포이다. 포아송 분포의 위험자산과 신용위험에의 응용은 상당한 수준의 수리금융에 대한 지식이 전제 되어야만 가능하기 때문에 여기에서는 포아송 분포의 정의만을 살펴보도록 한다.

어떤 확률변수 X가 다음의 확률질량함수(probability mass function)

$$P[X=x] = \frac{e^{-\lambda}\lambda^{x}}{X!}, x = 0,1,2,\cdots$$

일 때 이 확률변수 X는 모수 λ를 가진 포아송분포를 따른다고 말한다.

연습문제 3.22

확률변수 X가 모수 λ를 가진 포아송 분포를 따를 때 $E(X)=Var(X)=\lambda$임을 보여라. $E(X)=\lambda$이므로 λ는 단위시간에 일어나는 사건의 평균 숫자라고 해석한다.

04 CHAPTER

VaR(Value at Risk)과 ES(Expected Shortfall)

위험(risk)은 손실의 양적 가능성(quantifiable likelihood of loss) 또는 기대수익률보다 작게 나타날 양적 가능성으로 정의할 수 있다. 주식이나 채권의 가격변화, 환율의 변화, 현물 가격의 변화 등의 가격변화에 의한 위험인 시장위험(market risk), 대출(loan), 채권(bond) 등의 채무자의 채무불이행(default)으로부터 발생하는 위험인 신용위험(credit risk), 그리고 내부의사 결정과정, 사람, 시스템 또는 외부사건에 의해서 발생하는 손실위험인 운영위험(operational risk)이 있다.

이 3개의 위험은 항상 정확하게 구분되지는 않는다. 그 이유는 이 3개의 위험에는 공통적으로 유동성 위험(liquidity risk)과 모형위험(model risk)을 포함하고 있기 때문이다. 유동성 위험은 자산의 거래가 원활하지 못해 발생하는 손실위험을 말하며, 모형위험은 위험을 측정하는 수학적, 통계적 또는 경제적 모형의 부정확성으로 발생하는 손실위험을 말한다.

이러한 위험을 측정하는 위험측도(measurement of risk)는 이미 포트폴리오에서 공부하였듯이 수익률의 표준편차가 있으나 수익률이 비율이므로 상대적인 위험측도가 되어 한계가 있다.

예상하지 못한 손실의 완충(buffer)으로써 어떤 금융회사가 준비하고 있어야 하는 자본의 양이나 자산 운영자(trader)가 운영하고 있는 포지션(position)의 예상 손실에 대한 한계를 결정하는 위험측도 중 가장 널리 사용되는 것이 Value at Risk(VaR)와 기대적자(Expected Shortfall, ES)이다. 이 중 VaR를 중점적으로 살펴보고 이와 관련하여 ES를 살펴보고자 한다.

시장위험, 신용위험, 운영위험을 포함한 모든 위험의 VaR과 ES를 논하기에는 그 범위가 너무 광범위할 뿐만 아니라 파생상품, 이자율, 채무불이행에 대한 충분한 사전지식이 요구된다. 그러므로 여기에서는 시장 위험을 중점적으로 살펴보기로 한다.

1 위험요소와 손실분포

주식, 채권 또는 파생상품, 위험대출 등으로 구성된 포트폴리오의 시간 t에서 가치(가격)를 V(t)라고 표현했을 때, [t, t+Δt) 동안의 이 포트폴리오의 손실은

$$L_t(\Delta t) = -[V(t+\Delta t) - V(t)]$$

으로 정의된다. 여기에서 [t, t+Δt)는 시점 t부터 t+Δt 직전까지의 시간구간을 나타낸 것이며, [t, t+Δt) 동안에 포트폴리오의 구성은 변하지 않는 것으로 가정한다. 일반적으로 Δt는 1일 또는 10일이 통상적이다. 시간길이(time horizon)가 1일이면 $\Delta t = 1/365$ 또는 $\Delta t = 1/250$(주식시장에서 파생상품의 거래일이 1년에 약 250일이므로)이며, 10일이면 $\Delta t = 10/365$ 또는 $\Delta t = 10/250$이 된다. $\Delta t = 1/365$ 또는 $\Delta t = 1/250$은 은행에서 자산운용자의 손실에 제한을 두기 위해 통상적으로 사용하는 시간길이이며, $\Delta t = 10/365$ 또는 $\Delta t = 10/250$은 바젤위원회(Basel Committee)에서 권고하는 시간길이이다. 그러나 이러한 시간길이는 통상적일 뿐 필요에 따라 얼마든지 변경할 수 있는 위험측도의 요소이다.

$L_t(\Delta t) = -(V(t+\Delta t)-V(t))$는 현재시점 t에서 측정되는 손실이므로 V(t+Δt)는 관찰되지 않는 확률변수이다. V(t)는 금융자산들로 구성된 포트폴리오이므로 시간, 위험자산의 가격, 이자율, 환율 등의 함수이며 이러한 것들이 V(t)를 결정하는 위험요소이다. 그러므로 위험요소의 확률분포를 알게 되면 V(t)의 분포를 알게 되어 손실 Lt(Δt)의 손실분포를 구할 수 있다. 그러나 V(t)가 이들 위험요소들의 매우 복잡한 함수형태이므로 V(t)를 위험요소들의 선형함수로 전환할 필요가 있다.

■ 테일러전개(Taylor's expansion)에 의한 근사

미분이 가능한 함수 $f(X_1, X_2, \cdots, X_d)$가 있을 때 $X_{0,1}, X_{0,2}, \cdots, X_{0,d}$에 대한 f의 근사식은

$$f(X_1, X_2, \cdots, X_d) \approx f(X_{0,1}, X_{0,2}, \cdots, X_{0,d}) + \sum_{i=1}^{d} \frac{\partial f(X_{0,1}, X_{0,2}, \cdots, X_{0,d})}{\partial X_i}(X_i - X_{0,i})$$

$$+ \frac{1}{2}\sum_{i=1}^{d}\sum_{j=1}^{d} \frac{\partial^2 f(X_{0,1}, X_{0,2}, \cdots, X_{0,d})}{\partial X_i X_j}(X_i - X_{0,i})(X_j - X_{0,j})$$

이다. 물론 3차 이상의 미분식을 이용한 좀더 자세한 근사식을 사용할 수 있으나 VaR을 계산할 때는 1차식만 사용하고 제6장 이후의 파생상품의 가격 결정에서는 2차식까지만 사용하므로 3차식 이상의 근사는 생략하기로 한다.

이제, 자산가격, 이자율, 환율과 같은 위험요소를 시점 t에서 $Z_{1,t}, Z_{2,t}, \cdots, Z_{d,t}$라고 표현하고 $V(t) = f(t, Z_{1,t}, Z_{2,t}, \cdots, Z_{d,t})$이 성립하는 함수 f가 존재한다고 하자. 그러면

$$\begin{aligned} L_t(\Delta t) &= -(V(t+\Delta t) - V(t)) \\ &= -[f(t+\Delta t, Z_{1,t+\Delta t}, Z_{2,t+\Delta t}, \cdots, Z_{d,t+\Delta t}) - f(t, Z_{1,t}, Z_{2,t}, \cdots, Z_{d,t})] \end{aligned}$$

가 된다.

자산가격, 이자율, 환율 등은 손실의 분포를 결정하는 확률변수이기는 하지만, 이들은 대부분 정상성을 만족하지 못하는 확률과정이다. 어떤 확률변수나 확률과정이 분포를 가진다는 말은 정상성이 전제되어야 가능하다. 그러므로 어떠한 확률변수도 분석을 위해서는 정상성을 점검하여야 한다. 정상성을 점검하는 가장 간단하고 비교적 정확한 방법은 과거의 관찰치를 가지고 x축은 관찰시점을, y축은 확률과정(또는 확률변수)의 관찰값을 plot해 보는 것이다. 이 플롯의 자료가 시간이 갈수록 퍼지거나 줄어드는 모습이 없고 평균이 시간에 의존하지 않는 x축에 평행이면 그 확률과정은 정상성이라고 볼 수 있다. 자료가 시간이 갈수록 퍼지거나 줄어들면 분산의 안정화를 위한 변수변환이 필요하며 플롯의 평균이 시점 t에 의존하면 차분이 필요하다. 이에 대한 구체적인 것은 생략하기로 한다. 관심있는 독자는 시계열자료분석에 대한 서적을 참고하길 바란다(예를 들면, 시계열자료분석(2002년, 박유성 김기환 공저)).

재무자료의 위험요소인 자산가격, 이자율, 환율 등의 분산은 시간이 지날수록 커지는 경향을 보이고 있으며 평균이 증가 또는 감소(정확하게 말하면 소위 단위근을 가지고 있는 확률적 추세. 이에 대한 내용은 계량경제책을 참고하기 바람)하는 경향이 있어 로그수익률로 변환하면 이 로그수익률은 대부분 정상성가정을 만족한다. 그러므로 $Z_{i,t}$는 일반적으로 ln(자산가격), ln(이자율), ln(환율)으로 하여 분산이 증가하는 경향을 없애게 된다.

이제 추세를 없애기 위해 $X_{i,t+\Delta t} = Z_{i,t+\Delta t} - Z_{i,t}$, $i=1,2,\cdots,d$으로 정의하면

$$L_t(\Delta t) = -[f(t+\Delta t, Z_{1,t}+X_{1,t+\Delta t}, Z_{2,t}+X_{2,t+\Delta t}, \cdots, Z_{d,t}+X_{i,t+\Delta t}) - f(t, Z_{1,t}, Z_{2,t}, \cdots, Z_{d,t})]$$

으로 재표현된다. $X_{i,t+\Delta t}$를 위험요소의 변화라고 말하고, 이 $X_{i,t+\Delta t}$가 손실함수 $L_t(\Delta t)$를 결정하는 확률변수이며 통계적인 주 관심사항이다. 앞에서 논의한 대로 $Z_{i,t}$는 일반적으로 ln(자산가격), ln(이자율), ln(환율)이므로 $X_{i,t+\Delta t}$는 Δt 동안에 측정된 자산가격의 로그수익률, 이자율의 로그수익률, 그리고 환율의 로그수익률이 된다.

$L_t(\Delta t)$를 테일러 전개의 일차식까지 근사시키면

$$\begin{aligned} &f(t+\Delta t, Z_{1,t}+X_{1,t+\Delta t}, Z_{2,t}+X_{2,t+\Delta t}, \cdots, Z_{d,t}+X_{d,t+\Delta t}) - f(t, Z_{1,t}, Z_{2,t}, \cdots, Z_{d,t})) \\ &= \frac{\partial f(t, Z_{1,t}, \cdots, Z_{d,t})}{\partial t}\Delta t + \sum_{i=1}^{d} \frac{\partial f(t, Z_{1,t}, \cdots, Z_{d,t})}{\partial Z_{i,t}} X_{i,t+\Delta t} \end{aligned}$$

가 된다.

예제 4.1 시점 t에서 가치 $V(t) = \sum_{i=1}^{d} \lambda_i S_i(t)$인 포트폴리오를 고려하여 보자. 여기에서 $S_i(t)$는 i번째 주식의 t시점에서의 가격이고 λ_i는 주식 i의 보유숫자를 나타낸다. 이 V(t)에서 주식가격의 자연대수 $\ln S_i(t)$가 위험요소, 즉 $Z_{i,t} = \ln S_i(t)$ 이므로 $\sum_{i=1}^{d} \lambda_i e^{\ln S_i(t)}$이다.

$$V(t+\Delta t) = \sum_{i=1}^{d} \lambda_i \exp(\ln S_i(t) + \ln S_i(t+\Delta t) - \ln S_i(t))$$

이므로 손실함수는

$$\begin{aligned} L_t(\Delta t) &= -[V(t+\Delta t) - V(t)] \\ &= -\sum_{i=1}^{d} \frac{\partial \lambda_i \exp(\ln S_i(t))}{\partial \ln S_i(t)} (\ln S_i(t+\Delta t) - \ln S_i(t)) \\ &= -\sum_{i=1}^{d} \lambda_i S_i(t) \ln \frac{S_i(t+\Delta t)}{S_i(t)} \\ &= -V(t) \sum_{i=1}^{d} \frac{\lambda_i S_i(t)}{V(t)} \ln \frac{S_i(t+\Delta t)}{S_i(t)} \\ &= -V(t) \sum_{i=1}^{d} W_i \ln \frac{S_i(t+\Delta t)}{S_i(t)} \end{aligned}$$

가 된다. 여기에서 W_i는 i번째 주식의 투자비중(즉, $W_i=\frac{\lambda_i S_i(t)}{V(t)}$)이다. 위의 식으로부터 $\ln\frac{S_i(t+\Delta t)}{S_i(t)}$의 분포를 통해 $L_t(\Delta t)$의 분포를 알 수 있다.

예를 들어, $\ln\frac{S_i(t+\Delta t)}{S_i(t)}$의 평균이 $\mu_i\Delta t$ 이고 분산이 $\sigma_i{}^2\Delta t$인 정규분포라고 가정하고 $\text{Cov}(\ln\frac{S_i(t+\Delta t)}{S_i(t)}, \ln\frac{S_j(t+\Delta t)}{S_j(t)}) = \sigma_{i,j}\Delta t$라고 하자. 그러면 $L_t(\Delta t)$가 $\ln\frac{S_i(t+\Delta t)}{S_i(t)}$의 선형함수이고 V(t)와 W_i는 시점 t에서 알려진 값이므로 $L_t(\Delta t)$는 평균이

$$-V(t)\sum_{i=1}^{d} W_i\,\mu_i\Delta t$$

이고 분산이

$$V(t)^2(\sum_{i=1}^{d} W_i{}^2\sigma_i{}^2\,\Delta t+2\sum_{i<j}^{d} W_iW_j\sigma_{i,j}\Delta t)$$

인 정규분포를 따른다.

예제 4.2 유럽형콜옵션(European call option)은 대표적인 파생상품으로 특정자산(underlying asset)을 정해진 시간에 정해진 가격으로 살 권리이다. 정해진 시간을 만기일(T)이라고 하고 정해진 가격을 행사가격(K)이라고 한다. 특정자산의 가격이 만기일에 K보다 높으면 콜 옵션은 이익이 나지만 K보다 낮으면 권리를 행사하지 않으면 되므로 손실이 제한적이 된다. 이 손실이 이 콜옵션을 사는 가격이 된다. 파생상품의 핵심은 위험자산을 기초로 구성된 payoff에 대해 지불해야 할 가격(이를 파생상품의 가격)을 결정하는 일이다. 이 문제는 제6장~제8장에서 본격적으로 다루어질 것이다.

S(t)를 시점 t에서 관찰된 자산의 가격이라고 할 때 유럽형콜옵션의 가격은

$$C(S(t), t, r_t, \sigma_t) = S(t)\,\Phi(d_1)\; - Ke^{-r_t(T-t)}\Phi(d_2)$$

이다(이 공식을 Black-Scholes 공식이라고 하며 이 공식의 유도는 제7장에서 상세하게 다루어질 것이다). 여기에서 Φ는 표준정규분포함수(standard normal cumulative distribution function)이고

$$d_1 = \frac{\ln\frac{S(t)}{K} + (r_t + \frac{1}{2}\sigma_t^2)(T-t)}{\sigma_t\sqrt{T-t}}, \quad d_2 = d_1 - \sigma_t\sqrt{T-t}$$

이다. 여기에서 r_t는 시점 t에서의 무위험자산의 이자율이고, σ_t는 시점 t에서의 S(t)의 로그수익률의 연 변동성이다.

만기일 T와 행사가격 K가 고정되어 있으므로 콜옵션 가격 C는 위험요소 ln S(t), 시간 t, 이자율 r_t, 그리고 변동성(volatility) σ_t의 함수가 된다. 손실함수는

$$L_t(\Delta t) = -[\,C(t+\Delta t, S(t+\Delta t), r_{t+\Delta t}\;, \sigma_{t+\Delta t}) - C(t, S(t), r_t, \sigma_t)]$$

이고

$$\begin{aligned} &C(t+\Delta t, S(t+\Delta t), r_{t+\Delta t}\;, \sigma_{t+\Delta t}) \\ &= C(t+\Delta t, \exp(\ln S(t) + \ln S(t+\Delta t) - \ln S(t)), r_t + r_{t+\Delta t} - r_t, \sigma_t + \sigma_{t+\Delta t} - \sigma_t) \end{aligned}$$

으로 재표현할 수 있으므로, 손실함수 $L_t(\Delta t)$의 일차항까지의 테일러전개는

$$L_t(\Delta t) = -(C_t\Delta t + C_{\ln S(t)} \ln\frac{S(t+\Delta t)}{S(t)} + C_{r_t}(r_{t+\Delta t} - r_t) + C_{\sigma_t}(\sigma_{t+\Delta t} - \sigma_t))$$

가 된다. 여기에서 $C_t = \frac{\partial C}{\partial t}$, $C_{\ln S(t)} = \frac{\partial C}{\partial \ln S(t)}$, $C_{r_t} = \frac{\partial C}{\partial r_t}$, 그리고 $C_{\sigma_t} = \frac{\partial C}{\partial \sigma_t}$ 이다. 이들을 특히 Greeks라고 하며, C_t를 θ(theta), $C_{S(t)} = \frac{\partial C}{\partial S(t)}$를 δ(delta), C_{r_t}를 ρ(rho), C_{σ_t}를 vega라고 한다. 제7장에서 이들을 이용한 위험 hedge를 논의할 것이다. 그런데

$$C_{S(t)} = \frac{\partial C(t, e^{\ln S(t)}, r_t, \sigma_t)}{\partial S(t)} = \frac{\partial C(t, e^{\ln S(t)}, r_t, \sigma_t)}{\partial \ln S(t)} \cdot \frac{\partial \ln S(t)}{\partial S(t)} = C_{\ln S(t)} \cdot \frac{1}{S(t)}$$

이므로

$$L_t(\Delta t) = -[C_t\Delta t + C_{S(t)}S(t) \ln\frac{S(t+\Delta t)}{S(t)} + C_{r_t}(r_{t+\Delta t} - r_t) + C_{\sigma_t}(\sigma_{t+\Delta t} - \sigma_t)]$$

가 된다.

Black-Sholes의 원래 공식에서와 같이 만약 r_t와 σ_t가 상수 r과 σ라면(즉, 시

간 t에 의존하지 않으면) 그리고 Δt가 $\frac{1}{365}$이나 $\frac{10}{365}$ 같이 아주 작은 값이면 유럽형 콜옵션의 손실은, 위의 식에서 두 번째 항만 남게 되므로

$$L_t(\Delta t) = -\ C_{S(t)} S(t) \ln \frac{S(t+\Delta t)}{S(t)}$$

으로 되고 $C_{S(t)}$와 S(t)는 현재의 시점 t에서 주어진 값이므로 특정자산의 로그 수익률(즉, $\ln \frac{S(t+\Delta t)}{S(t)}$) 분포에 의해 유럽형 콜옵션의 손실분포가 결정된다.

예제 4.3 어떤 투자자가 KOSPI200지수, NIKKEI지수, 그리고 S&P500지수에 각각 40%, 40%, 20%의 비율로 투자했다고 하자. 이 포트폴리오는 5개의 위험요소에 영향을 받는다. 즉, 3개의 로그지수와 2개의 로그환율이 위험요소이다.

$S_1(t)$, $S_2(t)$, 그리고 $S_3(t)$를 시점 t에서의 KOSPI200지수, NIKKEI지수, 그리고 S&P500지수라고 정의하고 $E_1(t)$와 $E_2(t)$를 시점 t에서의 원/엔 환율, 원/달러 환율이라고 정의하면 $\ln S_1(t)$, $\ln S_2(t)$, $\ln S_3(t)$, $\ln E_1(t)$, $\ln E_2(t)$ 등이 5개의 위험요소가 된다.

λ_1, λ_2, λ_3를 $S_1(t)$, $S_2(t)$, 그리고 $S_3(t)$의 투자단위수라고 하면 이 포트폴리오의 시점 t에서의 원화기준 가치는

$$V(t) = \lambda_1 S_1(t) + \lambda_2 E_1(t) S_2(t) + \lambda_3 E_2(t) S_3(t)$$

이다.

$$V(t) = \lambda_1 e^{\ln S_1(t)} + \lambda_2 e^{\ln S_2(t) + \ln E_1(t)} + \lambda_3 e^{\ln S_3(t) + \ln E_2(t)}$$

이므로

$$\begin{aligned} V(t+\Delta t) = \lambda_1 & e^{\ln S_1(t) + \ln S_1(t+\Delta t) - \ln S_1(t)} \\ & + \lambda_2 e^{\ln S_2(t) + \ln S_2(t+\Delta t) - \ln S_2(t) + \ln E_1(t) + \ln E_1(t+\Delta t) - \ln E_1(t)} \\ & + \lambda_3 e^{\ln S_3(t) + \ln S_3(t+\Delta t) - \ln S_3(t) + \ln E_2(t) + \ln E_2(t+\Delta t) - \ln E_2(t)} \end{aligned}$$

이 된다.

$$x_1 = \ln \frac{S_1(t+\Delta t)}{S_1(t)},\quad x_2 = \ln \frac{S_2(t+\Delta t)}{S_2(t)},\quad x_3 = \ln \frac{S_3(t+\Delta t)}{S_3(t)},\quad y_1 = \ln \frac{E_1(t+\Delta t)}{E_1(t)}$$

$$\text{그리고 } y_2 = \ln\frac{E_2(t+\Delta t)}{E_2(t)}$$

로 표기하면 이 포트폴리오의 손실(loss)은

$$\begin{aligned} L_t(\Delta t) &= -(V(t+\Delta t) - V(t)) \\ &= -[\lambda_1 e^{\ln S_1(t)+x_1} + \lambda_2 e^{\ln S_2(t)+\ln E_1(t)+x_2+y_1} + \lambda_3 e^{\ln S_3(t)+\ln E_2(t)+x_3+y_2} \\ &\quad -(\lambda_1 e^{\ln S_1(t)} + \lambda_2 e^{\ln S_2(t)+\ln E_1(t)} + \lambda_3 e^{\ln S_3(t)+\ln E_2(t)})] \end{aligned}$$

가 된다. 1차항까지의 테일러 전개에 의해

$$\begin{aligned} L_t(\Delta t) = & -\{\lambda_1 e^{\ln S_1(t)} \cdot \ln\frac{S_1(t+\Delta t)}{S_1(t)} + \lambda_2 e^{\ln S_2(t)+\ln E_1(t)} \cdot \left(\ln\frac{S_2(t+\Delta t)}{S_2(t)} + \ln\frac{E_1(t+\Delta t)}{E_1(t)}\right) \\ & +\lambda_3 e^{\ln S_3(t)+\ln E_2(t)}(\ln\frac{S_3(t+\Delta t)}{S_3(t)} + \ln\frac{E_2(t+\Delta t)}{E_2(t)})\} \end{aligned}$$

$$\begin{aligned} = & -V(t)\Big[W_1 \ln\frac{S_1(t+\Delta t)}{S_1(t)} + W_2(\ln\frac{S_2(t+\Delta t)}{S_2(t)} + \ln\frac{E_1(t+\Delta t)}{E_1(t)}) \\ & +W_3(\ln\frac{S_3(t+\Delta t)}{S_3(t)} + \ln\frac{E_2(t+\Delta t)}{E_2(t)})\Big] \end{aligned}$$

가 된다. 여기에서 $W_1 = \frac{\lambda_1 S_1(t)}{V(t)}$, $W_2 = \frac{\lambda_2 S_2(t) E_1(t)}{V(t)}$, $W_3 = \frac{\lambda_3 S_3(t) E_2(t)}{V(t)}$이다. 시점 t에서 V(t)와 W_1, W_2, 그리고 W_3는 결정된 값이므로 $S_1(t)$, $S_2(t)$, $S_3(t)$의 로그수익률과 $E_1(t)$와 $E_2(t)$의 로그수익률의 분포에 의해 이 포트폴리오의 손실의 분포가 결정된다.

예제 4.4 어떤 위험자산의 시점 t에서의 가격을 S(t)라고 표현할 때

$$S(t) = S(0)\exp((\mu - \frac{1}{2}\sigma^2)t + \sigma W(t))$$

의 구조에 따라 S(t)가 움직인다고 가정하자. 여기에서 W(t)는 평균이 0이고 분산이 t인 정규분포를 따른다고 가정한다. dt를 Δt보다 훨씬 짧은 시간거리라고 할 때(이를 infinitesimal한 시간거리라고 한다.)

$$dS(t) = S(t+dt) - S(t)$$

으로 정의되며 이 값을 테일러 전개를 t에 대해서는 1차항까지, W(t)에 대해서는 2차항까지 근사시키면

$$dS(t) = (\mu - \frac{1}{2}\sigma^2)S(t)dt + \sigma S(t)dW(t) + \frac{1}{2}\sigma^2 S(t)(dW(t))^2$$

됨을 쉽게 알 수 있다. 그런데 제7장에서 논의되는 바와 같이 $(dW(t))^2 = dt$ 이므로

$$\frac{dS(t)}{S(t)} = \mu dt + \sigma dW(t)$$

가 된다. 이와 같은 dynamic structure를 가진 S(t)를 geometric Brownian motion이라고 말하며, 제6장～제8장에서 파생상품 가격결정에 핵심적인 역할을 하게 된다.

예제 4.5 은행에서 대출을 받으면 계약에 따라 매월 일정액의 원금과 이자를 내고 만기일에 원금을 상환하게 된다. 은행의 입장에서 볼 때 개인이 발행한 채권을 사서 매월 쿠폰을 받고 만기일에 채권의 액면가를 상환받는 구조이다. 국가에서는 국채를 구입한 투자자에게 정해진 기간마다 쿠폰을 주고 만기일에 국채의 액면가를 투자자에게 돌려주는 구조를 가진 국채를 발행한다. 회사채도 회사가 채권을 발행하고 이에 따른 이자와 원금을 투자자에게 돌려주는 구조를 가지고 있다.

채권을 발행하여 만기일 이전에 쿠폰을 주지 않고 만기일에 채권의 액면가를 돌려주는 채권을 무이채채권(zero-coupon bond)이라고 한다. 쿠폰이 있는 채권도 쿠폰을 주는 시점이 만기일이고 쿠폰금액이 액면가인 무이채채권으로 간주하여 무이채채권의 포트폴리오로 재해석 할 수 있으므로, 이자율 모형에서 중점적으로 논의되는 채권은 무이채채권이다. 만기일이 시점 T인 무이채채권은 액면가를 1로 표준화하여 사용한다.

만기일이 시점 T인 채무이행이 보증된(default-free) 액면가가 F인 무이채채권의 현재 시점 t의 가격은

$$\mathrm{Exp}[-(T-t)(y(t,T)+C(t,T))]F$$

이다. 여기에서 y(t, T)는 무이채채권의 이자율이며 제9장에서 자세하게 논의될 것이다. C(t, T)는 회사채를 발행한 회사의 신용스프레드(credit spread)라고 하며 일반적으로 이 회사의 신용등급에 의해 결정된다. 회사채의 현재가치에

영향을 주는 요소가 또 하나 있다. 이 회사채를 발행한 기간 (0,t] 동안에 발생하는 채무불이행 여부이다. 채무불이행이 발생하면 담보 등 채권의 우선순위에 따른 회수율에 의해 액면가 F를 일부 회수하게 된다. 그러나 여기에서는 문제를 간단하게 하기 위해 채무불이행이 일어나면 F를 모두 잃는 것으로 가정한다.

$I_t = 1$이면 채무불이행이 일어난 것이고 $I_t = 0$이면 채무불이행이 일어나지 않은 것으로 정의하면 만기일이 시점 T고 액면가가 F인 회사채의 현재시점 t에서의 가치는 $V(t)=(1-I_t)\exp[-(T-t)(y(t, T)+C(t, T)]F$이다. 여기에서 위험 요인은 I_t, $y(t, T)$, 그리고 $C(t, T)$이므로 테일러 전개식을 1차식까지 이용한 손실 함수를 쉽게 구할 수 있다. 그러나 신용위험의 시간간격 Δt는 일반적으로 1년 단위이므로 손실함수의 선형화는 정확도가 매우 떨어지게 되어 의미가 없게 된다.

그러므로 손실함수 $L_t(\Delta t) = -(V(t+\Delta t) - V(t))$의 분포를 직접 구해야 한다. 가장 중요한 것은 채무불이행 지수(default indicator)에 대한 적합한 통계적 모형을 찾는 것이다. 이 문제에 대한 자세한 논의는 이 책의 범위를 벗어나므로 생략하기로 한다.

2 VaR(Value at Risk)과 ES(Expected Shortfall)

어떤 포트폴리오의 손실(loss)이 $[t, t+\Delta t)$ 동안에 특정한 값 이상의 손실이 발생한 확률이 α라고 정의할 때, 이 특정한 값을 $VaR(\alpha)$라고 한다. 즉

$$VaR(\alpha) = \inf\{\ell \in R : P[L_t(\Delta t) > \ell\,] \le \alpha\}$$

으로 정의된다. 그러므로 $VaR(\alpha)$는 손실분포함수의 $100(1-\alpha)\%$ 백분위수(percentile)를 의미한다. 일반적으로 $\alpha = 0.05, 0.01$ 등 비교적 작은 값을 선택하므로 $VaR(\alpha)$는 손실이 매우 크게 일어났을 때의 경계점(limit point)을 의미한다. 이는 $VaR(\alpha)$를 통해서 경계점보다 큰 손실의 규모가 얼마인지는 알 수 없다는 약점도 $VaR(\alpha)$가 가지고 있다는 것을 동시에 의미하고 있다.

이러한 약점을 보완한 것이 기대손실(expected shortfall)이다. 즉,

$$ES(\alpha) = E[L_t(\Delta t)|\ L_t(\Delta t)\ > VaR(\alpha)]$$

로 정의된 값이다. ES의 정의에 따라 VaR(α)보다 큰 손실이 발생했을 때의 손실의 기대치를 의미한다. 특히 $L_t(\Delta t)$가 평균이 μ_p이고 분산이 σ_p^2인 정규분포를 따를 경우

$$P[L_t(\Delta t) > \ell] = P\left[\frac{L_t(\Delta t)-\mu_p}{\sigma_p} > \frac{\ell-\mu_p}{\sigma_p}\right] = \alpha$$

이고 $\frac{L_t(\Delta t)-\mu_p}{\sigma_p}$가 N(0,1)이므로 $\frac{\ell-\mu_p}{\sigma_p} = Z_\alpha$가 된다. 그러므로

$$\ell = VaR(\alpha) = \mu_p + \sigma_p Z_\alpha$$

이다. μ_p와 σ_p는 과거의 n개의 관찰치 $L_{t-n+1}(\Delta t)$, $L_{t-n+2}(\Delta t)$, ⋯, $L_t(\Delta t)$으로 계산된 표본평균 $\bar{\ell}$, 표준편차의 추정치 S_ℓ(연 기대수익률과 연 변동성의 추정치가 아님을 유의할 것)을 이용하여 $\widehat{VaR(\alpha)} = \bar{\ell} + S_\ell Z_\alpha$로 VaR(α)를 추정한다. 여기에서 Z가 표준정규분포를 따를 때 Z_α는 $P[Z>Z_\alpha] = \alpha$를 말한다.

$L_t(\Delta t)$가 정규분포를 따른다는 동일한 가정에서

$$\begin{aligned} ES_\alpha &= E[L_t(\Delta t)|\ L_t(\Delta t) > VaR(\alpha)] \\ &= E[L_t(\Delta t)|\ L_t(\Delta t) > \mu_p + \sigma_p Z_\alpha] \\ &= \mu_p + \sigma_p E\left[\frac{L_t(\Delta t)-\mu_p}{\sigma_p} \middle| \frac{L_t(\Delta t)-\mu_p}{\sigma_p} > Z_\alpha\right] \end{aligned}$$

가 된다. ϕ와 **Φ**를 표준정규분포의 확률밀도함수(p.d.f)와 누적밀도함수(c.d.f)라고 정의할 때, 즉 $\phi(x) = \frac{1}{\sqrt{2\pi}} e^{-\frac{1}{2}x^2}$, $\boldsymbol{\Phi}(x) = \int_{-\infty}^{x} \phi(y)dy$ 라고 정의할 때 $\frac{L_t(\Delta t)-\mu_p}{\sigma_p} \sim N(0,1)$ 이므로

$$E\left(\frac{L_t(\Delta t)-\mu_p}{\sigma_p} \middle| \frac{L_t(\Delta t)-\mu_p}{\sigma_p} > Z_\alpha\right) = \int_{Z_\alpha}^{\infty} x \frac{\phi(x)}{\alpha} dx = \frac{1}{\alpha}\int_{Z_\alpha}^{\infty} x\phi(x)\, dx$$

$$= \frac{1}{\alpha}[-\phi(x)]_{Z_\alpha}^{\infty} = \frac{1}{\alpha}\left(-\phi(\infty) + \phi(Z_\alpha)\right) = \phi(Z_\alpha)/\alpha$$

가 된다. 그러므로

$$ES_\alpha = \mu_p + \sigma_p \cdot \frac{\phi(Z_\alpha)}{\alpha}$$

가 된다.

$L_t(\Delta t)$의 기대치를 μ_p라고 할 때 $VaR(\alpha) - \mu_p$는 예상치 못한 손실의 완충(buffer)의 양으로 해석할 수 있으며, 이를 경제자본(economic capital)이라고 한다. 신용위험에서와 같이 Δt가 1년이면 $VaR(\alpha) - \mu_p$는 경제자본의 개념으로 사용할 수 있다. 그러나 $L_t(\Delta t)$에서 사용하는 시간거리 Δt가 1일 또는 10일 정도의 짧은 거리이면 μ가 무시해도 좋을 만큼의 0에 가까운 값이기 때문에 $VaR(\alpha)$와 $VaR(\alpha) - \mu_p$는 거의 차이가 없다.

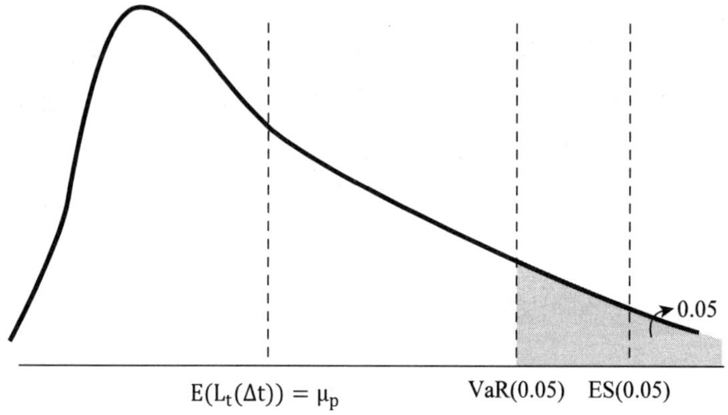

그림 4.1 ■ $\alpha = 0.05$일 때 VaR(0.05)와 ES(0.05)

시점 t에서의 포트폴리오의 가치를 V(t)라고 표현했을 때 $L_t(\Delta t) = -(V(t+\Delta t) - V(t))$는 1차식까지의 테일러 전개에 의해

$$L_t(\Delta t) = -(a_t + \sum_{i=1}^{d} b_{t,i} f_{t,i}) V(t)$$

으로 표현할 수 있다. 여기에서 a_t와 $b_{t,i}$는 시점 t에 주어진 값이며 $f_{t,i}$는 i번째 위험요소인 확률변수이다. <예제 4.1>에서는 $a_t = 0$이며 $b_{t,i} = W_i$ (투자비율) $f_{t,i} = \ln \frac{S_i(t+\Delta t)}{S_i(t)}$이고, <예제 4.2>에서는 $V(t) = 1$, $a_t = C_t \cdot \Delta t$, $b_{t,1} = C_{S(t)} \cdot S(t)$, $f_{t,1} = \ln \frac{S(t+\Delta t)}{S(t)}$, $b_{t,2} = C_{r_t}$, $f_{t,2} = r_{t+\Delta t} - r_t$, $b_{t,3} = C_{\sigma_t}$, $f_{t,3} = \sigma_{t+\Delta t} - \sigma_t$ 이다. <예제 4.3>에서는 $b_{t,i} = W_i$이고 $f_{t,1} = \ln \frac{S_1(t+\Delta t)}{S_1(t)}$, $f_{t,2} = \ln \frac{S_2(t+\Delta t)}{S_2(t)} + \ln \frac{e_1(t+\Delta t)}{e_1(t)}$, $f_{t,3} =$

$\ln\frac{S_3(t+\Delta t)}{S_3(t)} + \ln\frac{e_2(t+\Delta t)}{e_2(t)}$ 가 된다.

$\mathbf{b}_t = (b_{t,1}, b_{t,2}, \cdots, b_{t,d})^T$, $\mathbf{f}_t = (f_{t,1}, f_{t,2}, \cdots, f_{t,d})^T$ 으로 정의하고 $E(\mathbf{f}_t) = \boldsymbol{\mu}$ 그리고 $Var(\mathbf{f}_t) = \Omega$으로 표기하면

$$E(L_t(\Delta t)) = -V(t)(a_t + E(\mathbf{b}_t^T\mathbf{f}_t)) = -(a_t + \mathbf{b}_t^T\boldsymbol{\mu})V(t)$$
$$Var(L_t(\Delta t)) = Var(V(t)\cdot \mathbf{b}_t^T\mathbf{f}_t) = V(t)^2\mathbf{b}_t^T\Omega\mathbf{b}_t$$

가 된다. 그러므로 $f_{t,1}, f_{t,2}, \cdots, f_{t,d}$가 모두 정규분포를 따른다면 $L_t(\Delta t)$가 $f_{t,1}, f_{t,2}, \cdots, f_{t,d}$의 선형 결합이므로

$$L_t(\Delta t) \sim N(-(a_t + \mathbf{b}_t^T\boldsymbol{\mu})V(t),\ V(t)^2\mathbf{b}_t^T\Omega\mathbf{b}_t)$$

를 따르게 된다. 즉 앞에서 논의한 $L_t(\Delta t)$의 기대치는 $\mu_p = -(a_t + \mathbf{b}_t^T\boldsymbol{\mu})V(t)$, 표준편차는 $\sigma_p = V(t)\sqrt{\mathbf{b}_t^T\Omega\mathbf{b}_t}$ 가 된다.

3 시장위험

신용위험(credit risk)과 운영위험(operational risk)의 측정은 시장위험(market risk)을 구하는 방법과 동일하다. 다만 운영위험의 위험 요소들의 분포의 도출이 이 책의 수준을 넘기 때문에 이 절에서는 시장위험을 구체적으로 어떻게 구하는지를 살펴보고자 한다. 시장위험의 측도로 VaR과 ES를 고려하고자 한다. 이미 언급하였듯이, 시장위험은 $[t, t+\Delta t)$ 동안에(일반적으로, 1일 또는 10일 동안) 손실에 대한 1차 근사값인 $L_t(\Delta t) = -(a_t + \mathbf{b}_t^T\mathbf{f}_t)V(t)$를 근거로 한 VaR 또는 ES에 의해 측정된다.

3.1 경험분포에 의한 VaR과 ES

$L_t(\Delta t)$의 분포는 $V(t)$가 시점 t에서 주어진 값이므로 $-(a_t + \mathbf{b}_t^T\mathbf{f}_t)$에 의해 완전히 결정된다. 과거의 자료로부터 $-(a_t + \mathbf{b}_t^T\mathbf{f}_t)$의 관찰치를 크기 순으로 나열하여 $100(1-\alpha)\%$ 백분위수에 $V(t)$를 곱하여 $VaR(\alpha)$의 추정치로 하고 $VaR(\alpha)$보다 큰

값들만의 표본평균을 ES(α)의 추정치로 한다. 이 방법은 매우 간단하고 쉽다는 것이 장점이다. 그러나 관찰치가 매우 커야 하고 $-(a_t + b_t^T f_t)$의 시계열이 시간 상관관계(time correlation)가 비교적 약한 정상성조건을 만족해야 한다. 특히 α의 값이 매우 적을 때(예를 들어 0.01) 경험분포에 의한 VaR(α)와 ES(α)는 몇 개의 극단적인 값에 의해 심각하게 영향을 받는 약점을 가지고 있다.

예제 4.6 <그림 4.2>는 2006년 8월 9일부터 2010년 8월 16일까지, 1,000일 동안의 KOSPI200의 로그수익률의 시계열이며, <그림 4.3>은 KOSPI200과 동일한 기간동안 신한은행과 POSCO를 5:5의 투자비율로 구성된 포트폴리오의 로그수익률의 그림이다. 두 개의 그림에서 공통적으로 볼 수 있듯이 subprime mortgage 기간 동안에 로그수익률의 변동성이 매우 심하게 나타났으며 로그수익률이 0을 중심으로 특별한 추세(trend)가 없이 움직이고 있어 정상성과정으로 보아도 무방한 것으로 나타났다. 또한 KOSPI200의 변동성보다는 신한은행과 포스코로 구성된 포트폴리오의 변동성이 더 크게 나타나, 200개 주식으로 구성된 포트폴리오인 KOSPI200의 위험 분산 효과를 보이고 있다.

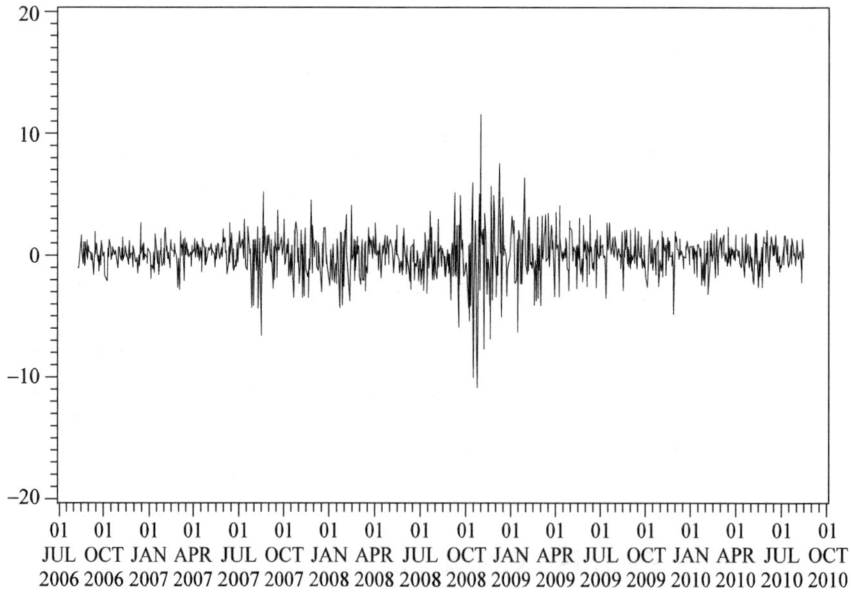

그림 4.2 ▪ KOSPI200의 일일 로그수익률

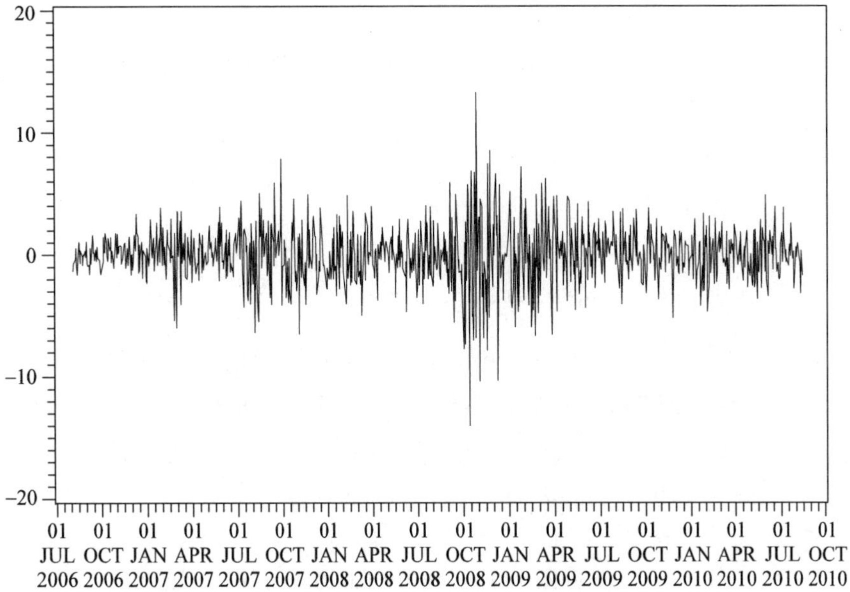

그림 4.3 ■ 신한은행 + POSCO로 구성된 포트폴리오의 일일 로그수익률

<그림 4.2>에 제공된 1000개의 로그수익률을 크기순으로 정리한 후 10번째로 작은 로그 수익률은 -5.09bp, 50번째로 작은 로그수익률은 -2.79bp, 그리고 100번째로 작은 로그 수익률은 −1.88bp로 나타났다. 그러므로 KOSPI200에 1억원을 투자했다면

$$\text{VaR}(0.01) = 100{,}000{,}000 \times 5.09\text{bp} = 50{,}900\text{원},$$
$$\text{VaR}(0.05) = 100{,}000{,}000 \times 2.79\text{bp} = 27{,}900\text{원},$$
$$\text{VaR}(0.1) = 100{,}000{,}000 \times 1.88\text{bp} = 18{,}800\text{원}$$

이다.

한편, KOSPI200의 로그수익률 − 5.09bp보다 작은 로그수익률의 평균은 −7.48bp이고, 50번째로 작은 로그 수익률 −2.79bp보다 작은 로그수익률의 평균은 −3.63bp이며, 100번째 작은 로그수익률 −1.88bp보다 작은 로그수익률의 평균은 −2.28bp이므로

$$\text{ES}(0.01) = 100{,}000{,}000 \times 7.48\text{bp} = 74{,}800\text{원},$$
$$\text{ES}(0.05) = 100{,}000{,}000 \times 3.63\text{bp} = 36{,}300\text{원}$$
$$\text{ES}(0.1) = 100{,}000{,}000 \times 2.28\text{bp} = 22{,}800\text{원}$$

이다.

신한은행과 POSCO에 각각 5,000만원씩 투자한 포트폴리오의 손실은

$$L_t(1/365) = -(0.5\cdot \ln\frac{S_1(t+1/365)}{S_1(t)} + 0.5\cdot \ln\frac{S_2(t+1/365)}{S_2(t)}) \times 100{,}000{,}000\text{원}$$

이다. 여기에서 $S_1(t)$는 시점 t에서의 신한은행의 주가이며 $S_2(t)$는 POSCO의 주가이다. $0.5\cdot \ln\frac{S_1(t+1/365)}{S_1(t)} + 0.5\cdot \ln\frac{S_2(t+1/365)}{S_2(t)}$ 의 플롯이 <그림 4.3>이다. 이 값의 1% 백분위수는 –6.66bp이고 5% 백분위수는 –4.02bp이며 10% 백분위수는 –2.58bp이다. 1% 백분위수보다 작은 값들의 평균은 –8.50bp이고 5% 백분위수보다 작은 값들의 평균은 –4.85bp 그리고 10% 백분위수보다 작은 값들의 평균은 –3.20bp이므로 이 포트폴리오의

$$VaR(0.01) = 100{,}000{,}000 \times 6.66BP = 66{,}600\text{원},$$
$$VaR(0.05) = 100{,}000{,}000 \times 4.02BP = 40{,}200\text{원},$$
$$VaR(0.1) = 100{,}000{,}000 \times 2.58BP = 25{,}800\text{원}$$

이며

$$ES(0.01) = 100{,}000{,}000 \times 8.50BP = 85{,}000\text{원},$$
$$ES(0.05) = 100{,}000{,}000 \times 4.85BP = 48{,}500\text{원}$$
$$ES(0.1) = 100{,}000{,}000 \times 3.20BP = 32{,}000\text{원}$$

이다.

<그림 4.2>와 <그림 4.3>의 로그수익률의 1차 자기상관계수(the first order autocorrelation: 시점 t에서의 로그수익률을 z_t라고 표현할 때 z_t와 z_{t-k}의 상관계수를 k차 자기상관계수라고 하며 이 상관계수의 절대값이 크면 z_t와 z_{t-k}의 선형관계가 강하다는 것을 의미한다. 예를 들어 z_t와 z_{t-1}의 상관계수가 1에 가까울수록 z_{t-1}이 크면 z_t도 크고 z_{t-1}이 작으면 z_t도 작게 나오는 자기상관관계를 가지고 있다고 해석할 수 있다)는 각각 –0.0001과 –0.01로 나와 자기 상관관계가 아주 작으므로 경험적 분포에 의한 VaR(0.1)은 신뢰도가 있는 추정치로 해석할 수 있다.

3.2 정규분포에 의한 VaR과 ES

앞 절에서 논의되었듯이 $L_t(\Delta t) = -(a_t+\sum_{i=1}^{d} b_{t,i}f_{t,i})V(t)$으로 표현이 되고 $\mathbf{f}_t = (f_{t,1}, f_{t,2}, \cdots, f_{t,d})$가 평균이 $\boldsymbol{\mu}=(\mu_1, \mu_2, \cdots, \mu_d)^T$ 분산이 Ω인 정규분포를 따르면

$$L_t(\Delta t) \sim N(-(a_t + \mathbf{b}_t^T\boldsymbol{\mu})V(t),\ \ \mathbf{b}_t^T\Omega\mathbf{b}_t V(t)^2)$$

이 된다. 그러므로

$$VaR(\alpha) = -(a_t + \mathbf{b}_t^T\boldsymbol{\mu})V(t) + Z_\alpha V(t)\sqrt{\mathbf{b}_t^T\Omega\mathbf{b}_t}$$

이며

$$ES(\alpha) = -(a_t + \mathbf{b}_t^T\boldsymbol{\mu})V(t) + \sqrt{\mathbf{b}_t^T\Omega\mathbf{b}_t}V(t)\phi(Z_\alpha)/\alpha$$

가 된다. VaR(α)와 ES(α)의 추정치는 과거의 $\mathbf{f}_t$ 자료로부터 $\boldsymbol{\mu}$와 Ω의 추정치를 사용하여 구하게 된다. 정규분포에 의한 VaR과 ES는 매우 간단하면서 어떠한 α에 대해서도 VaR과 ES를 구할 수 있을 뿐만 아니라, 어떠한 복잡한 포트폴리오도 쉽게 구할 수 있는 장점이 있다. 그러나 로그수익률이 정규분포보다 꼬리가 두꺼울 경우(대부분의 경우 위험자산에서는 큰 손실이 일어날 가능성이 높아 정규분포보다 꼬리가 두껍다) VaR과 ES를 과소 추정하는 약점을 가지게 된다.

예제 4.7 <예제 4.6>에서 사용한 KOSPI200의 일일로그수익률과 신한은행과 POSCO의 주식으로 구성된 포트폴리오의 로그수익률이 모두 정규분포를 따른다고 가정하자.

먼저 KOSPI200의 경우, 손실함수가

$$L_t(1/365) = -\ln\frac{S_k(t+1/365)}{S_k(t)} \times V(t) = -100{,}000{,}000 \times \ln\frac{S_k(t+1/365)}{S_k(t)}$$

이다. 여기에서 $S_k(t)$는 시점 t에서의 KOSPI200의 지수이다. 즉, $L_t(\Delta t) = -(a_t+ \mathbf{b}_t^T\mathbf{f}_t)V(t)$에서 $a_t = 0, \mathbf{b}_t^T = 1, \mathbf{f}_t = \ln\frac{S_k(t+1/365)}{S_k(t)}$인 경우이다.

1,000일 동안의 로그수익률 $\ln\frac{S_k(t+1/365)}{S_k(t)}$의 표본평균은 0.028bp이고 분산은

2.99bp^2(표준편차는 1.73bp)이므로 KOSPI200의 손실 $L_t(1/365)$은

$$\text{평균이 } -100,000,000\times 0.028bp = -280\text{원}$$

이며

$$\text{표준편차는 } 1,000,000\times 1.73bp = 17,300\text{원}$$

이 된다. 평균이 음의 값이므로 KOSI200은 일일 평균 280원의 투자 이익이 났다는 것을 알 수 있다. 또한 정규분포표에 의해 $Z_{0.01}$= 2.33, $Z_{0.05}$=1.645, 그리고 $Z_{0.1}$=1.283이므로

$$\begin{aligned}
\text{VaR}(0.01) &= -280+2.33\times 17,300 = 40,029\text{원},\\
\text{VaR}(0.05) &= -280+1.645\times 17,300 = 28,179\text{원},\\
\text{VaR}(0.1) &= -280+1.283\times 17,300 = 21,916\text{원}
\end{aligned}$$

으로 계산된다.

한편

$$\begin{aligned}
\text{ES}(0.01) &= -280 + 17,300\left(\frac{1}{\sqrt{2\pi}}e^{-\frac{1}{2}2.33^2}/0.01\right) = -280+17,300\times 0.0264/0.01\\
&= 45,392,\\
\text{ES}(0.05) &= -280+17,300\left(\frac{1}{\sqrt{2\pi}}e^{-\frac{1}{2}1.645^2}/0.05\right)=35,393,\\
\text{ES}(0.1) &= -280+17,300\left(\frac{1}{\sqrt{2\pi}}e^{-\frac{1}{2}1,283^2}/0.1\right)= 30,030\text{원}
\end{aligned}$$

이 된다.

<표 4.1>은 <예제 4.6>에서 구한 경험적분포로부터의 VaR(α)와 ES(α)와 정규분포가정으로부터 방금 구한 VaR(α)와 ES(α)를 비교한 표이다.

표 4.1 ■ 경험분포와 정규분포모형으로부터의 KOSPI200의 VaR(α)와 ES(α)

위험측도	모형	α =0.1	α =0.05	α =0.01
VaR(α)	경험분포	18,800	27,900	50,900
	정규분포	21,916	28,179	40,029
ES(α)	경험분포	22,800	36,300	74,800
	정규분포	30,030	35,393	45,392

<표 4.1>을 살펴보면 VaR(0.1)과 ES(0.1)은 경험분포모형보다 정규분포모형에서 크게 나오고 VaR(0.01)과 ES(0.01)은 정규분포모형보다는 경험분포모형에서 매우 크게 나온 것을 볼 수 있다. 이러한 결과는 실제 분포가 정규분포보다 꼬리가 두꺼울 때 나타나는 전형적인 현상이다. 작은 α가 꼬리 부분의 분포 형태를 나타내므로 경험분포의 VaR(0.01)과 ES(0.01)이 정규분포의 그것들에 비해 매우 큰 것으로 나타난 것으로 보아 정규분포보다 큰 손실이 일어날 확률이 높은 두꺼운 꼬리의 분포를 KOSPI200의 로그수익률은 가졌다는 것을 의미하고 있다.

<그림 4.4>는 정규분포와 경험분포를 소위 Q-Q플롯을 이용하여 그린 그림이다. 이 그림에서 직선은 정규분포를 의미하고 S자 형태의 곡선은 경험분포를 나타낸다. 만약 경험분포가 직선과 거의 일치하면 KOSPI200의 로그수익률은 정규분포를 따른다고 가정해도 무방하다는 것을 의미한다. 그러나 <그림 4.4>에서와 같이 오른쪽 끝 부분에서 경험분포가 훨씬 위에 있다는 것은 KOSPI200의 로그수익률은 정규분포보다는 꼬리가 많이 두껍다는 것을 의미한다.

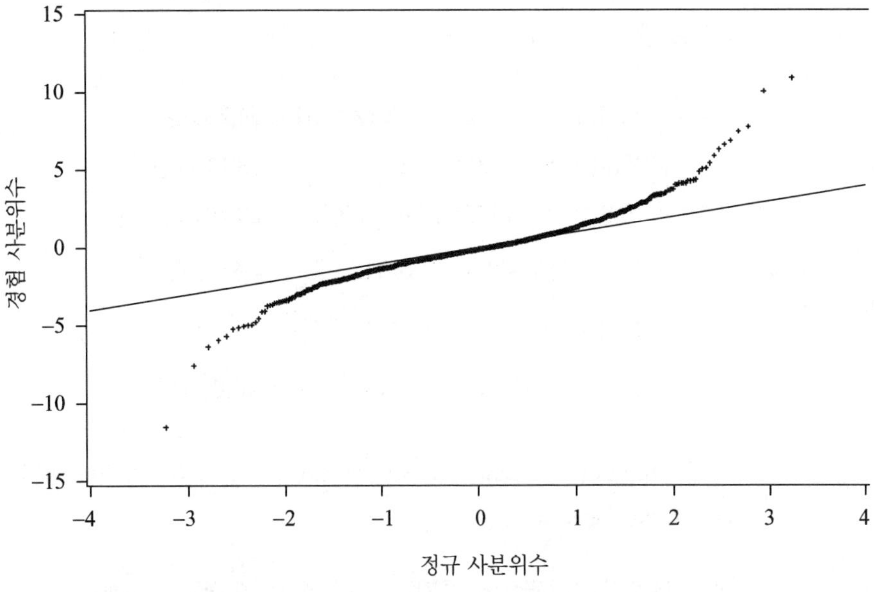

그림 4.4 ▒ KOSPI200의 음의 로그수익률에 대한 정규분포와 경험분포의 Q-Q플롯

이제 신한은행과 POSCO의 포트폴리오를 고려하여 보자. 이 포트폴리오의 손실 함수는, 이미 논의된 바와 같이 $L_t(1/365) = -(0.5 \cdot \ln \frac{S_1(t+1/365)}{S_1(t)} + 0.5 \cdot$

$\ln\frac{S_2(t+1/365)}{S_2(t)}$)×100,000,000원이다. 1,000개의 로그수익률로부터 신한은행의 로그수익률의 기대값의 추정치인 표본평균은 −0.002bp이며, 표본분산은 7.633bp^{2}으로 계산되었고 POSCO의 로그수익률의 표본평균은 0.073bp, 표본분산은 7.222bp^{2}으로 계산되었으며 신한은행의 로그수익률과 POSCO의 로그수익률의 공분산은 3.553 bp^{2}로 계산되었다.

즉, $\ln\frac{S_1(t+1/365)}{S_1(t)}$와 $\ln\frac{S_2(t+1/365)}{S_2(t)}$가 평균이 각각 −0.002bp, 0.073bp이고 분산 공분산 행렬이 $\begin{pmatrix}7.633 & 3.553\\ 3.553 & 7.222\end{pmatrix}$ 인 정규분포를 가정하면 $L_t(1/365)$의 평균은

$$-(-0.002\times0.5+0.073\times0.5)\times V(t) = -0.0355\text{bp}\times V(t)\text{이고}$$

분산은

$$(0.5\quad 0.5)\begin{pmatrix}7.633 & 3.553\\ 3.553 & 7.222\end{pmatrix}\begin{pmatrix}0.5\\ 0.5\end{pmatrix}\times V(t)^2 = 5.49\text{bp}^2\times V(t)^2$$

인 정규분포를 따르게 된다. V(t)가 100,000,000이므로 신한은행과 POSCO의 주식으로 만들어진 이 포트폴리오의

$$\text{VaR}(0.01) = -355+2.33\times23{,}431 = 54{,}239\text{원}$$
$$\text{VaR}(0.05) = -355+1.645\times23{,}431 = 38{,}189\text{원}$$
$$\text{VaR}(0.1) = -355+1.283\times23{,}431 = 29{,}707\text{원이며}$$
$$\text{ES}(0.01) = -355+23{,}431\times\frac{0.0264}{0.01} = 61{,}503\text{원}$$
$$\text{ES}(0.05) = -355+23{,}431\times\frac{0.1031}{0.05} = 47960\text{원}$$
$$\text{ES}(0.1) = -355+23{,}431\times\frac{0.1752}{0.1} = 40{,}696\text{원}$$

이 된다. 이 VaR(α)와 ES(α)를 <예제 4.6>의 경험분포의 VaR(α)와 ES(α)와 비교하기 위해 <표 4.2>를 보면

표 4.2 ▦ 경험분포와 정규분포모형으로부터 신한은행 POSCO의 VaR(α)와 ES(α)

위험측도	모형	α = 0.1	α = 0.05	α = 0.01
VaR(α)	경험분포	25,800	40,200	66,100
	정규분포	29,707	28,189	54,239
ES(α)	경험분포	32,000	48,500	85,000
	정규분포	40,696	47,960	61,503

경험분포의 꼬리가 정규분포보다 매우 두꺼운 결과로, VaR(0.1)과 ES(0.1)은 정규분포에서 더 크게 나타났고 VaR(0.05), VaR(0.01), ES(0.05), ES(0.01)은 경험분포에서 더 크게 나타났다. 이러한 결과로 볼 때 정규분포에 의한 VaR과 ES는 실제 VaR과 ES를 과소추정하고 있다고 할 수 있다.

연습문제 4.8

두 개의 위험자산의 시간 t에서의 가격을 각각 $S_1(t)$와 $S_2(t)$로 표기하고 $S_1(t)$를 기초로 한 유럽형콜옵션가격을 $C_1(t)$, $S_2(t)$를 기초로 한 유럽형콜옵션가격을 $C_2(t)$라고 하자. 투자비중이 S_1에 W_1, S_2에 W_2, C_1에 W_3, C_2에 W_4인 포트폴리오를 구성했을 때 이 포트폴리오의 손실함수를

(1) $L_t(\Delta t) = a_t + \mathbf{b}_t^T \mathbf{f}_t$에서 a_t와 b_t, 그리고 위험요소 $\mathbf{f}_t$를 투자비중과 콜옵션에 대한 Greeks를 이용하여 정의하라.

(2) $S_1(t)$의 로그수익률의 기대치를 μ_1, 분산을 σ_1^2, $S_2(t)$의 로그수익률의 기대치를 μ_2, 분산을 σ_2^2, 그리고 $S_1(t)$과 $S_2(t)$의 로그수익률의 분산을 σ_{12}라고 정의할 때 (1)에서 구한 a_t, b_t, $\mathbf{f}_t$를 이용하여 $L_t(\Delta t)$의 기대치와 분산을 구하라.

3.3 파레토 분포를 이용한 VaR과 ES

정규분포와 비교하여 경험분포의 꼬리가 두껍다고 판단이 되면 정규분포를 이용한 VaR(α)와 ES(α)는 문제가 있음을 살펴보았다. 경험분포를 이용하여 구한 VaR(α)와 ES(α)는 α가 작으면(일반적으로 0.05 이하) 로그수익률의 극단값에 영향을 크게 받아 VaR(α)와 ES(α)의 신뢰도가 매우 낮게 되어 작은 α에 대해서는 경험분포를 가급적 쓰지 않는 게 좋다.

경험분포에 의한 VaR(α)와 ES(α)는 로그수익률을 차례로 늘어 놓아 구하게 되므로 로그수익률에 대한 어떠한 확률분포도 가정하지 않는다. 그래서 이러한 방법을 비모수적(non-parametric)방법이라고 하고 앞 절에서 가정한 바와 같이 로그수익률에 정규분포와 같이 분포를 가정하면 모수(정규분포의 경우 μ와 σ^2)만 추정하면 되므로 이를 모수적(parametric)방법이라고 한다.

로그수익률의 꼬리가 정규분포보다 두꺼운 때 사용할 수 있는 모수적 방법은 이미 3.2.2절에서 살펴본 바와 같이 파레토(Pareto)분포가 좋은 대안이다. 손실함수의 일반적인 형태는 $L_t(\Delta t) = -(a_t + \mathbf{b}_t^T \mathbf{f}_t)V(t)$이다. 여기에서 $\mathbf{b}_t = (b_{t+1}, b_{t+2}, \cdots\cdots, b_{t+d})^T$이고 $f_t = (f_{t+1}, f_{t+2}, \cdots\cdots, f_{t+d})^T$이다. $V(t)$는 시점 t에서의 포트폴리오의 가치이고 a_t와 $\mathbf{b}_t$는 시점 t에서 주어진 값이며 오직 f_t만 확률변수이다.

$L_t(\Delta t)$가 파레토분포를 따르면 3.2.2절에 따라 충분히 큰 ℓ에 대해

$$P[L_t(\Delta t) > \ell\,] = K(\ell)\ \ell^{-\beta}$$

이 된다. 여기에서 $K(\ell)$은 충분히 큰 ℓ에 대한 거의 상수인 함수이다.

$P[L_t(\Delta t) > VAR(\alpha)] = K(VaR(\alpha))\cdot VaR(\alpha)^{-\beta}$ 이므로 $VaR(\alpha_1) \geq VaR(\alpha_2)$인 두 개의 VaR이 있을 때

$$\frac{\alpha_1}{\alpha_2} = \frac{P[L_t(\Delta t) > VAR(\alpha_1)]}{P[L_t(\Delta t) > VAR(\alpha_2)]} = \frac{K(VaR(\alpha_1))}{K(VaR(\alpha_2))}\left(\frac{VaR(\alpha_1)}{VaR(\alpha_2)}\right)^{-\beta}$$

이 된다. 그런데 $K(\ell)$은 충분히 큰 ℓ에 대해 상수이므로 $\frac{K(VaR(\alpha_1))}{K(VaR(\alpha_2))}=1$이 되어 $\frac{\alpha_1}{\alpha_2} = \left(\frac{VaR(\alpha_1)}{VaR(\alpha_2)}\right)^{-\beta}$이 된다. 그러므로

$$VaR(\alpha_2) = VaR(\alpha_1)\cdot\left(\frac{\alpha_1}{\alpha_2}\right)^{1/\beta}$$

이 성립하게 된다.

예를 들어, VaR(0.1)을 경험분포로부터 구한 후 $VaR(\alpha) = VaR(0.1)\left(\frac{0.1}{\alpha}\right)^{1/\beta}$에 의해 $\alpha<0.1$인 모든 α에 대해 파레토분포에 의해 $VaR(\alpha)$를 추정할 수 있다.

적절하게 큰 α_1(예를 들면, 0.1)에 대해 $VaR(\alpha_1)$을 경험분포와 같이 비모수적 방법으로 구한 후, 모수적 방법(이 경우, 파레토분포)으로 α_1보다 작은 α에 대해 구하는 방법을 반모수적(semi-parametric)방법이라고 한다.

파레토분포에서 β를 꼬리지수(tail index)라고 하며 이 β의 추정방법 중 회귀분석에 의한 추정방법을 소개하면 다음과 같다.

$L_t(\Delta t) = -(a_t + \mathbf{b}_t^T f_t)V(t)$이고 $V(t)$는 주어진 값이므로 $L_t(\Delta t) > \ell$ 이라는 사건은 $-(a_t + \mathbf{b}_t^T f_t) > x$와 동일한 사건이다. 여기에서 $x = \ell / V(t)$이다. 그러므로

$$P[L_t(\Delta t) > \ell] = P[-(a_t + \mathbf{b}_t^T f_t) > x] = K(x)x^{-\beta}$$

가 성립한다.

$-(a_t + \mathbf{b}_t^T f_t) \equiv x_t$의 n개의 관찰치 중 가장 큰 값을 $x_{(1)}$, 2번째 큰 값을 $x_{(2)}$, ……, 가장 작은 값을 $x_{(n)}$으로 표현할 때(이를 순서통계량(order statistics)이라고 한다) $P[-(a_t + \mathbf{b}_t^T f_t) \geq x_{(1)}]$의 추정치는 $\frac{1}{n}$, $P[-(a_t + \mathbf{b}_t^T f_t) \geq x_{(2)}]$의 추정치는 $\frac{2}{n}$, ……, $P[-(a_t + \mathbf{b}_t^T f_t) \geq x_{(k)}]$ 의 추정치는 $\frac{k}{n}$가 된다. 그러므로 $\frac{m}{n} \approx K(x_{(m)})x_{(m)}^{-\beta}$의 관계식을 구할 수 있고

$$\ln\left(\frac{m}{n}\right) \approx \ln K(x_{(m)}) - \beta \ln(x_{(m)})$$

의 관계가 유도된다. 그러므로 $\ln\left(\frac{m}{n}\right)$을 y변수로 $\ln(x_{(m)})$를 x변수로 하는 단순회귀분석을 통해 구한 회귀계수가 $-\beta$의 추정치가 된다. $\ln K(x_{(m)})$은 y절편으로 추정되지만 추정치의 의미는 부여하지 않는다. m의 선택은 $\ln(x_{(1)})$, ……, $\ln(x_{(m)})$과 $\ln\frac{1}{n}$, ……, $\ln\frac{m}{n}$의 플롯을 통해 선형관계가 가장 잘 적합되는 전체자료의 10% 내에서 선택한다.

예제 4.9 <예제 4.6>과 <예제 4.7>에서 사용한 KOSPI200의 일일 로그수익률 자료와 신한은행과 POSCO로 구성된 포트폴리오의 일일 로그수익률 자료를 이용하여 파레토분포를 이용한 VaR(α)와 ES(α)를 구하고자 한다.

먼저 KOSPI200 일일 수익률 자료의 경우를 살펴보자. <예제 4.6>의 경험분포로부터 VaR(0.1) = 18,800원이므로

$$VaR(\alpha) = VaR(0.1)\left(\frac{0.1}{\alpha}\right)^{1/\beta} = 18{,}800\left(\frac{0.1}{\alpha}\right)^{1/\beta}$$

가 된다.

꼬리지수 β를 구하기 위해 KOSPI200의 음의 일일 로그수익률(즉, $-\ln\frac{S_k(t+\frac{1}{365})}{S_k(t)}$)을 크기순으로 배열한 후 가장 큰 수 100개(즉, m=100)를 이용하여

$\{\ln(\frac{i}{1000}), x_{(i)}\}_{i=1}^{100}$를 플롯한 결과 <그림 4.5>와 같이 거의 선형관계를 유지하는 것으로 나타났다.

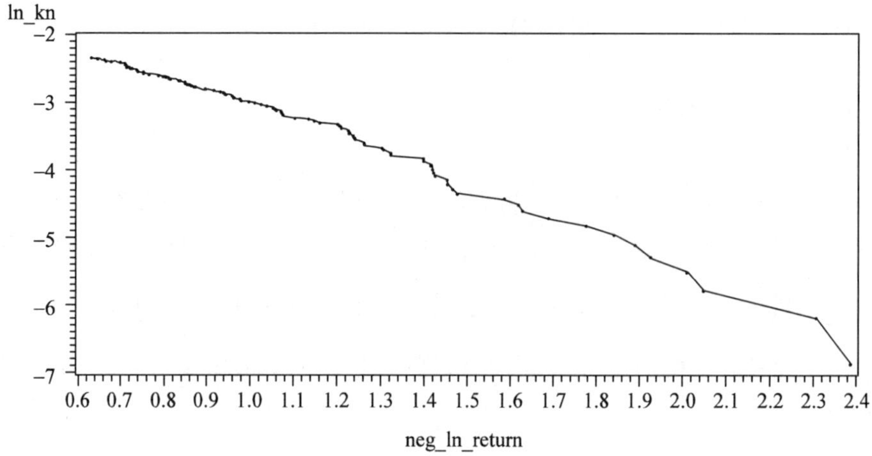

그림 4.5 KOSPI200의 꼬리모수를 구하기 위한 플롯

그러나 좀더 면밀한 분석 결과 m=60일 경우에 $\ln(\frac{i}{1000})$과 $x_{(i)}$가 가장 선형에 가까운(R^2=0.99, 이 R^2가 1에 가까울수록 좋은 회귀모형을 의미하며, R^2의 의미와 계산 절차는 제5장에서 논의될 것이다) 것으로 나타나 가장 큰 60개의 음의 로그수익률을 이용하여 단순회귀한 결과

$$\ln\frac{i}{1000} = -0.2902 - 2.6183\ln(x_{(i)})$$

로 추정되었다.

이 결과에 따라 $\beta = 2.6183$를 대입하여

$$\mathrm{VaR}(\alpha) = \mathrm{VaR}(0.1)\left(\frac{0.1}{\alpha}\right)^{1/2.6183} = 18{,}800 \times \left(\frac{0.1}{\alpha}\right)^{1/2.6183}$$

이 되어

$$\mathrm{VaR}(0.05) = 24{,}498\text{원이며 } \mathrm{VaR}(0.01) = 45{,}299\text{원}$$

이 산출된다.

ES를 근사적으로 구하기 위해 $\alpha_i = 0.1 - 0.0001 \times i, i = 0,1,2, \cdots\cdots, 999$를

$$\mathrm{VaR}(\alpha_i) = 18{,}800 \cdot \left(\frac{0.1}{\alpha_i}\right)^{1/2.6183}$$

에 대입하여 VaR(0.1)부터 VaR(0.0001)까지를 구한 후, ES(0.1)는 VaR(0.1)부터 VaR(0.0001)까지의 평균으로 추정하고, ES(0.05)는 VaR(0.05)부터 VaR(0.0001)까지의 평균으로, 그리고 ES(0.01)은 VaR(0.01)부터 VaR(0.0001)의 평균을 통해 구하였다. 그 결과는 ES(0.1) = 30,152원, ES(0.05) = 39,088원, ES(0.01) = 70,657원으로 계산되었다. <예제 4.6>의 경험분포와 <예제 4.7>의 정규분포를 이용한 VaR(α)와 ES(α)를 비교하기 위해 하나의 표로 정리하여 <표 4.3>과 <표 4.4>에 제시하였다.

표 4.3 ■ 3가지 모형에 따른 KOSPI200의 VaR(α)와 ES(α)

위험측도	모형	α = 0.1	α = 0.05	α = 0.01
VaR(α)	경험분포	18,800	27,900	50,900
	정규분포	21,916	28,179	40,029
	경험+파레토	18,800	24,498	45,299
ES(α)	경험분포	22,800	36,300	74,800
	정규분포	30,030	35,393	45,392
	경험+파레토	30,152	39,088	70,657

<표 4.3>을 보면 경험+파레토 분포를 이용한 VaR(0.01)과 ES(0.01)이 경험분포보다는 작고 정규분포보다는 큰 것으로 나타났다. 경험분포의 경우 VaR(0.05)나 ES(0.05)에 비해 VaR(0.01)와 ES(0.01)의 값의 급격한 증가는 "경험분포는 분포의 꼬리의 끝부분에서의 VaR과 ES가 불안정적이다" 라는 일반적인 현상을 설명해 주고 있다. 그러므로 손실분포가 경험분포들을 통해 두꺼운 꼬리(heavy tail)를 가지고 있을 경우, 경험 + 파레토분포가 보다 안정적인 VaR(α)와 ES(α)를 추정할 수 있는 좋은 모형이 될 수 있다.

다음으로 신한은행 + POSCO의 포트폴리오를 고려하여 보자. 이 포트폴리오의 손실함수는

$$L_t(1/365) = -(0.5 \ln\frac{S_1(t+\frac{1}{365})}{S_1(t)} + 0.5\ln\frac{S_2(t+\frac{1}{365})}{S_2(t)}) \times 100{,}000{,}000$$

임을 이미 논의하였다.

꼬리지수 β의 추정은 $\ln\frac{i-1}{1000} = \beta_0 - \beta_1 \ln(x_{(i)})$, i = 1, 2, ……, 60 의 단순모형을 이용하여 구하였다. 여기에서 $x_{(i)}$는 $-(0.5\ \ln\frac{S_1(t+\frac{1}{365})}{S_1(t)} + 0.5\ln\frac{S_2(t+\frac{1}{365})}{S_2(t)})$에 대한 1,000개의 관찰치에서 i번째 큰 수를 말한다. 추정된 꼬리지수 β는 3.18(즉 $\hat{\beta}_1 = -3.18$)이었으며 $R^2 = 0.99$로 회귀모형의 적합도가 매우 높게 나왔다.

<예제 4.6>의 경험분포로부터의 신한은행 + POSCO의 VaR(0.1) =25,800원이었으므로 $VaR(\alpha) = 25{,}800 \cdot (\frac{0.1}{\alpha})^{1/3.18}$, $0 < \alpha \le 0.1$에 의해 VaR(0.05) = 32,084원, VaR(0.01) = 53,221원 그리고 ES(0.1) = 37,448원, ES(0.05) = 46,410원, ES(0.01) = 75,786원이 산출되었다. 이를 정리한 표가 <표 4.4>이다.

〈표 4.4〉 3가지 모형에 따른 신한은행 + 포스코(5:5)의 VaR(α)와 ES(α)

위험측도	모형	α = 0.1	α = 0.05	α = 0.01
VaR(α)	경험분포	25,800	40,200	66,600
	정규분포	39,707	38,189	54,239
	경험+파레토	25,800	32,084	53,221
ES(α)	경험분포	32,000	48,500	85,000
	정규분포	40,696	47,960	61,503
	경험+파레토	37,448	46,410	75,786

4 낮은 빈도의 VaR 과 ES

시장위험을 측정하는 데 있어서 바젤위원회에서는 α=0.01, Δt=10일을 기준으로하는 VaR(α)과 ES(α)를 권고하고 있으나 은행권에서는 trader에 대한 거래규제를 위해서 α=0.05, Δt=1일을 기반으로 하는 VaR과 ES를 일반적으로 이용하고 있다.

그러나 때때로 1달 또는 1년 등으로 긴 시간 동안 포트폴리오의 구성을 그대로 유지한 상태에서의 VaR과 ES를 구할 필요가 있다. 이 경우 물론 위험요소의 변화를 매달마다 또는 매년마다 구해(이를 낮은 빈도(low frequency)라고 한다) 지금까지 논의한 방법으로 VaR과 ES를 구할 수 있다.

그러나 문제는 자료의 양이다. 예를 들어, 3년 동안의 데이터를 기준으로 할 때 단위가 월 단위일 경우 36개, 연 단위일 경우 3개 밖에 관찰되지 않는다. 그렇다고 해서 관찰치를 늘리기 위해 관찰기간을 늘리게 되면 지금까지 논의된 방법이 적용되기 위해 필연적으로 필요한 자료의 정상성을 보장할 수 없게 되는 딜레마에 빠지게 된다. 이를 극복하는 방법은 일일자료 등과 같이 높은 빈도(high frequency)의 위험요소의 변화를 이용하여 낮은 빈도에서의 위험요소 변화를 파악하는 것이다.

주식(equity), 지수(index), 환율(exchange rate), 그리고 상품(commodity) 등의 위험요소의 변화는 로그수익률이다. 이 로그수익률은

$$\ln\frac{S(t+h)}{S(t)} = \ln\frac{S(t+1)}{S(t)} + \ln\frac{S(t+2)}{S(t+1)} + \cdots\cdots + \ln\frac{S(t+h)}{S(t+h-1)}$$

의 관계를 가지고 있으므로 높은 빈도의 로그수익률의 합이 낮은 빈도의 로그수익률이 된다. 여기에서 S(t)는 시점 t에서의 기초자산(위험요소)의 가격이다. 예를 들어, 높은 빈도의 로그수익률이 일일 수익률이면 h=30일 때 월 수익률로 환산된다.

그러므로 $\ln\frac{S(t+i)}{S(t+i-1)}$이 평균이 μ이고 분산이 σ^2인 i.i.d.한 정규분포를 따른다면

$$\ln\frac{S(t+h)}{S(t)} \sim N(\mu h, \sigma^2 h)$$

가 된다. 이와 같이 i.i.d한 확률변수의 합으로 표현된 시계열을 확률보행과정(random walk process)이라고 한다. 그러므로 시간간격 [t, t+h) 동안의 VaR(α) = $\mu h + Z_\alpha\ \sigma\sqrt{h}$이며 $ES(\alpha) = \mu h + \sigma\sqrt{h}\frac{\phi(Z_\alpha)}{\alpha}$ 가 됨을 쉽게 알 수 있다.

좀더 일반적으로 표현하여, 어떤 위험자산의 손실함수가 $L_t(\Delta t) = -(a_t + \mathbf{b}_t^T\mathbf{x}_t)\ V(t)$이며 위험요소의 변화량인 $\mathbf{x}_t, \mathbf{x}_{t+1}, \cdots\cdots, \mathbf{x}_{t+h}$가 평균이 μ이고 분산이 Ω인 i.i.d한 정규분포를 따른다고 하자. 그리고 시간 거리 [t, t+h) 동안의 이 위험자산의 손실함수가 $L_t(\Delta t \cdot h) = -(a_t + \mathbf{b}_t^T \sum_{i=1}^{h} \mathbf{x}_{t+i})V(t)$라고 한다면

$$\sum_{i=1}^{h} \mathbf{X}_{t+i} \sim N(\mu h,\ \Omega h)$$

이므로 $L_t(\Delta t\, h)$의 분포는

$$L_t(\Delta t \cdot h) \sim N(-a_t - \mathbf{b}_t^T \mu h V(t),\ \mathbf{b}_t^T \Omega \mathbf{b}_t V(t)^2 h)$$

가 된다. 그러므로 $L_t(\Delta t\, h)$에 대한 VaR과 ES는

$$\mathrm{VaR}^{(h)}(\alpha) = -a_t - \mathbf{b}_t^T \mu h V(t) + Z_\alpha \sqrt{\mathbf{b}_t^T \Omega \mathbf{b}_t} \cdot V(t)\sqrt{h}$$

이며

$$\mathrm{ES}^{(h)}(\alpha) = -a_t - \mathbf{b}_t^T \mu h V(t) + \sqrt{\mathbf{b}_t^T \Omega \mathbf{b}_t} \cdot V(t)\sqrt{h}\frac{\phi(Z_\alpha)}{\alpha}$$

가 된다.

특히, $a_t = 0$ 이고 $\mu = 0$ 이면 $L_t(\Delta t) = -\mathbf{b}_t^T x_t \cdot V(t)$된다. 그러므로

$$L_t(\Delta t) \sim N(0,\ \mathbf{b}_t^T \Omega \mathbf{b}_t V^2(t))$$

이 되어 $\mathrm{VaR}^{(1)}(\alpha) = Z_\alpha \sqrt{\mathbf{b}_t^T \Omega \mathbf{b}_t} \cdot V(t)$ 이며 $\mathrm{ES}^{(1)}(\alpha) = \sqrt{\mathbf{b}_t^T \Omega \mathbf{b}_t} V(t) \frac{\phi(Z_\alpha)}{\alpha}$ 이므로 $\mathrm{VaR}^{(h)}(\alpha) = \sqrt{h}\mathrm{VaR}^{(1)}(\alpha)$ 이 성립하고 $\mathrm{ES}^{(h)}(\alpha) = \sqrt{h}\mathrm{ES}^{(1)}(\alpha)$ 이 성립한다. 이러한 관계를 square-root of time scaling이라고 한다.

예제 4.10 <예제 4.1>에서 $V(t) = \sum_{i=1}^{d} \lambda_i S_i(t)$인 경우, 즉 d개의 주식으로 구성된 포트폴리오의 경우 손실함수가 $L_t(\Delta t) = -V(t)\sum_{i=1}^{d} w_i \ln\frac{S_i(t+\Delta t)}{S_i(t)}$, $w_i = \frac{\lambda_i S_i(t)}{V(t)}$임을 보였다. 그러므로

$$\mathbf{X}_t = \begin{pmatrix} \ln\frac{S_1(t+\Delta t)}{S_1(t)} \\ \ln\frac{S_2(t+\Delta t)}{S_2(t)} \\ \vdots \\ \ln\frac{S_d(t+\Delta t)}{S_d(t)} \end{pmatrix},\ \mathbf{b}_t = \begin{pmatrix} w_1 \\ w_2 \\ \vdots \\ w_d \end{pmatrix} \equiv \mathbf{W},\quad a_t = 0$$

가 된다.

$E(\mathbf{X}_t) = \mu = \begin{pmatrix} \mu_1 \\ \mu_2 \\ \vdots \\ \mu_d \end{pmatrix}$ 이고 $\mathrm{VaR}(\mathbf{X}_t) = \Omega = \begin{bmatrix} \sigma_{11} & \sigma_{12} & \cdots & \sigma_{1d} \\ \sigma_{21} & \sigma_{22} & & \sigma_{2d} \\ \vdots & & \ddots & \vdots \\ \sigma_{d1} & \sigma_{d2} & \cdots & \sigma_{dd} \end{bmatrix}$ 으로 표현하자. 여기에서 $\sigma_{ij} = \mathrm{cov}(\ln\frac{S_i(t+\Delta t)}{S_i(t)}, \ln\frac{S_j(t+\Delta t)}{S_j(t)})$이다.

$$L_t(\Delta t) = -V(t)\sum_{i=1}^{d} w_i \ln\frac{S_i(t+\Delta t)}{S_i(t)} = -V(t)\mathbf{b}_t^T \mathbf{X}_t = -V(t)\mathbf{W}^T\mathbf{X}_t \text{ 이므로}$$

$$L_t(\Delta t\cdot h) = -V(t)\sum_{i=1}^{d} w_i \ln\frac{S_i(t+\Delta t\cdot h)}{S_i(t)} = -V(t)\sum_{i=1}^{d} w_i \sum_{j=1}^{h} \ln\frac{S_i(t+\Delta t\cdot j)}{S_i(t)}$$
$$= -V(t)\mathbf{W}^T\sum_{i=1}^{h}\mathbf{X}_{t+i}$$

가 된다. $\mathbf{X}_t$가 정규분포를 따르면

$L_t(\Delta t\cdot h) \sim N(-V(t)\,\mathbf{W}^T\mu\, h,\ \ V^2(t)\,\mathbf{W}^T\Omega\mathbf{W}\, h)$가 되어

$$VaR^{(h)}(\alpha) = -V(t)\,\mathbf{W}^T\mu\cdot h + Z_\alpha\sqrt{\mathbf{W}^T\Omega\,\mathbf{W}}\,V(t)\sqrt{h}$$

$$ES^{(h)}(\alpha) = -V(t)\,\mathbf{W}^T\mu\, h + \sqrt{\mathbf{W}^T\Omega\mathbf{W}}\,V(t)\sqrt{h}\,\frac{\phi(z_\alpha)}{\alpha}$$

가 된다.

연습문제 4.11

<예제 4.2>, <예제 4.3>, <예제 4.4> 각각에 제시된 위험요소가 평균이 μ이고 분산이 Ω인 정규분포를 따를 때 $L_t(\Delta t\cdot h)$의 분포를 구하고 이에 따른 $VaR^{(h)}(\alpha)$와 $ES^{(h)}(\alpha)$를 구하라.

높은 빈도의 위험요소를 이용하여 낮은 빈도(월, 년 등)의 $VaR^{(h)}(\alpha)$와 $ES^{(h)}(\alpha)$를 구하는 지금까지의 논의된 방법은 높은 빈도(일일 로그수익률 등)에서의 위험요소의 변화가 i.i.d해야 한다는 전제조건이 필요하다. 실제 응용에서 이러한 전제조건은 만족스럽게 충족되지 못하는 것으로 많은 연구에서 보고되고 있다. 특히, 위험요소의 변화에 대한 변동성 또는 분산의 경우 과거와의 상관관계가 높게 나와 독립성 가정에 위배되는 사례가 빈번하게 나타나고 있다. 이러한 문제는 시계열 모형을 통해 해결해야 한다. 그러므로 현실적인 문제를 해결하기 위해서는 시계열 분석에 대한 공부를 권장한다.

시간간격 [t, t+h) 동안의 위험요소의 변화 $\sum_{i=1}^{h} X_{t+i}$의 분포를 구할 수 있는 또 다른 방법은 표본으로부터 $\sum_{i=1}^{h} X_{h+i}$, $\sum_{i=1}^{h} X_{2h+i}$,……, $\sum_{i=1}^{h} X_{nh+i}$와 같이 중복되지 않은 n개의 h-periods 위험요소의 관찰치로부터 $\sum_{i=1}^{h} X_{t+i}$의 평균과 분산을 추정한다. $\sum_{i=1}^{h} X_{t+i}$는 h가 증가할수록 중심극한정리에 의해 정규분포로 접근하므로 정규분포를 가정하여도 무리가 없다. 그러나 h가 커질수록 관찰개수 n이 지

나치게 작아지는 단점이 있다.

이를 극복하기 위해 표본으로부터 $\sum_{i=1}^{h} X_{h+i}$, $\sum_{i=1}^{h} X_{h+1+i}$,⋯⋯, $\sum_{i=1}^{h} X_{h+n+i}$ 와 같이 중복된 n개의 h-periods 위험요소의 변화를 측정할 수 있다.

예를 들어, 로그수익률의 경우 $\ln\frac{S(t+h)}{S(t)} = \ln\frac{S(t+1)}{S(t)} + \ln\frac{S(t+2)}{S(t+1)} + \cdots\cdots + \ln\frac{S(t+h)}{S(t+h-1)}$ 의 관계를 가지고 있으므로 $\sum_{i=1}^{h} X_{h+i}$, $\sum_{i=1}^{h} X_{h+1+i}$, ⋯⋯ , $\sum_{i=1}^{h} X_{h+n+i}$ 가 $\ln\frac{S(2h)}{S(h+1)}$, $\ln\frac{S(2h+1)}{S(h+2)}$, ⋯⋯, $\ln\frac{S(2h+n)}{S(h+n+1)}$이 된다. 즉, h=30일 경우, 월 로그수익률을 하루씩 옮겨가면서 n개의 월 로그수익률을 구하게 된다. 그러나 이렇게 중복된 h-periods 로그수익률은 설령 일일 로그수익률이 독립이더라도 상관관계가 높게 나와 지금까지 논의된 i.i.d라는 가정에서 출발한 방법의 적용은 문제가 있게 된다. 이 문제 역시 시계열 모형을 통해서 해결할 수 있다.

마지막으로 언급해야 할 중요한 점은 VaR의 치명적인 약점이다. 어떤 두 개의 포트폴리오 P_1과 P_2가 있을 때 VaR(P_1+P_2)로 표기된 P_1+P_2의 VaR이 각각의 VaR의 합(즉, VaR(P_1)+VaR(P_2))보다는 작아야 하는 것이 일반적인 경제학적 논리이다. 분산투자가 덜 위험하다는 합리적인 요구조건을 VaR 또는 ES가 만족해야 좋은 위험측도라고 할 수 있기 때문이다. 이러한 조건을 subadditivity라고 한다. 그러나 VaR은 이 조건을 충족하지 못하지만 ES는 충족한다. 이러한 측면에서 최근에는 ES를 위험측도로 좀 더 선호하는 경향이 있다.

예제 4.12 액면가가 1인 100개의 무이채채권이 있다고 하자. 이들 100개의 채권은 모두 독립이며, 채무불이행(default)이 일어날 확률은 0.02이고, 100개 채권 각각은 현재가치가 0.95이다. 95를 투자하려고 하는데 포트폴리오 A는 특정주식 A를 100개 구입하는 것이고, 포트폴리오 B는 100개의 채권을 하나씩 구입하는 것이라고 하자.

$$D_i = \begin{cases} 1 & \text{만약 i번째 채권의 디폴트가 만기일까지 발생하면} \\ 0 & \text{만약 디폴트가 발생하지 않으면} \end{cases}$$

와 같이 dummy변수를 가정하면 포트폴리오 A의 만기일에서의 손실은

$$L_A = 95D_A - 5(1-D_A)$$

가 된다. 즉, 디폴트가 일어나면 95의 손실이 발생하고 그렇지 않으면 −5의 손실(즉, 5의 이익)이 발생한다. 디폴트가 일어날 확률이 0.02이므로

$$P[L_A=95] = 0.02\text{이고 } P[L_A=-5] = 0.98$$

이 된다. $\mathrm{VaR}(0.05) = \inf\{ P[L_A>\ell]\leq 0.05 \}$이므로 포트폴리오의 A의

$$\mathrm{VaR}(0.05) = -5$$

가 된다.

포트폴리오 B의 손실은

$$L_B = 0.95\sum_{i=1}^{100} D_i - 0.05\sum_{i=1}^{100}(1 - D_i) = \sum_{i=1}^{100} D_i - 5$$

가 된다.

3.7.1절에서 논의한 이항분포의 정의에 따라 $\sum_{i=1}^{100} D_i$는 n =100이고 p = 0.02인 이항분포를 따른다. 이 이항분포의 확률계산에 의해 $P[\sum_{i=1}^{100} D_i > 6] = 0.016$이고 $P[\sum_{i=1}^{100} D_i > 5] = 0.050$이므로 $P[L_B> 1] = 0.016$이며 $P[L_B > 0] = 0.050$이 된다. 그러므로 포트폴리오 B의 $\mathrm{VaR}(0.05) = \inf\{P[L_B > \ell] \leq 0.05\} = 0$이 됨을 알 수 있다.

이 두 계산결과에 의해 포트폴리오 A의 VaR(0.05)가 포트폴리오 B의 VaR(0.05)보다 작음을 알 수 있다. 이 예제에 의해 VaR이 위험측도로써 갖추어야 할 subadditivity의 성질을 충족하지 못한다는 것을 보여주었다. 이는 제2장에서 공부한 포트폴리오의 이론과 완전하게 반대되며 하나의 자산에 모두 투자하면 덜 위험하다는 잘못된 결론을 내게 된다. subadditivity의 성질의 결여 때문이다. 포트폴리오의 손실분포가 지나치게 한쪽으로 치우쳐 있거나(skewed), 포트폴리오를 구성하는 자산들의 손실의 상관관계가 지나치게 불균형하거나(highly asymmetric), 손실분포가 매우 두꺼운 꼬리(very heavy tailed)를 가지고 있을 때 VaR은 subadditivity를 만족하지 못하는 결과를 초래한다.

05 CHAPTER

회귀모형

[1]지금까지 로그수익률과 같은 위험요소들의 평균은 관찰시점에 의존하지 않는 것으로 가정하였다. $y_1, y_2, \cdots, y_n$을 n개의 시점에서의 로그수익률이라고 할 때 n이 크면(즉, 관찰기간이 길면), 로그수익률의 경제상황과 경제환경의 변화 등의 외부여건에 영향을 받아 $E(y_t)$각 μ가 아닌 시점 t에 의존하는 μ_t가 되어 μ_t의 추정치로 표본평균 $\frac{1}{n}\sum_{t=1}^{n} y_t$는 타당하지 못하다.

회귀분석은 y_t에 영향을 주는 k개의 외생변수들 $x_1, x_2, \cdots, x_k$를 이용하여 y_t의 기대값 μ_t를 추정하는 기법이다. 특히 y_t를 $x_1, x_2, \cdots, x_k$들의 선형결합에 의해 설명하고자 한다면 이를 선형회귀분석(linear regression model)이라고 한다. 이를 좀 더 구체적으로 표현해보면 $(y_t, x_{1t}, x_{2t}, \cdots, x_{kt})$를 시점 t에서의 관찰치라고 할 때

$$y_t = \beta_0 + \beta_1 x_{1t} + \beta_2 x_{2t} + \cdots + \beta_k x_{kt} + \varepsilon_t \ , \quad t = 1,2,\cdots,n$$

를 선형회귀모형이라고 한다. 여기에서 ε_t는 평균이 0이고 분산이 σ^2인 *i.i.d.*인 확률변수로서, 외생변수 $x_1, x_2, \cdots, x_k$로 설명하지 못한 y_t의 순수한 불확실성으로 해석한다. $x_1, x_2, \cdots, x_k$가 외생변수라는 말은 이들이 외부에서 주어진 값으로 확률변수가 아닌 상수라는 의미를 포함하고 있다. 그러므로 $E(y_t) = \beta_o + \beta_1 x_{1t} + \beta_2 x_{2t} + \cdots + \beta_k x_{kt}$가 되어 y_t의 기대치가 $x_{1t}, x_{2t}, \cdots, x_{kt}$에 의해 시점 t에 의존하게 된다.

---

[1] 이 장의 대부분은 저자의 또 다른 저서 "기초금융통계" 제8장에서 가져온 내용이다.

특별한 경우로, 외생변수가 없다면 $y_t = \beta_0 + \varepsilon_t$가 되어, 이는 y_t가 평균이 β_0이고 분산이 σ^2이 *i.i.d.*한 확률변수를 의미한다. 이 특별한 경우는 지금까지 로그 수익률에서 가정한 평균이 μ이고 분산이 σ^2이 *i.i.d.*한 경우와 일치한다. 그러므로 선형회귀모형은 *i.i.d.*한 확률변수의 경우도 특별한 경우로 포함하고 있을 뿐만 아니라, 확률변수의 기대값이 시점 t에 의존하는 *i.i.d.*가 아닌 경우도 적용되는 좀더 현실적인 모형이다.

문제를 간단히 하기 위해 외생변수가 오직 하나 있을 때의 경우를 살펴보자. 즉

$$y_t = \beta_0 + \beta_1 x_{1t} + \varepsilon_t \ , \quad t = 1,2,\dots,n.$$

이와 같이 외생변수가 오직 하나인 경우 이를 단순선형회귀모형(simple linear regression model)이라고 하며 외생변수가 2개 이상인 경우를 다중선형회귀모형(multiple linear regression model)이라고 한다. 선형회귀모형 분석방법을 구체적으로 논의하기 전에 변수 y와 x의 의미를 먼저 살펴보자. 회귀모형에서 가장 중요한 가정 중의 하나는 변수 y는 결과(result)이고 변수 x는 원인(cause)이라는 것이다. 즉 x로 y를 설명하고 하는 것이지, y로 x를 설명하고자 하는 시도가 아니라는 것이다. 예를 들어, 현실적으로 미국의 증시는 우리나라 증시에 영향을 주는 것이 사실이다. 미국의 나스닥(NASDAQ)과 우리나라의 코스닥(KOSDAQ) 지수를 이용하여 선형회귀모형을 만들고자 한다. 그러면 나스닥지수가 x일까? 아니면 코스닥지수가 x일까? 코스닥지수를 x라 하고 y를 나스닥지수라고 해보자. 즉 '나스닥지수 $= \beta_0 + \beta_1$ · 코스닥지수'라는 관계로 회귀모형을 설정하면 어떠한 일이 벌어질까? 이 모형은 코스닥지수 변화가 나스닥지수 변화의 원인이 된다는 말이 되므로 현실적인 상황을 반영하지 못하는 모형이 된다. 그러므로 회귀모형에서 x와 y의 변수선택은 반드시 x의 변화가 y의 변화에 영향을 주는 일방통행의 관계가 되도록 하여야 한다. 이러한 이유로 해서 x는 외부로부터 주어진 변수라는 의미에서 외생변수(exogenous variable)라고 하고, y는 회귀모형식에서 결정된다는 의미에서 내생변수(endogenous variable)라고 한다. 또다른 이름으로는 x를 독립변수(independent variable)라고 하고 y를 종속변수(dependent variable)라고 한다. 즉 x는 외부로부터 독립적으로 주어져 있는 값이라는 의미이고, y는 모형식에 의존한다는 의미를 가지고 있다.

이제 앞으로 전개될 회귀분석의 이해를 위하여 외생변수가 하나인 단순회귀모형을 중심으로 회귀분석에서 무엇을 하는지 간단히 알아보도록 하자. 가장 관심이 가는 부분은 바로 β_0와 β_1을 결정하는 것이다. 이를 잘 이해하기 위해서는 모

형 및 계수와 관련된 표현에 익숙해지는 것이 필요하다. 먼저 β_0는 절편(intercept)이라 하고 β_1은 기울기(slope)라고 한다. 이들은 모두 모수(parameter)에 해당한다. 그러므로 모수 β_0와 β_1에 대응하는 추정량이 필요하다는 것을 알 수 있으며, 이를 $\hat{\beta}_0$와 $\hat{\beta}_1$으로 표시한다.

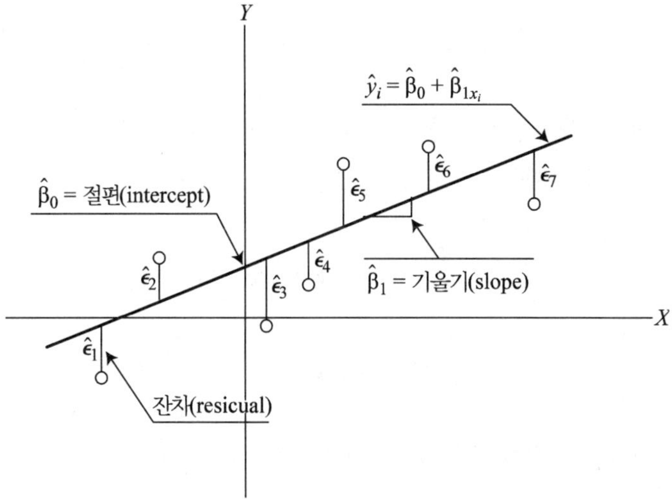

그림 5.1 ■ 단순회귀분석

<그림 5.1>을 보면 전술한 내용과 회귀분석에서의 표현법을 쉽게 이해할 수 있다. $y_t = \beta_0 + \beta_1 x_t + \varepsilon_t$에서 β_0와 β_1의 추정치 $\hat{\beta}_0$와 $\hat{\beta}_1$을 대입하면 $y_t = \hat{\beta}_0 + \hat{\beta}_1 x_t + \hat{\varepsilon}_t$의 관계가 된다. ε_t를 오차항(error term)이라고 하고 $\hat{\varepsilon}_t$를 잔차(residual)라고 한다. 즉, $\hat{\varepsilon}_t$은 ε_t의 추정치라고 해석할 수 있다. 정리하면, $y_t = \beta_0 + \beta_1 x_t + \varepsilon_t = \hat{\beta}_0 + \hat{\beta}_1 x_t + \hat{\varepsilon}_t$의 관계식이 성립한다. 특히, $\hat{y}_t = \hat{\beta}_0 + \hat{\beta}_1 x_t$으로 표현하고 이를 y_t의 적합값 또는 예측치라고 한다. 그러므로 $\hat{y}_i = \hat{\beta}_0 + \hat{\beta}_1 x_i$가 정확한 표현이며 $\hat{y}_i = \hat{\beta}_0 + \hat{\beta}_1 x_i + \hat{\varepsilon}_i$나 $y_i = \hat{\beta}_0 + \hat{\beta}_1 x_i$ 등은 잘못된 표현이다.

1 회귀모형에 대한 추정

1.1 단순회귀모형에서의 회귀계수 추정

단순회귀모형에서 회귀계수를 추정한다는 것은 회귀선을 그을 수 있도록 절편과 기울기를 결정한다는 것을 말한다. 이제 어떻게 하면 주어진 자료를 잘 설명할 수 있는 절편과 기울기를 얻어낼 수 있을까? 통계학에서 사용되는 방법은 바로 최소제곱법(ordinary least square, OLS)이다. 최소제곱법은 $y_t = \beta_0 + \beta_1 x_t + \varepsilon_t$에서 오차항의 제곱합을 최소화하는 절편과 기울기를 구해내는 방법이다. 이는 상식적으로 보더라도 매우 타당한 방법으로 이를 식으로 표현해 보면

$$O = \sum_{t=1}^{n} \varepsilon_t^2 = \sum_{t=1}^{n} (y_t - \beta_0 - \beta_1 x_t)^2$$

을 최소화하는 $\hat{\beta}_0$, $\hat{\beta}_1$를 구하면 된다. 이미 제2장의 포트폴리오에서 목적함수 0의 최소화 문제(< 2.3 >에서 구한 바와 같이)와 동일하게

$$\frac{\partial O}{\partial \beta_0} = -2 \sum_{t=1}^{n} (y_t - \beta_0 - \beta_1 x_t) = 0,$$

$$\frac{\partial O}{\partial \beta_1} = -2 \sum_{t=1}^{n} x_t (y_t - \beta_0 - \beta_1 x_t) = 0$$

를 연립하여 정리하면 기울기 β_1의 최소제곱추정량은

$$\hat{\beta}_1 = \frac{\sum_{t=1}^{n} (x_t - \bar{x})(y_t - \bar{y})}{\sum_{t=1}^{n} (x_t - \bar{x})^2}$$

이며 y의 절편 β_0의 최소제곱추정량은

$$\hat{\beta}_0 = \bar{y} - \hat{\beta}_1 \bar{x}$$

가 된다.

예제 5.1 다음의 표는 2001년 1월에서 2003년 7월까지의 월별 코스닥지수와 나스닥지수 자료이다.

표 5.1 ■ 코스닥지수와 나스닥지수

월	2001년		2002년		2003년	
	KOSDAQ	NASDAQ	KOSDAQ	NASDAQ	KOSDAQ	NASDAQ
1	71.85	2772.73	75.22	1934.03	46.66	1320.91
2	82.23	2151.83	75.67	1731.49	43.14	1337.52
3	72.06	1840.26	89.08	1845.35	37.98	1341.17

월	2001년		2002년		2003년	
	KOSDAQ	NASDAQ	KOSDAQ	NASDAQ	KOSDAQ	NASDAQ
4	70.75	2116.24	83.55	1688.23	41.92	1464.31
5	82.21	2110.49	75.89	1615.73	44.85	1595.91
6	79.08	2160.54	67.00	1463.21	49.07	1622.80
7	69.92	2027.13	62.66	1328.26	50.95	1735.02
8	68.59	1805.43	57.91	1314.85		
9	54.43	1498.80	53.72	1172.06		
10	60.24	1690.20	47.51	1329.75		
11	68.18	1930.58	48.50	1478.78		
12	71.21	1950.40	51.26	1335.51		

<표 5.1>의 자료를 이용하여 종속변수를 코스닥지수 독립변수를 나스닥지수로 하였을 때 회귀계수 β_0, β_1를 구하면 다음과 같다.

나스닥지수를 X, 코스닥지수를 Y라고 하면 $\bar{x} = 1700.31$, $\bar{y} = 63.01$이므로

$$s_X^2 = \sum_{t=1}^{31} (x_t - 1700.31)^2/30 = \frac{3704755.66}{30}$$

$$s_{XY} = \sum_{t=1}^{31} (x_t - 1700.31)(y_t - 63.01)/30 = 100688.92/30$$

이 되고

$$\hat{\beta}_1 = \frac{s_{XY}}{s_X^2} = 0.0272, \quad \hat{\beta}_0 = \bar{y} - 0.0272\bar{x} = 16.7979$$

이 된다.

예제 5.2 K사의 주식은 1주당 현재가격이 7,000원이다. 시장 포트폴리오의 기대수익률과 무위험자산의 이자율이 각각 $E(R_M) = 6\%$, $r_f = 4.5\%$이며 시장 포트폴리오와 K사의 주식의 수익률의 관계를 나타내는 증권시장선(security market line, SML)의 β 계수가 $\beta_K = 1.5$로 주어졌을 때

(1) 이 K사의 기대수익률은 SML에 의해 $E(R_K) = r_f + \beta_K(E(R_M) - r_f)$이므로 $E(R_K) = 0.045 + 1.5(0.06 - 0.045) = 0.0675$가 된다.

(2) K사의 주식을 구입하면 첫 해와 둘째 해에는 주당 500원의 배당금을 주고 세 번째 해에는 원금을 포함하여 주당 8,000원을 준다는 상품이 있을 때

이 주식을 구입해야 하는가?

1주당 미래현금흐름(cash flow)의 현재가치(PV)는 이 주식의 기대수익률이 0.0675이므로

$$PV = 500/(1+0.0675) + 500/(1+0.0675)^2 + 8{,}000/(1+0.0675)^3$$
$$= 7483.52$$

이므로 현재 주식가격 7,000보다 높게 나와 구입해야 한다.

회귀계수 $\hat{\boldsymbol{\beta}}_1$와 표본상관계수 $\boldsymbol{r_{XY}}$의 관계

두 개의 확률변수 X와 Y의 플롯에 의해 이 변수의 선형관계를 가늠해 보는 경우(주로 자료를 잘 설명할 수 있는 직선을 그려보게 된다) 표본상관계수 r_{XY}와 기울기를 나타내는 회귀계수 $\hat{\beta}_1$의 차이점 또는 관계가 무엇일까? 하는 생각이 든다. 물론 외형적으로는 상관계수의 경우 회귀계수와는 달리 $-1 \le r_{XY} \le 1$이라는 범위를 갖는다는 것이겠지만 추정식을 비교해 보면

$$\hat{\beta}_1 = \frac{\sum_{t=1}^{n}(x_t-\bar{x})(y_t-\bar{y})}{\sum_{t=1}^{n}(x_t-\bar{x})^2}, \quad r_{XY} = \frac{\sum_{t=1}^{n}(x_t-\bar{x})(y_t-\bar{y})}{\sqrt{\sum_{t=1}^{n}(x_t-\bar{x})^2\sum_{t=1}^{n}(y_t-\bar{y})^2}}$$

이므로

$$s_X^2 = \sum_{t=1}^{n}(x_t-\bar{x})^2$$

$$s_Y^2 = \sum_{t=1}^{n}(y_t-\bar{y})^2$$

$$s_{XY} = \sum_{t=1}^{n}(x_t-\bar{x})(y_t-\bar{y})$$

로 놓으면

$$\hat{\beta}_1 = \frac{s_{XY}}{s_X^2}, \quad r_{XY} = \frac{s_{XY}}{\sqrt{s_X^2 s_Y^2}}$$

으로 표시할 수 있다. 따라서

$$\hat{\beta}_1 = r_{XY}\sqrt{\frac{s_Y^2}{s_X^2}}$$

가 된다. 그러므로 상관계수가 0이면 회귀계수도 0이 되는 것을 알 수 있으며 회귀계수의 부호는 r_{XY}에 의해서 결정됨을 알 수 있다. 또한 변수 X와 Y를 표준화(standardization)하여 회귀분석을 하면 $s_Y^2/s_X^2 = 1$이 되어 상관계수와 회귀계수가 같아짐을 알 수 있다.

상관계수 r_{XY}는 변수 X와 Y에 내재하는 선형관계의 움직이는 방향을 나타낸다. r_{XY}의 절대값이 1에 가까울수록 X와 Y는 선형관계가 강해진다고 말하고 0에 가까울수록 선형관계가 약해진다고 말한다. 특히 r_{XY}의 절대값이 1일 때 X와 Y는 완전한 선형관계라고 한다. r_{XY}의 값이 + 이면 X와 Y가 같은 방향(즉, 증가하면 선형적으로 증가, 감소하면 선형적으로 감소)으로 움직인다고 말하며 r_{XY}의 값이 −이면 X와 Y는 반대방향으로 움직인다고 말한다.

한편 회귀계수는 $\hat{\beta}_1 = r_{XY}\sqrt{\frac{s_Y^2}{s_X^2}}$에 의해 $\hat{\beta}_1$의 부호가 r_{XY}의 부호와 동일하므로 r_{XY}의 부호에 따라 X와 Y의 움직이는 방향을 동일하게 해석한다. 그리고 회귀계수 $\hat{\beta}_1$은 X가 1단위 움직일 때 Y가 $\hat{\beta}_1$ 단위만큼 움직인다는 것을 말해줌으로써 X와 Y가 움직이는 방위각을 말해주는 특성을 가지고 있다. 그러므로 회귀계수와 상관계수는 그 부호에 따라 같은 방향으로 또는 반대방향으로 움직이는지를 말해 주는 공통점이 있다. 그러나 회귀계수는 두 변수의 선형관계의 강도는 말해주지 못하고, 상관계수는 두 변수의 움직임의 방위각을 알려주지 못한다.

1.2 다중회귀모형에서 회귀계수 추정

다중회귀모형에서 회귀계수를 추정하는 경우는 단순회귀모형과는 달리 행렬(matrix)을 이용하여 구하게 된다. 다중선형회귀모형은

$$y_t = \beta_0 + \beta_1 x_{1t} + \beta_2 x_{2t} + \cdots + \beta_k x_{kt} + \varepsilon_t \quad , \quad t = 1,2,\ldots,n$$

으로 정의된다. 이를 행렬로 재표현하면

$$\begin{pmatrix} y_1 \\ y_2 \\ \vdots \\ y_n \end{pmatrix} = \begin{pmatrix} 1 & x_{11} & x_{21} & \cdots & x_{k1} \\ 1 & x_{12} & x_{22} & \cdots & x_{k2} \\ \vdots & \vdots & \vdots & \ddots & \vdots \\ 1 & x_{1n} & x_{2n} & \cdots & x_{kn} \end{pmatrix} \begin{pmatrix} \beta_0 \\ \beta_1 \\ \vdots \\ \beta_k \end{pmatrix} + \begin{pmatrix} \varepsilon_0 \\ \varepsilon_1 \\ \vdots \\ \varepsilon_n \end{pmatrix}$$

으로 쓸 수 있다. 이를 간략하게

$$\mathbf{y} = X\boldsymbol{\beta} + \boldsymbol{\varepsilon}$$

로 표현하자.

$\sum_{t=1}^{n} \varepsilon_t^2 = \boldsymbol{\varepsilon}^T\boldsymbol{\varepsilon} = (\mathbf{y} - X\boldsymbol{\beta})^T(\mathbf{y} - X\boldsymbol{\beta}) = \mathbf{y}^T\mathbf{y} - 2\boldsymbol{\beta}^T X^T\mathbf{y} + \boldsymbol{\beta}^{\mathrm{T}} X^T X\boldsymbol{\beta}$이므로 $\sum_{t=1}^{n} \varepsilon_t^2$을 최소화하는 $\boldsymbol{\beta}$의 최소제곱추정량은

$$\partial \sum_{t=1}^{n} \varepsilon_t^2 / \partial\boldsymbol{\beta} = -2X^T\mathbf{y} + 2X^T X\boldsymbol{\beta} = 0$$

이므로 $\hat{\boldsymbol{\beta}} = (X^T X)^{-1} X^T\mathbf{y}$가 된다.

예제 5.3 <표 5.2>는 2003년 7월 14일에서 8월 13일까지 삼성전자의 주가, KOSPI200 지수, 전기 · 전자업종지수 및 이들의 수익률을 나타내는 자료이다.

표 5.2 ■ 주가, 지수, 수익률 자료

연월일	삼성전자 주가	KOSPI 지수	전기 · 전자 업종지수	삼성전자 수익률	KOSPI 수익률	전기 · 전자 업종지수
2003-08-13	412500	713.08	4233.98	0.031	0.017	0.029
2003-08-12	400000	701.30	4113.09	-0.020	-0.005	-0.012
2003-08-11	408000	704.58	4162.60	0.005	0.001	0.004
2003-08-08	406000	704.14	4147.26	-0.010	-0.008	-0.012
2003-08-07	410000	709.81	4197.29	-0.007	0.003	-0.005
2003-08-06	413000	707.88	4216.39	-0.035	-0.019	-0.030
2003-08-05	428000	721.84	4346.40	0.015	0.005	0.015
2003-08-04	421500	718.54	4281.09	-0.011	-0.012	-0.009
2003-08-01	426000	727.26	4320.65	0.024	0.019	0.028
2003-07-31	416000	713.52	4201.01	-0.013	-0.001	-0.011
2003-07-30	421500	714.15	4246.29	-0.005	-0.011	-0.008
2003-07-29	423500	722.33	4279.62	0.013	0.006	0.008
2003-07-28	418000	717.80	4245.76	0.025	0.018	0.025

연월일	삼성전자 주가	KOSPI 지수	전기 · 전자 업종지수	삼성전자 수익률	KOSPI 수익률	전기 · 전자 업종지수
2003-07-25	408000	705.09	4142.61	0.004	0.003	0.000
2003-07-24	406500	702.94	4142.13	0.007	0.010	0.010
2003-07-23	403500	695.74	4102.47	-0.021	-0.006	-0.017
2003-07-22	412000	699.70	4171.78	0.012	0.009	0.013
2003-07-21	407000	693.50	4118.53	0.007	-0.008	-0.001
2003-07-18	404000	699.35	4123.52	-0.033	-0.024	-0.031
2003-07-16	418000	716.48	4253.55	0.025	0.004	0.022
2003-07-15	408000	713.45	4162.28	-0.004	-0.009	-0.011
2003-07-14	409500	720.10	4207.87	0.039	0.023	0.038

이 수익률 자료를 이용하여 모형

$$\text{삼성전자주가수익률} = \beta_0 + \beta_1 \text{KOSPI200수익률} + \beta_2 \text{전기} \cdot \text{전자업종수익률} + \boldsymbol{\varepsilon}$$

의 $\hat{\beta}_0$, $\hat{\beta}_1$, $\hat{\beta}_2$를 구해보자. 즉 이 모형은 삼성전자의 주가수익률을 KOSPI200 수익률과 전기 · 전자업종수익률로 설명을 하려고 하는 것이다. <표 5.2>에 제시된 수익률 자료를 행렬과 벡터를 이용하여 표현해보면 $\mathbf{y} = X\boldsymbol{\beta} + \boldsymbol{\varepsilon}$은 다음과 같이 표현된다.

$$\begin{pmatrix} 0.017 \\ -0.005 \\ 0.001 \\ -0.008 \\ \vdots \\ 0.023 \end{pmatrix} = \begin{pmatrix} 1 & 0.017 & 0.029 \\ 1 & -0.005 & -0.012 \\ 1 & 0.001 & 0.004 \\ 1 & -0.008 & -0.012 \\ \vdots & \vdots & \vdots \\ 1 & 0.023 & 0.038 \end{pmatrix} \begin{pmatrix} \beta_0 \\ \beta_1 \\ \beta_2 \end{pmatrix} + \begin{pmatrix} \varepsilon_1 \\ \varepsilon_2 \\ \varepsilon_3 \\ \varepsilon_4 \\ \vdots \\ \varepsilon_{22} \end{pmatrix}$$

그러므로

$$\hat{\boldsymbol{\beta}} = (X^T X)^{-1} y$$

$$= \left(\begin{pmatrix} 1 & 1 & \cdots & 1 \\ 0.017 & -0.005 & \cdots & 0.023 \\ 0.029 & -0.012 & \cdots & 0.038 \end{pmatrix} \begin{pmatrix} 1 & 0.017 & 0.029 \\ 1 & -0.005 & -0.012 \\ \cdots & \cdots & \cdots \\ 1 & 0.023 & 0.038 \end{pmatrix} \right)^{-1} \begin{pmatrix} 0.017 \\ -0.005 \\ \vdots \\ 0.023 \end{pmatrix}$$

$$= \begin{pmatrix} -0.00018947 \\ -0.40544 \\ 1.29444 \end{pmatrix} = \begin{pmatrix} \hat{\beta}_0 \\ \hat{\beta}_1 \\ \hat{\beta}_2 \end{pmatrix}$$

가 된다. 따라서 추정된 모형은

$$\widehat{삼성전자주가수익률} = -0.00018947 - 0.40544 \cdot 종합주가수익률 + 1.29444 \cdot 전기 \cdot 전자업종수익률$$

이 된다.

다중회귀모형에서의 모수추정은 단순회귀모형과는 달리 계산기를 사용하더라도 쉽지가 않다. 주로 통계패키지를 이용하여 계산하기 때문에 독자는 위의 계산 과정을 눈으로 따라가 보기만 하면 된다.

연습문제 5.4

아래 모형은 어느 회사에서 가장 판매가 잘 이루어지는 위성방송수신기(Q)의 공급에 대한 연간 성장률을 추정하기 위해 설정된 모형이다. 이 모형에 대한 자료를 1988년(X)부터 2001년까지 14년간 측정되었다.

$$Q = AB^x e^U$$

여기에서 $U \sim N(0, \sigma^2)$ 그리고 $A > 0$, $B > 0$은 상수이다.

① 위 모형이 아래와 같은 선형모형임을 보여라.

$$Y = a + bX + U$$

② 아래는 위 선형회귀모형을 추정하기 위하여 주어진 값이다.

$$\sum Y = 48 \text{ , } \sum X = 36 \text{ , } \sum XY = 200 \text{ , } \sum Y^2 = 258 \text{ , } \sum X^2 = 204$$

a. 위 자료를 이용하여 선형모형을 적합하여라.
b. 추정된 모수 b의 표준오차를 구하고 유의성을 검정하여라.
c. 적합된 모형을 이용하여 2002년에 $x = 3$일 때 공급량을 예측하여라.

---

2 회귀계수의 성질과 의미

2.1 회귀모형에 대한 가정

다음의 모형을 고려하여 보자.

$$y_t = \beta_0 + \beta_1 x_{1t} + \beta_2 x_{2t} + \beta_k x_{3t} + \varepsilon_t$$

여기에서 $2x_{1t} = x_{2t} + x_{3t}$의 관계를 가지고 있다고 하자. 이제 임의의 0이 아닌 a값에 대해 다음의 모형을 고려하여 보자.

$$y_t = \beta_0 + (\beta_1 + 2a)x_{1t} + (\beta_2 - a)x_{2t} + (\beta_k - a)x_{3t} + \varepsilon_t$$

이 두 개의 모형의 회귀계수들은 a가 0이 아니므로 분명히 틀리다. 그러나 두 번째 모형을 다시 정리하면

$$y_t = \beta_0 + \beta_1 x_{1t} + \beta_2 x_{2t} + \beta_k x_{3t} + a(2x_{1t} - x_{2t} - x_{3t}) + \varepsilon_t$$

가 되고 $2x_{1t} = x_{2t} + x_{3t}$이므로, 이 모형은 a값에 관계없이 항상 첫 번째 모형과 동일하게 된다. 그러므로 $2x_{1t} = x_{2t} + x_{3t}$의 관계를 가지고 있을 때 첫 번째 모형에 의해 추정된 $\hat{\beta}_1$, $\hat{\beta}_2$, $\hat{\beta}_3$는 역시 $\beta_1 + 2a$, $\beta_2 - a$ 그리고 $\beta_3 - a$의 추정치도 된다는 말이 된다. 즉 하나의 추정치에 대해 수많은 모수의 추정치가 되어 추정치가 유일하게 결정되지 못하게 된다. 이러한 현상은 독립변수 $x_{1t}, x_{2t}, \dots, x_{kt}$가 어떤 선형관계를 가지고 있을 때 항상 일어나게 된다. 그러므로 유일한 해를 구하기 위해서는 $x_{1t}, x_{2t}, \dots, x_{kt}$가 어떤 선형관계를 가지고 있지 않아야 한다.

가정 1. 설명변수 $x_{1t}, x_{2t}, \dots, x_{kt}$가 어떤 선형관계를 가지고 있지 않아야 한다. 만약 $x_{1t}, x_{2t}, \dots, x_{kt}$가 어떤 선형관계를 가지고 있으면 $\hat{\boldsymbol{\beta}} = (X^T X)^{-1} X^T \mathbf{y}$에서 $(X^T X)^{-1}$가 존재하지 않게 되어 $\hat{\boldsymbol{\beta}}$을 구할 수 없게 된다. 특히 $x_{1t}, x_{2t}, \dots, x_{kt}$가 어떤 선형관계식을 가지고 있을 때 이를 독립변수간의 다중공선성(multicollinearity)이 있다고 말한다. 다음의 경우를 고려하여 보자.

$$y_t = \beta_0 + \beta_1 x_{1t} + \varepsilon_t \quad , \quad t = 1,2,\dots,n$$

그런데 x_{1t}가 t에 관계없이 모두 같은 x라고 하여 보자. 그러면 y_t와 x_t의 그래프는 다음 <그림 5.2>와 같이 될 것이다. 이 경우 x_t는 y_t를 설명하는 데 전혀 기여하지 못한다는 것을 의미한다. 그러므로 x_{1t}가 y_t에 대해 설명력을 가지기 위해서는 x_{1t}가 어느 정도 퍼져 있어야만 한다.

가정 2. $X^T X/n$이 n이 증가함에 따라 어떤 상수행렬로 수렴해야 한다. 이 가정은 X의 표본분산이 n과 같은 속도로 증가한다는 것을 의미하므로 X가 잘 퍼져서 $\mathbf{y}$에 설명력을 가질 수 있게 된다.

가정 3. $E(\boldsymbol{\varepsilon}) = \mathbf{0}$이다. 모형 $\mathbf{y} = X\boldsymbol{\beta} + \boldsymbol{\varepsilon}$를 고려하여 보자. $\boldsymbol{\varepsilon}$는 관찰되지 않은 확률변수이다. 그러므로 우리는 $E(\mathbf{y}) = E(X\boldsymbol{\beta})$가 되기를 바랄 것이다. 이 말은 $E(\boldsymbol{\varepsilon}) = \mathbf{0}$를 의미하게 된다.

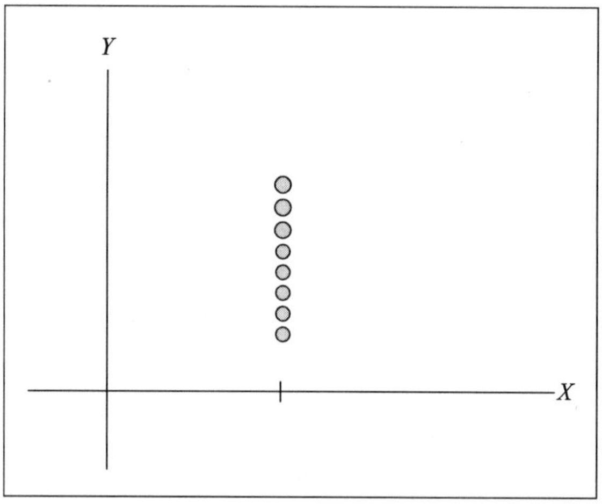

그림 5.2 ■ x_t 값이 모두 같은 경우

위의 3개의 가정이 기본적인 가정이다. 추가적으로 다음의 가정이 포함된다.

가정 4. X는 확률변수가 아닌 상수이다. X가 외생변수로 모형 밖에서 주어진 값이므로 일반적으로 가정 4를 의미한다. (그러나 X가 확률변수라 할지라도 이 가정 대신에 $Cov(X, \boldsymbol{\varepsilon}) = \mathbf{0}$이라는 가정으로 대치해도 무방하다.)

가정 5. ε_t는 서로간에 독립이며 $Var(\varepsilon_t) = \sigma^2$이다. 이 가정은 $\widehat{\boldsymbol{\beta}}$의 검정을 위해 주로 사용된다. 만약 이 가정이 만족되지 않는 경우, 즉 ε_t가 독립이 아닐 때,

$Var(\varepsilon_t) = \sigma^2$ 이고 ε_t 들간의 상관계수가 t 에 의존하여 지수적으로 감소한다면 $\hat{\boldsymbol{\beta}} = (X^T X)^{-1} X^T \mathbf{y}$가 최선의 추정량이 되지는 못하지만 차선의 추정량으로 사용될 수 있다. 그러나 반대로 $Var(\varepsilon_t) = \sigma_t^2$가 t에 의존하여 ∞으로 접근하게 되면 $\hat{\boldsymbol{\beta}} = (X^T X)^{-1} X^T \mathbf{y}$ 는 믿을 수 없는 추정량이 된다. 이 경우 우리는 의사회귀(spurious regression) 함정에 빠졌다고 말한다. 이에 대한 자세한 내용은 시계열 분석이나 경영경제(econometrics)에서 배우길 바란다.

<표 5.2>를 이용한 다중회귀분석에서 우리는 원자료가 아닌 수익률 자료를 이용하였다. 사실 수익률 자료보다 원자료를 이용하는 것이 분석결과의 해석이 용이할 것이나 굳이 수익률 자료를 사용한 이유는 오차항의 상관관계를 피하기 위한 것이다. 주가나 주가지수의 경우 과거의 값은 현재나 미래의 값에 영향을 줄 수 밖에 없기 때문이며 이런 경우를 오차항에 자기상관(autocorrelation)이 있다고 한다.

$\hat{\boldsymbol{\beta}}$에 대한 기본적인 가정을 정리하면 다음과 같다.

I. x_t들 간에는 선형관계가 없어야 한다. 즉 $(X^T X)^{-1}$이 존재해야 한다.
II. $X^T X/n$이 어떤 상수행렬로 수렴해야 한다.
III. $E(\boldsymbol{\varepsilon}) = \mathbf{0}$이고 ε_t들은 서로간에 독립이며 $Var(\varepsilon_t) = \sigma^2 < \infty$이어야 한다.
IV. X는 상수이다.

2.2 최소제곱추정량 β의 성질

최소제곱추정량 $\boldsymbol{\beta}$의 성질을 살펴보기 위해 제2장에서 논의한 행렬에 있어서의 기대치와 분산을 구하는 방법을 다시 정리하여 보자.

(i) $E(A\mathbf{y}) = AE(\mathbf{y})$
(ii) $Var(A\mathbf{y}) = AVar(\mathbf{y})A^T$

이다. 이제, $\hat{\boldsymbol{\beta}} = (X^T X)^{-1} X^T \mathbf{y}$를 고려하여 보자. X는 상수이므로, (i)에 의해,

$$\begin{aligned} E(\hat{\boldsymbol{\beta}}) &= (X^T X)^{-1} X^T E(\mathbf{y}) \\ &= (X^T X)^{-1} X^T E(X\boldsymbol{\beta} + \boldsymbol{\varepsilon}) \end{aligned}$$

$$= (X^TX)^{-1}X^TX\boldsymbol{\beta} + (X^TX)^{-1}X^TE(\boldsymbol{\varepsilon})$$
$$= \boldsymbol{\beta}$$

가 됨을 알 수 있다. 즉 $\widehat{\boldsymbol{\beta}}$는 $\boldsymbol{\beta}$의 불편추정량이 된다. 다음으로 $Var(\widehat{\boldsymbol{\beta}})$를 구해보자.

$$\widehat{\boldsymbol{\beta}} = (X^TX)^{-1}X' \ \ \mathbf{y} = (X^TX)^{-1}X^T(X\boldsymbol{\beta} + \boldsymbol{\varepsilon}) = \boldsymbol{\beta} + (X^TX)^{-1}X^T\boldsymbol{\varepsilon}$$

이므로, (ii)를 이용하여

$$\begin{aligned} Var(\widehat{\boldsymbol{\beta}}) &= Var(\boldsymbol{\beta} + (X^TX)^{-1}X^T\boldsymbol{\varepsilon}) \\ &= (X^TX)^{-1}X^TVar(\boldsymbol{\varepsilon})X(X^TX)^{-1} \\ &= \sigma^2(X^TX)^{-1}X^TX(X^TX)^{-1} \\ &= \sigma^2(X^TX)^{-1} \end{aligned}$$

정리하면 다음과 같다. 최소제곱추정량은 $\widehat{\boldsymbol{\beta}} = (X^TX)^{-1}X^T\mathbf{y}$는

(i) $E(\widehat{\boldsymbol{\beta}}) = E(\boldsymbol{\beta})$

(ii) $Var(\widehat{\boldsymbol{\beta}}) = \sigma^2(X^TX)^{-1}$

이다. 즉 $\boldsymbol{\beta}$의 j번째 모수 β_j의 최소제곱추정량 $\widehat{\beta_j}$ ($\widehat{\boldsymbol{\beta}}$의 j번째 요소)는 β_j의 불편추정량이며, $\widehat{\beta_j}$의 분산은 $\sigma^2X^{(jj)}$이다. 여기에서 $X^{(jj)}$는 $(X^TX)^{-1}$행렬의 j번째 행과 j번째 열에 있는 요소를 말한다. 예를 들어 $y_t = \beta_0 + \beta_1x_{1t} + \varepsilon_t$의 단순회귀모형에서

$$\hat{\beta}_0 = \bar{y} - \hat{\beta}_1\bar{x}\text{이고} \qquad \hat{\beta}_1 = \frac{\sum(\mathrm{x_t} - \bar{\mathrm{x}})(\mathrm{y_t} - \bar{\mathrm{y}})}{\sum(\mathrm{x_t} - \bar{\mathrm{x}})^2}$$

이므로 이들의 기대치는 $E(\hat{\beta}_0) = \beta_0$이고 $E(\hat{\beta}_1) = \beta_1$이다.

한편 단순회귀모형에서의 $(X^TX)^{-1}$는

$$(X^TX)^{-1} = \frac{1}{n\sum(x_t - \bar{x})^2}\begin{pmatrix} \sum x_t^2 & -\sum x_t \\ -\sum x_t & n \end{pmatrix}$$

임을 쉽게 보일 수 있다. 그러므로

$$Var(\hat{\beta}_0) = \frac{\sum x_t^2}{n\sum (x_t - \bar{x})^2}\sigma^2 \text{ 이고 } \mathrm{Var}(\hat{\beta}_1) = \frac{\sigma^2}{\sum (\mathrm{x_t} - \bar{\mathrm{x}})^2}$$

이다. 그리고

$$Cov(\hat{\beta}_0, \hat{\beta}_1) = \frac{-\sum x_t}{n\sum (x_t - \bar{x})^2} = \frac{-\bar{x}}{\sum (x_t - \bar{x})^2}$$

이다.

2.3 회귀계수의 의미

원래의 모형

$$y_t = \beta_0 + \beta_1 x_{1t} + \beta_2 x_{2t} + \cdots + \beta_k x_{kt} + \varepsilon_t, \text{for } t = 1, 2, \dots, n,$$

에서 최소제곱추정량 $\hat{\beta}$를 β 대신 대입하면

$$y_t = \hat{\beta}_0 + \hat{\beta}_1 x_{1t} + \hat{\beta}_2 x_{2t} + \cdots + \hat{\beta}_k x_{kt} + \hat{\varepsilon}_t, \text{for } t = 1, 2, \dots, n,$$

가 된다. 여기에서 $\hat{\varepsilon}_t$는 ε_t와는 다르지만 원래의 모형이 맞는 모형이고 $\hat{\beta}$가 β의 좋은 추정량이라면 $\hat{\varepsilon}_t$는 ε_t의 닮은꼴이어야만 할 것이다. 그러므로 $\hat{\varepsilon}_t$는 원래의 모형이 맞는지에 대한 적합도검정에 이용되는 중요한 역할을 하게 되고 특히 이를 잔차(residual)라고 한다(이에 대한 내용은 다음 절에서 더 자세히 다루기로 한다).

$\hat{\beta}_j$의 가장 쉬운 해석은 다른 x변수들(즉, $x_1, x_2, \dots, x_k$의 k개의 x 변수 중 x_j변수를 제외한 모든 변수)이 모두 고정되어 있다는 조건하에서 x_j의 값이 1 단위 증가할 때 y값이 $\hat{\beta}_j$단위만큼 증가한다는 해석이다.

앞서 코스닥지수와 나스닥지수의 단순회귀모형에서 적합결과는

$$\widehat{\mathrm{KOSDAQ}}_i = 16.7979 + 0.0272 \cdot \mathrm{NASDAQ}_i$$

로 표현한다. 이 모형적합결과에서 $\hat{\beta}_1 = 0.0272$는 나스닥지수가 1 증가할 때 코스닥지수가 0.0272단위만큼 증가하는 것을 의미한다.

$\hat{\beta}_j$ 해석의 좀더 상세한 이해를 위하여 다음의 선형모형을 고려해 보자.

$$\widehat{소비} = \widehat{\beta_0} + \widehat{\beta_1}\,소득 + \widehat{\beta_2}학력$$

학력이라는 변수는 소득과 소비에 영향을 동시에 준다. 이 모형에서 소득 회귀계수 $\hat{\beta}_1$은 학력이라는 제3의 변수를 소비와 소득에서 제거한 후 순수한 소비와 소득의 관계를 나타낸다. 즉, $y_t = \beta_0 + \beta_1 x_1 + \beta_2 x_2 + \cdots + \beta_k x_k + \varepsilon_{ti}$의 모형에서 $\hat{\beta}_j$는 y와 x_j에서 $x_1, x_2, \ldots, x_{j-1}, x_{j+1}, \ldots, x_k$의 효과를 제거한 후에 구한 y와 x_j의 순수효과라는 것이다.

3 회귀모형에 대한 검정

3.1 회귀계수검정

회귀모형에서 네 가지 기본 가정 이외에 ε_t가 정규분포를 따른다는 가정을 추가하면 $\mathbf{y} = X\boldsymbol{\beta} + \boldsymbol{\varepsilon}$이므로 $\widehat{\boldsymbol{\beta}} = (X^T X)^{-1} X^T \mathbf{y} = (X^T X)^{-1} X^T (X\boldsymbol{\beta} + \boldsymbol{\varepsilon}) = \boldsymbol{\beta} + (X^T X)^{-1} X^T \boldsymbol{\varepsilon}$이 된다. 즉, $\widehat{\boldsymbol{\beta}}$는 $\boldsymbol{\varepsilon}$의 선형결합임을 알 수 있다. 그러므로

$$E(\widehat{\boldsymbol{\beta}}) = \boldsymbol{\beta}이고\ \mathrm{Var}(\widehat{\boldsymbol{\beta}}) = (\mathrm{X^T X})^{-1}\sigma^2\ 인\ 정규분포,\ 즉$$

$$\widehat{\boldsymbol{\beta}} \sim N(\boldsymbol{\beta},\quad (X^T X)^{-1}\sigma^2)$$

를 따른다. 특히

$$\hat{\beta}_j \sim N(\beta_j, X^{(jj)}\sigma^2)$$

를 따른다. 여기에서 $X^{(jj)}$는 $(X^T X)^{-1}$에서 j번째 행과 j번째 열에 있는 값이다. 그러므로 σ^2가 알려진 값이라면 가설

$$H_0: \beta_j = \beta_{0j} \quad \text{v.s.} \quad H_a: \beta_j \neq \beta_{0j}$$

의 검정통계량

$$\frac{\hat{\beta}_j - \beta_{0j}}{\sqrt{X^{(jj)}\sigma^2}} \sim N(0,1)$$

는 정규분포를 따르게 된다(이는 표준화 과정을 생각해보면 쉽게 알 수 있다). 여기에서 β_{0j}는 주어진 값이며 일반적으로 0이다. 이 검정통계량에서 주의 깊게 보아야 할 점은 바로 σ^2가 알려져 있다는 가정하에서 구해졌다는 것이다. 그러나 일반적으로 σ^2가 알려져 있지 않기 때문에 σ^2을 추정해서 사용하여야 한다. σ^2의 추정량은

$$\widehat{\sigma^2} = s^2 = \frac{1}{n-k-1}\sum_{t=1}^{n}(y_t - \hat{y}_t)^2$$

이다. 여기에서 $\hat{y}_t = \hat{\beta}_0 + \hat{\beta}_1 x_{1t} + \hat{\beta}_2 x_{2t} + \cdots + \hat{\beta}_k x_{kt}$이다. 그리고 $k+1$은 추정한 모수의 수이다. 즉,

$$\hat{\sigma}^2 = \frac{1}{n-k-1}\sum_{t=1}^{n}\hat{\varepsilon}_t^2, \quad \hat{\varepsilon}_t = y_t - \hat{y}_t$$

이다. 이 $\widehat{\sigma^2}$을 이용하면

$$T = \frac{\hat{\beta}_j - \beta_{0j}}{\sqrt{X^{(jj)}\widehat{\sigma^2}}} \sim t_{df=n-k-1}$$

는 자유도가 $n-k-1$인 t 분포를 따른다(자유도가 $n-k-1$인 것은 $\widehat{\sigma^2}$로부터 온 것이며 $k+1$개의 모수를 추정했기 때문에 원래의 자유도 n에서 $k+1$개를 뺀 것이 자유도이다). 사실 ε_t가 정규분포를 따르지 않는다 할지라도 표본의 크기가 클 때 위의 검정통계량 T는 중심극한정리에 의해 표준정규분포를 따르게 된다. 그러므로 표본의 크기가 클 때는 ε_t의 정규성 가정 없이도 검정통계량 T를 사용하여 회귀계수 β_j의 검정을 정규분포로 이용하여 실시하게 된다. 그러므로 $H_0: \beta_j = \beta_{0j}$에 대한 검정은 검정통계량 T를 계산한 후 $t < -t_{\alpha,n-k-1}$ 또는 $t > t_{\alpha,n-k-1}$이면 H_0를 기각하게 된다.

예제 5.5 <표 5.1>의 자료를 이용하여 추정된 모형

$$\widehat{\text{KOSDAQ}} = 16.7979 + 0.0272 \cdot \text{NASDAQ}$$

에서 $\hat{\beta}_1, \hat{\beta}_1$에 대하여 5% 유의수준하에서 유의성 검정을 하라. 단 $\hat{\beta}_0$의 표준편차는 9.80이고 $\hat{\beta}_1$의 표준편차는 0.0057이다.

회귀계수의 유의성검정은 가설

$$H_0: \beta_0 = 0 \quad vs. \quad H_1: \beta_0 \neq 0$$

$$H_0: \beta_1 = 0 \quad vs. \quad H_1: \beta_1 \neq 0$$

에 대한 검정을 말한다.

$$\mathrm{T} = \frac{\hat{\beta}_0 - \beta_0}{\mathrm{SE}(\beta_0)} = \frac{16.797 - 0}{9.80} = 1.714$$

$$T = \frac{\hat{\beta}_1 - \beta_1}{SE(\beta_1)} = \frac{0.0272 - 0}{0.0057} = 4.772$$

T 검정통계량은 자유도가 29인 t 분포를 따르며 유의수준 5%에서 양측검정에 대한 임계치(critical value)는 ±2.045가 되므로 절편의 추정값 16.797는 유의수준 5%에서 통계적으로 유의하지 않으며, 기울기의 추정값 0.0272는 유의수준 5%에서 통계적으로 유의함을 알 수 있다.

연습문제 5.6

σ^2의 추정량

$$\widehat{\sigma^2} = s^2 = \frac{1}{n-k-1}\sum_{t=1}^{n}(y_t - \hat{y}_t)^2$$

에서 $n - k - 1$로 나눈 이유를 설명하라.

연습문제 5.7

특정 포트폴리오 수익률(종속변수)과 KOSPI200지수의 수익률(설명변수)과의 관계를 회귀분석하였다. 그 결과 절편과 기울기에 대한 t-통계량이 각각 0.556과 8.341으로 계산되었다.

(1) KOSPI200지수의 수익률이 25%라면 포트폴리오 수익률은 얼마가 되겠는가?

(2) 회귀계수들이 각각 유의적인지 유의수준 5%에서 판단하여라.

$$R_p = -0.5 + 1.85R_{KOSPI}$$

Residual standard error = 21.32

R-square = 0.3535

N=180

F-value = 102.4 df =(1,198)

예제 5.8 <표 5.2>의 자료를 이용하여 추정된 모형

$$\widehat{\text{삼성전자주가수익률}} = -0.00018947 - 0.40544 \cdot \text{종합주가수익률} + 1.29444 \cdot \text{전기·전자업종수익률}$$

에서 $\hat{\beta}_1, \hat{\beta}_1$에 대하여 5% 유의수준하에서 유의성검정을 하라. 단 $\hat{\beta}_0, \hat{\beta}_1, \hat{\beta}_2$의 표준오차는 순서대로 0.000782, 0.181, 0.119이다.

회귀계수의 유의성검정은 가설

$$H_0: \beta_0 = 0 \quad .vs. \quad H_1: \beta_0 \neq 0$$
$$H_0: \beta_1 = 0 \quad .vs. \quad H_1: \beta_1 \neq 0$$
$$H_0: \beta_2 = 0 \quad .vs. \quad H_1: \beta_2 \neq 0$$

에 대하여

$$T = \frac{\hat{\beta}_0 - \beta_0}{SE(\beta_0)} = \frac{-0.00019 - 0}{0.000782} = -0.243$$

$$T = \frac{\hat{\beta}_1 - \beta_1}{SE(\beta_1)} = \frac{-0.405 - 0}{0.181} = -2.238$$

$$T = \frac{\hat{\beta}_2 - \beta_2}{SE(\beta_2)} = \frac{1.294 - 0}{0.119} = 10.874$$

를 계산한다.

검정통계량은 자유도가 $22 - 2 - 1 = 19$인 t 분포를 따르며 유의수준 5%에서 양측검정에 대한 임계치(critical value)는 ± 2.093이 되므로 β_0 추정값 -0.00019는 유의수준 5%에서 통계적으로 유의하지 않은 반면, β_1의 추정값-0.405나 β_2의 추정값 1.294는 유의수준 5%에서 통계적으로 유의함을 알 수 있다.

회귀분석에서 자료의 개수가 많아지게 되면 회귀계수의 추정이나 검정을 실시하는 것이 귀찮아진다. 물론 계산과정과 사용되는 식, 통계량을 기억하는 것도 중요하지만 다음과 같은 출력을 해석하는 데 익숙해지는 것이 더 필요하다. 다음의 출력은 약간의 차이는 있을 수 있지만 대부분의 통계패키지에서 회귀분석 결과를 표현하는 형태이며 삼성전자의 주가수익률에 대한 회귀분석 결과를 보여주고 있다.

Variable	DF	Parameter Estimate	Standard Error	t Value	Pr > |t|
Intercept	1	-0.00018947	0.00078154	-0.24	0.8110
x2	1	-0.40544	0.18069	-2.24	0.0370
x3	1	1.29444	0.11872	10.90	<.0001

이 출력물은 회귀계수의 추정과 검정에 대한 결과를 보여주고 있다. 'Parameter Estimate'는 $\hat{\boldsymbol{\beta}}$를 나타내는 것이며 'Standard Error'는 회귀계수추정량의 표준오차를 나타내고 있다. 't value'는 $\hat{\boldsymbol{\beta}}$의 유의성검정을 위하여 계산된 검정통계량이며 'Parameter Estimate'의 값을 'Standard Error'로 나눈 값과 일치한다. 'Pr> $|t|$'는 유의성검정결과를 p-값으로 보여주고 있다. 여기서 p-값은 'Pr> $|t|$'이므로 $P(T \geq t) + P(T \leq -t)$의 확률을 나타낸다. 그러므로 사용자는 출력물에서 제공되는 p-값의 1/2을 보는 것이 타당하다. 이 p-값을 유의수준과 비교하여(여기서는 양측검정이므로 $\alpha/2 = 0.025$를 사용) 더 작은 경우 가설을 기각함을, 더 큰 경우는 가설을 기각하지 않음을 나타낸다.

3.2 회귀모형검정 및 설명력

이제 k개의 독립변수 $x_1, x_2, \dots, x_k$에 의해 설명되는 y의 변동의 양에 대해 살펴보자. <그림 5.3>은 설명되는 변동의 양을 단순회귀모형을 대상으로 그려놓은 것이다.

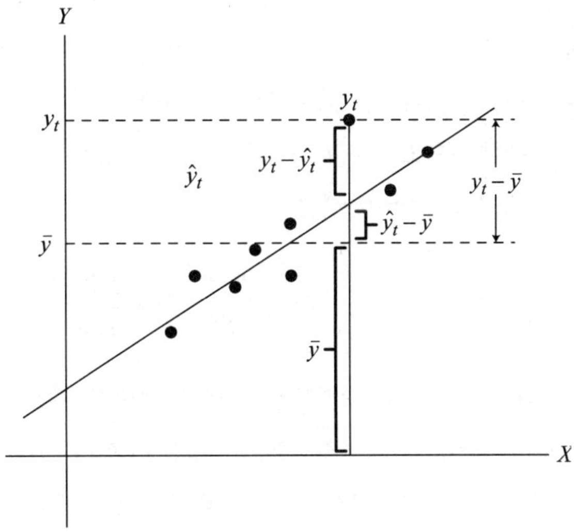

그림 5.3 ■ 회귀분석에 의한 변동량 분해

<그림 5.3>에서 $\bar{y}$는 독립변수가 없더라도 항상 구할 수 있는 값이므로 y_t의 변동은 $y_t - \bar{y}$ 로 표시할 수 있다. 이 변동은 다시

$$y_t - \bar{y} = (y_t - \hat{y}_t) + (\hat{y}_t - \bar{y})$$

로 나누어지는데 $\hat{y}_t - \bar{y}$는 회귀선에 의하여 설명된 변동이며, $y_t - \hat{y}_t$는 $y_t - \bar{y}$ 변동 중 회귀선에 의하여 설명되지 못한 변동을 나타낸다. 이제 이 식을 모든 $y_t, t = 1,2,\dots,n$에 적용해 보면 $\sum_{t=1}^{n} (y_t - \hat{y}_t)(\hat{y}_t - \bar{y}) = 0$이므로

$$\sum_{t=1}^{n} (y_t - \bar{y})^2 = \sum_{t=1}^{n} (\hat{y}_t - \bar{y})^2 + \sum_{t=1}^{n} (y_t - \hat{y}_t)^2$$

로 표시할 수 있다. 여기에서 $\sum_{t=1}^{n} (y_t - \bar{y})^2$를 총 변동(Total Sum of Squares, TSS)이라 하고, $\sum_{t=1}^{n} (\hat{y}_t - \bar{y})^2$는 총 변동 중 회귀모형에 의하여 설명된 변동(Regression Sum of Squares, RSS), $\sum_{t=1}^{n} (y_t - \hat{y}_t)^2$는 총 변동 중 회귀모형에 의하여 설명되지

못한 변동(Sum of Squared Error, SSE)을 나타낸다. 즉

$$TSS = RSS + SSE$$

가 성립하며 다중선형회귀모형에서도 그대로 적용된다.

이제 관계식 TSS = RSS + SSE를 이용하여 우리가 관심있는 여러가지 결과들을 만들어낼 수 있다. 먼저 회귀분석을 실시하였을 때 과연 회귀모형이 얼마나 잘 적합되었는지, 즉 총 변동 중 회귀모형에 의하여 얼마나 설명되었는지가 궁금할 것이다. 이에 대한 해답으로 사용되는 통계량을 결정계수(coefficient of determination)라 하고 R^2라고 표시한다. R^2는

$$R^2 = \frac{RSS}{TSS} = 1 - \frac{SSE}{TSS}$$

로 정의되며 총 변동 중 회귀모형에 의해 설명된 변동이 없는 경우 RSS가 0이 되므로 $R^2 = 0$ 이 되고 총 변동을 회귀모형이 100% 설명하였을 경우는 $TSS = RSS$가 되어 $R^2 = 1$이 된다. 그러므로 결정계수는 $0 \le R^2 \le 1$의 값을 갖게 되며 회귀모형이 자료를 잘 설명할수록 1에 가까워지고 그렇지 못할수록 0에 가까워지게 된다.

결정계수 R^2의 약점은 어떤 독립변수가 비록 종속변수 y에 대한 설명력이 거의 없음에도 불구하고 선형모형에 이 독립변수를 추가하면 R^2가 증가하게 된다는 것이다. 이는 R^2가 새로운 독립변수를 모형에 추가하는 것이 좋은가에 대한 판단의 기준이 될 수 없다는 것을 의미한다. 따라서 새로운 종속변수의 추가여부에 대한 기준은 다음을 이용하게 된다. k를 독립변수의 개수라고 할 때

$$\bar{R}^2 = 1 - \frac{n-1}{n-k}(1 - R^2)$$

이며 이를 수정결정계수(Adjusted R^2)라고 한다. 이는 분모에 있는 k에 의해 추가되는 독립변수의 상대적인 기여를 측정하게 되어 R^2와는 달리 추가된 독립변수의 상대적인 기여율이 낮을 때 $\bar{R}^2$는 줄어드는 성질을 가지게 된다. 그러므로 이 성질을 이용하여 새로운 독립변수를 추가하여 $\bar{R}^2$이 줄어들면 이 새로운 독립변수를 모형에 추가하지 않게 된다.

앞서 설명한 바와 같이 TSS가 SSE와 거의 같은 값이면 RSS가 0에 가까운 값

을 갖게 된다. 즉, RSS가 0에 가까운 값이라는 말은 모든 $\hat{y}_t$는 $\bar{y}$와 거의 같다는 것을 의미한다. 이는 독립변수 $x_1, x_2, \ldots, x_k$가 y를 거의 설명하지 못한다는 것을 의미하므로 모형

$$y_t = \beta_0 + \beta_1 x_{1t} + \beta_2 x_{2t} + \cdots + \beta_k x_{kt} + \varepsilon_t$$

에서 $\beta_1 = \beta_2 = \cdots = \beta_k = 0$이라는 의미를 갖게 된다. $TSS = RSS + SSE$관계에서 SSE는 선형모형에 의해 설명되지 못하는 변동을, RSS는 선형모형에 의해 설명되는 y의 변동을 의미하므로 $\frac{RSS}{SSE}$는

$$H_0 \quad : \beta_1 = \beta_2 = \cdots = \beta_k = 0 \quad .vs.$$

$$H_a : \text{최소한 하나의 회귀계수는 0이 아니다.}$$

의 검정에 사용될 수 있다. 즉, $\frac{RSS}{SSE}$가 크면 독립변수에 의해 설명되는 변동의 양이 상대적으로 크다는 의미가 되므로 가설검정을 한다면 $H_0: \beta_1 = \beta_2 = \cdots = \beta_k = 0$를 기각하게 될 것이다.

반복되는 이야기이지만 가설검정을 위해서는 검정통계량이 정의되어야 하고 또한 검정통계량의 분포를 알아야만 한다. 이제 가설 $H_0: \beta_1 = \beta_2 = \cdots = \beta_k = 0$의 검정을 위한 검정통계량과 이의 분포에 대하여 알아보도록 하자. 이미 공부한 바와 같이 y_t가 평균이 μ이고 분산이 σ^2인 정규분포로부터의 표본일 때

$$\frac{\sum_{t=1}^{n} (y_t - \bar{y})^2}{\sigma^2} \sim \chi^2_{df=n-1}$$

이 된다. 이는 다시 $TSS = RSS + SSE$ 에 의해

$$\frac{\sum_{t=1}^{n} (y_t - \bar{y})^2}{\sigma^2} = \frac{\sum_{t=1}^{n} (\hat{y}_t - \bar{y})^2}{\sigma^2} + \frac{\sum_{t=1}^{n} (y_t - \hat{y}_t)^2}{\sigma^2} \sim \chi^2_{df=n-1}$$

이고 $\hat{y}_t$를 추정하기 위해서는 $k+1$개의 모수, β_0, β_1, $\cdots$,β_k를 추정해야 되기 때문에 원래의 자유도 n에서 $k+1$개를 잃어버리게 되어

$$\frac{\sum_{t=1}^{n} (y_t - \hat{y}_t)^2}{\sigma^2} \sim \chi^2_{df=n-k-1}$$

이므로 $TSS = RSS + SSE$의 등식에 따라 자유도의 등식도 성립해야 하므로

$$\frac{\sum_{t=1}^{n}(\hat{y}_t - \bar{y})^2}{\sigma^2} \sim \chi^2_{df=k}$$

이 된다. 이제 F 분포의 정의에 의하여

$$\frac{\sum_{t=1}^{n}(\hat{y}_t - \bar{y})^2}{k\sigma^2} \Big/ \frac{\sum_{t=1}^{n}(y_t - \hat{y}_t)^2}{(n-k-1)\sigma^2} = \frac{RSS/k}{SSE/(n-k-1)} \sim F(k, n-k-1)$$

은 F 분포를 따르게 되며 자유도는 $(k, n-k-1)$이 된다. 그러므로 위 식에 대한 값을 구해 그 값이 $F_{\alpha,(n,n-k-1)}$보다 크면 $H_0: \beta_1 = \beta_2 = \cdots = \beta_k = 0$를 기각하게 된다.

■ 분산분석표

위에서 소개된 통계량들은 다소 복잡한 형태를 띠고 있어 익숙해지기가 쉽지 않다. 그래서 이를 정리된 형태의 표로 만들게 되며 이를 분산분석표(ANOVA Table)라고 한다. 대부분의 통계패키지에서도 회귀분석결과에서 이 표를 제공하므로 이 표를 어떻게 작성하는지 알아보도록 하자. 적합된 모형

$$y_t = \hat{\beta}_0 + \hat{\beta}_1 x_{1t} + \hat{\beta}_2 x_{2t} + \cdots + \hat{\beta}_k x_{kt} + \hat{\varepsilon}_t, \quad t = 1,2,\ldots,n$$

에서의 분산분석표는 다음과 같은 형태로 작성된다.

	자유도(df)	제곱합(SS)	평균제곱합(MS)	F
회귀	k	$RSS = \sum_{t=1}^{n}(\hat{y}_t - \bar{y})^2$	$MSS_R = \frac{RSS}{k}$	$\frac{MSS_R}{MSS_E}$
잔차	$n-k-1$	$SSE = \sum_{t=1}^{n}(y_t - \hat{y}_i)^2$	$MSS_E = \frac{SSE}{n-k-1}$	
총합	$n-1$	$TSS = \sum_{t=1}^{n}(y_t - \bar{y})^2$		

예제 5.9 <표 5.2>의 자료와 추정된 모형을 이용하여

$$\widehat{\text{삼성전자주가수익률}} = -0.00018947 - 0.40544 \cdot \text{종합주가수익률} + 1.29444 \cdot \text{전기·전자업종수익률}$$

분산분석표를 작성하고 결정계수 및 수정결정계수 그리고 가설 $H_0: \beta_1 = \beta_2 = 0$에 대하여 유의수준 5%의 F 검정을 실시하는 문제에서, 위의 분산분석표의 모든 계산을 손으로 하는 것은 매우 힘든 일이다. 대부분의 통계패키지에서 회귀분석시 분산분석표를 제공하므로 독자는 위의 분산분석표에서 각 항들의 관계를 잘 기억하면 되겠다. 작성된 분산분석표는 다음과 같다.

	자유도(df)	제곱합(SS)	평균제곱합(MS)	F
회귀	2	0.00827	0.00413	317.03
잔차	19	0.00024774	0.00001304	
총합	21	0.00852		

따라서 결정계수는 $R^2 = \frac{SSR}{SST} = \frac{0.00827}{0.00852} = 0.965$가 되며 수정결정계수 $\bar{R}^2$는 아래와 같이 계산됨을 알 수 있다.

$$\bar{R}^2 = 1 - \frac{n-1}{n-k}(1 - R^2) = 1 - \frac{22-1}{22-2}(1 - 0.965) = 0.963$$

마지막으로 가설 $H_0: \beta_1 = \beta_2 = 0$ 검정을 위한 F 검정통계량의 값은 317.03이 나왔고, F 분포표에 의해 자유도 (2,19)에서 유의수준 5%에 해당하는 임계치는 4.51이므로 가설을 기각한다(우리는 이미 $\hat{\beta}_1$, $\hat{\beta}_2$ 각각의 t 검정에서 모두 통계적으로 유의함을 알고 있다).

연습문제 5.10

$y = \alpha + \beta x + e$ 에서 최소제곱법(least square)에 의한 β의 추정치가 -0.5841, SD($\hat{\beta}$) = 0.4142, t($\hat{\beta}$) = -1.4102 그리고 표본의 크기가 215일 때 다음에 답하라(여기서 $SD(\hat{\beta})$은 $\hat{\beta}$의 표준편차, $t(\hat{\beta})$는 $\hat{\beta}$ 의 검정에 의한 t값이다).

(1) 95% 신뢰수준에서 β의 구간추정치를 구하여라.

(2) 귀무가설 $H_0: \beta = 0$ 을 검정하라.

연습문제 5.11

경제학자들은 GDP가 성장하기 위해서는 국가의 투자가 활성화되어야 한다고 주장한다. 다음은 15개 국가에 대해 GDP성장률과 국가투자의 GDP에 대한 비율을 조사한 결과이다. 다음의 결과를 보고 물음에 답하여라.

	GDP성장률 (%)	GDP에 대한 투자 비율 (%)
방글라데시	1.5	4
브라질	2.7	19
캐나다	2.7	24
칠레	1.4	20
인도	1.6	14
이스라엘	3.3	26
일본	5.4	34
멕시코	2.5	16
나이지리아	2.0	12
르완다	1.1	3
싱가포르	6.7	31
한국	7.1	23
영국	2.1	18
미국	1.9	22
독일	2.7	28

그리고 아래와 같은 계산결과가 주어져 있다.

$$\bar{x} = 19.6,\quad \bar{y} = 2.98,\quad \sum xy = 1035.4,\quad \sum x^2 = 6872$$

$$\sum (x-\bar{x})^2 = 1109.6,\quad \sum (x-\bar{x})(y-\bar{y}) = 159.28$$

$$SST = \sum (y-\bar{y})^2 = 50.264,\quad SSE = \sum (y-\hat{y})^2 = 27.4$$

회귀식을 완성하여라.

① GDP성장률에 대해 국가 투자가 설명하는 부분은 얼마인지 구하여라.

② 회귀선의 기울기의 계수에 대한 표준편차가 0.0436으로 주어져 있을 때, β_1에 대한 가설검정을 하여라(단, 유의수준은 5%이다).

연습문제 5.12

한 소형 대출업체는 고객들을 대상으로 그들의 현재 부채, 월소득 그리고 나이를 고려하여 추가 대출 가능성이 있는 사람들을 연구해 오고 있다. 추가대출에 영향을 미치는 요인들을 추출하기 위하여 19개의 관찰치를 추출하여 아래와 같은 다항 회귀모형을 설정하고 추정을 실시하였다(단, Y_i는 추가대출금을 의미한다).

$$\hat{Y} = \underset{(175.1776)}{1072.929} - \underset{(1.19317)}{7.4787C} + \underset{(0.1364)}{0.3883M} - \underset{(1.0877)}{0.2312A}$$

여기에서, $TSS = 436{,}410.5$, $RSS = 339{,}318.4$이고 괄호 안은 표준오차(standard error)이다. 모형에서 독립변수는 아래와 같이 정의된다.

C-현재 부채, M-월소득, A - 현재 나이

① 유의수준 5%에서 회귀모형의 유의성을 검정하여라.

② 회귀계수의 유의성을 검정하기 위한 의사결정을 하고, 이를 이용하여 어떤 변수가 유의수준 5%하에서 유의한지 결정하여라.

③ 적합된 모형에 따르면 현재 부채가 두 배로 늘어나면 추가대출은 어떤 영향을 받는가?

3.3 회귀계수 $\hat{\beta}$의 신뢰구간

회귀계수 $\hat{\beta}$을 구하는 것을 점추정(point estimation)이라 하고 회귀계수 $\hat{\beta}$의 신뢰구간을 구하는 것을 구간추정(interval estimation)이라고 한다. 회귀계수 $\hat{\beta}$의 구간추정은 양측검정과 신뢰구간과의 관계에 의해 쉽게 구할 수 있다. 즉 t 분포의 정의에 의해

$$P\left(-t_{\frac{\alpha}{2},n-k-1} \le \frac{\hat{\beta}_j - \beta_{0j}}{\sqrt{X^{(jj)}\hat{\sigma}^2}} \le t_{\frac{\alpha}{2},n-k-1}\right) = 1-\alpha$$

이므로 이를 $\hat{\beta}_j$에 관해 정리하면

$$P\left(\hat{\beta}_j - t_{\frac{\alpha}{2},n-k-1}\sqrt{X^{(jj)}\hat{\sigma}^2} \le \beta_{0j} \le \hat{\beta}_j + t_{\frac{\alpha}{2},n-k-1}\sqrt{X^{(jj)}\hat{\sigma}^2}\right) = 1-\alpha$$

가 되어 β_j에 관한 $100(1-\alpha)\%$ 신뢰구간은

$$P\left(\hat{\beta}_j - t_{\frac{\alpha}{2},n-k-1}\sqrt{X^{(jj)}\hat{\sigma}^2} \le \hat{\beta}_j \quad , \quad \hat{\beta}_j + t_{\frac{\alpha}{2},n-k-1}\sqrt{X^{(jj)}\hat{\sigma}^2}\right) \tag{2}$$

이 된다. 여기에서 $X^{(jj)}$는 $(X'X)^{-1}$에서 j 번째 대각 행렬의 값을 의미한다.

예제 5.13 <표 5.2>의 자료를 이용하여 추정된 모형

$$\widehat{\text{삼성전자주가수익률}} = -0.00018947 - 0.40544 \cdot \text{종합주가수익률} + 1.29444 \cdot \text{전기·전자업종수익률}$$

에서 통계적으로 유의하였던 $\hat{\beta}_1$, $\hat{\beta}_2$에 대한 95% 신뢰구간을 구하면

$$-0.405 - 2.093 \cdot 0.181 \le \beta_1 \le -0.405 + 2.093 \cdot 0.181$$

이므로 $\hat{\beta}_1$의 $100(1-\alpha)\%$ 신뢰구간은 $(-0.783,\ -0.026)$이 되고

$$1.294 - 2.093 \cdot 0.119 \le \beta_2 \le 1.294 + 2.093 \cdot 0.119$$

이므로 $\hat{\beta}_2$의 $100(1-\alpha)\%$ 신뢰구간은 $(1.045,\ 1.543)$이 된다.

연습문제 5.14

포항제철 보통주의 수익률을 KOSPI200의 수익률로 회귀시킨 후의 결과가 다음과 같을 때 회귀계수 $\hat{\beta}_1$의 95% 신뢰구간을 구하여라.

Intercept	-0.22
Regression Coefficient	0.93
Sample Size	25
Sample Standard Error	
Intercept	0.23
Regression Coefficient	0.07

3.4 예측(Prediction)과 y의 신뢰구간

다중회귀모형

$$y_t = \beta_0 + \beta_1 x_{1t} + \beta_2 x_{2t} + \cdots + \beta_k x_{kt} + \varepsilon_t, \quad t = 1,2,\ldots,n$$

을 행렬의 형태로 간략하게 쓰면 $\boldsymbol{y} = X\boldsymbol{\beta} + \boldsymbol{\varepsilon}$ 표현 이외에도

$$y_t = \mathbf{x}_t^T \boldsymbol{\beta} + \varepsilon_t, \quad t = 1,2,\ldots,n$$

으로 쓸 수 있다. 여기에서 $\mathbf{x}_t = (1, x_{1t}, x_{2t}, \ldots, x_{kt})^T$이며 $\boldsymbol{\beta} = (\beta_0, \beta_1, \beta_2, \ldots, \beta_k)^T$이다. 이제 $\mathbf{x}_t = \mathbf{x}_0$일 때의 y_0의 예측치를 구하는 문제를 고려하여 보자.

y_0의 가장 자연스러운 예측치는 $\hat{y}_0 = \mathbf{x}_0^T \hat{\boldsymbol{\beta}}$일 것이다. 즉, $\mathbf{x}_t = \mathbf{x}_0$로 주어졌을 때의 y_0의 점추정치는 $\hat{y}_0 = \mathbf{x}_0^T \hat{\boldsymbol{\beta}}$이다.

$$E(\hat{y}_0) = \mathbf{x}_0^T E(\hat{\boldsymbol{\beta}}) = \mathbf{x}_0^T \boldsymbol{\beta}$$

$$Var(\hat{y}_0) = \mathbf{x}_0^T Var(\hat{\boldsymbol{\beta}}) \mathbf{x}_0 = \mathbf{x}_0^T (X^T X)^{-1} \mathbf{x}_0 \sigma^2$$

이므로

$$\hat{y}_0 - E(y_0) \quad \sim \quad N(0, \mathbf{x}_0^T (X^T X)^{-1} \mathbf{x}_0 \sigma^2)$$

따르게 된다.

σ^2의 추정치인 $\hat{\sigma}^2 = \frac{1}{n-k-1} \sum_{t=1}^{n} (y_t - \hat{y})^2$ 를 이용하면

$$\frac{\hat{y}_0 - E(y_0)}{\sqrt{\mathbf{x}_0^T (X^T X)^{-1} \mathbf{x}_0 \widehat{\sigma^2}}} \quad \sim \quad t_{df=n-k-1}$$

은 자유도가 $(n-k-1)$인 t 분포를 따르게 됨을 쉽게 보일 수 있다. 그리고 $E(y_0)$의 $100(1-\alpha)\%$ 신뢰구간은

$$\left(\hat{y}_0 - t_{\frac{\alpha}{2}, n-k-1} \sqrt{\mathbf{x}_0^T (X^T X)^{-1} \mathbf{x}_0 \widehat{\sigma^2}}, \;\; \hat{y}_0 + t_{\frac{\alpha}{2}, n-k-1} \sqrt{\mathbf{x}_0^T (X^T X)^{-1} \mathbf{x}_0 \widehat{\sigma^2}} \right)$$

이 된다.

이제 y_0의 기대값 $E(y_0)$가 아닌 y_0값 자체에 대한 신뢰구간을 알아보자. $\hat{y}_0 - y_0 = \mathbf{x}_0^T(\hat{\boldsymbol{\beta}} - \boldsymbol{\beta}) - \varepsilon_0$이다. $E(\hat{\boldsymbol{\beta}}) = \boldsymbol{\beta}$이고 $E(\varepsilon_0) = 0$이므로 $\hat{y}_0 - y_0$의 평균은 0이다. $\hat{y}_0 - y_0$의 분산은

$$Var(\hat{y}_0 - y_0) = Var(\mathbf{x}_0^T(\hat{\boldsymbol{\beta}} - \boldsymbol{\beta}) - \varepsilon_0) = Var(\mathbf{x}_0^T\hat{\boldsymbol{\beta}}) + Var(\varepsilon_0)$$

$$= \mathbf{x}_0^T(X^TX)^{-1}\mathbf{x}_0\sigma^2 + \sigma^2 = (1 + \mathbf{x}_0^T(X^TX)^{-1}\mathbf{x}_0)\sigma^2$$

가 된다. 그러므로

$$\hat{y}_0 - y_0 \quad \sim \quad N(0, (1 + \mathbf{x}_0^T(X^TX)^{-1}\mathbf{x}_0)\sigma^2)$$

평균이 0이고 분산이 $(1 + \mathbf{x}_0^T(X^TX)^{-1}\mathbf{x}_0)\sigma^2$인 정규분포를 따르게 되고, σ^2를 모르는 경우 이의 추정치인 $\hat{\sigma}^2$을 사용하여

$$\frac{\hat{y}_0 - y_0}{\sqrt{(1 + \mathbf{x}_0^T(X^TX)^{-1}\mathbf{x}_0)\hat{\sigma}^2}} \quad \sim \quad t_{df=n-k-1}$$

은 자유도가 $(n-k-1)$인 t 분포를 따르게 된다. 그러므로 y_0에 대한 $100(1-\alpha)\%$ 신뢰구간은

$$\left(\hat{y}_0 - t_{\frac{\alpha}{2},n-k-1}\sqrt{(1 + \mathbf{x}_0^T(X^T)^{-1}\mathbf{x}_0)\hat{\sigma}^2},\ \ \hat{y}_0 + t_{\frac{\alpha}{2},n-k-1}\sqrt{(1 + \mathbf{x}_0^T(X^TX)^{-1}\mathbf{x}_0)\hat{\sigma}^2}\right)$$

가 된다. 위의 결과에 의해 y_0의 기대치인 $E(y_0)$와 y_0 자체에 대한 점추정치는 $\hat{y}_0$로 같다할지라도 신뢰구간의 측면에서 살펴볼 때 $E(y_0)$예측을 위한 분산이 y_0의 예측을 위한 분산보다 작으므로 그에 대한 신뢰구간도 동일한 신뢰계수하에서 더 짧다는 것을 알 수 있다. 이는 상식적으로 타당한 결론이다.

연습문제 5.15

다음은 삼성전자 주식과 KOSPI200지수의 수익이다.

						합계
삼성전자(Y)	10	-15	15	5	-5	10
KOSPI200(X)	5	-10	10	0	-10	-5

다음의 값들을 계산하라.

① $\bar{X}, \bar{Y}$

② $\sum (Y_i - \bar{Y})^2, \sum (X_i - \bar{X})^2$

③ $s_Y^2, s_X^2, s_{XY}, R^2$

④ $\hat{\beta}_0, \hat{\beta}_1$

⑤ TSS,RSS,SSE

⑥ $\hat{\beta}_0, \hat{\beta}_1$의 표준오차가 각각 1.92와 0.239라고 할 때 유의수준 5%에서 회귀계수가 0인지에 대한 검정을 실시하여라.

⑦ F-통계량을 구하고 앞의 ⑥번 결과와 비교하여라.

⑧ KOSPI200지수의 수익률이 10이라고 주어졌을 때 삼성전자 주식의 수익률에 대한 95%신뢰구간을 구하여라.

⑨ 적합된 회귀모형을 쓰고 결과를 해석하라.

4 회귀모형 진단

4.1 더빈왓슨 통계량과 잔차플롯

앞서 회귀모형의 가정에 대하여 논의하였고 특히, 오차항에 대한 가정이 위반되는 경우 회귀계수 $\boldsymbol{\beta}$의 추정결과가 최선의 결과가 아님을 언급하였다. 이제 회귀분석 후 적합된 회귀모형이 오차항에 대한 가정을 만족하고 있는지를 평가하는 방법에 대하여 알아보도록 하자.

금융자료를 이용하여 회귀분석을 하는 경우 독립변수나 종속변수로 사용되는 대부분의 자료들이 시간에 의하여 측정된 형태이기 때문에 과거의 자료들은 현재의 자료에 영향을 주게 되고 이것이 오차항 간에 자기상관을 발생시키는 원인이 된다. 따라서 회귀분석 후 얻어지는 잔차에 대하여 오차항에 대한 독립성 가정의 만족여부를 파악하기 위하여 자기상관의 존재여부를 평가해보는 방법이 필요하다. 일반적으로 알려져 있는 방법으로는 더빈왓슨(Durbin-Watson, DW) 통계량을 이용하는 방법과 잔차플롯(residual plot)을 이용하는 방법이 있다. 먼저 더

빈왓슨 통계량에 대하여 알아보도록 하자. 더빈왓슨 통계량은 회귀분석 후 n개의 잔차 $\hat{\varepsilon}_1, \hat{\varepsilon}_2, \ldots, \hat{\varepsilon}_n$를 얻었다고 했을 때

$$\mathrm{DW} = \frac{\sum_{t=2}^{n} (\hat{\varepsilon}_t - \hat{\varepsilon}_{t-1})^2}{\sum_{t=1}^{n} \hat{\varepsilon}_t^2}$$

로 정의된다. DW 통계량의 의미를 살펴보기 위해 DW 통계량의 분자를 전개하면

$$\sum_{t=2}^{n} (\hat{\varepsilon}_t - \hat{\varepsilon}_{t-1})^2 = \sum_{t=2}^{n} \hat{\varepsilon}_t^2 - 2\sum_{t=2}^{n} \hat{\varepsilon}_t \hat{\varepsilon}_{t-1} + \sum_{t=2}^{n} \hat{\varepsilon}_{t-1}^2$$

이며, 이는 n이 큰 경우 $\sum_{t=1}^{n} \hat{\varepsilon}_t^2 \approx \sum_{t=2}^{n} \hat{\varepsilon}_t^2 \approx \sum_{t=2}^{n} \hat{\varepsilon}_{t-1}^2$이므로 DW의 분자는

$$\sum_{t=2}^{n} (\hat{\varepsilon}_t - \hat{\varepsilon}_{t-1})^2 \approx 2\sum_{t=1}^{n} \hat{\varepsilon}_t^2 - 2\sum_{t=2}^{n} \hat{\varepsilon}_t \hat{\varepsilon}_{t-1}$$

이 된다. 만약 $\hat{\varepsilon}_t$와 $\hat{\varepsilon}_{t-1}$이 상관관계가 1이라면 $\hat{\varepsilon}_t = \hat{\varepsilon}_{t-1}$이 되므로 DW$= 0$이 되는 반면, $\hat{\varepsilon}_t$와 $\hat{\varepsilon}_{t-1}$이 -1의 상관관계를 가지고 있으면 $\hat{\varepsilon}_t = -\hat{\varepsilon}_{t-1}$이 되므로 $\mathrm{DW} = 4\sum \hat{\varepsilon}_t^2 / \sum \hat{\varepsilon}_t^2 = 4$가 됨을 알 수 있다. 만약 $\hat{\varepsilon}_t$와 $\hat{\varepsilon}_{t-1}$이 무상관이면 $(1/T)\sum \hat{\varepsilon}_t \hat{\varepsilon}_{-1}$는 공분산으로 해석되고 $\sum \hat{\varepsilon}_t \hat{\varepsilon}_{t-1} = 0$이 되므로 $\mathrm{DW} = 2\sum \hat{\varepsilon}_t^2 / \sum \hat{\varepsilon}_t^2 = 2$가 됨을 알 수 있다. 그러므로 DW의 값이 0에 가까울수록 양의 자기상관관계를, 2에 가까울수록 무상관관계를, 4에 가까울수록 음의 상관관계를 가지고 있다고 할 수 있다. DW 통계량의 문제점은 오직 1차 자기상관의 존재여부 만을 판단한다는 것이다. 1차 자기상관이란 한 시점 과거의 값이 현재의 값에 영향을 주는 것을 말하는 것으로 두 시점 이전의 과거 값들도 얼마든지 현재 값에 영향을 줄 수 있으므로 1차 자기상관관계가 없다 하더라도, 즉 DW = 2라 하더라도 이는 오차항이 독립이다 라는 것을 의미하는 것이 아니라 단지 1차 자기상관관계가 없음을 의미한다.

잔차플롯에서는 특별한 통계량이 주어지는 것이 아니고 단지 잔차플롯을 관찰하는 것으로 오차항에 대한 가정을 평가하게 된다.

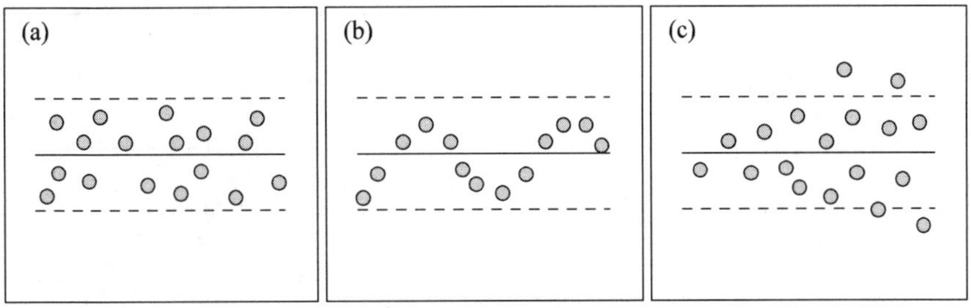

그림 5.4 ■ 잔차플롯의 형태

잔차플롯은 회귀분석 후 얻어지는 $\hat{y}_t$를 x 축에 $\hat{\varepsilon}_i$를 y축에 놓고 산점도를 그린 것으로 <그림 5.4>와 유사한 형태의 결과를 얻게 된다. <그림 5.4>의 (a)의 경우는 잔차항이 무작위하게 일정구간 안에 산포되어 있는 형태이며, 이는 오차항의 독립성과 등분산성이 만족되고 있음을 나타낸다. (b)의 경우는 잔차들이 일정구간 내에서 있어 오차항의 등분산성을 만족하지만 자기상관 되어 있어 오차항의 독립성이 위배되고 있음을 나타낸다. (c)의 경우는 오차항의 등분산성이 위배되고 있음을 나타내고 있다.

DW 통계량이나 잔차플롯에 의해 회귀모형에서 오차항에 대한 가정을 충족시키지 못하는 징후를 찾게 되었을 때 쉽게 사용할 수 있는 방법은 종속변수에 대한 함수변환을 하여 다시 회귀분석을 하는 것이다. 이 방법은 가능한 한 오차항에 대한 가정을 만족하는 상태에서 회귀계수를 추정하려는 시도이다. 그러나 이런 소극적인 방법보다는 오차항내의 자기상관이나 이분산(heteroscedasticity)을 회귀계수추정의 정보로 활용하는 적극적인 방법을 배우는 것이 바람직하다고 하겠다. 이에 대한 내용은 이 책의 수준을 넘는 것이므로 언급하지는 않겠지만 관심있는 독자들은 계량경제학을 다루는 전문서적을 공부하기 바란다.

예제 5.16 <표 5.2>의 자료를 이용한 회귀분석 결과 DW 통계량은 2.025, 잔차플롯은 <그림 5.5>와 같이 나왔다. 이 결과에 대한 설명을 하여라.

DW 통계량 값 2.025는 무상관관계를 나타내는 DW=2에 가까운 값이므로 잔차에 1차 자기상관관계는 존재하지 않는 것으로 보이며 잔차플롯은 <그림 5.4>의 (a)와 유사한 형태이므로 이 회귀분석은 오차항의 가정 중 등분산성과 독립성을 만족하고 있다고 할 수 있다.

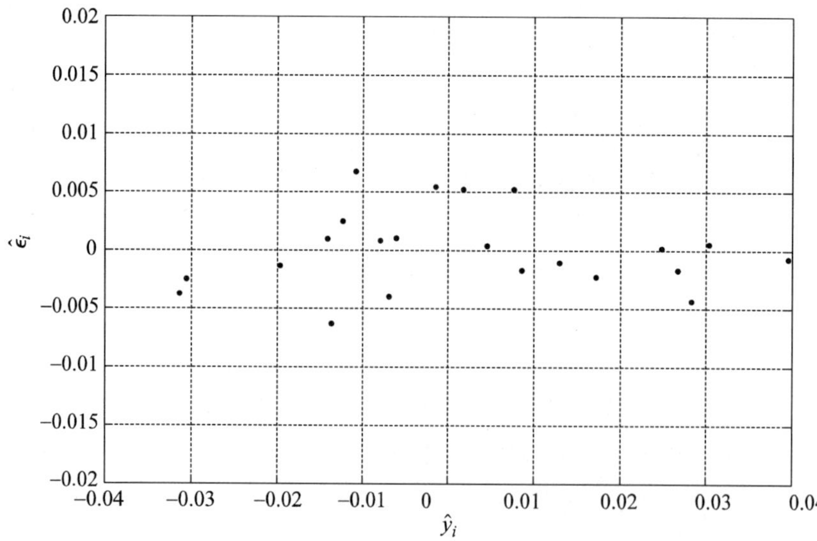

그림 5.5 ■ x_i 잔차플롯

4.2 다중공선성과 이상치

회귀분석을 실시할 때 주의할 점으로 다중공선성(multicollinearity)과 이상치(outlier)를 들 수 있다. 먼저 다중공선성은 회귀모형에 사용되는 독립변수들 간에 높은 선형관계가 있을 때 발생한다. 즉 거의 같은 정보를 갖는 두 변수를 회귀모형에서 독립변수로 사용하게 되면 다중공선성 문제가 발생하게 된다. 다중공선성이 있는 경우 '추정된 회귀계수들을 믿을 수 없다'라고 한다. 이렇게 말하는 이유는 다중공선성이 존재하게 되면 회귀추정량의 표준편차가 실제보다 커지게 되기 때문이다. 회귀추정량의 표준편차가 크다는 것은 그만큼 변동이 크다는 것을 의미하므로 신뢰하기 힘든 추정량임을 뜻한다. 또한 회귀계수의 검정에 있어서도 검정통계량의 분모에 회귀추정량의 표준편차가 들어가기 때문에 표준편차가 커지면 검정통계량을 작아지게 만들어 유의성 검정에서 가설을 기각하지 못하고 실제와는 다르게 통계적으로 무의미한 회귀계수가 되어버릴 가능성도 높아지게 된다. 그러면 다중공선성 문제는 어떻게 피할 수 있을까? 가장 쉬운 해결책은 회귀모형에 사용될 독립변수들에 대하여 상관분석을 해보는 것이다. 즉 미리 상관분석을 하고 상관계수가 높게 나오는 변수를 제거하는 것이다. 물론 여기서 상관계수의 크기가 얼마나 되어야 제거대상이 되는지에 대하여 정해진 것은 없고 주관적인 판단에 의해 결정하게 되지만, 일반적으로 상관계수의 절대값이 0.9

보다 크면 두 변수 중 하나를 제거한다.

이상치가 무엇인지 설명하기 전에 <그림 5.6>을 보도록 하자. 이 그림을 자세히 보면 오른쪽 끝 부분에 관찰치 하나가 떨어져 있음을 알 수 있다. 이를 이상치라 하자. 만약 이 관찰치를 제거하면 회귀분석의 결과는 어떻게 달라질까? <그림 5.6>에서 실선으로 나타난 회귀직선은 이상치를 제거하기 전의 적합결과이고, 점선으로 나타난 회귀직선은 이상치를 제거한 후의 적합결과를 나타낸다. 그림에서 볼 수 있듯이 이상치는 $\hat{\beta}_1$을 끌어내렸음을 알 수 있다. 아래의 분석결과를 비교해 보더라도 이상치 제거 전과 이상치 제거 후의 결과는 많이 달라지게 된다.

이상치 제거 전

Variable	DF	Parameter Estimate	Standard Error	t Value	Pr > |t|
Intercept	1	16.79792	9.80490	1.71	0.0973
nasdaq	1	0.02718	0.00565	4.81	<.0001

이상치 제거 후

Variable	DF	Parameter Estimate	Standard Error	t Value	Pr > |t|
Intercept	1	2.58932	10.65771	0.24	0.8098
nasdaq	1	0.03612	0.00631	5.73	<.0001

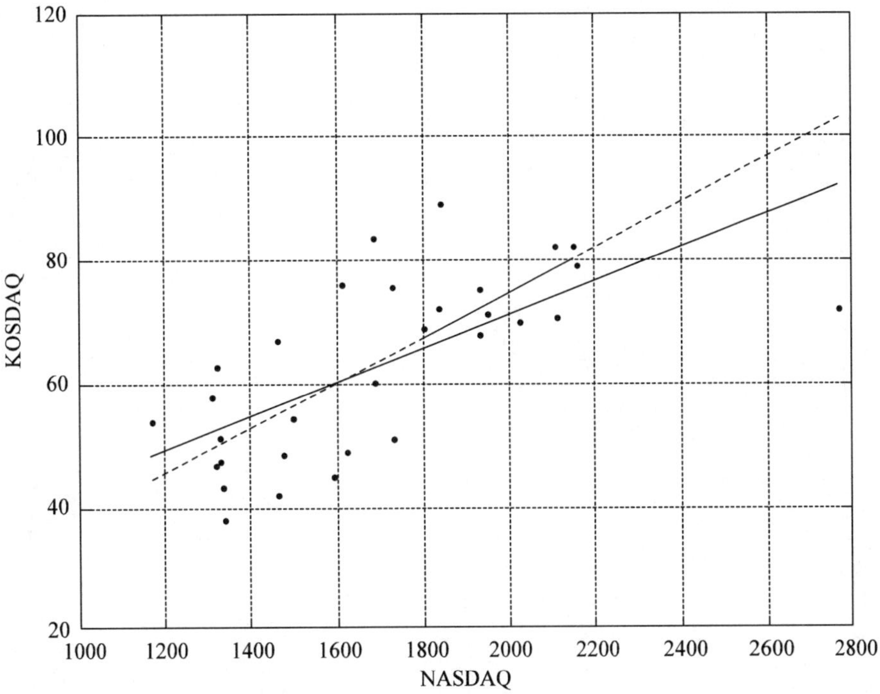

그림 5.6 ▩ 이상치 유무에 따른 회귀직선의 변화

이 결과가 시사하는 바는 회귀분석은 이상치에 민감하게 반응한다는 것이다. 따라서 분석자는 회귀분석을 하기 전에 이상치의 유무를 확인하고 이상치의 제거를 통해 좀더 좋은 회귀분석 결과를 만들도록 노력하여야 한다.

06 CHAPTER

파생상품 투자전략 및 선물 · 선도거래 가격결정

국채 및 은행저축 등으로 대표되는 무위험자산의 수익률(또는 이자율)과 주식, 외환(foreign currency), 금, 상품 등 미래 가격의 불확실성을 내포하고 있는 위험자산의 수익률 행태(behavior)연구는 수리금융의 핵심적인 사항이다.

수익률 또는 이자율의 동적 구조(dynamic structure)는 자산의 가격 변동을 규율하는 불확실성의 규칙이며 자산의 미래 가격을 예측하는 확률 과정(stochastic process)이다.

자산의 미래 가격을 기반한 자산의 현재가치는 시장에서 거래되고 있는 자산가격의 공정성 여부를 판단하고, 주식가격 및 환율변동 등으로부터 발생하는 위험, 이자율의 변동으로부터 오는 위험을 헷지하기 위한 거래 및 계약의 합리적 비용을 평가하는 데 핵심적인 요소이다.

자산의 미래 시장가격에 다양한 조건을 걸어 수익구조가 결정되는 자산을 파생상품(financial derivatives)이라고 한다.

이 장은 자산의 현재가치, 특히 파생상품의 현재가치를 엄격한 수학적 전개로 규명하기 위한 예비단계이다. 엄격한 수학적 전개는 수리 재무를 근본부터 이해하는 데 매우 중요하고 필요한 단계이지만 인문사회계 학생에게는 너무 높은 진입장벽으로 인식되는 경우가 많으며 자연계 학생에게는 재무론적 이해없이 단지

수학적 관심사로 되는 경우가 많다. 이러한 문제 때문에 이 장에서는 파생상품의 pricing을 위한 기본 가정과 파생상품 투자전략 등의 응용을 위주로 살펴보고자 한다.

1 자산의 현재가치와 기본가정

$V(t)$를 시점 t에서의 자산 가격으로 정의하고 이 자산의 연 기대수익률을 μ라고 하면

$$\frac{V(t+\Delta t)-V(t)}{V(t)}=\mu\cdot\Delta t$$

가 된다. 여기에서 $\Delta t=\frac{1}{365}$ 이면 일일수익률이 되고 $\Delta t=1$이면 연 수익률이 된다. $T=n\cdot\Delta t$ 라고 할 때, $V(t+\Delta t)=(1+\mu\cdot\Delta t)V(t)$ 이므로

$$\begin{aligned}V(T)&=(1+\mu\cdot\Delta t)V(T-\Delta t)=(1+\mu\cdot\Delta t)^2V(T-2\Delta t)=\cdots\\&=(1+\mu\cdot\Delta t)^nV(0)\end{aligned}$$

이 된다. 그러므로 $V(T)$의 현재가치는 $V(0)=\frac{V(T)}{(1+\mu\cdot\Delta t)^n}$ 이다.

한편 $T=n\cdot\Delta t$ 이므로, $(1+\mu\Delta t)^n=\left(1+\mu\frac{T}{n}\right)^n$ 이 되어 $n\to\infty$(즉, Δt가 0으로 접근함에 따라) $\left(1+\mu\frac{T}{n}\right)^n\to e^{\mu T}$가 된다. 이는 충분히 작은 Δt (예를 들어 1/365, 1/(365 × 24) 등)에 대해서는 현재가치를 $V(0)=\frac{V(T)}{(1+\mu\Delta t)^n}$ 대신에 $V(0)=e^{-\mu T}V(T)$으로 계산한다. 특히 $V(T)$가 국채와 같은 무위험자산일 때 연 기대수익률은 이자율이 되며 일반적으로 r로 표현하여 $V(T)$의 현재가치는 $V(0)=(1+r\Delta t)^{-n}V(T)$ 또는 $V(0)=e^{-rT}V(T)$가 된다. $(1+r\Delta t)^{-n}$ 또는 e^{-rT}를 할인요소(discount factor)라고 한다.

투자자의 자산 $V(t)$는, $S_i(t)$를 t시점에서의 i번째 자산의 가격이라고 할 때

$$V(t) = \theta_1(t)S_1(t) + \theta_2(t)S_2(t) + \cdots + \theta_k(t)S_k(t)$$

으로 표현할 수 있다. 여기에서 $\theta_i(t)$는 시점 t에서 $S_i(t)$의 보유 갯수를 의미한다. $S_i(t)$의 대표적인 예들은 주식, 채권, 현금, 파생상품 등이다. $\theta_i(t)$가 양의 값이면 $S_i(t)$에 long position을 취했다고 하며 $\theta_i(t)$의 값이 음이면 $S_i(t)$에 short position을 취했다고 한다.

일반적으로 long position은 '산다(buy)'의 개념이며 short position은 '판다(sell)'의 개념이다. 주식을 사거나 채권을 사면 long position이며 주식의 공매도(short selling)는 short position에 속한다. 현금을 은행에서 빌리면 채권을 팔게 되므로 short position이고 현금을 은행에 저축하면 채권을 은행으로부터 사는 것이므로 long position이 된다. 포트폴리오 V(t)는 투자전략 $\theta_i(t)$에 의해 결정된다. 그런데 이 $\theta_i(t)$는 시점 t에서 결정되며 Δt가 아주 작은 값일 때 [t, t+Δt) 시점 동안에는 $\theta_i(t)$가 변하지 않는다고 가정한다. 그러므로 시점 [t, t+Δt) 동안의 포트폴리오의 수익은

$$\sum_{i=1}^{k} \theta_i(t)[S_i(t + \Delta t) - S_i(t)]$$

이 된다. $T = t + n \cdot \Delta t$라고 정의할 때

$$\sum_{j=1}^{n}\sum_{i=1}^{k} \theta_i(t + (j-1)\Delta t)[S_i(t + j\Delta t) - S_i(t + (j-1)\Delta t)]$$

는 시점 [t, T] 동안의 포트폴리오의 총 수익이 된다.

정의 6.1 Self-Financing

만약 $V(T) - V(t) = \sum_{j=1}^{n}\sum_{i=1}^{k} \theta_i(t + (j-1)\Delta t)[S_i(t + j\Delta t) - S_i(t + (j-1)\Delta t)]$가 성립되면 이러한 투자전략 $\theta_i(t)$, $i = 1,2,\cdots,k$ 를 self-financing이라고 한다.

V(T)-V(t)는 시점 t에서 시점 T 까지의 포트폴리오 가치의 변화이며,

$$\sum_{j=1}^{n}\sum_{i=1}^{k}\theta_i(t+(j-1)\Delta t)[S_i(t+j\Delta t)-S_i(t+(j-1)\Delta t)]$$

는 [t, T] 시점 동안 계속 거래로 벌어들인 수익이다. 이 두 값이 같다는 의미는 [t, T] 동안에 포트폴리오로부터 투자금을 회수하지도 않고 새로운 투자도 투입하지 않았다는 것을 말한다. 이러한 의미로 투자전략 $\theta_i(t)$를 self-financing이라고 한다. Self-financing에 의해

$$V(t+\Delta t)-V(t)=\sum_{i=1}^{k}\theta_i(t)[S_i(t+\Delta t)-S_i(t)]$$

이고 $V(t)=\sum_{i=1}^{k}\theta_i(t)S_i(t)$이므로

$$V(t+\Delta t)=\sum_{i=1}^{k}\theta_i(t+\Delta t)S_i(t+\Delta t)=\sum_{i=1}^{k}\theta_i(t)S_i(t+\Delta t)$$

가 성립된다. 이 방정식의 의미는 시점 $t+\Delta t$ 의 포트폴리오의 가치 $V(t+\Delta t)$는 시점 t에서의 투자전략 $\theta_i(t)$를 기반으로 계산되고 $t+\Delta t$ 시점에서 투자전략 $\theta_i(t+\Delta t)$는 포트폴리오의 가치 $V(t+\Delta t)$가 동일하도록 구성되어야만 self-financing이 된다는 의미이다. 이러한 self-financing의 정의는 옵션을 이용하여 위험을 헷지할 때 유용하게 사용될 것이다.

파생상품의 가격 결정에 가장 중요한 가정은 완전시장(complete market)이다.

정의 6.2 완전시장(complete market)

(i) 자산의 가격에 영향을 주는 모든 위험은 완전하게 hedge될 수 있고,
(ii) 어떠한 새로운 자산도 self-financing한 기존자산을 거래하여 복제(replicate) 할 수 있다.

이 두 조건을 만족하는 시장을 완전시장이라고 말한다. 사실 (i)과 (ii)는 같은 의미로 보아도 무방하다. 모든 위험이 헷지될 수 있다는 말은 새로운 자산의 가격변동을 다른 자산으로 복제(모든 시점에서 두 자산의 가치가 동일하게 만드

는 포트폴리오)하여 서로간에 반대포지션(한쪽이 long position이면 또 다른 한쪽에서는 short position)을 취함으로써 위험을 완벽하게 헷지할 수 있다.

이러한 완전시장이 되기 위해서는 자산의 분할성(divisibility)와 유동성(liquidity)이 충분하게 보장되어야 한다. 분할성이란 주식이나 채권의 소수점 단위도 구입할 수 있어야 한다. 현실적인 의미로는 주당 가격에 비해 거래 규모가 충분히 클 경우를 말한다. 유동성은 자산을 팔거나 구입하는 것을 거래량과 시기에 관계없이 자유스럽게 할 수 있을 때 자산은 유동성이 완전하게 확보되었다고 말한다. 이와 같은 완전 시장의 조건에 의해 다음의 수리재무의 핵심도구인 무차익거래 이론(no arbitrage principle)이 성립하게 된다.

정의 6.3 무차익거래(No Arbitrage)

어떤 포트폴리오의 가치가 $V(0) = 0$이면, $P[V(t) > 0, t > 0] = 0$이 성립되면 이를 무차익거래(no arbitrage)라고 한다.

예제 6.1 두 개의 자산 $S_1(t)$와 $S_2(t)$가 있을 때 만약 $S_1(0) = S_2(0)$인데 $S_1(1) > S_2(1)$이면 t=0에서 S_2를 공매도하여 생긴 돈으로 S_1을 구입한다. 이 경우, 공매도에 대한 비용은 0이라고 가정한다. 그러므로 t=0에서 $V(0) = S_1(0) - S_2(0) = 0$이며 $V(0)$에서의 가치는 0이다. 그 이후 t=1에서 $S_1(1)$을 팔아서 이 돈의 일부로 $S_2(1)$을 구입하여 t=0에서 공매도한 S_2를 갚으면 된다. 이 경우, $V(0) = 0$이고, $V(1) = S_1(1) - S_2(0) > 0$ 이 되어 차익거래(arbitrage)가 발생하게 된다.

예제 6.2 자산 S가 1년 후의 수익률이 u 또는 d라고 할 때(u>d), 무위험자산의 수익률 r이 r>u 또는 d>r일 경우 차익거래가 발생하게 된다. $\frac{S(t+\Delta t)-S(t)}{S(t)}$가 수익률이므로 현재 t=0와 1년 후 t=1 (즉, t=0, $\Delta t = 1$)로 표현하면 다음 그림과 같다.

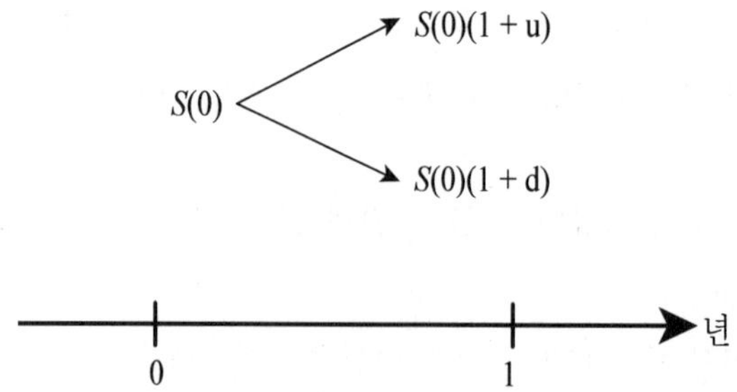

그림 6.1 ■ S(t)의 1년 후의 수익률

먼저 $r>u$ 의 경우를 고려하여 보자. $t=0$에서 $S(0)$를 공매도하여 이 돈을 은행에 저축하면 1년 후에 $S(0)(1+r)$이 된다. 이 돈 중 일부인 $S(0)(1+u)$ 또는 $S(0)(1+d)$로 $S(1)$을 사서 채무를 청산하면 된다. 그러므로 $t=0$에서 $V(0) = 0$에서 $t=1$에서 $V(1) = S(0)(1+r) - S(0)(1+u) > 0$ 또는 $V(1) = S(0)(1+r) - S(0)(1+d) > 0$ 의 이익이 생기게 되어 차익거래가 발생하게 된다.

두 번째로 $r<d$이면 $t=0$에서 은행으로부터 돈을 빌려 $S(0)$를 구입한 1년 후 $S(0)$가 $S(0)(1+u)$ 또는 $S(0)(1+d)$가 되므로 이 $S(1)$을 매도하여 은행 채무를 청산하면 된다. 그러므로 $V(0) = 0$ 이지만 $V(1) = S(0)(1+u) - S(0)(1+r)>0$ 또는 $V(1) = S(0)(1+d) - S(0)(1+r) > 0$이 되어 차익거래가 발생하게 된다. 그러므로 차익거래가 발생하지 않기 위해서는 $d<r<u$이어야만 한다.

2 선물과 옵션

선물(Future)과 옵션(Option)은 파생상품의 대표적인 예이다. 이들의 정의부터 살펴본 후 위험헷지를 위해 이들이 어떻게 사용되는가를 살펴보고자 한다.

정의 6.4 선도계약(Forward)

선도계약은 기초자산(underlying asset)을 미래의 정해진 시간에 정해진 가격으로 사거나 파는 계약을 말하며 이 계약은 의무사항이다.

여기에서 정해진 시간을 만기일(expiry date)이라고 말하며 정해진 가격을 선도가격(forward price)이라고 말한다. 선도계약의 만기일에서의 손익(payoff)은 다음 그림과 같다.

<그림 6.2(a)>는 long position의 선도계약, <그림 6.2(b)>는 short position의 선도계약의 손익으로, F(T)는 정해진 가격(선도가격)이며 S(T)는 만기일 T에서의 기초자산의 가격이다. <그림 6.2>에서 직선의 기울기는 long position인 경우 +1이고, short position인 경우 −1이다. 즉, long position의 경우, S(T)를 F(T)가격으로 구입해야 하므로 S(T) −F(T)만큼의 수익이 발생하기 때문이며 short position의 경우, S(T)를 F(T)가격으로 팔아야 하므로 F(T) −S(T)의 수익이 발생하기 때문이다.

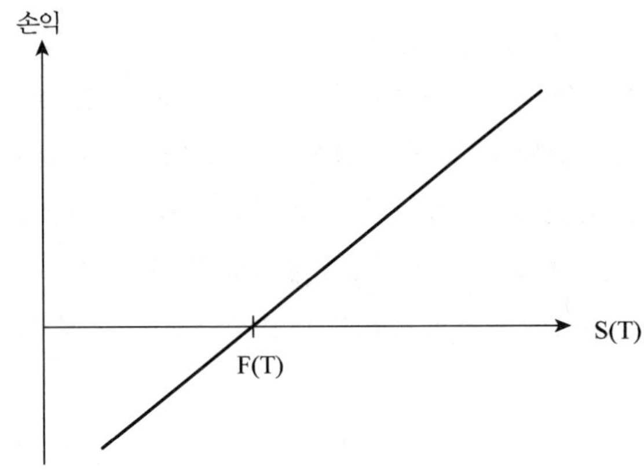

그림 6.2(a) ■ long position의 선도계약 손익

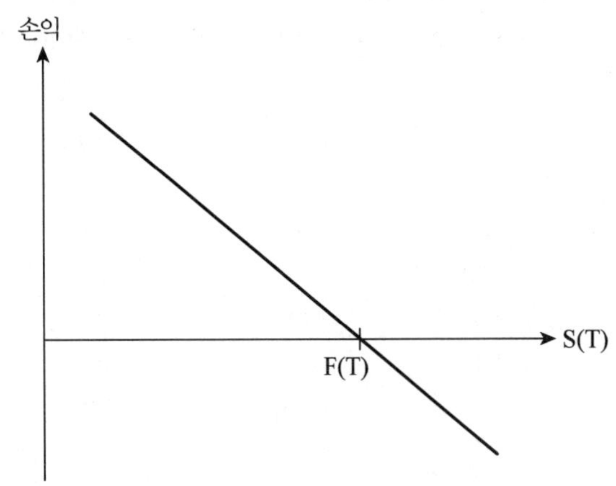

그림 6.2(b) ■ short position의 선도계약 손익

정의 6.5 선물(Future)

선물은 선도계약과 동일한 손익구조를 가지고 있다. 다만, 선물은 증권거래소와 같은 공식적인 거래소에서 표준화된 형태의 거래이며 매일 계약이 청산되는 구조(이를 marked to market (M to M)이라고 한다)를 가지고 있다. 그러므로 선도계약은 개인간의 거래이며 장외시장(over-the-counter: OTC)에서 거래가 이루어진다.

선물 및 선도계약은 계약 당시 비용이 들지 않는다. 그러나 선물거래에서 취한 포지션의 이행이 의무사항이므로 선물거래의 모든 투자자는 먼저 initial margin을 거래소에 공탁(deposit)해야 하며, 거래소 입장에서는 일종의 담보(collateral)로 initial margin을 요구한다. 일일정산을 통해 투자자는 이 initial margin에 대한 초과액만을 인출한다. 만약 일일정산을 통해 initial margin이 정해진 하한선(이를, maintenance margin이라고 한다) 아래로 내려가면, 거래소에서는 initial margin까지 돈을 더 위탁하라는, 소위 margin call을 하게 된다. 만약 이 margin call에 응하지 않으면 선물거래는 종료되어, 포지션에 따른 채무불이행(default)은 발생하지 않는다.

예제 6.3 현재 시점 t에서 만기일이 T인 선물가격을 f(t,T)라고 정의하자. initial margin을 10%, maintenance margin을 5%라고 했을 때 선물의 거래 내역을 정리하면 다음과 같다. 돈의 단위는 천원이며 거래는 일일 단위이다.

t	f(t,T)	현금흐름	중간정산	손익	정산
0	200	Open	0	–20	20
1	210	+10	30	+9	21
2	190	-20	1	–18	19
3	200	+10	29	+9	20
4	205	+5	25	+4.5	20.5
		closing	20.5	20.5	
			총계 = +5		

t=0일 때 선물의 가격이 200,000으로 출발하여 그 10%에 해당되는 금액 20,000을 공탁하여 –20의 손익이 났고 t=0의 최종정산 금액은 20,000원이 된다. t=1에 선물의 가격이 210,000원으로 증가하여 현금흐름이 +10천원이 발생

하였고 중간정산 결과 t=1의 최종정산 20천원+10천원으로 30천원의 공탁이 되어 10% initial margin인 21천보다 9천원이 잉여가 발생하여 +9천원의 이익이 발생한다. +9천원을 인출하여 t=1의 최종정산은 21천원이 된다. t=2이 되어 선물의 가격이 190천원이 되어 현금흐름이 210천원에서 190천원으로 -20천원의 현금흐름이 발생하여 중간정산은 21-20=1, 천원이며 190천원의 5% 이하로 내려가 margin call이 요청되어 18천원을 공탁하여 최종정산은 19천원이 된다. t=3과 t=4에 대해서도 동일하게 적용하여 t=4에서의 최종정산액 20.5천원을 인출하여 계약을 종료한다. 이 선물계약에 의해 손익의 모든 합을 구하여 4일간의 선물거래에 의해 이 투자자는 5,000원의 이익이 났다.

정의 6.6 옵션(Option)

옵션은 소유자에게 기초자산을 사거나 팔 수 있는 권리(right)를 주는 파생상품을 말한다. 옵션은 권리행사 시기에 따라 유럽형옵션(European option)과 미국형 옵션(American option)이 있다.

기초자산을 만기일에 정해진 가격으로 옵션 발행자(writer)로부터 살 수 있는 권리를 유럽형 콜옵션(European call option)이라고 하고 기초자산을 만기일에 정해진 가격으로 옵션 발행자에게 팔 수 있는 권리를 유럽형 풋옵션(European put option)이라고 한다. 미국형 옵션은 만기일에만 권리를 행사할 수 있는 유럽형 옵션과 달리, 옵션발행 시점부터 만기일 사이에 있는 어떤 시점에서도 권리를 행사할 수 있다.

유럽형 옵션을 중심으로 몇 가지 용어를 설명하여 보자. 만기일에 정해진 가격을 행사가격(exercise price 또는 strike price)이라고 한다. S(t)를 시점 t에서의 기초자산의 가격이라고 정의하고, T를 만기일, 그리고 K를 행사가격이라고 하자. 만기일에서 유럽형 콜옵션에 대해, S(T)<K이면 옵션을 행사할 필요가 없어 옵션 매수가의 손실이 발생하게 되어 이를 외가격(out-of-money: OTM), S(T)=K이면 등가격(at-the-money: ATM), S(T)>K이면 옵션을 행사하여 S(T)를 행사가격 K로 매수하게 되어 이윤이 발생하게 된다. 이 경우를 내가격(in-the-money: ITM)이라고 한다.

같은 방법으로 유럽형 풋옵션의 경우, S(T)<K이면 옵션을 행사하여 행사가격 K로 기초자산을 팔게 되어 이익이 발생하여 ITM이 되고, S(T)=K는 ATM, 그리고 S(T)>K이면 손실이 발생하여 OTM이 된다.

다음의 그림은 유럽형 콜옵션의 손익(payoff)을 보여주고 있다.

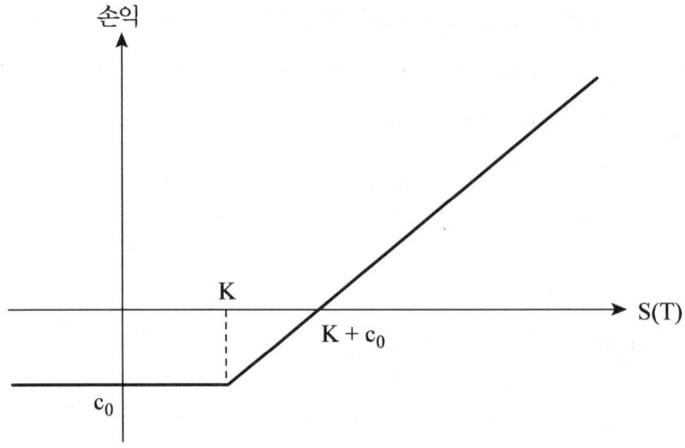

그림 6.3(a) ▪ 유럽형 콜옵션의 손익(long position)

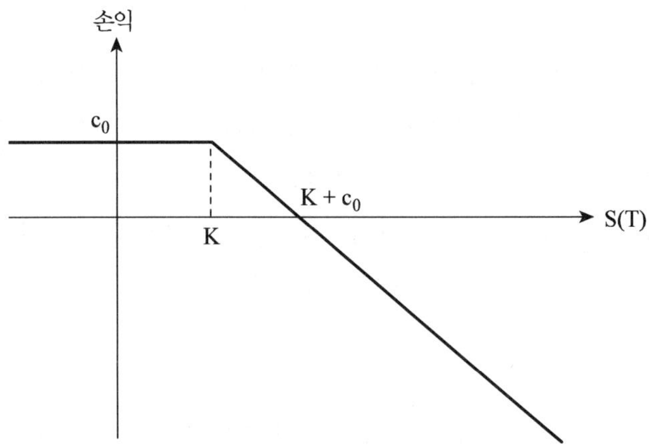

그림 6.3(b) ▪ 유럽형 콜옵션의 손익(short position)

유럽형 콜옵션의 만기일에서의 손익(payoff)은

$$C(T) = \max(S(T) - K, 0)$$

이다. 즉 C(T)는 만기일 t=T에서의 유럽형 콜옵션의 가치로 해석할 수 있다. 이러한 가치의 댓가로 옵션 계약 시(편의상 t=0) 옵션의 구입가격이 옵션의 가격이다. 그러나 불행하게도 옵션계약시점에서 만기일 T에서의 기초자산의 가격 S(T)는 미지의 수인 확률변수이다. 옵션의 가격을 결정하는 체계적인 방법이 필요한 이유이다. 이에 대한 논의는 다음 절에서 다루기로 하자.

<그림 6.3(a)>는 long position을 취한 유럽형 콜옵션의 손익이다. 만기일에서 기초자산 가격 S(T)가 행사가격 K보다 클 때만 옵션을 행사하기 때문에 x축의 값이 K 이상일 때만 기울기가 1인 직선(이는 선도계약과 동일한 이유 때문이다)으로 표현되고 S(T)가 K 이하일 경우에는 x축과 평행인 선으로 나타났다. x축과 이 평행선의 거리는 c_0로 표현되어 있고 이 c_0가 유럽형 콜옵션의 가격이다. <그림 6.3(b)>는 short position을 취한 유럽형 콜옵션의 손익(payoff)이다. <그림 6.3(a)>를 콜옵션의 구매자 입장의 손익이라고 하면 <그림 6.3(b)>는 콜옵션의 발행자(writer)의 입장에서 본 손실이므로 <그림 6.3(b)>의 short position의 손익은 <그림 6.3(a)>의 long position의 손익과 x축에 대해 대칭임을 알 수 있다.

유럽형 풋옵션의 만기일에서의 손익은

$$P(T) = \max(K - S(T), 0)$$

이므로 다음의 그림과 같이 포지션별 손익구조를 가지고 있다.

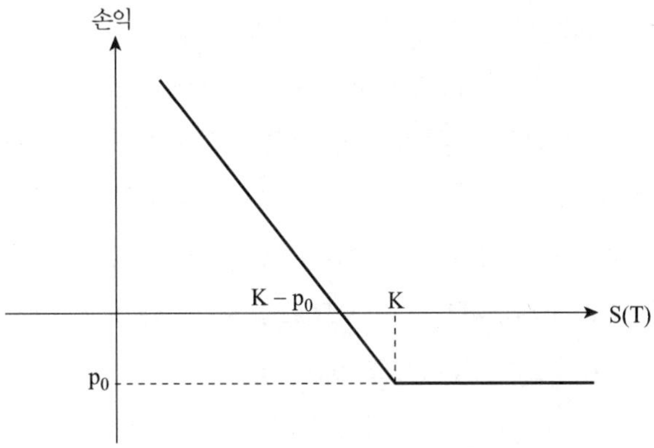

그림 6.4(a) ■ 유럽형 풋옵션의 손익(long position)

<그림 6.4(a)>는 long position의 유럽형 풋옵션의 손익이다. 만기일에서 기초자산의 가격 S(T)가 행사가격 K보다 낮을 때에만 수익이 발생하므로 기울기가 -1인 직선으로 표현되고, S(T)가 K보다 클 경우에는 풋옵션을 행사하지 않게 되어 x축과 평행인 선으로 표현되며, x축과 평행선의 거리인 p_0가 풋옵션의 시점

t=0에서의 가격이다.

long position을 기준으로 유럽형 옵션의 가격과 S(T)의 분산, 행사가격 K, 만기일까지의 시간 거리의 관계를 살펴보자. 이에 대한 수학적 논의는 다음 절에서 다루어질 것이다.

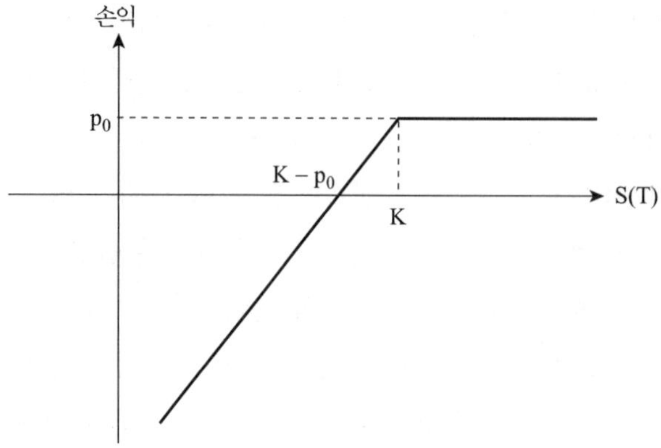

그림 6.4(b) ■ 유럽형 풋옵션의 손익(short position)

콜옵션 가격 c_0와 풋옵션 가격 p_0는 S(T)의 분산(또는 위험)이 클수록 증가한다. S(T)의 가격의 분산이 크다는 말은 S(T)의 가격이 크게 높아지거나 낮아질 가능성이 높다는 것을 의미한다. 콜옵션의 경우 S(T)가 K보다 높을수록 많은 이익이 나지만 S(T)의 가격이 낮아지더라도 손실은 c_0로 고정되어 있기 때문에 만기일에서의 옵션의 가치, 즉 max(S(T)-K, 0)가 높아지므로 c_0가 증가하게 된다. 마찬가지로 풋옵션의 경우 S(T)가 낮을수록 풋옵션의 가치가 높아지게 되어 p_0가 증가하게 된다.

행사가격이 높을수록 콜옵션의 경우는 payoff가 낮아지므로 c_0가 낮아지고, 풋옵션의 경우는 payoff가 높아지므로 p_0는 올라가게 된다. 반대의 이유로 행사가격이 낮을수록 c_0는 높아지고, p_0는 낮아진다.

한편, 만기일이 길수록 기초자산의 불확실성이 커지므로 변동성이 증가하게 된다. 그러므로 앞에서 언급한 바와 같이 콜옵션과 풋옵션의 가격 c_0와 p_0 모두 증가하게 된다.

3 옵션을 이용한 투자전략

이 절에서는 이해를 돕기 위해 기초자산을 주식이라고 가정하고 미래의 주식 가격에 대한 투자자의 관점에 따른 투자전략을 유럽형 옵션을 통해 살펴보고자 한다.

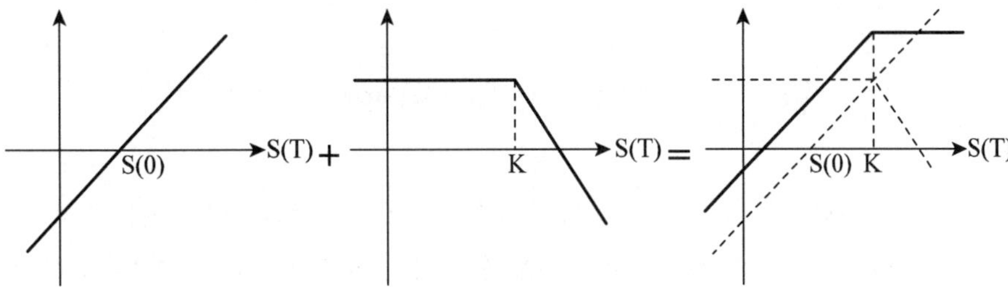

그림 6.5 ■ 커버된 콜옵션(covered call option)의 손익

주식을 S(0)에 매입하고 S(0)보다 높은 행사가격 K를 가진 콜옵션의 short position을 취하면 <그림 6.5> 커버된 콜옵션의 손익이 된다. 이 전략은 주가가 만기일에 S(0)에서 크게 변동하지 않을 것이라고 예상할 때 쓰는 전략이다.

주식을 S(0)에 매입하고 풋옵션을 매입(long)하면 <그림 6.6>과 같이 방어적 풋옵션이 된다. 그림과 같이 S(0)가 K보다 클 이유는 없지만 매입한 주식가격이 만기일에 S(0)보다 떨어져 손실의 크기를 줄이고 싶을 경우에는 행사가격 K를 증가시키면 된다. 방어적 풋옵션은 주식가격이 S(0)에 비해 상승이 확실한 경우에 쓰는 전략이며 예상과 달리 만기일에 주식가격이 S(0) 밑으로 하락하더라도 손실이 제한적이라는 장점이 있다.

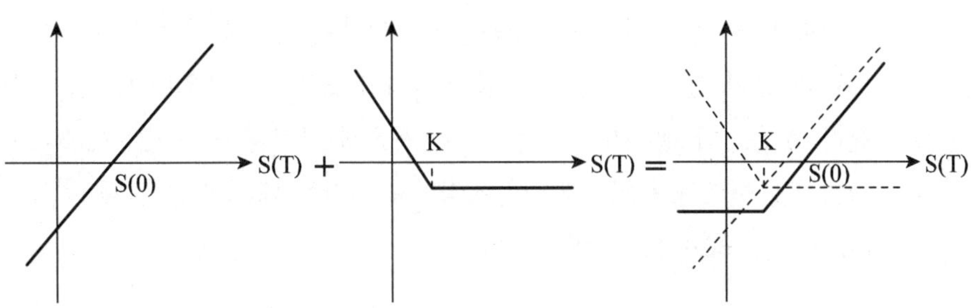

그림 6.6 ■ 방어적 풋옵션(protective put option)의 손익

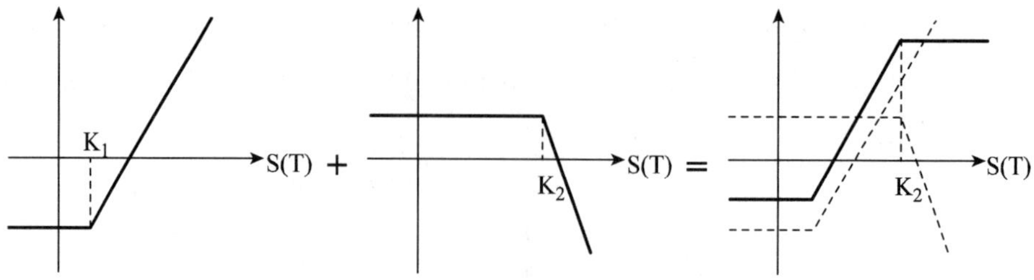

그림 6.7 ▩ 강세 스프레드(bull spread)의 손익

동일한 주식(기초자산)에 행사가격이 다른 콜옵션에 대해 동일한 단위수로 long position과 short position을 동시에 취한 투자전략이 <그림 6.7>의 강세 스프레드(bull spread)이다. 만기일에 기초자산의 가격이 강세(bull)일 것으로 예상될 때 사용하는 투자전략이다. 콜옵션은 행사가격이 높을수록 콜옵션 가격이 낮기 때문에 $K_1 < K_2$으로 행사가격을 선택하여 long position의 premium을 줄일 수 있다.

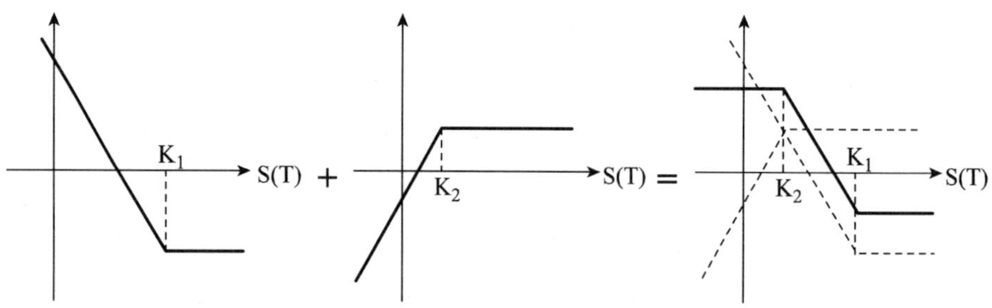

그림 6.8 ▩ 약세 스프레드(bear spread)의 손익

기초자산이 만기일에 약세(bear)라고 예상할 때 사용하는 투자전략으로 <그림 6.8>과 같이 만기일이 같고 동일한 단위의 풋옵션을 매입(long)하고 매도(short)한다. 풋옵션의 행사가격이 높을수록 풋옵션 가격은 높기 때문에 $K_1 > K_2$로 행사가격을 선택하면 기초자산이 적절하게 하락할 때 수익을 올릴 수 있고 풋옵션(long)의 프리미엄도 줄일 수 있다.

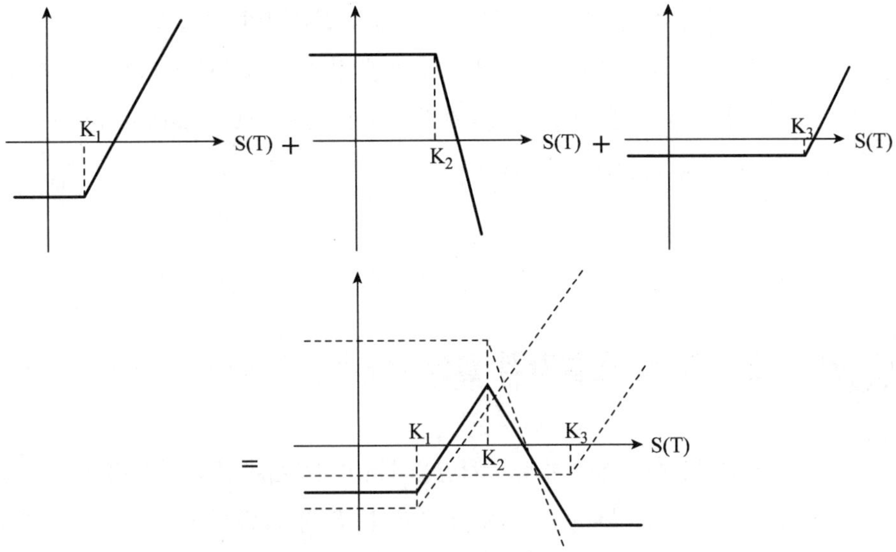

그림 6.9 ■ 나비형 스프레드(butterfly spread)의 손실함수

<그림 6.9>는 만기일이 같은 3개의 콜옵션으로 주가가 K_2를 중심으로 거의 안정적으로 움직이지 않을 것이라고 예상되었을 때 사용하는 투자전략이며 이를 나비형 스프레드(butterfly spread)라고 한다. 행사가격이 $K_1 < K_2 < K_3$이며 두 개의 콜옵션(K_1, K_3)은 long position을 취하고 나머지 하나의 콜옵션(K_2)은 long position의 2배 단위의 short positon을 취해 구성한다. 그러므로 행사가격이 K_2인 콜옵션(short)의 직선의 기울기는 –2가 된다.

연습문제 6.4

1. 콜옵션과 풋옵션의 행사가격이 동일하고 두 개의 옵션 모두 long position을 취하면, 행사가격을 중심으로 가격변동이 매우 클 것으로 예상될 때 쓰는 투자전략으로 이를 스트레들(straddle)이라고 한다. 이 스트레들 전략의 손익함수(payoff)를 그려라.
2. 스트레들과 동일하게 콜옵션과 풋옵션의 행사가격이 같고 모두 long position이다. 그러나 풋의 거래 단위가 콜의 2배인 것이 차이점이다. 이를 스트립(strip)이라고 하며, 주가(기초자산)가 큰 폭으로 변화할 것이라고 예상하지만 기초자산의 가격이 떨어질 가능성이 더 높을 때 사용하는 투자전략이다. 이 스트립 전략의 손실함수를 그려라.

3. 스트레들과 동일하나 스트립과 반대로 콜옵션의 거래 단위가 풋옵션의 2배인 경우이다. 기초자산이 큰 폭으로 변할 것으로 예상되고 특히 주가가 상승할 가능성이 높을 때 사용하는 투자전략이다. 이를 스트랩(strap)이라고 한다.
스트랩의 손실함수를 그려라.

4 선물거래 및 선물가격 결정

현재 시점을 t라고 하고 만기일을 T라고 할 때, 선도거래가격 F(t,T)에 대한 선도거래의 payoff(long position의 경우)는 S(T)-F(t,T)이다. 여기에서, S(T)는 만기일에서의 기초자산의 가격이다. 또한 유럽형 콜옵션의 경우, long position일 때 payoff는 max(S(T)-K, 0)이다. 여기에서 K는 행사가격이다.

이처럼 특정시점 t^*에서의 파생상품의 pay-off는 기초자산 $S(t^*)$와 시점 t^*의 함수 $V(S(t^*), t^*)$로 표현할 수 있다. 선도거래의 경우 V(S(T),T)=S(T)-F(t,T)이며 유럽형 콜옵션의 경우, V(S(T),T)= max(S(T)-K , 0)이다. 현재시점 t (<T)에서는 미래시점 T에서의 기초자산가격 S(T)를 알 수 없기 때문에 V(S(T),T)는 확률변수이다. 그러므로 V(S(T),T)의 기대값을 구한 후 이를 다시 현재가치로 환산한 값이 파생상품의 현재가치이다. 콜옵션의 매입으로 미래의 만기일에 발생하는 수익은 max(S(T)-K, 0)이므로 콜옵션의 매입시점인 t (<T)에서 발행자에게 이에 대한 대가를 지급해야 할 것이다. 이 값이 콜옵션의 현재가치이며 콜옵션의 시점 t에서의 가격이다. max(S(T)-K, 0)의 기대값을 구하기 위해서는 확률변수인 S(T)의 분포를 알아야 한다. max(S(T)-K, 0)의 기대값의 현재가치를 알기 위해서는 콜옵션의 현재시점 t에서 만기일 T까지의 기대수익률을 구해야 하는데, 기대수익률은 콜옵션의 현재가치를 알아야 구할 수 있게 된다. 이는 큰 딜레마이다. 이를 피할 수 있는 방법이 무차익거래이론(no arbitrage principle)이다. 무차익거래이론을 바탕으로 이 장에서는 선도거래가격 및 선물가격을 구하고 제7장에서는 옵션에 대한 가격결정을 논의하게 될 것이다.

현재 시점 t에서 만기일 T에 기본자산 S(T)를 F(t,T)로 매입하는 선도거래를 고려하여 보자. 그러면 선도거래가격 $F(t, T) = S(t) \cdot e^{r(T-t)}$가 된다. 여기에서 r

은 무위험자산의 이자율이다. 이를 무차익거래 이론에 따라 증명할 수 있다. 이미 여러 번 언급한대로 선도거래의 payoff는

$$V(T)=S(T)-F(t,T)$$

이다. 그런데 선도거래의 계약은 비용을 지불하지 않으므로 V(t)=0이어야 한다. $F(t,T) = S(t) \cdot e^{r(T-t)}$는 이러한 조건을 만족하는 것을 쉽게 알 수 있다.

$F(t,T) > S(t) \cdot e^{r(T-t)}$라고 가정하자. 그러면 현재시점 t에서

1. S(t)원을 무위험자산의 이자율로 빌려서 기초자산 1단위를 S(t)에 구입하고,
2. short position의 선도계약을 맺는다. 즉 만기일 T에서 기초자산 1단위를 F(t,T)원으로 매도하는 선도계약을 맺는다. 그러므로 현재시점 t에서의 투자금은 0이다.

만기일 T에 도달하면

1. 기초자산을 F(t,T)원에 매도한 후, 이 돈으로
2. $S(t) \cdot e^{r(T-t)}$ 의 부채를 청산하면 $F(t,T) > S(t) \cdot e^{r(T-t)}$ 이므로 $F(t,T) - S(t) \cdot e^{r(T-t)}$원 만큼 수익이 남는다.

이는 투자금 0으로부터 이익을 창출하게 되므로 무차익거래의 원칙에 위배된다. 다음으로, $F(t,T) < S(t) \cdot e^{r(T-t)}$ 라고 가정하자. 그러면 현재 시점 t에서

1. S(t) 1단위를 공매도(short selling)하여 생긴 돈 S(t)를 무위험자산에 투자한다.
2. 선도계약 F(t,T)에 대해 long position을 취한다.

만기일 T에 도달하면

1. 무위험자산으로부터 $S(t) \cdot e^{r(T-t)}$를 찾아서, 이중 일부를 이용하여
2. 기초자산을 F(t,T)원으로 구입, 공매도를 청산한다.

그러므로 시점 t의 투자금 0이 만기일 T에서는 $S(t) \cdot e^{r(T-t)} - F(t,T)$의 이익을 남기게 되어, 이 역시 무차익거래이론을 위배하게 된다. 그러므로 $F(t,T) = S(t) \cdot e^{r(T-t)}$ 이다.

예제 6.5 **(배당(dividend)이 있을 경우의 선도거래가격)**

현재 시점 t에서의 기초자산가격 S(t)의 배당금 D가 시점 $T^*(t \le T^* \le T)$에 지급된다고 할 때의 선도계약(long position)가격 F(t,T)는

$$F(t,T) = S(t) \cdot e^{r(T-t)} - D \cdot e^{r(T-T^*)}$$

이다.

먼저, $F(t,T) > S(t) \cdot e^{r(T-t)} - D \cdot e^{r(T-T^*)}$ 라고 가정하자.
현재 시점 t에서

1. 만기일이 T인 선도계약을 F(t,T)로 short position으로 체결한다.
2. S(t)원을 무위험이자율 r로 빌려서 기초자산 1주를 구입한다.

시점 T^*에서 배당금 D를 받아 무위험이자율 r인 채권을 구입한다.
만기일 T에서

1. 기초자산을 선도계약에 따라 F(t,T)원에 매도하고 이 돈으로
2. 차입금 S(t)원을 $S(t) \cdot e^{r(T-t)}$로 청산하고
3. 채권을 $D \cdot e^{r(T-T^*)}$로 매도한다.

그러므로 만기일에서의 가치는 $F(t,T) - S(t) \cdot e^{r(T-t)} + D \cdot e^{r(T-T^*)} > 0$가 되어 차익거래가 발생하게 된다.

다음으로 $F(t,T) < S(t) \cdot e^{r(T-t)} - D \cdot e^{r(T-T^*)}$라고 가정하자.
현재 시점 t에서

1. 만기일이 T인 선도거래가격 F(t,T)로 long position 거래를 체결한다.
2. 기초자산 1주를 공매도(short selling)하여 만든 돈 S(t)로 이자율이 r인 무위험 채권을 산다.

시점 T^*에서, D원을 이자율 r로 빌려서 기초자산 소유자에게 배당금 D를 지불한다.
만기시점 T에서

1. 무위험채권을 판 $S(t)e^{r(T-t)}$으로 선도계약에 따라 기초자산 1주를 F(t,T)에 사서 기초자산 소유자에게 돌려주고
2. 부채 $De^{r(T-T^*)}$을 지불하여 부채를 청산한다.

그러므로 만기시점 T에서 이 거래의 가치는 $S(t)e^{r(T-t)} - F(t, T) - De^{r(T-T^*)} >$ 0이 되어 이 또한 무차익거래이론을 위반하게 된다.

예제 6.6 **(배당이 있을 경우의 선도거래 가격: 연속복리의 경우)**

선도거래에서 기초자산의 배당이 연속복리로 지불될 때(즉, $e^{r_d t}$), 선도거래가격을 계산하고자 한다.

$$F(t,T) = S(t)e^{(r-r_d)(T-t)}$$

임을 보이기 위해 먼저 $F(t,T) > S(t)e^{(r-r_d)(T-t)}$라고 가정하자.
현재시점 t에서

1. $S(t)e^{-r_d(T-t)}$원을 무위험이자율 r로 빌려서 기초자산을 $e^{-r_d(T-t)}$단위를 구입하고
2. 선도계약을 F(t,T)원으로 short position을 취한다.

만기일 T에서는

1. 연속복리 배당금에 의해 $e^{-r_d(T-t)}\ e^{r_d(T-t)} = 1$단위의 기초자산을 보유하게 되어
2. 이를 선도계약에 따라 F(t,T)원에 팔고 $S(t)e^{-r_d(T-t)}e^{r(T-t)} = S(t)e^{(r-r_d)(t-t)}$를 청산한다.

그러므로 $F(t,T) - S(t)\ e^{(r-r_d)(T-t)} > 0$ 이므로 무차익거래이론을 위반한다.
이제, $F(t,T) < S(t)\ e^{(r-r_d)(T-t)}$ 라고 가정하자. 현재시점 t에서

1. 기초자산의 $e^{-r_d(T-t)}$단위를 공매도(short selling)하여 생긴 돈 $S(t)e^{-r_d(T-t)}$을 무위험이자율 r로 투자한다.
2. F(t,T)로 선도계약을 long position으로 한다.

만기일 T에서

1. 무위험이자율로 투자한 $S(t)e^{(r-r_d)(T-t)}$를 회수하여
2. F(t,T)로 기초자산 1단위를 사서 공매도를 청산한다(시점 t에 $e^{-r_d(T-t)}$단위를 기초자산 소유자에 시점 T에 돌려 줄 때는 $e^{-r_d(T-t)}\ e^{r_d(T-t)} = 1$ 단위가 된다).

지금까지 살펴본 선도가격 F(t,T)의 계산법을 잘 살펴보면 하나의 공통점을 찾을 수 있다. 즉, 기초자산의 수익률에 관계없이 선도가격 F(t,T)는 현재시점 t에서의 기초자산가격 S(t)를 무위험자산의 수익률 r로 투자한 가치와 동일하다는 것이다. 그러므로

1. 배당이 없을 때 $F(t,T)=S(t)e^{r(T-t)}$이고

2. 배당이 특정시점 $t \leq T^* \leq T$에 D원이 있을 경우
   배당금 D의 현재가치는 $De^{-r(T^*-t)}$가 된다. 배당금에 대한 이러한 추가 수익을 기초자산가격에서 제외한 가치가 선도계약에 해당되는 기초자산의 가치이다. 그러므로 현재시점 t에서의 기초자산의 실제 가치는 $S(t) - De^{-r(T^*-t)}$이다. 그러므로 $F(t,T) = (S(t) - De^{-r(T^*-t)})\, e^{r(T-t)}$가 된다.

3. 배당이 [t, T] 동안 연속형 복리 r_d로 지불될 경우
   현재시점 t에서 기초자산 1주는 만기일에 $e^{r_d(T-t)}$주(share)가 된다. 그러므로 현시점에서의 1주는 $e^{r_d(T-t)}$주(share)의 가치를 가지고 있다. 즉 현시점의 S(t)는 $S(t)\, e^{-r_d(T-t)}$로 대체하여야만 연속형 복리로 계산된 잉여 수익을 상쇄하게 된다. 그러므로 $F(t,T) = S(t)\, e^{-r_d(T-t)} \cdot e^{r(T-t)} = S(t)\, e^{(r-r_d)(T-t)}$이다.

이와 같이 배당이 있는 경우 배당으로부터의 수익을 포함하여 총 투자수익률이 무위험수익률 r과 일치되는 값으로 계산된 총 투자의 미래가치가 선도계약의 가격 F(t,T)가 됨을 알 수 있다. 이것이 가능한 이유는 무차익거래가 전제된 완전시장(complete market)을 가정했기 때문이다. 무차익거래가 보장된 완전시장에서는 모든 self-financing 자산의 가치는 소위, 위험중립(risk-neutral)의 세계에서 평가가 가능하다. 위험중립세계란 실제세계(real world)에서의 모든 자산의 수익률을 무위험수익률 r로 옮겨놓은 세계를 말한다. 이 문제는 다음절부터 본격적으로 다루어질 것이며 위험중립세계의 관점에서 선도거래가격 문제를 다시 다루게 될 것이다. 선도거래가격결정에 대한 문제를 좀더 고려하여 보고 이 절을 마무리 하고자 한다.

예제 6.7 환율에 대한 선도거래

시점 t에서의 1달러당 원화가 K(t)라고 하자. 한국 무위험채권의 이자율은 r_K, 미국의 무위험채권의 이자율은 r_D라고 표기하자. 다음의 두 가지 투자전략을

고려하여 보자.

A: K(t)원을 [t, T]동안 한국의 무위험채권에 투자한다.
B: K(t)원으로 1달러를 사서 [t, T] 동안 미국의 무위험채권에 투자하고, 1달러당 F(t,T)원의 선도계약(short position)을 $e^{r_D(T-t)}$달러 만큼 계약을 맺는다.

투자전략 A와 B의 현재시점 t에서의 투자금은 K(t)로 동일하다. 그러므로 만기일 T에서의 두 전략의 가치도 동일해야 한다. 그러므로 $K(t)e^{r_K(T-t)} = e^{r_D(T-t)}F(t,T)$이다. 즉, $F(t,T) = K(t)e^{(r_K-r_D)(T-t)}$가 된다.

예제 6.8 어떤 주식의 현재가격 S(0)=17,000원이고 한달 후가 만기일인 선도계약의 가격이 F(0,1)=17,050원이라고 가정하자. 그리고 무위험이자율은 7%이라고 한다. 공매도를 한 후, 선도계약을 하려고 하는데 주식보유자가 20%는 담보로 요구하였고, 이 담보에 대해서 연 4% 이자를 지급하겠다고 한다. 차익거래가 발생하는가? 만약 발생한다면 차익은 얼마인가?

담보요구에 따라 주식 1주당 17,000원에 공매도하여 이중 80%는 무위험채권에 1달간 투자하고 20%는 주식보유자에게 담보로 제공한다. 그러면 1달 후에 $0.8 \times 17{,}000 \times e^{\frac{0.07}{12}} + 0.2 \times 17{,}000 \times e^{\frac{0.04}{12}} = 17{,}091$ 원이 된다. 한편, 선도계약에 따라 주식 1주를 17,050에 매입하여 공매도를 청산하면 1주당 41원의 차익거래가 발생하게 된다.

예제 6.9 어떤 주식의 가격이 2009년 12월 1일 가격에 비해 2010년 4월 1일 10% 하락하였다. 무위험채권의 이자율이 연 4%라고 가정할 때, 만기가 2010년 10월 1일인 선도계약의 체결일이 2009년 12월 1일인 경우의 선도계약가격과 2010년 4월 1일인 경우의 선도계약가격을 비교하여 보자.

$F(0,\ Oct) = S(0)e^{0.04\left(\frac{10}{12}\right)}$이고 4월에 계약을 체결하면 주식가격이 $0.9 \cdot S(0)$가 되므로 $F(Apr.,Oct.) = 0.9 \cdot S(0)e^{0.04\left(\frac{6}{12}\right)} = 0.918 \cdot S(0)$ 이 된다. 그러므로 $\frac{F(Apr.,Oct.)}{F(0,Oct.)} = 0.8878$이 된다. 즉, 선도가격은 11.2% 하락하여 기초자산의 하락률보다 선도계약가격이 더 큰 하락률을 보이고 있다.

반대로 주식가격이 10% 상승했다고 가정했을 경우,

$$F(0, Oct.) = S(0)e^{0.04\left(\frac{10}{12}\right)} = 1.034 \cdot S(0)$$

이고 $F(Apr., Oct.) = 1.1 \cdot S(0)e^{0.04\left(\frac{6}{12}\right)} = 1.122 \cdot S(0)$이므로 $\frac{F(Apr., Oct.)}{F(0, Oct.)} = \frac{1.122}{1.034} = 1.085$이므로 8% 상승해서 기초자산의 가격상승률보다 낮은 상승률을 보이고 있다.

연습문제 6.10

2009년 12월 1일의 어떤 주식의 가격이 50,000원이고 2010년 4월 1일, 7월 1일, 10월 1일에 2,000원씩의 배당금이 지급되는 것으로 예정되어 있다. 무위험채권의 이자율이 5%라고 가정하자. 2009년 12월 1일에 2010년 12월 1일 만기일 선도계약을 46,000원으로 long position을 취했을 때 차익거래가 발생하는가? 발생한다면 차익은?

앞에서 설명하였듯이 선도계약(Forward)은 장외시장(over-the-counter)에서 거래가 되는 개인 대 개인 거래이므로 항상 채무불이행(default)의 우려가 존재한다. 이러한 채무불이행의 위험을 제도적으로 없앤 것이 선물(Future)이다.

선물의 거래가 $t = t_0 < t_1 < t_2 < \cdots < t_n = T$의 n개의 시점에서 이루어 진다고 가정하자. 즉, 시점 t_0에서 선물계약을 체결하고 $t_1, t_2, \cdots, t_{n-1}$에서 정산을 하고 $t_n = T$에서 선물거래를 종료한다고 하자.

$f(t_i, T)$를 만기일이 T이고 기초자산가격 $S(t_i)$에 대한 선물가격이라고 할 때, 이 선물의 long position의 투자자는 시점 t_i에서 $f(t_i, T) - f(t_{i-1}, T)$원의 돈을 받거나(+일 경우) 돈을 거래소에 지불(−일 경우)해야 한다.

현재시점 t에서 선물가격 $f(t, T) = S(t)e^{r(T-t)}$ 이어야 한다. 만약, $f(t, T) > S(t)e^{r(T-t)}$이면 현재시점 t에서 Future를 short하고 Forward를 long하여 만기일에 Forward가격 $F(t, T) = S(t)e^{r(T-t)}$로 기초자산 1단위를 산다. Future계약에 따

라 기초자산 1단위를 f(T,t)에 팔아서 차익거래가 발생한다. 한편, $f(t, T) < S(t)e^{r(T-t)}$이면 반대로 Future를 long하고 Forward를 short하면 차익거래가 발생하게 됨을 쉽게 보일 수 있다.

5 위험중심측도

위험중심측도를 이해하기 위해, 먼저 가장 간단한 1-시점 이항나무모형(one-step Binomial tree model)을 고려하여 보자.

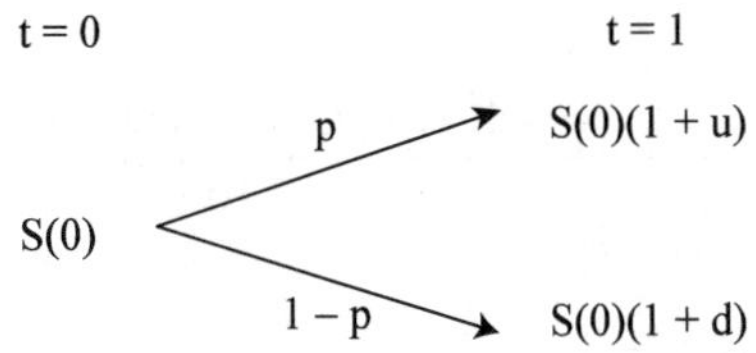

그림 6.10 ■ 1-시점 이항나무모형

즉, S(0)가 t=1에서 S(0)(1+u)로 가격이 확률 p로 상승하거나, S(0)(1+d)로 가격이 확률(1-p)로 하락하는 이항구조이다.

S(t)를 기초자산으로 하는 파생상품의 시점 t에서의 가격(또는 가치)를 f(t,S(t))라고 표현하자. θ(t)를 기초자산 S(t)의 보유수(share)이고 D(t)를 무위험이자율 r로 투자한 현금이라고 표기하여 구성한 포트폴리오의 가치를 $V(t) = \theta(t)S(t) + D(t)$으로 표현할 수 있다. 이 V(t)로 파생상품의 가격(이를 시점 t와 기초자산가격 S(t)의 함수라는 의미로 f(t,S(t))으로 표기한다)을 복제하고자 한다.

시점 t=0에서 $V(0) = \theta(0)S(0) + D(0)$ 이고 t=1에서 $V(1) = \theta(1)S(1) + D(0)(1 + r)$이 된다(S(0)(1+u)와 S(0)(1+d) 대신에 $S(0)e^u$와 $S(0)e^d$로 사용하였다면 D(0)(1+r) 대신에 $D(0)e^r$로 쓸 수 있다). 또한, 파생상품 f(1,S(1))을 복제하기 위해서는 시점 t=0에서 t=1까지 새로운 자본을 투입하거나 인출하지 않는 self-financing인 포트폴리오를 구성해야 한다. 그러므로 $V(1) = \theta(1)S(1) + D(1) = \theta(0)S(1) + D(0)(1 + r)$이 되어야 한다.

<그림 6.10>에서 V(t)로 f(t,S(t))를 복제하기 위해서는

$$V(1) = \theta(0)S(0)(1+u) + D(0)(1+r) = f(1, S(0)(1+u))$$

$$V(1) = \theta(0)S(0)(1+d) + D(0)(1+r) = f(1, S(0)(1+d))$$

이므로

$$\theta(0) = \frac{f\big(1, S(0)(1+u)\big) - f(1, S(0)(1+d))}{S(0)(1+u) - S(0)(1+d)}$$

이며

$$D(0) = -\frac{(1+d)f\big(1, S(0)(1+u)\big) - (1+u)f(1, S(0)(1+d))}{(u-d)(1+r)}$$

가 된다. 그러므로

$$V(0) = \theta(0)S(0) + D(0)$$

$$= \frac{f\big(1, S(0)(1+u)\big) - f\big(1, S(0)(1+d)\big)}{(u-d)}$$

$$-\frac{(1+d)f\big(1, S(0)(1+u)\big) - (1+u)f\big(1, S(0)(1+d)\big)}{(u-d)(1+r)}$$

$$= \frac{1}{1+r}\left\{\frac{r-d}{u-d}f\big(1, S(0)(1+u)\big) + \frac{u-r}{u-d}f\big(1, S(0)(1+d)\big)\right\}$$

이다.

무차익거래이론에 따라 f(1,S(1))=V(1)이므로 f(0,S(0))=V(0)이어야만 한다. 그러므로 t=0에서의 파생상품가격은

$$f(0, S(0)) = \frac{1}{1+r}\left\{\frac{r-d}{u-d}f\big(1, S(0)(1+u)\big) + \frac{u-r}{u-d}f\big(1, S(0)(1+d)\big)\right\}$$

가 된다.

<그림 6.10>에서 볼 수 있듯이 t=1 시점에서의 f(1,S(1))의 기대치는

$$p \cdot f\big(1, S(0)(1+u)\big) + (1-p) \cdot f(1, S(0)(1+d))\text{이다.}$$

그런데 $p = \frac{r-d}{u-d}$를 취하면 f(1,S(1))의 기대치는 앞에서 구한 t=0에서 파생상품의 가격 f(0,S(0))의 괄호 안에 있는 값과 일치함을 볼 수 있다. $p = \frac{r-d}{u-d}$로 대체한 효과를 보기 위해 S(1)의 기대치를 구해보자.

$$\frac{r-d}{u-d}S(0)(1+u) + \frac{u-r}{u-d}S(0)(1+d) = S(0)(1+r)$$

이 됨을 알 수 있다. 즉, S(1)의 원래의 기대치 $p \cdot S(0)(1+u) + (1-p) \cdot S(0)(1+d)$로부터 S(0)(1+r)로 이동한 것이며 S(1)의 기대치가 S(0)(1+r) 되었다는 말은 S(0)에서 S(1)으로의 기대수익률이 r이 되었다는 말이 된다. 즉, 새로운 확률 $p = \frac{r-d}{u-d}$에 의해 계산된 S(1)의 기대치를 (1+r)로 나눈 현재시점 t=0의 현재가치는 S(0)가 된다는 것을 의미한다.

원래의 p를 실제 세상(real world)에서의 확률이라고 하며 P-측도(p-measure)라고 한다. 새로운 $p^* = \frac{r-d}{u-d}$를 위험중심세계(risk-neutral world)에서 확률이라고 하며, 일반적으로 Q-측도(Q-measure)라고 한다.

연습문제 6.11

다음의 1-시점 이항나무구조를 고려하여 보자.

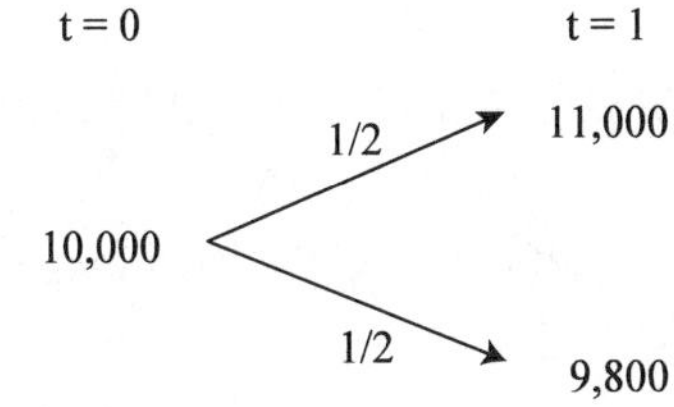

그림 6.11 ▩ 1-시점 이항나무구조

무위험이자율이 r=5%라고 가정하여 보자. P-측도에서는

$$E(S(1)) = 11{,}000 \times \frac{1}{2} + 9{,}800 \times \frac{1}{2} = 10{,}400$$

이 된다.

한편, 10,000(1+u)=11,000이고 10,000(1+d)=9,800이므로 u=10%, d=-2%가 된다. 그러므로 Q-측도에서의 $p^* = \frac{0.05+0.02}{0.1+0.02} = \frac{7}{12}$이 되어 Q-측도에서의

$$E_Q(S(1)) = 11{,}000 \times \frac{7}{12} + 9{,}800 \times \frac{5}{12} = 10{,}500$$

으로 이는 $S(0)(1+r) = 10{,}000 \times (1+0.05) = 10{,}500$과 일치함을 알 수 있다.

1-시점 이항구조모형에서의 시점 t=1에서의 기초자산 S(1)과 파생상품 f(1,S(1))은

$$\frac{1}{(1+r)} E_Q(S(1)) = S(0)\text{이며 } \frac{1}{(1+r)} E_Q(f(1, S(1))) = f(0, S(0))$$

가 됨을 알 수 있다. 여기에서 E_Q는 Q-측도에서의 기대치를 의미한다. 이 등식이 성립하는 이유는 파생상품이 이미 살펴본 바와 같이 복제가 되기 때문이다.

2-시점 이항나무모형(2-step Binomial tree model)을 고려하기 위해 t=0 시점에서의 기초자산가격을 S(0)라고 표기할 때

$$S^u = S(0)(1+u), \qquad S^d = S(0)(1+d), \qquad S^{uu} = S(0)(1+u)^2,$$

$$S^{ud} = S(0)(1+u)(1+d) = S^{du} \text{ 그리고 } S^{dd} = S(0)(1+d)^2$$

을 이용하여 2-시점 이항나무모형을 그리면 <그림 6.12>와 같다.

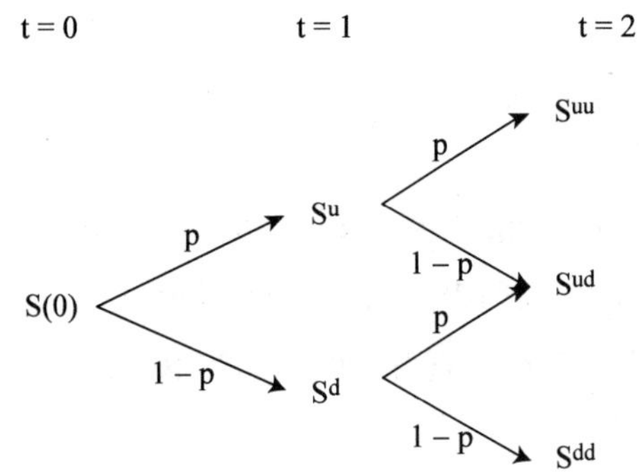

그림 6.12 ▒ 2-시점 이항구조모형

1-시점 이항나무구조모형에서 사용한 파생상품가격 f(t,S(t))와 이 파생상품을 복제하기 위한 self-financing 포트폴리오 $V(t) = \theta(t)S(t) + D(t)$를 다시 고려하여 보자.

t=1일 때 $S(1) = S^u = S(0)(1+u)$인 경우를 살펴보면 1-시점 이항나무구조모형에서와 동일한 방법으로 V(2)=f(2,S(t))인 조건하에서 V(1)=f(1,S(1))이 되기 위한 V(1)은

$$V(1) = \frac{1}{1+r}((p^*f(2, S^{uu}) + (1-p^*)f\big(2, S^{ud}\big))$$

임을 쉽게 보일 수 있다. 여기에서 $p^* = \frac{r-d}{u-d}$이다.

같은 방법으로, t=1일 때 $S(1) = S^d = S(0)(1+d)$인 경우 V(2)=f(2,S(t))인 조건하에서 V(1)=f(1,S(1))이 되기 위한 V(1)은

$$V(1) = \frac{1}{1+r}(p^*f\big(2, S^{du}\big) + (1-p^*)f\big(2, S^{dd}\big))$$

이다. 그러므로 t=1에서 $S(1) = S^u$이면 t=1에서의 파생상품가격은

$$f(1, S^u) = \frac{1}{1+r}(p^*f(2, S^{uu}) + (1-p^*)f\big(2, S^{ud}\big))$$

이고 t=1에서 $S(1) = S^d$이면 t=1에서의 파생상품가격은

$$f(1,S^d) = \frac{1}{1+r}\left(p^*f(2,S^{du}) + (1-p^*)f(2,S^{dd})\right)$$

가 된다. Self-financing에 의해 V(1)=θ(1)S(1)+D(1)= θ(0)S(1)+D(0)(1+r)이므로 V(1)=f(1,S(1))에 의해 θ(0)와 D(0)에 대해 풀면 1-시점 이항나무구조모형과 동일한 해를 구하게 되고 V(0)=θ(0)S(0)+D(0)이므로

$$f(0,S(0)) = \frac{1}{1+r}\left(p^*f(1,S^u) + (1-p^*)f(1,S^d)\right)$$

$$= \frac{1}{(1+r)^2}\left(p^{*2}f(2,S^{uu}) + 2p^*(1-p^*)f(2,S^{ud}) + (1-p^*)^2f(2,S^{dd})\right)$$

가 된다. 즉, 파생상품가격 f(t,S(t))가 복제가 되면 무차익거래이론이 성립한다는 것을 의미하고 파생상품가격은 P-측도보다는 Q-측도에서 계산된다는 것을 말한다.

시점 t=0에서 보면 Q-측도에서 S(2)=S^{uu}가 될 확률은 p^{*2}, S(2)=S^{ud}가 될 확률은 $2p^*(1-p^*)$이고 S(2)=S^{dd}가 될 확률은$(1-p^*)^2$ 이다. 또한, 시점 t=1에서 보면 Q-측도에서 S(1)이 주어진 조건에서 t=2에서 오를 확률은 p^*, 내릴 확률은 1-p^*임을 알 수 있다. 이를 바탕으로 Q-측도에서의 기대치는

$$E_Q(S(2)|S(1) = S^u) = S^{uu}p^* + S^{ud}(1-p^*)$$

$$= S(0)(1+u)^2 \cdot \frac{r-d}{u-d} + S(0)(1+u)(1+d)\frac{u-r}{u-d}$$

$$= S(0)(1+u)(1+r) = S^u(1+r)$$

$$E_Q\left(S(2)|S(1) = S^d\right) = S^{du}p^* + S^{dd}(1-p^*)$$

$$= S(0)(1+u)(1+d)\frac{r-d}{u-d} + S(0)(1+d)^2\frac{u-r}{u-d}$$

$$= S(0)(1+d)(1+r) = S^d(1+r)$$

이 된다. 그러므로

$$E_Q\left(\frac{S(2)}{(1+r)^2}\middle|S(1)\right)=\frac{S(1)}{1+r}$$

이 성립한다. 물론, 앞에서 논의한 파생상품에서도

$$f(1,S^u)=\frac{1}{1+r}\left(p^*f(2,S^{uu})+(1-p^*)f\left(2,S^{ud}\right)\right)$$

$$=\frac{1}{1+r}E_Q(f(2,S(2))|S(1)=S^u)$$

이고

$$f\left(1,S^d\right)=\frac{1}{1+r}\left(p^*f(2,S^{du})+(1-p^*)f\left(2,S^{dd}\right)\right)$$

$$=\frac{1}{1+r}E_Q\left(f\left(2,S(2)\right)\middle|S(1)=S^d\right)$$

이므로

$$E_Q\left(\frac{f(2,S(2))}{(1+r)^2}\middle|S(1)\right)=\frac{f(1,S(1))}{1+r}$$

이 성립한다. 동일한 방법으로

$$E_Q\left(S(2)\middle|S(0)\right)=\frac{1}{(1+r)^2}\left(S^{uu}\cdot p^{*2}+S^{ud}\cdot 2p^*(1-p^*)+S^{dd}\cdot(1-p^*)^2\right)$$

$$=S(0)(1+r)^2$$

이고 파생상품도, 앞에서 보여준 바와 같이

$$f(0,S(0))=\frac{1}{(1+r)^2}\left(p^{*2}f(2,S^{uu})+2p^*(1-p^*)f\left(2,S^{ud}\right)+(1-p^*)^2f\left(2,S^{dd}\right)\right)$$

이므로

$$E_Q\left(\frac{S(2)}{(1+r)^2}\middle|S(0)\right)=\frac{S(0)}{(1+r)^0}$$

$$E_Q\left(\frac{f(2,S(2))}{(1+r)^2}\middle|S(0)\right)=\frac{f(0,S(0))}{(1+r)^0}$$

이 됨을 알 수 있다.

이제, 일반화된 N-시점 이항나무구조를 고려해 보자. Q-측도에서 S(t)의 가격이 오를 확률이 $p^*=\frac{r-d}{u-d}$이고 내릴 확률이 $1-p^*=\frac{u-r}{u-d}$이 된다. 그러므로 S(t+1)=S(t)(1+u)일 확률이 p^*, S(t+1)=S(t)(1+d)일 확률이 $1-p^*$이다.

S(0)에서 N시점 동안 k번 오르고 (N–k)번 내려서 된 값이 S(N)이라고 할 때 이 S(N)이 될 확률은 이항분포를 따르게 되어 $\binom{N}{k}p^{*k}(1-p^*)^{N-k}$이 된다. 그리고 Q-측도하에서

$$E_Q\left(\frac{S(t)}{(1+r)^t}\middle|S(q)\right)=\frac{S(q)}{(1+r)^q} \text{ 이며 } E_Q\left(\frac{f(t,S(t))}{(1+r)^t}\middle|S(q)\right)=\frac{f(q,S(q))}{(1+r)^q}$$

가 된다. 이러한 성질을 만족하는 S(t)와 f(t,S(t))를 Martingale이라고 하며 이 등식이 의미하는 바는 S(t)와 f(t,S(t))의 기대수익률은 Q-측도에서 모두 무위험수익률과 동일한 r임을 말한다.

이 결과를 요약하면 다음과 같다.

(ⅰ) 파생상품을 포함한 어떠한 자산도 self-financing한 포트폴리오로 복제가 된다.
(ⅱ) 무차익거래이론이 성립한다.
(ⅲ) 위험중립측도 Q-측도가 존재하며 Q-측도하에서는 모든 자산의 기대수익률은 무위험이자율 r과 동일하다.

(i), (ii), (iii)는 모두 동치(equivalence)관계이다. (i)과 (ii)는 동치관계임을 쉽게 알 수 있다. (i)이면 (iii)인 것은 지금까지 논의한 이항나무구조에서 보여주었다. (iii)이면 (i)이 성립하는 것을 보여주기 위해서는 고도의 수학적 개념을 요구하므로 생략하기로 한다. (iii)의 또 다른 의미는 시점 t에서의 자산가치 f(t,S(t))를 $(1+r)^t$(연속형 복리일 경우 e^{rt})로 나눈 값은 Martingale 성질을 가진다는 의미이다.

기초자산 S(t) 자체가 하나의 포트폴리오이므로 S(t)는 S(t)로 복제가 된다. 그러므로 S(t)에 대해 Q-측도를 적용할 수 있으며 Q-측도하에서의 기대수익률이 r 이므로

$$E_Q\left(\frac{S(t)}{(1+r)^t}\middle|S(q)\right)=\frac{S(q)}{(1+r)^q}\text{이며 특히, } E_Q\left(\frac{S(t)}{(1+r)^t}\middle|S(0)\right)=S(0)$$

가 된다. 정리하면, 시점 t에서의 기초자산가격 S(t)에 대한 Q-측도하에서의 기대값 $E_Q(S(t))$를 $(1+r)^t$로 나누어 현재가치로 환산한 값이 현재 관찰된 기초자산가격 S(0)이다.

동일한 논리가 파생상품에도 적용된다. S(t)를 기초자산으로 하는 파생상품의 pay-off가 f(t,S(t))일 때 f(t,S(t))가 self-financing 포트폴리오로 복제가 되면 이 파생상품가격에 대해 Q-측도가 존재하며 그 수익률도 r이 된다. 그러므로

$$E_Q\left(\frac{f(t,S(t))}{(1+r)^t}\middle|S(q)\right)=\frac{f(t,S(q))}{(1+r)^q}\text{ 이며 특히, } E_Q\left(\frac{f(t,S(t))}{(1+r)^t}\middle|S(0)\right)=f(0,S(0))$$

가 되어 f(t,S(t))의 Q-측도 기대값을 구해 $(1+r)^t$로 나누어 현재가치로 환산한 값이 현재의 파생상품가격 f(0,S(0)가 된다.

물론 기초자산 S(t)의 현재의 가치인 S(0)는 우리의 관심 밖이다. 그 이유는 S(0)는 이미 관찰한 값이기 때문이다. 그러나 파생상품의 경우, 예를 들어 유럽형 콜옵션의 경우 만기일 T에서의 pay-off는 f(T,S(T))=max(S(T)–K,0)이며 이 pay-off의 현재가치는

$$E_Q\left(\frac{f(T,S(T))}{(1+r)^T}\middle|S(0)\right)=E_Q\left(\frac{\max(S(T)-K,0)}{(1+r)^T}\middle|S(0)\right)$$

를 계산함으로써 구할 수 있다.

예제 6.12 선도거래의 만기일에서의 가치는 f(T,S(T))=S(T)–F(t,T)이다. 현재시점 t에서 선도거래의 비용이 들지 않기 때문에 (즉, f(t,S(t))=0) Q-측도에서(연속형 복리 계산을 바탕으로)

$$E_Q\left(\frac{S(T)-F(t,T)}{e^{rT}}\middle|S(t)\right)=\frac{f(t,S(t))}{e^{rt}}=0$$

가 성립되어야 한다. F(t,T)는 시점 t에서 알려진 값이므로

$$E_Q(S(T)-F(t,T)|S(t))=E_Q(S(T)|S(t))-F(t,T)=0$$

가 되어 $F(t,T)=E_Q(S(T)|S(t))$이다. 그런데

$$E_Q(S(T)|S(t))=e^{rT}E_Q\left(\frac{S(T)}{e^{rT}}\middle|S(t)\right)=e^{rT}\frac{S(t)}{e^{rt}}$$

이므로 $F(t,T)=e^{r(T-t)}S(t)$가 된다.

예제 6.13 복리 이자율 δ로 배당금이 있을 때의 선도거래가격은 <예제 6.12>와 동일하게 구할 수 있다. 즉, $F(t,T)=E_Q(S(T)|S(t))$ 이므로 $e^{rT}E_Q\left(\frac{S(T)}{e^{rT}}\middle|S(t)\right)=e^{rT}\frac{S(t)}{e^{rt}}=e^{r(T-t)}S(t)$라고 바로 계산하면 될까?

답은 아니다! 만약 이 등식이 성립한다면 S(t)의 단위시간당 수익률은 r이 된다. 그러므로 S(t)의 총 수익률은 배당수익률과 함께 $r+\delta$ 가 되어 $E_Q(S(T)|S(t))=e^{(r+\delta)(T-t)}S(t)$가 된다. 이는 Q-측도에서 모든 자산의 수익률이 r이라는 전제조건을 위배하게 된다. 그러므로 Q-측도에서 S(t)의 수익률은 r–δ이어야만 한다. 즉 $E_Q(S(T)|S(t))=e^{(r-\delta)T}E_Q\left(\frac{S(T)}{e^{(r-\delta)T}}\middle|S(t)\right)=e^{(r-\delta)T}\frac{S(t)}{e^{(r-\delta)t}}$ $=S(t)e^{(r-\delta)(T-t)}$가 되어 배당금이 있을 때의 $F(t,T)=S(t)e^{(r-\delta)(T-t)}$가 된다.

---

07 CHAPTER

Plain Vanilla Option의 가격결정

옵션은 기초자산(underlying asset)을 사고 팔 수 있는 권한으로 정의된다. 이 권한은 이익이 나면 행사되고 그렇지 않으면 행사되질 않아 행사가 의무사항인 선도거래 및 선물과 차별된다. 그러므로 옵션발행자(writer)로부터 이러한 권한을 부여 받은 것에 대한 대가를 지불해야 하며 이 대가가 옵션의 가격이다. 옵션의 보유자는 옵션을 행사하지 않을 때 손실이 발생하며 이 손실이 옵션의 가격이므로 손실이 제한적이다. 이것이 무제한의 손실이 가능한 선도거래와 또 다른 차이점이다. 옵션은 plain vanilla option(European option과 American option)과 이색옵션(exotic option)으로 구분된다. 이 장에서는 plain vanilla option의 pricing에 대해서 살펴볼 것이며 이색옵션의 pricing은 제8장에서 논의될 것이다. 옵션의 pricing을 위해 먼저 Brownian motion의 정의와 의미를 살펴보고 간략한 Itô 공식을 살펴보자.

1 Brownian Motion과 Itô 공식

$Z_1, Z_2, \cdots, Z_n \sim$ i.i.d N(0,1)라고 할 때

$$S_n = \sum_{i=1}^{n} Z_i$$

를 임의보행과정(random walk process)이라고 한다.

E(S_n)=0이고 Var(S_n)=$\sum_{i=1}^{n} Var(Z_i) = n$이 되어 정규분포의 성질에 따라 S_n ~ N(0,n)이 된다.

$n_1 < n_2 < \cdots < n_k$일 때 $S(n_k) - S(n_{k-1}) = \sum_{i=n_{k-1}+1}^{n_k} Z_i$, $S(n_{k-1}) - S(n_{k-2}) = \sum_{i=n_{k-2}+1}^{n_{k-1}} Z_i$, ⋯, $S(n_2) - S(n_1) = \sum_{i=n_1+1}^{n_2} Z_i$, $S(n_1) = \sum_{i=1}^{n_1} Z_i$ 으로 정의하면 Z_i들이 서로 독립이기 때문에 $S(n_k) - S(n_{k-1})$, $S(n_{k-1}) - S(n_{k-2})$, ⋯, $S(n_2) - S(n_1)$, $S(n_1)$은 서로 간에 독립이며 이러한 성질을 independent increment라고 한다. 물론 $S(n_j) - S(n_{j-1}) \sim N(0, n_j - n_{j-1})$을 따른다. Brownian motion은 이러한 임의보행과정의 연속형 버전(continuous version)이다.

정의 7.1 Brownian Motion

다음의 3가지 성격을 만족하는 W(t)를 Brownian motion이라고 한다.
(i) W(0)=0
(ii) $t_1 < t_2 < \cdots < t_k$ 의 시간구간에 대해 $W(t_k) - W(t_{k-1})$, $W(t_{k-1}) - W(t_{k-2})$, ⋯, $W(t_2) - W(t_1)$, $W(t_1)$은 서로 간에 독립이다.
(iii) W(t)-W(s) ~ N(0, t-s), t≥s.

(i)과 (iii)에 의해 W(t)=W(t)-W(0) ~ N(0,t)를 따른다는 것을 쉽게 알 수 있다. W(1) ~ N(0,1)이므로 $\sqrt{t}W(1) \sim N(0,t)$를 따른다. 그러므로 $\sqrt{t}W(1)$은 W(t)와 동일한 분포를 갖는다. 이를 $\sqrt{t}W(1) = W(t)$ in distribution이라고 표현한다.

두 개의 확률변수 X와 Y가 동일한 분포를 갖는다고 해서 X=Y라고 표기해서는 안 된다. 예를 들어 Z ~ N(0,1)일 때 –Z도 역시 N(0,1)을 따른다. Z와 –Z는 명백하게 다른데도 불구하고 동일한 분포를 갖기 때문이다. 조금 더 일반적으로 표현할 때

$$\sqrt{T}W(t) = W(T \cdot t) \text{ in distribution}$$

은 정규분포의 성질에 의해 성립한다. Brownian motion W(t)는 n개의 Brownian motion의 결합분포에 대해

$$\left(\sqrt{T}W(t_1), \sqrt{T}W(t_2), \cdots, \sqrt{T}W(t_n)\right)$$
$$= (W(T \cdot t_1), W(T \cdot t_2), \cdots, W(T \cdot t_n)) \text{ in distribution}$$

이 성립하는 것을 보일 수 있다. 여기에서 T>0, t_i>0인 임의의 수이다. 이를 0.5-self-similar하다고 말한다.

0<$t_1 < t_2 < \cdots <t_n$=T에서 관찰된 Brownian motion을 W(0), W(t_1), W(t_2), ⋯ , W(T)이라고 할 때 0.5-self-similar에 의해

$$\left(W(0), W(t_1), W(t_2), \cdots, W(T)\right)$$
$$= \left(\sqrt{T}W(0), \sqrt{T}W(t_1/T), \sqrt{T}W(t_2/T), \cdots, \sqrt{T}W(t_{n-1}/T), \sqrt{T}W(1)\right) \text{ in distribution}$$

이 되어, $W(0), W(t_1), W(t_2), \cdots, W(t_{n-1}), W(T)$(이를 sample path라고 한다)를 관찰하기 위해 시점 t=0부터 시점 t=T까지를 관찰할 필요 없이 0~1 시점 사이의 값을 관찰한 후(혹은 같은 의미로 0~1 사이의 sample path를 관찰한 후) 이 값에 $\sqrt{T}$를 곱해도 [0,T] 사이의 sample path의 통계적 특성을 파악할 수 있게 된다. 이는 [0,T]시점 사이의 sample path의 행태와 [0,T]시점 사이의 어느 일부분의 시점 [t, s]를 떼어 내 관찰된 sample path의 행태가 같다는 것을 의미한다.

$W(t + \Delta t) = W(t) + W(t + \Delta t) - W(t)$ 이므로 $W(t + \Delta t)$는 W(t)에 W(t)와는 독립인 증분 $W(t + \Delta t)$-W(t)를 더해서 구해진다. 그러므로 $W(t + \Delta t)$는 기울기가 $\frac{W(t+\Delta t)-W(t)}{\Delta t}$인 직선으로 W(t)와 연결되고 다시 $W(t + 2\Delta t)$는 기울기가 $\frac{W(t+2\Delta t)-W(t+\Delta t)}{\Delta t}$인 직선으로 $W(t + \Delta t)$와 연결되어 $t + \Delta t$에서 미분 불능인 꺾인 선이 나타나게 된다. 이유는 Brownian motion의 증분이 서로간에 독립이므로 W(t)와 $W(t + \Delta t)$를 연결한 직선의 기울기와 $W(t + \Delta t)$와 $W(t + 2\Delta t)$를 연결한 직선의 기울기가 같을 확률은 0이기 때문이다. 이를 W(t), $W(t + \Delta t)$, $W(t + 2\Delta t)$, ⋯, $W(t + n\Delta t)$에 적용하면 $t + \Delta t$, $t + 2\Delta t$, ⋯, $t + (n - 1)\Delta t$에서 미분 불능이 된다. $\Delta t \to 0$으로 보내면 Brownian motion W(t)는 모든 t에 대해 미분이 불가능(nowhere differentiable)하다는 성질을 가지게 된다.

요약하면

(i) Brownian motion은 0.5-self-similar 성질을 가지고 있다.

(ii) Brownian motion은 모든 시점에서 미분이 불가능(nowhere differentiable) 하다.

Brownian motion이 모든 점에서 미분불능이라는 성질은 파생상품의 이론 전개의 가장 중요한 Itô 공식의 근간이 된다. Itô 공식을 이해하기 위해서는 다음의 두 가지를 먼저 고려해야 한다.

첫 번째는 테일러 전개(Taylor expansion)이다. 제4장에서 논의했지만 여기에서 다시 논의하도록 하자.

정의 7.2 테일러 전개

2번 이상 미분이 가능한 함수 f에 대해

$$\mathrm{d}f(x_1,\cdots,x_k) = \sum_{i=1}^{k} \frac{\partial f(x_1,\cdots,x_k)}{\partial x_i} dx_i$$

$$+\frac{1}{2}\sum_{i}^{k}\sum_{j}^{k} \frac{\partial^2 f(x_1,\cdots,x_k)}{\partial x_i x_j} dx_i x_j + O((dx_i)^a\,(dx_j)^b)$$

여기에서 a+b=3, a,b≥0.

$\mathrm{O}(x)$의 의미는 $\lim_{x\to 0}\frac{\mathrm{O}(x)}{x}$=c(상수)라는 의미이다. 즉, $\mathrm{O}(x)$는 x와 동일한 속도로 0으로 접근한다는 의미이다. $\mathrm{d}f(x)$의 의미는 $\lim_{\Delta x\to 0} f(x+\Delta x) - f(x)$이다. 이를 이용하여 제1장에서 논의한 적분의 의미를 다시 한 번 살펴 보자.

구간 [a, b]를 a, $\mathrm{a}+\Delta\mathrm{x}$, $\mathrm{a}+2\Delta\mathrm{x}$, ⋯ , $\mathrm{a}+\mathrm{n}\Delta\mathrm{x}=\mathrm{b}$로 n개의 겹치지 않는 구간으로 partition하여 임의의 함수 $f(x)$ 에 대해 $\sum_{i=1}^{n}\big(f(a+i\Delta x)-f(a+(i-1)\Delta x)\big)=f(b)-f(a)$임을 쉽게 알 수 있다.

$\Delta x\to 0$ (또는 $\mathrm{n}\to\infty$)하면 $\sum_{\mathrm{i}=1}^{\mathrm{n}}$은 $\int_{\mathrm{a}}^{\mathrm{b}}$로 $f(\mathrm{a}+\mathrm{i}\Delta x)-f(\mathrm{a}+(\mathrm{i}-1)\Delta x)$ 는 $\mathrm{d}f(x)$로 변하여

$$\sum_{\mathrm{i}=1}^{\mathrm{n}}(f(a+i\Delta x)-f(a+(i-1)\Delta x)) \xrightarrow{n\to\infty} \int_a^b df(x)$$

가 된다. 그러므로 $\underline{x} = (x_1, \cdots, x_k)^T$라고 정의할 때 테일러 전개

$$\mathrm{d}f(\underline{x}) = \sum_{i=1}^{k} \frac{\partial f(\underline{x})}{\partial x_i} dx_i + \frac{1}{2} \sum_{i}^{k} \sum_{j}^{k} \frac{\partial^2 f(\underline{x})}{\partial x_i x_j} dx_i dx_j + O((dx_i)^a (dx_j)^b)$$

는

$$\int_{\underline{x_0}}^{\underline{x}} df\left(\underline{y}\right) = \sum_{i=1}^{k} \frac{\partial f(\underline{y})}{\partial y_i} |_{\underline{y}=\underline{x_0}} \int_{x_{i0}}^{x_i} dy_i + \frac{1}{2} \sum_{i=1}^{k} \sum_{j=1}^{k} \frac{\partial^2 f(\underline{y})}{\partial y_i \partial y_j} |_{\underline{y}=\underline{x_0}} \int_{x_{i0}}^{x_i} \int_{x_{j0}}^{x_j} dy_i dy_j$$

$$+O((x_i)^a (x_j)^b)$$

가 되어 이는

$$f(\underline{x}) - f\left(\underline{x_0}\right) = \sum_{i=1}^{k} \frac{\partial f(\underline{y})}{\partial y_i} |_{\underline{y}=\underline{x_0}} (x_i - x_{i0})$$

$$+ \frac{1}{2} \sum_{i=1}^{k} \sum_{j=1}^{k} \frac{\partial^2 f(\underline{y})}{\partial y_i \partial y_j} |_{\underline{y}=\underline{x_0}} (x_i - x_{i0})(x_j - x_{j0}) + O((x_i)^a (x_j)^b)$$

가 된다.

두 번째는 증명없이 네 가지 사실만 정리하면 다음과 같다. 이 네 가지 사실의 증명은 사전적인 많은 수학적 지식이 필요하기 때문에 증명을 위해서는 시간과 노력을 투자해야 한다. 그러므로 이들을 증명하기 위해 난해한 수학적 전개를 논의하게 되면 정작 이 네 가지만 알면 수리금융의 대부분의 문제를 풀 수 있다는 사실에 도달하기 전에 지치게 되므로 여기에서는 증명없이 제시하기로 한다. 파생상품은 만기일 T이기 때문에

(i) $\int_0^T (dt)^2 = 0$이다. 동일하게 $(dt)^2 = 0$으로 표현한다.

(ii) $\int_0^T (dW(t))^2 = \int_0^T dt = T$이다. 동일하게 $(dW(t))^2 = dt$라고 표현한다.

(iii) $\int_0^T dt\, dW(t) = 0$이다. 동일하게 $dt\, dW(t) = 0$이다.

(iv) $\mathrm{W_i}(\mathrm{t})$와 $\mathrm{W_j}(\mathrm{t})$가 서로간에 독립인 Brownian motion 일 때,

$\int_0^{\mathrm{T}} \mathrm{dW_i}(\mathrm{t})\ \mathrm{dW_j}(\mathrm{t}) = 0$이다. 동일하게 $\mathrm{dW_i}(\mathrm{t})\mathrm{dW_j}(\mathrm{t}) = 0$라고 표현한다.

[0, T]에 대한 임의의 분할 0< $t_1 < t_2 < \cdots <t_n$=T를 고려할 때 $\int_0^T (dt)^2$ 은 $\sum_{i=1}^n (t_i - t_{i-1})^2$ 으로 표현되고 Brownian motion W(t)에 대해서는 $\int_0^T (dW(t))^2$ 는 $\sum_{i=1}^n (W(t_i) - W(t_{i-1}))^2$ 으로 표현된다. 그러므로 이를 2차 변동(quadratic variation)이라고 말한다.

n→∞ (즉, [0,T]의 분할을 점점 더 세분화하면)

$$\sum_{i=1}^{n}(t_i - t_{i-1})^2 \xrightarrow{n\to\infty} \int_0^T (dt)^2 = 0$$

이 된다는 해석이 되는 반면

$$\sum_{i=1}^{n}\left(W(t_i) - W(t_{i-1})\right)^2 \xrightarrow{n\to\infty} \int_0^T \left(dW(t)\right)^2 = \int_0^T dt = T$$

가 된다는 것을 의미한다.

즉, W(t)의 2차 변동은 t와는 다르게 사라지지 않고, dt와 동일한 형태를 보인다는 것이다. 주된 이유는 W(t)가 확률변수이며 모든 t에 대해 미분이 불가능해서 변동이 아주 심하게 일어나기 때문이다. 성질 (iv)는 제8장에서 다시 언급되고 이색옵션을 pricing할 때의 이론적 배경을 제공한다.

정의 7.3 Itô 과정

X(t)가 다음을 만족하면 X(t)를 Itô 과정(process)이라고 한다.

$$dX(t) = a(t)dt + b(t)dW(t)$$

여기에서 $\int_0^T |a(t)|dt < \infty$이며 $\int_0^T b^2(t)dt < \infty$ 이어야 한다.

정리 7.1 Itô 공식

$$X(t) = X(0) + \int_0^t a(u)du + \int_0^t b(u)dW(u)$$

이면 X(t)가 Itô 과정을 따른다고 말한다. X(t)가 Itô 과정을 따르면 2차 미분이 가능한 임의의 함수 f(t, X(t))에 대해

$$df(t,X(t)) = \frac{\partial f}{\partial t}dt + \frac{\partial f(t,X)}{\partial X}dX(t) + \frac{1}{2}\frac{\partial^2 f(t,X)}{(\partial X)^2}b^2(t)dt$$

이다.

(증명) Taylor 전개에 의해

$$df(t,X(t))= \frac{\partial f}{\partial t}dt + \frac{\partial f(t,X)}{\partial X}dX(t) + \frac{1}{2}\frac{\partial^2 f(t,X)}{(\partial t)^2}(dt)^2 + \frac{\partial^2 f(t,X)}{\partial t\,\partial X}dtdX(t)$$

$$+\frac{1}{2}\frac{\partial^2 f(t,X)}{(\partial X)^2}\big(dX(t)\big)^2 \ + O((dt)^a\big(dX(t)\big)^b),\quad a+b=3$$

이 된다. $dX(t)= a(t)dt + b(t)dW(t)$이므로

$$dt\,dX(t)= a(t)\,(dt)^2\ + b(t)\,dt\,dW(t) = 0$$

이고

$$(dX(t))^2 = a(t)^2(dt)^2 + 2\,a(t)b(t)dt\,dW(t) + b(t)^2(dW(t))^2 = b(t)^2dt$$

이다. 그러므로 3번째, 4번째, 그리고 6번째 항이 모두 0이 되어 Itô 공식이 도출된다. 사실, 6번째 항이 0인 것을 증명해야 하나 증명없이 이를 받아들이기로 한다. 그러므로 이후의 모든 이론의 전개에서 이 6번째 항은 0으로 처리하기로 한다.

예제 7.1 $S(t) = S(0)\exp((\mu - \frac{1}{2}\sigma^2)t + \sigma W(t))$ 이라고 하자. 여기에서 $(\mu - \frac{1}{2}\sigma^2)t + \sigma W(t) = Y(t)$ 라고 하면 $S(t) = S(0)\exp(Y(t))$가 되고

$$dS(t) = S(0)\exp(Y(t))dY(t) + \frac{1}{2}[S(0)\exp(Y(t))](dY(t))^2$$

이 된다. $dY(t) = (\mu - \frac{1}{2}\sigma^2)dt + \sigma dW(t)$ 이므로 $(dY(t))^2 = \sigma^2 dt$ 가 된다.
그러므로

$$dS(t) = S(t)[\,(\mu - \frac{1}{2}\sigma^2)dt + \sigma dW(t)] + \frac{1}{2}S(t)\sigma^2 dt = S(t)[\,\mu dt + \sigma dW(t)]$$

가 된다. $a(t)= \mu S(t)$, $b(t) = \sigma S(t)$가 되어 $S(t)$는 Itô 과정을 따른다.

연습문제 7.2

$\frac{dS(t)}{S(t)} = \mu dt + \sigma dW(t)$일 때,

(i) $d\left(\frac{S(t)}{e^{\mu t}}\right) = \frac{S(t)}{e^{\mu t}}\sigma dW(t)$임을 보여라.

(ii) $d\ln S(t) \ = (\mu - \frac{1}{2}\sigma^2)dt + \ \sigma dW(t)$임을 보여라.

그러므로 (ii)에 의해

$$\int_0^t d\ln S(u) \ = \left(\mu - \frac{1}{2}\sigma^2\right)\int_0^t du + \sigma\int_0^t dW(u)$$

이 되고 $\ln S(t) - \ln S(0) \ = \left(\mu - \frac{1}{2}\sigma \ \right)t + \ \sigma W(t)$가 되어

$$S(t) = S(0)\exp\left(\left(\mu - \frac{1}{2}\sigma^2\right)t + \sigma\, W(t)\right)$$

가 됨을 알 수 있다.

연습문제 7.3

다음은 Cox-Ingersoll-Ross(CIR) 이자율 모형이다.

$$dR(t) = (\alpha - \beta R(t))dt + \ \sigma\sqrt{R(t)}dW(t).$$

이 이자율 모형에 대해 $f(t, R(t)) = \ e^{\beta t}R(t)$라고 정의할 때

$$df(t, R(t)) = \ \alpha e^{\beta t}dt + \sigma e^{\beta t}\sqrt{R(t)}dW(t)$$

임을 보여라.

---

2 European Option 과 Greeks Hedging

유럽형 옵션과 미국형 옵션의 차이점은 행사시기에 있다. 유럽형은 만기일에만

행사할 수 있고, 미국형은 옵션계약시점으로부터 만기일까지 언제든지 행사할 수 있다. 이러한 차이점 때문에 미국형 옵션의 가격결정이 훨씬 더 복잡하다.

2.1 유럽형 옵션의 가격결정

콜옵션과 풋옵션의 균형관계를 설명하기 위해, C(t)와 P(t)를 각각 시점 t에서의 콜옵션과 풋옵션 가격이라고 하자. 시점 t에서 어떤 포트폴리오는 하나의 콜옵션과 $Ke^{-r(T-t)}$의 현금을 투자하고, 또 다른 포트폴리오는 하나의 풋옵션과 이 옵션의 기초자산 한 단위로 구성되었다고 하자. 즉,

$$V_1(t) = C(t) + Ke^{-r(T-t)}\ ,\quad V_2(t) = P(t) + S(t)$$

의 두 가지의 포트폴리오를 고려하여 보자. 여기에서 K는 풋과 콜의 행사가격이다.

만기일 T에서 $C(T) = \max(S(T) - K, 0)$ 이고, $P(T) = \max(K - S(T), 0)$ 임을 알고 있다. 그러므로

$$V_1(T) = C(T) + K = \max(S(T) - K, 0) + K = \max\,(S(T), K)$$

이고

$$V_2(T) = P(T) + S(T) = \max(K - S(T), 0) + S(T) = \max\,(K, S(T))$$

가 되어 $V_1(T) = V_2(T)$이다.

그러므로 무차익거래이론에 따라 $0 \le t \le T$사이에 있는 모든 시점 t에 대해 $V_1(t) = V_2(t)$가 성립되어야 한다. 그러므로 동일한 만기일과 동일한 행사가격 K를 가진 콜옵션과 풋옵션은 다음의 관계를 만족한다.

$$C(t) + Ke^{-r(T-t)} = P(t) + S(t)$$

이를 put-call parity라고 한다.

정의 7.4 Geometric Brownian Motion

확률과정 X(t)가

$$\ln X(t) \sim N\left[\left(\mu(t) - \frac{1}{2}\sigma^2(t)\right)t, \sigma^2(t)t\right]$$

이면 X(t)를 Geometric Brownian motion이라고 한다.

X(t)가 Geometric Brownian motion을 따르면 X(t)가 로그정규분포를 따른다. Geometric Brownian motion의 특수한 경우로

$$S(t)=S(0)\exp(\left(\mu - \frac{1}{2}\sigma^2\right)t + \sigma W(t))$$

가 있다. 즉, $\ln\frac{S(t)}{S(0)} = \left(\mu - \frac{1}{2}\sigma^2\right)t + \sigma W(t)$이므로

$$\ln\frac{S(t)}{S(0)} \sim N(\left(\mu - \frac{1}{2}\sigma^2\right)t, \sigma^2 t)$$

이다.

이미 살펴본 바와 같이 $\frac{dS(t)}{S(t)} = \mu dt + \sigma dW(t)$ 의 해가 $S(t)=S(0)\exp\left[\left(\mu - \frac{1}{2}\sigma^2\right)t + \sigma W(t)\right]$이다. 이를 좀더 해석하기 위해 $\frac{dS(t)}{S(t)} = \mu dt + \sigma dW(t)$의 이산형 버전을 고려하면 다음과 같이 표현할 수 있다. 즉,

$$\frac{S(t+\Delta t) - S(t)}{S(t)} = \mu\Delta t + \sigma\sqrt{\Delta t}\cdot Z_t$$

여기에서 $Z_t \overset{iid}{\sim} N(0,1)$이다. 그러므로 자산가격 S(t)의 $[t,\ t+\Delta t]$ 동안의 기대수익률이 $\mu\Delta t$이고, 자산이 위험자산이므로 분산이 $\sigma^2\Delta t$인 경우이다. $\lim_{\Delta t\to 0} S(t+\Delta t) - S(t) = dS(t)$ 이고 $\lim_{\Delta t\to 0}(W(t+\Delta t) - W(t)) = dW(t)$ 가 된다. $dW(t) \sim N(0, dt)$이므로 $\frac{dS(t)}{S(t)} = \mu dt + \sigma dW(t)$ 역시 동일하게 해석할 수 있다.

자산 S(t)의 수익률은 연 기준으로 μ이고 Δt 시간 동안의 수익률은 μΔt으로 계산된다. 그러나 위험자산의 경우 μΔt를 보장하는 것이 아니므로 σdW(t)를 포함시켜 불확실성을 부여한 것이다. 불확실성은 Δt가 길수록 점차 증가하는 것이 자연스럽기 때문에 σ에 dW(t)를 곱해(즉, dW(t)의 분산은 dt이므로) 이를 반영한 식이다. 당연하게 무위험자산은 불확실성이 없으므로 σ=0인 경우이다.

자산가격 S(t)의 기대수익률 μ를 무위험이자율 r로 고치면

$$\frac{dS(t)}{S(t)} = rdt + \sigma dW(t)$$

이 되며 이 미분방정식의 해는

$$S(t)=S(0)\exp\left(\left(r-\frac{1}{2}\sigma^2\right)t+\sigma W(t)\right)$$

가 된다. 좀더 일반적으로

$$S(T)=S(t)\exp\left(\left(r-\frac{1}{2}\sigma^2\right)(T-t)+\sigma(W(T)-W(t))\right)$$

이다.

$W(T)-W(t)$는 평균이 0이고, 분산이 T-t이므로 $W(T-t)$와 같은 분포를 갖게 된다. 그러므로

$$S(T)=S(t)\exp\left(\left(r-\frac{1}{2}\sigma^2\right)(T-t)+\sigma W(T-t)\right)$$

로 쓸 수 있다.

$\beta(t)=e^{rt}$로 정의하자. 이는 무위험이자율의 연속형 복리계산이다(단순복리는 $(1+r)^t$이다). 만약 $E\left(\frac{S(T)}{\beta(T)}\middle|S(t)\right)=\frac{S(t)}{\beta(t)}$가 되면 이미 6.5절에서 살펴본 바와 같이 S(t)의 기대수익률 μ를 r로 전환한 것이 S(t)를 실제세계(real world)에서 위험중립세계(risk-neutral world)로 전환하였다는 말로 해석할 수 있으며 $\frac{S(t)}{\beta(t)}$가 martingale이 됨을 의미하게 된다. 사실인지 살펴보기로 하자.

$S(T)=S(t)\exp(\left(r-\frac{1}{2}\sigma^2\right)(T-t)+\sigma W(T-t))$ 이고 $W(T-t)\sim N(0,T-t)$ 이므로

$$E\left(S(t)\exp\left(\left(r-\frac{1}{2}\sigma^2\right)(T-t)+\sigma W(T-t)\right)\middle|S(t)\right)$$

$$= S(t)\exp\left(\left(r-\frac{1}{2}\sigma^2\right)(T-t)\right)E(e^{\sigma W(T-t)})$$

$$= S(t)\exp\left(\left(r-\frac{1}{2}\sigma^2\right)(T-t)\right)\int_{-\infty}^{\infty} e^{x}\frac{1}{\sqrt{2\pi\sigma^2(T-t)}}\exp\left(-\frac{1}{2}\frac{X^2}{\sigma^2(T-t)}\right)dx$$

$$= S(t)\exp\left(\left(r-\frac{1}{2}\sigma^2\right)(T-t)\right)e^{\frac{1}{2}\sigma^2(T-t)}\int_{-\infty}^{\infty}\frac{1}{\sqrt{2\pi\sigma^2(T-t)}}\exp\left(-\frac{1}{2}\frac{(X-\sigma^2(T-t))^2}{\sigma^2(T-t)}\right)dx$$

$$= S(t)\exp(r(T\text{-}t))$$

가 된다. 여기에서 $\frac{1}{\sqrt{2\pi\sigma^2(T-t)}}\exp\left(-\frac{1}{2}\frac{\left(X-\sigma^2(T-t)\right)^2}{\sigma^2(T-t)}\right)$ 은 평균과 분산이 모두 $\sigma^2(T-t)$ 인 정규분포이기 때문에 이에 대한 적분은 1이 된다. 그러므로

$$E\left(\frac{S(T)}{\beta(T)}\middle|S(t)\right) = \frac{S(t)}{\beta(t)}$$

가 되는 것을 알 수 있다. 결론적으로, Geomertric Brownian motion $\frac{dS(t)}{S(t)} = \mu dt + \sigma dW(t)$에 간단하게 μ를 무위험이자율 r로 대체한 $\frac{dS(t)}{S(t)} = rdt + \sigma dW(t)$는 P-측도에서 Q-측도로의 이동을 의미한다. 즉,

$\frac{dS(t)}{S(t)} = rdt + \sigma dW(t)$ 또는 $S(T)=S(t)\exp\left(\left(r-\frac{1}{2}\sigma^2\right)(T-t)+\sigma W(T-t)\right)$으로 정의되면 $E_Q\left(\frac{S(T)}{\beta(T)}\middle|S(t)\right) = \frac{S(t)}{\beta(t)}$ 가 되고 $\frac{S(T)}{\beta(T)}$가 martingale이 된다.

유럽형 콜옵션의 만기일 T에서의 가치가 V(T) = max(S(T)-K, 0) 이고 Q-측도에서 모든 위험자산의 기대수익율은 r이므로

$$E_Q\left(\frac{V(T)}{\beta(T)}\middle|S(t)\right) = \frac{V(t)}{\beta(t)}$$

이 성립된다. 그러므로 V(T)에 $S(T)=S(t)\exp\left(\left(r-\frac{1}{2}\sigma^2\right)(T-t)+\sigma W(T-t)\right)$를 대입하여 기대치를 구하면 시점 t에서의 콜옵션의 가치 V(t)를 다음과 같이 구할 수 있다.

정리 7.2 Black-Scholes-Merton의 유럽형 콜옵션 가격

Black-Scholes-Merton 공식은 기초자산 S(t)가 위험중립측도에서 Geometric Brownian motion을 따를 때, 즉

$$\frac{dS(t)}{S(t)} = rdt + \sigma dW(t)$$

일 때 유럽형 콜옵션의 현재 시점 t에서의 가치는

$$E_Q\left(\frac{\max(S(T)-K,0)}{\beta(T)}\middle|S(t)\right) = \frac{C(t)}{\beta(t)}$$

를 만족하는 C(t)를 구하는 문제이다. Q-측도에서 $S(T)=S(t)\exp\left(\left(r-\frac{1}{2}\sigma^2\right)(T-t)+\sigma W(T-t)\right)$ 이고 시점 t에서 유일한 확률변수 $\sigma W(T-t) \sim N(0,\sigma^2(T-t))$이므로

$$E_Q(\max(S(T)-K,0))$$

$$= \int_{S(T)\geq K}[S(t)\exp\left\{\left(r-\frac{1}{2}\sigma^2\right)(T-t)+y\right\}-K]\frac{1}{\sqrt{2\pi\sigma^2(T-t)}}\exp\left(-\frac{1}{2}\frac{y^2}{\sigma^2(T-t)}\right)dy$$

이다.

$S(T) \geq K$이면 $S(t)\exp\left(\left(r-\frac{1}{2}\sigma^2\right)t+\sigma W(T-t)\right) \geq K$이고 이를 $\sigma W(T-t)$로 정리하면 $-\sigma W(T-t) \leq \ln\frac{S(t)}{K}+\left(r-\frac{1}{2}\sigma^2\right)(T-t) \equiv d_(S,T-t)$가 된다.

$-\sigma W(T-t)$ 와 $\sigma W(T-t)$ 가 동일한 $N(0,\sigma^2(T-t))$를 가지고 있으므로

$$\int_{S(T)\geq K}[S(t)\exp\left\{\left(r-\frac{1}{2}\sigma^2\right)(T-t)+y\right\}-K]\frac{1}{\sqrt{2\pi\sigma^2(T-t)}}\exp\left(-\frac{1}{2}\frac{y^2}{\sigma^2(T-t)}\right)dy$$

$$= \int_{-\infty}^{d\_(S,T-t)}[S(t)\exp\left\{\left(r-\frac{1}{2}\sigma^2\right)(T-t)-y\right\}-K]\frac{1}{\sqrt{2\pi\sigma^2(T-t)}}\exp\left(-\frac{1}{2}\frac{y^2}{\sigma^2(T-t)}\right)dy$$

$$= e^{r(T-t)}\frac{S(t)}{\sqrt{2\pi\sigma^2(T-t)}}\int_{-\infty}^{d\_(S,T-t)}\exp\left(-\frac{1}{2}\sigma^2(T-t)-y\right)\exp\left(-\frac{1}{2}\frac{y^2}{\sigma^2(T-t)}\right)dy$$

$$-\frac{K}{\sqrt{2\pi\sigma^2(T-t)}}\int_{-\infty}^{d\_(S,T-t)}\exp\left(-\frac{1}{2}\frac{y^2}{\sigma^2(T-t)}\right)dy$$

$$= e^{r(T-t)}\frac{S(t)}{\sqrt{2\pi\sigma^2(T-t)}}\int_{-\infty}^{d\_(S,T-t)}\exp\left(-\frac{1}{2}\frac{\left(y+\sigma^2(T-t)\right)^2}{\sigma^2(T-t)}\right)dy$$

$$-\frac{K}{\sqrt{2\pi\sigma^2(T-t)}}\int_{-\infty}^{d\_(S,T-t)}\exp\left(-\frac{1}{2}\frac{y^2}{\sigma^2(T-t)}\right)dy$$

첫 번째 항의 $\frac{1}{\sqrt{2\pi\sigma^2(T-t)}}\exp\left(-\frac{1}{2}\frac{(y+\sigma^2(T-t))^2}{\sigma^2(T-t)}\right)$은 평균이 $-\sigma^2(T-t)$이고 분산이 $\sigma^2(T-t)$인 정규분포의 확률밀도함수이고, 두 번째 항의 $\frac{1}{\sqrt{2\pi\sigma^2(T-t)}}\exp\left(-\frac{1}{2}\frac{y^2}{\sigma^2(T-t)}\right)$는 평균이 0이고 분산이 $\sigma^2(T-t)$인 정규분포의 확률밀도함수이므로

$X \sim N(-\sigma^2(T-t), \sigma^2(T-t))$ 그리고 $Y \sim N(0, \sigma^2(T-t))$라고 표기하면

$$\int_{S(T)\geq K}[S(t)\exp\left\{\left(r-\frac{1}{2}\sigma^2\right)(T-t)+y\right\}-K]\frac{1}{\sqrt{2\pi\sigma^2(T-t)}}\exp\left(-\frac{1}{2}\frac{y^2}{\sigma^2(T-t)}\right)dy$$

$$= e^{r(T-t)}S(t)\cdot \Pr[X \leq d\_(S,T-t)] - K\cdot \Pr[Y \leq d\_(S,T-t)]$$

$$= e^{r(T-t)}S(t)\cdot \Pr\left[\frac{X+\sigma^2(T-t)}{\sigma\sqrt{T-t}} \leq \frac{d\_(S,T-t)+\sigma^2(T-t)}{\sigma\sqrt{T-t}}\right] - K\cdot \Pr\left[\frac{Y}{\sigma\sqrt{T-t}} \leq \frac{d\_(S,T-t)}{\sigma\sqrt{T-t}}\right]$$

$$= e^{r(T-t)}S(t)\Phi\left(\frac{d\_(S,T-t)+\sigma^2(T-t)}{\sigma\sqrt{T-t}}\right) - K\cdot\Phi\left(\frac{d\_(S,T-t)}{\sigma\sqrt{T-t}}\right)$$

가 된다. 여기에서 Φ는 표준정규분포의 분포함수이다.

즉, $E_Q(\max(S(T)-K,0)) = e^{r(T-t)}S(t)\Phi(d_1) - K\cdot\Phi(d_2)$이다.

여기에서 $d_1 = \frac{\ln\frac{S(t)}{K}+\left(r+\frac{1}{2}\sigma^2\right)(T-t)}{\sigma\sqrt{T-t}}$ 이고, $d_2 = \frac{\ln\frac{S(t)}{K}+\left(r-\frac{1}{2}\sigma^2\right)(T-t)}{\sigma\sqrt{T-t}}$ 이다.

그러므로 $E_Q\left(\frac{\max(S(T)-K,0)}{\beta(T)}\middle|S(t)\right) = e^{-rt}S(t)\Phi(d_1) - e^{-rT}K\Phi(d_2)$가 된다.

$E_Q\left(\frac{\max(S(T)-K,0)}{\beta(T)}\middle|S(t)\right) = \frac{C(t)}{\beta(t)}$ 의 관계에 의해 시점 t에서 유럽형 콜옵션의 가격은

$$C(t) = S(t)\Phi(d_1) - e^{-r(T-t)}K\Phi(d_2)$$

가 된다. 이를 유럽형 콜옵션의 Black-Scholes-Merton 공식이라고 한다.

예제 7.4 유럽형 풋옵션 가격

유럽형 옵션의 put-call parity에 의해

$C(t) + Ke^{-r(T-t)} = P(t) + S(t)$이므로 시점 t에서의 유럽형 풋옵션의 가격은

$$\begin{aligned} P(t) &= C(t) + Ke^{-r(T-t)} - S(t) \\ &= S(t)\Phi(d_1) - e^{-r(T-t)}K \cdot \Phi(d_2) + Ke^{-r(T-t)} - S(t) \\ &= S(t)(\Phi(d_1) - 1) + Ke^{-r(T-t)}(1 - \Phi(d_2)) \end{aligned}$$

이다. 그런데 정규분포의 좌우대칭 성질에 의해 $1 - \Phi(d_1) = \Phi(-d_1)$ 이고 $1 - \Phi(d_2) = \Phi(-d_2)$이므로

$$P(t) = Ke^{-r(T-t)}\Phi(-d_2) - S(t)\Phi(-d_1)$$

이 된다.

기초자산 S(t)를 기반으로 하는 어떤 파생상품의 시점 t에서의 가치가 V(t, S(t))이라고 표현하자. 만기일 T에서의 파생상품의 payoff는 f(T)로 주어졌다고 하자. 예를 들어, 유럽형 콜옵션의 경우

$V(t, S(t)) = S(t)\Phi(d_1) - Ke^{-r(T-t)}\Phi(d_2)$ 이며 $f(T)=\max(S(T)\text{-}K, 0)$ 이다.

Itô 공식에 의해 이 V(t, S(t))는

$$dV(t, S(t)) = \frac{\partial V}{\partial t}dt + \frac{\partial V}{\partial S}dS(t) + \frac{1}{2}\frac{\partial^2 V}{(\partial S)^2}(dS(t))^2$$

으로 표현된다.

S(t)가 Geometric Brownian motion을 따르면 (즉, $\frac{dS(t)}{S(t)} = \mu dt + \sigma dW(t)$) $(dt)^2=0$이고 $(dW(t))^2 = dt$ 이므로 $(dS(t))^2 = \sigma^2 S(t)^2 dt$ 가 되어

$$dV(t, S(t)) = \left(\frac{\partial V}{\partial t} + \frac{\sigma^2}{2}\frac{\partial^2 V}{(\partial S)^2}S(t)^2\right)dt + \frac{\partial V}{\partial S}dS(t)$$

가 된다. $\int_0^t dV(t, S(t)) = V(t,S(t)) - V(0, S(0))$이므로

$$V(t, S(t)) - V(0, S(0)) = \int_0^t \left(\frac{\partial V}{\partial u} + \frac{\sigma^2}{2}\frac{\partial^2 V}{(\partial S)^2}S(u)^2\right)du + \int_0^t \frac{\partial V}{\partial S}dS(u)$$

가 된다. 이미 이항나무구조에서 살펴 보았듯이, 파생상품 $V(t, S(t))$는 $\theta(t)S(t) + D(t)$에 의해 복제될 수 있다. 여기에서 $\theta(t)$는 기초자산 S(t)의 보유개수이고 D(t)는 무위험이자율이 r인 채권에 투자한 현금이다. D(t)는 불확실성이 없으므로

$$\frac{dD(t)}{D(t)} = r\,dt$$

로 표현할 수 있다. 복제는 self-financing한 포트폴리오만 가능하므로

$$\begin{aligned}&\theta(t)S(t) + D(t) - \theta(0)S(0) - D(0)\\&= \int_0^t \theta(u)dS(u) + \int_0^t dD(u) = \int_0^t \theta(u)dS(u) + \int_0^t rD(u)du\end{aligned}$$

를 만족해야 한다(6.1절의 이산형인 경우와 비교하여 보면 위의 첫 번째 등식을 쉽게 이해할 수 있으며 두 번째 등식은 $dD(t) = D(t)r\,dt$ 에 의해 성립된다). $\theta(t)S(t) + D(t)$가 V(t,S(t))를 복제하므로

$$\theta(t)S(t) + D(t) = V(t, S(t))\text{이며 } \theta(0)S(0) + D(0) = V(0, S(0))$$

이어야 한다. 그러므로

$$\begin{aligned}V(t, S(t)) - V(0, S(0)) &= \int_0^t \left(\frac{\partial V}{\partial u} + \frac{\sigma^2}{2}\frac{\partial^2 V}{(\partial S)^2}S(u)^2\right)du + \int_0^t \frac{\partial V}{\partial S}dS(u)\\&= \int_0^t rD(u)du + \int_0^t \theta(u)dS(u)\end{aligned}$$

가 성립한다.

그러므로 $\theta(t) = \frac{\partial V(t,S(t))}{\partial S}$ 이며 $\frac{\partial V(t,S(t))}{\partial t} + \frac{\sigma^2}{2} S(t)^2 \frac{\partial^2 V(t,S(t))}{(\partial S)^2} = rD(t)$ 를 만족하는 포트폴리오를 취하면 파생상품가격 V(t, S(t))를 완전하게 복제할 수 있게 된다. 이 두 개의 식을 부분미분방정식(partial differential equation)이라고 하며 V(t, S(t))가 유럽형 콜옵션 가격이라면 이 방정식의 해가 Black-Scholes-Merton 공식으로 유도된다. 이 유도과정은 수학의 영역으로 여기에서는 생략하기로 한다.

특히 $\theta(t) = \frac{\partial V}{\partial S}$ 는 V(t)의 $\int_0^t \frac{\partial V}{\partial S} dS(u)$와 포트폴리오의 $\int_0^t \theta(u) dS(u)$으로부터의 등식이므로 $\frac{\partial V}{\partial t} + \frac{\sigma^2}{2} S(t)^2 \frac{\partial^2 V}{(\partial S)^2} = rD(t)$가 성립하지 않더라도 $V\big(t, S(t)\big) - \theta(t)S(t) - D(t) = \int_0^t \left(\frac{\partial V}{\partial u} + \frac{\sigma^2}{2} S(u)^2 \frac{\partial^2 V}{(\partial S)^2} - rD(u)\right) du$만 남게 되어 S(t)에 포함된 불확실성을 완전하게 제거하게 된다. 그러므로 유럽형 콜옵션의 발행자 입장에서는 S(t)를 $\frac{\partial V(t,S(t))}{\partial S}$ 단위수만큼 보유함으로써 콜옵션에서 발생하는 손실의 불확실성을 hedge할 수 있게 된다.

예제 7.5 1,000억원의 상품을 미국에 수출하면 1년 후에 1억$의 판매 대금을 회수할 것으로 예측하고 있다. 이를 위해 1,000억원을 25%의 배당금을 대가로 투자를 받았다. 생산비용은 600억원이며 원화에 대한 무위험이자율은 5%이고 달러에 대한 무위험이자율은 3%라고 가정하자. 현재의 1달러당 환율은 1,000원이며 환율에 대한 로그수익률의 변동성은 20%이다. 만약 추가적인 자금이 필요하면 연 10% 이자율로 자금을 조성할 수 있다고 가정하고 수익의 20%가 세금이라고 가정하자.

(1) Hedge를 하지 않을 경우
1년 후의 환율이 900원으로 떨어졌을 때, 연말의 손익을 계산해 보면 다음과 같다.

판 매 액	900억원
생산비용	600억원
	300억원
세 금	60억원
	240억원
배 당	250억원
	-10억원

(2) 선도거래의 Short position

선도계약을 $1000 \times e^{r_{won}-r_D} = 1000 \times e^{0.05-0.03} = 1020.2$으로 체결한다. (예제 6.7 참조)

그러면 1년 후,

판매액	1억$×1020.2원
생산비용	600억원
	420.2억원
세　금	84.04억원
	336.16억원
배　당	250억원
	86.16억원

(3) 풋옵션에 의한 hedge

환율변동에 의한 risk를 hedge하기 위해 1년 후 1달러를 1000원에 팔 수 있도록 만기가 1년 후인 풋옵션을 1억 단위 long position했다. 1년 후의 1달러의 현재가치는 $e^{-r_D} = e^{-0.03}$달러이다.

현재의 환율이 1000원이므로 $e^{-0.03}$달러의 현재의 환율은 $S(0) = e^{-0.03} \times 1000 = 970.45$원이다. 원화의 무위험이자율은 $r_w = 0.05$이고 K=1000인 유럽형 풋옵션은

$$P(0) = 1000e^{-0.05}\Phi(-d_2) - 970.45\Phi(-d_1)$$

이다. 여기에서,

$$d_1 = \frac{\ln\left(\frac{970.45}{1000}\right) + (0.05 + \frac{1}{2}(0.2)^2)}{0.2} = 0.2$$

이고

$$d_2 = \frac{\ln\left(\frac{970.45}{1000}\right) + (0.05 - \frac{1}{2}(0.2)^2)}{0.2} = 2.3 \times 10^{-5}$$

이므로 P(0)=67.3원이 된다. 그러므로 67억3천만원의 자금이 추가로 필요하게 된다. 이를 이자율 10% 빌려서 손익을 계산하면 다음과 같다.

판 매 액	1000억원
생산비용	600억원
	400억원
10% 이자	6.73억원
	393.27억원
세 금	78.654억원
	314.616억원
채무상환	67.3억원
	247.316억원
배당	250억원
	-2.684억원

연습문제 7.6

<예제 7.5>에서 풋옵션 행사가격 K=1100으로 했을 때의 손익을 계산하라.

2.2 Greeks와 Greeks Hedging

Greeks는 유럽형 옵션 가격의 결정요소인 기초자산가격, 기초자산가격의 변동성, 만기일까지의 남은 시간, 무위험이자율의 변화에 대한 옵션가격의 민감도를 말한다. 옵션의 구입자(long position)는 손실이 옵션의 구입가격으로 제한적이지만, 옵션의 발행자(short position)는 손실이 무한대가 될 수 있다. Greeks는 옵션의 발행자 입장에서 risk를 hedge할 수 있는 도구로 이용된다.

어떤 파생상품의 가격이 S, t, σ, r의 함수인 $V(S, t, \sigma, r)$이라면 Greeks는

$$\Delta = \frac{\partial V}{\partial S},\ \Gamma = \frac{\partial^2 V}{\partial S^2},\ \rho = \frac{\partial V}{\partial r},\ \theta = \frac{\partial V}{\partial t}\ \text{그리고 vega} = \frac{\partial V}{\partial \sigma}$$

으로 정의된다. Δ는 delta, Γ는 gamma, ρ는 rho, θ는 theta로 읽는다.

V가 유럽형 콜옵션의 가격이라고 할 때 Greeks를 구해 보자. 시점 t에서의 유럽형 콜옵션 가격은 이미 논의한 대로

$$C(S(t), t, r, \sigma) = S(t)\Phi(d_1) - Ke^{-r(T-t)}\Phi(d_2)$$

이다. 여기에서 $d_1 = \frac{\ln\left(\frac{S(t)}{K}\right)+\left(r+\frac{1}{2}\sigma^2\right)(T-t)}{\sigma\sqrt{T-t}}$ 이고, $d_2 = \frac{\ln\left(\frac{S(t)}{K}\right)+\left(r-\frac{1}{2}\sigma^2\right)(T-t)}{\sigma\sqrt{T-t}}$ 이다.

먼저 $\frac{\partial\Phi(x)}{\partial x} = \phi(x) = \frac{1}{\sqrt{2\pi}}e^{-\frac{1}{2}x^2}$ 이므로

$$\frac{\frac{\partial\Phi(d_1)}{\partial d_1}}{\frac{\partial\Phi(d_2)}{\partial d_2}} = \frac{\phi(d_1)}{\phi(d_2)} = \frac{K}{S(t)}e^{-r(T-t)}$$

이다.

유럽형 콜옵션의

$$\Delta = \frac{\partial C}{\partial S(t)} = \Phi(d_1) + S(t)\frac{\partial\Phi(d_1)}{\partial d_1}\frac{\partial d_1}{\partial S} - Ke^{-r(T-t)}\frac{\partial\Phi(d_2)}{\partial d_2}\frac{\partial d_2}{\partial S}$$

$$= \Phi(d_1) + \frac{S(t)\phi(d_1)}{S(t)\sigma\sqrt{T-t}} - Ke^{-r(T-t)}\frac{\phi(d_2)}{S(t)\sigma\sqrt{T-t}}$$

이다. 이미 증명한 바와 같이 $\phi(d_1)S(t) = e^{-r(T-t)}K\phi(d_2)$이므로 $\Delta = \Phi(d_1)$이다. 감마와 로우를 구해보면

$$\Gamma = \frac{\partial\Delta}{\partial S} = \frac{\partial\Phi(d_1)}{\partial d_1}\frac{\partial d_1}{\partial S} = \frac{\phi(d_1)}{S(t)\sigma\sqrt{T-t}}$$

이며

$$\rho = \frac{\partial C}{\partial r} = S\frac{\partial\Phi(d_1)}{\partial d_1}\frac{\partial d_1}{\partial r} + (T-t)Ke^{-r(T-t)}\Phi(d_2) - Ke^{-r(T-t)}\frac{\partial\Phi(d_2)}{\partial d_2}\frac{\partial d_2}{\partial r}$$

$$= S(t)\phi(d_1)\frac{(T-t)}{\sigma\sqrt{T-t}} + (T-t)Ke^{-r(T-t)}\Phi(d_2) - Ke^{-r(T-t)}\phi(d_2)\frac{(T-t)}{\sigma\sqrt{T-t}}$$

이다. $S(t)\phi(d_1) = e^{-r(T-t)}K\phi(d_2)$를 이므로 두 번째 항만 남게 되어

$$\rho = (T-t)Ke^{-r(T-t)}\Phi(d_2)$$

이다.

유사한 방법으로

$$\theta = \frac{\partial C}{\partial t} = \frac{-S(t)\sigma}{2\sqrt{T-t}}\phi(d_1) - rKe^{-r(T-t)}\Phi(d_2)$$

이며

$$\text{vega} = \frac{\partial C}{\partial \sigma} = S(t)\sqrt{T-t}\phi(d_1)$$

이다. 정리하면,

$$\Delta = \frac{\partial C}{\partial S} = \Phi(d_1), \Gamma = \frac{\partial^2 C}{(\partial S)^2} = \frac{\phi(d_1)}{S(t)\sigma\sqrt{T-t}}, \rho = \frac{\partial C}{\partial r} = (T-t)Ke^{-r(T-t)}\Phi(d_2),$$

$$\theta = \frac{\partial C}{\partial t} = -\frac{S(t)\sigma}{2\sqrt{T-t}}\phi(d_1) - rKe^{-r(T-t)}\Phi(d_2),\ \ \text{vega} = \frac{\partial C}{\partial \sigma} = S(t)\sqrt{T-t}\phi(d_1)$$

이다.

이 다섯 가지의 Greeks를 이용하여 각 요인들이 콜옵션에 미치는 영향을 파악할 수 있다. $\Delta = \Phi(d_1)$ 이므로 $\Delta > 0$이다. 이는 기초자산의 가격이 증가하면 유럽형 콜옵션의 가격이 상승한다는 의미이다.

특히, 시점 t가 만기일 T로 접근할 때 만약 S(T)>K(즉, in-the-money)이면 $d_1 \to \infty$하여 $\Delta = 1$이 된다. 이 의미는 만기일 직전에서 기초자산가격 1단위 증가는 콜옵션 가격이 1단위 증가한다는 것을 의미한다. 만약 S(T)<K이면 (즉 out-of-the money), $d_1 \to -\infty$가 되어 $\Delta = \Phi(-\infty) = 0$이 된다. 그러므로 만기일 직전에 OTM이면 기초자산가격의 변동은 콜옵션 가격에 영향을 주지 못한다. 끝으로, 만약 S(T)=K이면 (즉, at-the-money), $d_1 \to 0$이 되어 $\Delta = \Phi(0) = \frac{1}{2}$이 된다. 그러므로, 만기일 직전에 ATM이면 기초자산가격의 1단위의 증가는 콜옵션 가격의 $\frac{1}{2}$단위 증가를 초래하게 된다.

Γ는 0보다 크며 $\Gamma = \frac{\phi(d_1)}{S(t)\sigma(T-t)} > 0$의 의미는 기초자산가격의 증가속도보다 콜옵션가격의 증가속도가 높다는 것을 말하며 이는 기초자산의 변동성보다 콜옵션의 변동성이 더 크다는 의미가 되므로 옵션이 더 위험하다는 해석이 된다.

$\rho > 0$이며 의미는 이자율이 증가하면 콜옵션의 가격도 증가한다는 것을 의미한다. 만기일에서의 콜옵션의 payoff는 max(S(T)-K, 0)이므로 이자율이 증가하면 행사가격의 현재가치는 떨어지게 되어 콜옵션의 payoff가 커지게 된다. 그러므로 콜옵션의 가격은 상승하게 된다.

vega는 0보다 크고 $\text{vega} = S(t)\sqrt{T-t}\phi(d_1) > 0$의 의미는 기초자산가격의 변동성이 커지면 콜옵션가격이 오른다는 것이다. 이는 콜옵션의 payoff를 고려하면 자명하다.

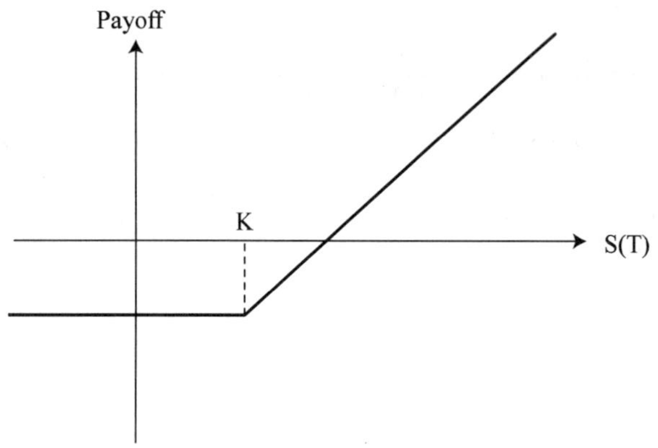

그림 7.1 ■ 유럽형 콜옵션의 payoff

<그림 7.1>에서 볼 수 있듯이 행사가격 K는 일종의 S(T)의 기대치로 해석할 수 있다. 기초자산의 변동성이 크다는 말은 이 기대치를 벗어날 가능성이 크다는 것을 의미한다. 즉, 만기일에서 기초자산가격 S(T)가 행사가격 K보다 아주 작거나 클 가능성이 높다는 것을 의미한다. K보다 낮아질 경우의 손실은 콜옵션의 구입가격에 불과하나 오를 경우에는 큰 이득을 보게 되어 결국 콜옵션의 payoff를 높이는 결과를 초래하여 콜옵션 가격이 증가하게 된다.

θ는 음의 값이며 $\theta = -\frac{S(t)\sigma}{2\sqrt{(T-t)}}\phi(d_1) - rKe^{-r(T-t)}\Phi(d_2) < 0$의 의미는 현재시점 t가 만기일 T에 가까워질수록 콜옵션가격은 하락한다는 것이다. 만기일에 가까워질수록 기초자산가격의 불확실성이 감소하므로 기초자산가격의 변동성이 감소하게 되어 콜옵션 가격이 감소하게 되기 때문이다.

연습문제 7.7

유럽형 풋옵션의 Δ, Γ, ρ, θ 그리고 vega가 각각

$$\Delta = -\Phi(-d_1), \Gamma = \frac{\phi(d_1)}{S(t)\sigma\sqrt{(T-t)}}, \ \rho = -(T-t)\,Ke^{-r(T-t)}\Phi(-d_2),$$

$$\theta = -\frac{S(t)\sigma}{2\sqrt{(T-t)}}\phi(d_1) + rKe^{-r(T-t)}\Phi(-d_2), \ \text{vega} = S(t)\sqrt{T-t}\phi(d_1)$$

임을 보이고 그 의미를 해석하라.

Greeks의 또 다른 유용성은 hedge에 있다. 실제문제에 있어서 거래비용 때문에 너무 빈번한 거래는 현실적으로 제한을 받을 수밖에 없지만 논의의 간편을 위해 거래비용이 없는 것으로 가정한다. 이미 논의한 대로 파생상품의 가치 V(t)는 기초자산의 가격 S(t), 시간 t, 변동성 σ 그리고 무위험이자율 r의 함수이다. 그러므로

$$dV(t) = \frac{\partial V}{\partial S}dS(t) + \frac{\partial V}{\partial t}dt + \frac{\partial V}{\partial \sigma}d\sigma + \frac{\partial V}{\partial r}dr + \frac{1}{2}\frac{\partial^2 V}{(\partial S)^2}(dS(t))^2$$

으로 근사할 수 있다. S(t)만 이차항까지 전개한 이유는 S(t)만이 유일하게 Geometric Brownian motion을 따른다는 일반적인 가정에 의해 t, σ, r에 대한 이차항의 전개는 모두 0이 되기 때문이다.

그러므로 파생상품 발행자 입장에서 기초자산가격의 변화에 파생상품가격 변화에 영향을 받지 않기 위해서는 $\frac{\partial V}{\partial S}$를 제거하는 delta hedge 전략을 쓰고, 변동성에 영향을 받지 않기 위해서는 $\frac{\partial V}{\partial \sigma}$를 없애는 vega hedge 전략을 쓰고, 기초자산의 가격의 변화와 변동성에 영향을 동시에 받지 않기 위해서는 $\frac{\partial V}{\partial S}$와 $\frac{\partial V}{\partial \sigma}$를 없애는 delta-vega hedge 전략이 유용하다. 기초자산의 가격의 큰 변화에 대비한 hedge 전략은 $\frac{\partial V}{\partial S}$와 $\frac{\partial^2 V}{(\partial S)^2}$를 제거하는 delta-gamma hedge이다.

Greeks를 이용한 hedge 전략은 비교적 간단하다.

$$dV(t) = \frac{\partial V}{\partial S}dS(t) + \frac{\partial V}{\partial t}dt + \frac{\partial V}{\partial \sigma}d\sigma + \frac{\partial V}{\partial r}dr + \frac{1}{2}\frac{\partial^2 V}{(\partial S)^2}(dS(t))^2$$

이므로 파생상품 발행자(writer)가 delta hedge를 위해서 기초자산 S(t)를 $\theta(t)$단위 보유하는 포트폴리오$P(t) = \theta(t)S(t)$를 구성하면 된다. $dP(t) = \theta(t)dS(t)$이므로 dV(t)의 dS(t)에 있는 계수 비교에 의해 파생상품 V(t) 1단위당 S(t)를 $\theta(t) = \frac{\partial V}{\partial S}$ 단위를 보유하면 S(t)의 변화 dS(t)의 영향을 없애는 delta hedge가 된다.

Delta-Gamma hedge를 위해 V(t)와 동일한 기초자산 S(t)를 기초자산으로 하는 또 다른 파생상품(그러므로 만기일 또는 행사가격만 다른 파생상품) f(t)를 이용하여 기초자산을 $\theta_1(t)$단위, 파생상품 f(t)를 $\theta_2(t)$단위 보유(long position)하는 포트폴리오를 구성한다. 즉,

$$P(t) = \theta_1(t)S(t) + \theta_2(t)f(t).$$

그러므로

$$dP(t) = \theta_1(t)dS(t) + \theta_2(t)(\frac{\partial f}{\partial S}dS(t) + \frac{\partial f}{\partial t}dt + \frac{\partial f}{\partial \sigma}d\sigma + \frac{\partial f}{\partial r}dr + \frac{1}{2}\frac{\partial^2 f}{(\partial S)^2}(dS(t))^2)$$

가 된다. dV(t)의 전개식에 의해

$$\frac{\partial V}{\partial S} = \theta_1(t) + \theta_2(t)\frac{\partial f}{\partial S}$$

$$\frac{1}{2}\frac{\partial^2 V}{(\partial S)^2} = \theta_2(t) \cdot \frac{1}{2}\frac{\partial^2 f}{(\partial S)^2}$$

를 만족하는, 즉 $\theta_1(t) = \frac{\partial V}{\partial S} - \theta_2(t)\frac{\partial f}{\partial S}$, $\theta_2(t) = \frac{\frac{\partial^2 V}{(\partial S)^2}}{\frac{\partial^2 f}{(\partial S)^2}}$ 단위를 V(t) 1단위당 long position하면 delta-gamma hedge가 된다. 동일한 방법으로 위의 dP(t)와 dV(t)를 dS(t)와 $d\sigma$의 계수를 비교하여

$$\frac{\partial V}{\partial S} = \theta_1(t) + \theta_2(t)\frac{\partial f}{\partial S}$$

$$\frac{\partial V}{\partial \sigma} = \theta_2(t)\frac{\partial f}{\partial \sigma}$$

를 만족하는, 즉 $\theta_1(t) = \frac{\partial V}{\partial S} - \theta_2 \frac{\partial f}{\partial S}$, $\theta_2(t) = \frac{\frac{\partial V}{\partial \sigma}}{\frac{\partial f}{\partial \sigma}}$단위를 V(t) 1단위당 long position 하면 delta-vega hedge를 하게 된다.

연습문제 7.8

S(t)를 기초자산으로 하는 파생상품 V(t)를 delta-vega-gamma hedge 하기 위해서 기초자산 S(t)와 두 개의 파생상품 $f_1(t)$와 $f_2(t)$ (단, 이 두 파생상품은 V(t)와 동일한 기초자산 S(t)를 기초자산으로 한다)을 이용하여 V(t) 1단위당 long position 해야 할 포트폴리오를 구성하라.

예제 7.9 Delta-hedge

현재의 자산가격이 S(0)=40,000원인 주식에 대해 만기일이 6개월 후이고, 행사가격이 40,000원인 유럽형 콜옵션 100단위를 발행하였다. 무위험이자율이 5%이고 기초자산의 변동성 $\sigma = 20\%$라고 가정했을 때

$$d_1 = \frac{\ln\left(\frac{S(0)}{K}\right) + \left(r + \frac{1}{2}\sigma^2\right)T}{\sigma\sqrt{T}} = \frac{\ln 1 + \left(0.05 + \frac{1}{2}(0.2)^2\right)\frac{180}{365}}{0.2\sqrt{\frac{180}{365}}} = 0.2458$$

이며 $d_2 = 0.1053$이 된다. 그러므로 콜옵션의 가격은

$$C(0) = S(0)\Phi(d_1) - Ke^{-rT}\Phi(d_2) = 40000\Phi(0.2458) - Ke^{-0.05\left(\frac{180}{365}\right)}\Phi(0.1053)$$

$$= 2733.20\text{원}$$

이 된다.

$\Delta = \Phi(d_1) = \Phi(0.2458) = 0.5971$ 이므로 콜옵션의 발행자의 포트폴리오는 $S(0) = 40{,}000$원인 주식을 59.71주 보유하여 delta hedge를 한다. 그러므로 주식구입자금은 2,388,400원이고 콜옵션 판매가격은 $100 \times 2733.20 = 273{,}320$원이므로 은행으로부터 이자율 r=5%로 차액 2,115,080원을 차입한다. 즉, D(0)를 시점 0에서 현금이라고 하면

$$V_p(0) = 59.71 \times S(0) - D(0) - 100 \times C(0) = 0$$

이 되도록 포트폴리오를 구성한다. 그러므로 주식에 long position, 현금에 short position 그리고 이미 short position을 취한 콜옵션으로 포트폴리오를 구성한다. 이제 하루가 지나게 되어 $S\left(\frac{1}{365}\right) = 41{,}000$원으로 상승하게 되면

$$d_1 = \frac{\ln\left(\frac{S\left(\frac{1}{365}\right)}{K}\right) + \left(r + \frac{1}{2}\sigma^2\right)\left(\frac{180}{365} - \frac{1}{365}\right)}{\sigma\sqrt{\left(\frac{180}{365} - \frac{1}{365}\right)}} = 0.4214$$

$$d_2 = \frac{\ln\left(\frac{S\left(\frac{1}{365}\right)}{K}\right) + \left(r - \frac{1}{2}\sigma^2\right)\left(\frac{180}{365} - \frac{1}{365}\right)}{\sigma\sqrt{\left(\frac{180}{365} - \frac{1}{365}\right)}} = 0.2813$$

이 되어

$$C\left(\frac{1}{365}\right) = S\left(\frac{1}{365}\right)\Phi(0.4214) - Ke^{-0.05\left(\frac{179}{365}\right)}\Phi(0.2813) = 3354.76\text{원}$$

이 된다. 그러므로

$$\begin{aligned} V_p\left(\frac{1}{365}\right) &= 59.71 \times 41{,}000 - e^{0.05\left(\frac{1}{365}\right)} \times 2{,}115{,}080 - 100 \times 3354.76 \\ &= -2735.55 \end{aligned}$$

이 된다. 새로운 delta hedge를 위해 새로운 Δ를 구하면 $\Delta = \Phi(0.4214) = 0.6633$이 되어 $S\left(\frac{1}{365}\right)$를 66.33주 보유해야 한다.

두 번째 날의 delta hedge를 위한 재구성된 첫 번째 날의 포트폴리오는

$$V_p\left(\frac{1}{365}\right) = 66.33 \times S\left(\frac{1}{365}\right) - D\left(\frac{1}{365}\right) - 100 \times C\left(\frac{1}{365}\right)$$

가 된다. 이 포트폴리오가 self-financing이 되기 위해서

$$\begin{aligned} V_p\left(\frac{1}{365}\right) &= 66.33 \times S\left(\frac{1}{365}\right) - D\left(\frac{1}{365}\right) - 100 \times C\left(\frac{1}{365}\right) \\ &= 59.71 \times S\left(\frac{1}{365}\right) - e^{0.05\left(\frac{1}{365}\right)} \times D(0) - 100 \times C\left(\frac{1}{365}\right) \end{aligned}$$

$= -2735.55$원

이 되어야 하므로 $D\left(\frac{1}{365}\right) = 2{,}386{,}789$원이 되어 은행으로부터 2,386,789 − 2,115,080=271,709원을 더 차입하게 된다. 두 번째 날이 되었을 때 $S\left(\frac{2}{365}\right)$가 관찰되고 이에 따른 손익이 계산되고 이 손익이 유지된 상태에서 세 번째 날의 delta hedge를 위한 두 번째 날의 포트폴리오를 재구성해야 한다. 이러한 절차를 만기일까지 반복해서 delta hedge를 하게 된다.

만약 delta hedge를 하지 않으면 콜옵션 발행자는 콜옵션의 판매대금 $100 \times 2733.20 = 273{,}320$원을 은행에 이자율 0.05로 저금을 하게 되어 포트폴리오는

$$V_u(0) = 273{,}320 - 100 \times C(0) = 0$$

이 된다. 하루가 지나면 $V_u\left(\frac{1}{365}\right) = 273{,}320 \times e^{0.05\left(\frac{1}{365}\right)} - 100 \times C\left(\frac{1}{365}\right) = -62{,}118.4$원이 산출되어 delta hedge를 위한 포트폴리오의 경우 2735.5원의 손실이 있는 반면, hedge를 하지 않은 경우는 62,118.4원의 손실이 발생하여 delta hedge의 손실이 매우 작음을 알 수 있다.

다음의 표는 $S\left(\frac{1}{365}\right)$의 값에 따라 delta hedge를 했을 때와 하지 않았을 때의 손익을 나타내고 있다.

표 7.1 ■ 콜옵션 발행자의 $t = \frac{1}{365}$에서의 포트폴리오 가치

$S\left(\frac{1}{365}\right)$	delta hedge	hedge를 하지 않을 때
38000	-13,776	105,972
38500	-7,439	82,453
39000	-2,951	57,087
39500	-283	29,899
40000	604	932
40500	-234	-29,762
41000	-2,735	-62,118
41500	-6,825	-96,063
42000	-12,423	-131,516

<표 7.1>은 $S(0) = 40{,}000$에서 하루 후 주식가격 $S\left(\frac{1}{365}\right)$가 38,000~42,000 사이 500원 단위로 변할 때 delta hedge의 결과와 hedge를 하지 않았을 때의 결과를 비교한 값이다. Delta hedge가 손실을 상당히 줄여주지만, 반면에 수익이 손실로 돌아서게 하는 역효과도 보고 있다. 이와 같은 관점에서 delta hedge는 기초자산의 가격이 거의 변동하지 않는다고 판단되었을 때 사용되는 hedge 전략이다.

연습문제 7.10

<예제 7.9>에서 $t = 0$에서 구성된 포트폴리오는 $t = \frac{1}{365}$에서 관찰된 $S\left(\frac{1}{365}\right)$에 따라 그 가치가 결정된다. 즉,

$$V_p\left(\frac{1}{365}\right) = 59.71 \times S\left(\frac{1}{365}\right) - e^{\frac{0.05}{365}} \times 2{,}115{,}080 - 100 \times C\left(\frac{1}{365}\right)$$

가 되어 $V_p\left(\frac{1}{365}\right)$는 $59.71 \times S\left(\frac{1}{365}\right)$뿐만 아니라 $C\left(\frac{1}{365}\right)$에 있는 $S\left(\frac{1}{365}\right)$에도 의존하며 결정된다. $V_p\left(\frac{1}{365}\right)$는 $S\left(\frac{1}{365}\right)$에 대해 위로 볼록인 함수가 된다. 그러므로 $V_p\left(\frac{1}{365}\right)$가 최대가 되는 $S\left(\frac{1}{365}\right)$를 구하라.

Hint: 콜옵션가격 $C\left(\frac{1}{365}\right)$를 $S\left(\frac{1}{365}\right)$로 두 번 미분한 값이 gamma이며 이 gamma는 항상 양의 값이므로 $V_p\left(\frac{1}{365}\right)$는 $S\left(\frac{1}{365}\right)$에 의해 위로 볼록인 함수가 된다. 그러므로 $V_p\left(\frac{1}{365}\right)$를 $S\left(\frac{1}{365}\right)$미분한 후, 이 값을 0으로 놓고 푼 해가 $V_p\left(\frac{1}{365}\right)$을 최대로 하는 $S\left(\frac{1}{365}\right)$이다.

연습문제 7.11

<예제 7.9>에서 $S\left(\frac{1}{365}\right) = 40{,}500$, $S\left(\frac{2}{365}\right) = 39{,}000$, $S\left(\frac{3}{365}\right) = 40{,}000$으로 변했다고 가정할 때, $t = \frac{1}{365}, \frac{2}{365}, \frac{3}{365}$에 각각 재구성된 delta-hedge를 위한 포트폴리오를 제시하고 그 손실을 계산하라.

예제 7.12 Delta−Gamma hedge

Delta-hedge와 동일하게 현재의 주식가격 $S(0)=40{,}000$원에 대해 만기일이 6개월 후이고, 행사가격이 40,000원인 유럽형 콜옵션 100단위를 발행하였을 때 이 옵션의 발행자의 delta-gamma hedge를 위한 포트폴리오를 고려하여 보자. 이미 논의한 대로 Gamma hedge를 위해서 동일한 주식에 대한 또 다른 파생상품이 필요하다. 만기가 9개월이고 행사가격이 45,000원인 파생상품 K(t)를 고려하여 보자.

<예제 7.9>에서 이미 계산한 대로 $C(0)=2733.20$ C를 기반으로 한 delta= 0.5971이고 $\text{gamma}_c=0.0000689$이다. 한편,

$$K(0)=S(0)\Phi(-0.3837)-e^{-0.05\left(\frac{270}{365}\right)}\times 45{,}000\times\Phi(-0.5557)=1482.43\text{원}$$

이며 $\text{delta}_k=0.3506$ 이고 $\text{gamma}_k=0.0000539$ 이다.

그러므로 콜옵션 C의 발행자는 C(0) 1단위당 파생상품 K를 $\frac{\text{gamma}_c}{\text{gamma}_k}=1.2783$ 단위 long position하고, 기초자산 S(t)를 $\text{delta}_c-\frac{\text{gamma}_c}{\text{gamma}_k}\text{delta}_k=0.1489$단위 long position하면 된다. C(0)를 100단위 발행하였으므로 $\theta_1(0)=100\times 0.1489=14.89$단위, $\theta_2(0)=100\times 1.2783=127.83$단위를 long position한다, 즉, $14.89\times 40{,}000+127.83\times 1482.43-100\times 2733.20=511{,}779$원을 이자율 r=0.05로 빌려서(short position)

$$V_p(0)=14.89\times 40{,}000+127.83\times 1482.43-511{,}779-100\times 2733.20=0$$

가 되도록 포트폴리오를 구성한다. 즉,

$$\theta_1(0)=14.89\text{단위},\qquad \theta_2(0)=127.83\text{단위}(\text{이상 long position}),$$

$D(0)=511{,}779$ 원(short position)로 구성된 포트폴리오가 delta-gamma hedge를 위한 포트폴리오이다.

이제 <예제 7.9>와 동일하게 $S\left(\frac{1}{365}\right)=41{,}000$ 으로 상승하면 $C\left(\frac{1}{365}\right)=3354.76$이 되고 $K\left(\frac{1}{365}\right)=1853.11$이 된다. 그러므로

$$V_p\left(\frac{1}{365}\right)=14.89\times 41{,}000+127.83\times 1853.11-e^{\frac{0.05}{365}}\times 511{,}779-100\times 3354.76$$

$= 48.33$

이 된다.

$t = \frac{1}{365}$가 되면 $S\left(\frac{1}{365}\right) = 41{,}000$이므로 새로운

$$delta_c = 0.6633\,, \qquad delta_k = 0.4045\,,$$

$$gamma_c = 0.0000636\,, \qquad gamma_k = 0.000055$$

으로 계산된다. 그러므로 $\theta_2\left(\frac{1}{365}\right) = \frac{636}{550} \times 100 = 115.64$단위, $\theta_1\left(\frac{1}{365}\right) = 100 \times (0.6633 - \frac{636}{550} \times 0.4054) = 19.45$ 단위가 되어 $D\left(\frac{1}{365}\right) = 19.45 \times 41000 + 115.64 \times 1853.11 - 100 \times 3354.76 - 48.33 = 676{,}219$원이 되므로 $676{,}219 - 511{,}779 = 164{,}440$ 을 $r = 0.05$ 로 더 차입하여 $t = \frac{2}{365}$ 를 delta-gamma hedge하면 된다. 즉, $t = \frac{2}{365}$시점에 대한 delta-gamma hedge를 위해 $t = \frac{1}{365}$에서 재구성된 포트폴리오는 기초자산 S를 19.45단위, 파생상품 K를 115.64단위를 long position하고 현금을 676,219원 short position한 것이다.

$S\left(\frac{1}{365}\right)$의 값이 38,000에서 42,000원으로 500원 단위로 증가시킬 때 $t = 0$에서 구성한 delta-gamma hedge의 손익을 정리하면 <표 7.3>과 같다. <예제 7.9>의 delta hedge와 비교하기 위해 delta hedge의 손익도 함께 수록하였다.

<표 7.2>는 $t = 0$에서 delta-gamma hedge를 구성한 후 $t = \frac{1}{365}$에서의 손실이다. delta hedge와 비교하여 delta-gamma hedge는 $S(0) = 40{,}000$에서 가격의 변동이 클 것이라고 예측될 때 유용한 hedge전략이라고 할 수 있다.

표 7.2 ■ 콜옵션 발행자의 $t = \frac{1}{365}$에서의 포트폴리오의 가치

$S\left(\frac{1}{365}\right)$	Delta-gamma hedge	Delta-hedge
38000	-794	-13,776
38500	-304	-7,439
39000	-59	-2,951
39500	15	-283
40000	2	604
40500	-16	-234

$S\left(\frac{1}{365}\right)$	Delta-gamma hedge	Delta-hedge
41000	48	-2,735
41500	282	-6,825
42000	771	-12,423

연습문제 7.13

<예제 7.12>의 모든 가정을 유럽형 풋옵션으로 바꾸었을 때, $t = 0$에서의 delta-gamma hedge를 위한 가치가 0인 포트폴리오를 구성하고 $S\left(\frac{1}{365}\right) = 39{,}500$ 원으로 변했을 때 손익을 구하라.

연습문제 7.14

<연습문제 7.13>에서 $S\left(\frac{1}{365}\right) = 39{,}500$, $S\left(\frac{2}{365}\right) = 39{,}000$, $S\left(\frac{3}{365}\right) = 40{,}000$ 으로 변했을 때, $t = \frac{1}{365}, \frac{2}{365}, \frac{3}{365}$에 각각 재구성된 delta-gamma hedge를 위한 포트폴리오를 제시하고 그 손실을 계산하라.

예제 7.15 Delta-vega hedge

Delta-gamma hedge와 동일하게 주식 $S(t)$를 기초자산으로 하는 두 개의 유럽형콜옵션 $C(t)$와 $K(t)$가 있으며, $C(t)$는 만기일이 6개월 후이고 행사가격이 40,000원, $K(t)$는 만기일이 9개월 후이고 행사가격이 45,000원이다. 현재의 주식가격은 $S(0)=40{,}000$이며 이자율은 $r=0.05$, $S(t)$의 로그수익률의 변동성은 $\sigma = 20\%$이다. Delta-vega hedge는 $C(t)$를 발행한 발행자의 입장에서 구성된 포트폴리오를 말한다.

$C(0)=2733.20$원이며, $\text{delta}_c = 0.5971$, $\text{vega}_c = 10872.81$이다. 그리고 $K(0)= 1482.43$원이며, $\text{delta}_k = 0.3506$, $\text{vega}_k = 12750.75$이다. 그러므로 콜옵션 C의 발행자는 $C(0)$ 1단위당 콜옵션 K를 $\frac{\text{vega}_c}{\text{vega}_k} = 0.8527$단위를 long position하고 기초자산 S를 $\text{delta}_c - \frac{\text{vega}_c}{\text{vega}_k} \cdot \text{delta}_k = 0.2981$단위 long position하는 포트폴리오를 구성하면 된다.

C(0)를 100단위 발행하였으므로 $\theta_1(0) = 100 \times 0.2981 = 29.81$단위, $\theta_2(0) = 100 \times 0.8527 = 85.27$단위를 long position한다. 그러므로 $29.81 \times 40{,}000 + 85.27 \times 1482.43 - 100 \times 2733.20 = 1{,}045{,}487$원을 이자율 r=0.05로 빌려서 $V_p(0) = 29.81 \times 40{,}000 + 85.27 \times 1482.43 - 1{,}045{,}487 - 100 \times 2733.20 = 0$이 되도록 포트폴리오를 구성한다. 즉, $\theta_1(0) = 29.81$단위, $\theta_2(0) = 85.27$단위를 long position하고 D(0)=1,045,487원을 r=0.05로 short position하는 포트폴리오가 콜옵션 $C\left(\frac{1}{365}\right)$를 위한 delta-vega hedge 전략이다. <예제 7.9>와 <예제 7.12>와 동일하게 $S\left(\frac{1}{365}\right) = 41{,}000$으로 상승하면 $C\left(\frac{1}{365}\right) = 3354.76$이 되고 $K\left(\frac{1}{365}\right) = 1853.11$이 된다. 그러므로

$$V_p\left(\frac{1}{365}\right) = 29.81 \times 41{,}000 + 85.27 \times 1853.11 - e^{\frac{0.05}{365}} \cdot 1{,}045{,}487 - 100 \times 3354.76$$
$$= -881.54$$

이 되어 881.54원의 손실이 발생한다.

$t = \frac{1}{365}$에서 $S\left(\frac{1}{365}\right) = 41{,}000$이므로 새로운 $delta_c = 0.6633$, $delta_k = 0.4045$, $vega_c = 10481.2$, $vega_k = 13637.6$이 된다. 그러므로 $\theta_2\left(\frac{1}{365}\right) = \frac{10481.2}{13637.6} \times 100 = 76.86$단위, $\theta_1\left(\frac{1}{365}\right) = 100 \times \left(0.6633 - \frac{10481.2}{13637.6} \times 0.4054\right) = 35.17$단위가 되어

$$D\left(\frac{1}{365}\right) = 35.17 \times 41{,}000 + 76.86 \times 1853.11 - 100 \times 3354.76 + 881.54$$
$$= 1{,}249{,}806\text{원}$$

이 된다. 즉, $1{,}249{,}806 - 1{,}045{,}487 = 204{,}319$원을 $t = 0.05$로 추가로 차입하여 $t = \frac{2}{365}$를 delta-vega hedge하면 된다. 정리하면, $t = \frac{2}{365}$시점에 대한 delta-vega hedge를 위해 $t = \frac{1}{365}$에서 재구성된 포트폴리오는 기초자산 S를 35.17단위, 콜옵션 K를 76.86단위 long position하고 현금을 1,249,806원 $r = 0.05$로 short position한 것을 말한다.

이제, $S\left(\frac{1}{365}\right)$의 값이 38,000원에서 42,000원으로 500원 단위로 증가시킬 때 $t = 0$에서 구성한 delta-vega hedge의 손익을 정리하면 <표 7.3>과 같다.

표 7.3 ■ 콜옵션 발행자의 $t=\frac{1}{365}$에서의 포트폴리오의 가치

$S\left(\frac{1}{365}\right)$	Delta-vega	Delta-gamma	Delta
38,000	-5,111	-794	-13,776
38,500	-2,676	-304	-7,439
39,000	-1,020	-59	-2,951
39,500	-83	15	-283
40,000	202	2	604
40,500	-90	-16	-234
41,000	-881	48	-2,735
41,500	-2,087	282	-6,825
42,000	-3,625	771	-12,423

연습문제 7.16

<예제 7.15>의 가정에서 $S\left(\frac{1}{365}\right)=39{,}000$, $S\left(\frac{2}{365}\right)=40{,}000$, $S\left(\frac{3}{365}\right)=41{,}000$으로 변했을 때, $t=\frac{1}{365}, \frac{2}{365}, \frac{3}{365}$ 각각에 대해 재구성된 delta-vega hedge를 위한 포트폴리오를 제시하고 그 손실을 계산하라.

3 이항나무(Binominal Tree)와 미국형 옵션 가격 결정

미국형 옵션의 특성을 파악하기 위해 2-시점 이항나무구조를 먼저 고려해 보자.

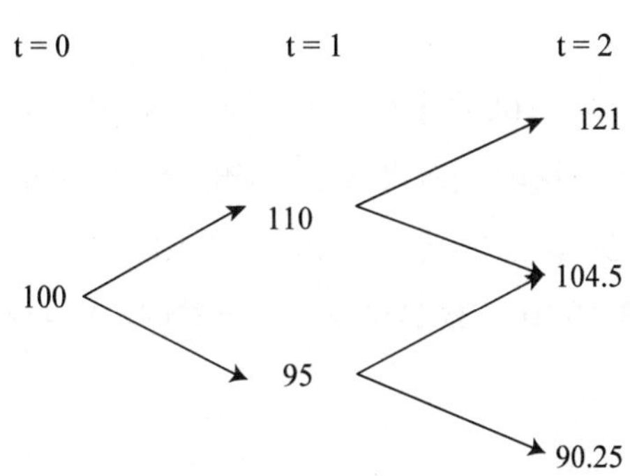

그림 7.2 ■ u=0.1, d=-0.05인 2-시점 이항나무

<그림 7.2>는 시점 t=0에서 자산의 가격이 100이고, 오를 때 10%, 내릴 때 5%인 이항나무이다. 유럽형 콜옵션과 미국형 콜옵션의 가격을 비교하기 위해 행사가격이 100이고 무위험이자율 r=0.08이라고 할 때 t=2에서 payoff는 <그림 7.3(a)>와 <그림 7.4(a)>와 같이 동일하게 max(S(2)-100,0)가 된다.

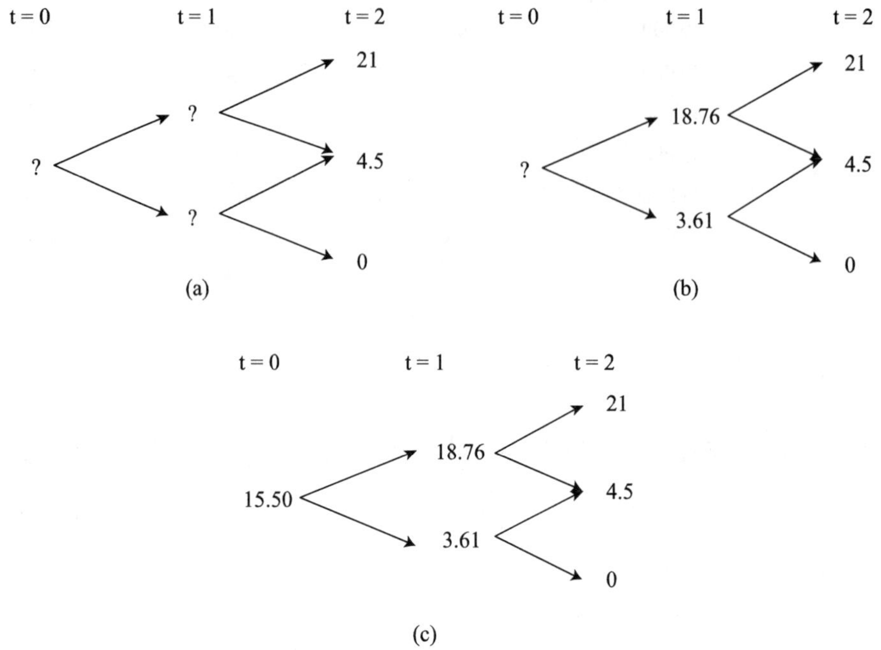

그림 7.3 ■ 유럽형 콜옵션 가격

t=1에서 유럽형 콜옵션 가격은 위험중립확률 $p^* = \frac{r-d}{u-d} = 0.867$을 이용하여 <그림 7.3b)>와 같이 $\frac{21\times0.867+4.5\times0.133}{1+0.08} = 18.76$과 $\frac{4.5\times0.867+0\times0.133}{1+0.08} = 3.61$가 된다.

t=1에서 S(1)>100이면 미국형 콜옵션은 행사가 가능하기 때문에 max(S(1)-100, 0)와 t=1시점에서의 옵션의 가격 중 큰 값이 미국형 옵션의 가치가 된다. 즉, t=1에서 S(1)=110이면 max(max(110-100,0), 18.76)=18.76이며, S(1)=95이면 max(max(95-100,0), 3.61)=3.61이 t=1에서의 미국형 옵션의 가격이다(<그림 7.4(b)>).

t=0에서의 유럽형 콜옵션 가격은 $\frac{18.76\times0.867+3.61\times0.133}{1+0.08} = 15.50$이 된다(<그림

7.3(c)>). 한편, t=0에서의 미국형 옵션 가격은 max(max(100-100,0), 15.50) = 15.50이다(<그림 7.4(c)>). 이 예를 통해볼 때 콜옵션의 경우, 유럽형과 미국형의 가격차이가 없는 것으로 나타났으며 사실 일반화하여 보여줄 수 있다. 이에 대한 일반적인 증명은 곧이어 보여줄 것이다.

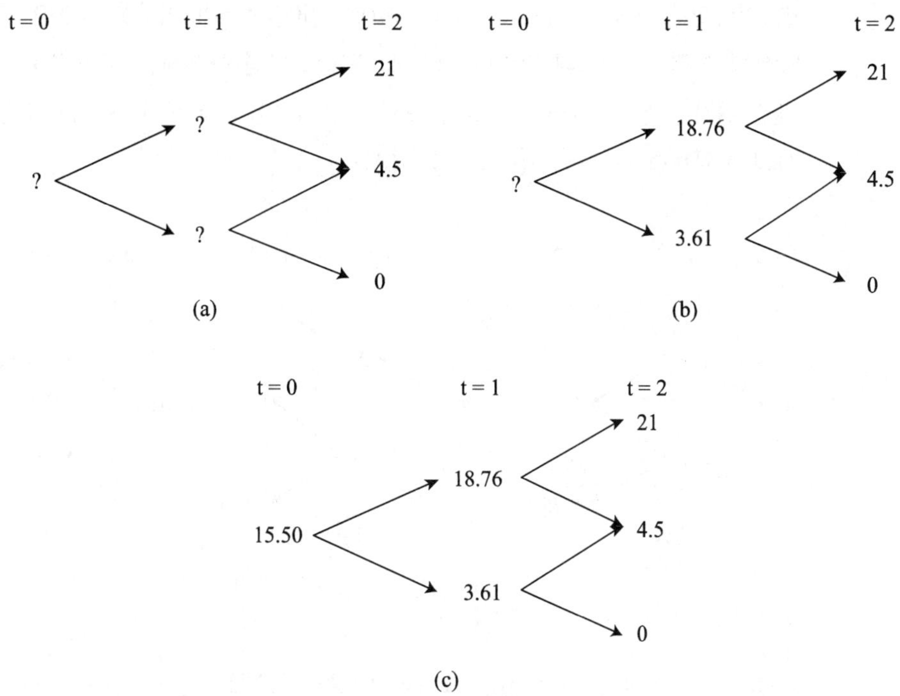

그림 7.4 ■ 미국형 콜옵션 가격

그러면 풋옵션의 경우는 어떠할까? <그림 7.2>와 동일한 이항나무에서 동일한 행사가격 100인 풋옵션을 고려해 보자. 유럽형 풋옵션의 payoff는 max(K-S(T), 0)이고 미국형 풋옵션의 payoff는 max(max(K-S(t),0),옵션의 가치)이다.

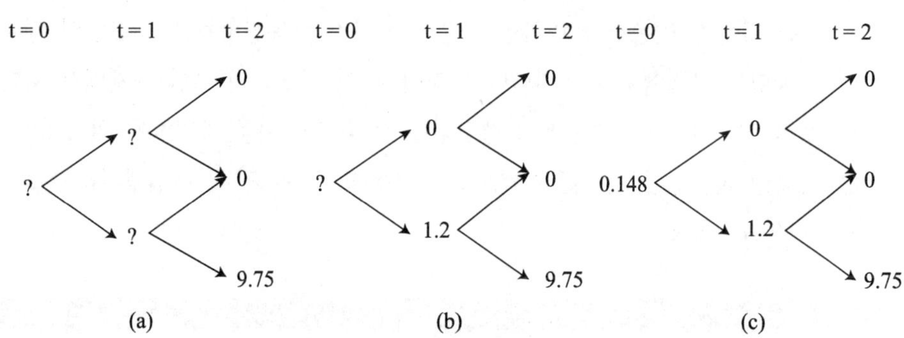

그림 7.5 ■ 유럽형 풋옵션의 가격

t=2에서의 payoff는 만기일이기 때문에 유럽형이나 미국형 모두 max(100-S(2), 0)이다(<그림 7.5(a)>와 <그림 7.6(a)>). t=1일 때 유럽형 옵션의 경우 $\frac{0\times0.867+0\times0.133}{1+0.08}=0$과 $\frac{0\times0.867+9.75\times0.133}{1+0.08}=1.2$으로 계산된다(<그림 7.5(b)>). 한편, 미국형인 경우 S(1)=110이면 max(max(100-110,0), 0)=0이 되고 S(1)=95이면 미국형 풋옵션 보유자는 행사를 하면 100-95=5의 이득을 보지만 행사하지 않으면 옵션가격 1.2의 가치만 가지게 되므로 당연히 행사를 하여 3.8의 실제 이익을 취하게 된다. 그러므로 S(1)=95일 때 미국형 풋옵션의 가치는 유럽형 풋옵션의 가치보다 높게 된다(<그림 7.6(b)>).

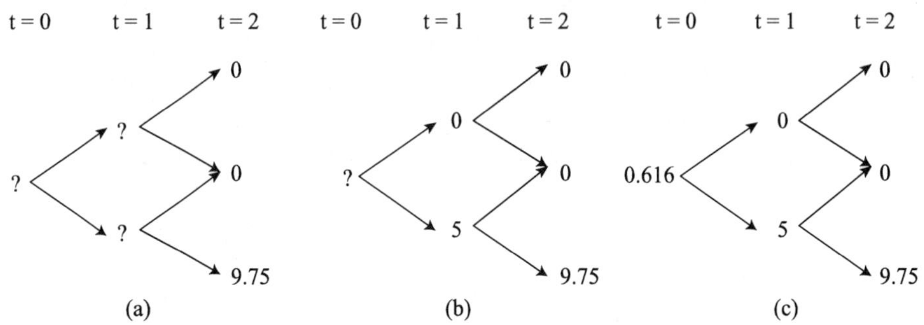

그림 7.6 ■ 미국형 풋옵션의 가격

t=0에서 유럽형 풋옵션의 가격은 $\frac{0\times0.867+1.2\times0.133}{1+0.08}=0.148$이 된다 (<그림 7.5(c)>). 한편, t=0에서 미국형 풋옵션의 가격은 max(max(100-100,0), $\frac{0\times0.867+5\times0.133}{1+0.08}=0.616$) = 0.616가 된다(<그림 7.6(c)>). 그러므로 t=0에서의 미국형 풋옵션 가격은 유럽형보다 높다.

<그림 7.3> ~ <그림 7.6>에서 임의의 수치를 사용하여 나온 결과 중의 하나는 유럽형 콜옵션과 미국형 콜옵션의 가격은 동일하지만, 풋옵션의 경우에는 미국형이 유럽형보다는 비싸다는 것이다. 이 결과는 특수한 예제에서 나타나는 것이 아니라, 모든 경우에도 성립되는 사실이다. 이를 증명하기 위해 C^A, P^A를 미국형 콜옵션과 풋옵션 가격으로 표기하고 C^E와 P^E를 유럽형 콜, 풋옵션 가격으로 표현하자.

정리 7.3

$\boldsymbol{C^A = C^E}$이고 $\boldsymbol{P^A \geq P^E}$이다.

(증명) 먼저 $C^A < C^E$라고 가정하자. 물론 이 두 옵션의 행사가격은 동일하게 K이다. t=0에서

(i) C^E에서 short position을 취하고 C^A에 long position을 취한다.
(ii) 여분의 $C^E - C^A$를 무위험이자율 r로 투자한다.

t=0에서 만기일 t=T까지 C^A를 행사하지 않는다. t=T에서

(i) $C^E - C^A$가 $(C^E - C^A)e^{rT}$가 된다.
(ii) S(T) $< K$이면 C^A와 C^E가 가치가 없으므로 이익 $(C^E - C^A)e^{rT}$가 그대로 유지된다.
(iii) S(T) $> K$이면 C^A를 행사하여 C^E를 청산하므로 $(C^E - C^A)e^{rT}$가 그대로 남게 된다.

그러므로 차익거래 $(C^E - C^A)e^{rT}$가 발생하여 무차익거래 원칙을 위반하게 된다. 이제 $C^A > C^E$라고 가정하자. t=0에서

(i) C^A에서 short position을 취하고 C^E에 long position을 취한다.
(ii) $C^A - C^E$를 무위험이자율 r로 투자한다.

t=0에서 만기일 t=T 동안에

(i) C^A가 행사되면 short selling하여 C^A를 청산하여 생긴 돈 K를 무위험이자율로 투자한다.

  t=T에서

  ① S(T)>K이면 C^E를 행사하여 short selling을 청산하여 $(C^A - C^E)e^{rT} + Ke^{r(T-t^*)} - K > 0$의 arbitrage가 발생한다. 여기에서 t^*는 C^A가 행사된 시점이다.
  ② S(T)<K이면 C^E가 행사되지 않지만 시장에서 S(T)를 사서 short selling을 청산하여 $(C^A - C^E)e^{rT} + Ke^{r(T-t^*)} - S(T) > 0$이 되어(S(T)<K이므로) arbitrage가 발생한다.

(ii) C^A가 t=T에서 행사되면 C^E와 상쇄되어 $(C^A - C^E)e^{rT} > 0$의 arbitrage가 발생하게 된다.

그러므로 $C^A = C^E$이다.

풋옵션을 살펴보자. $P^A < P^E$라고 가정하자.

t=0에서

(i) P^E를 short position하고 P^A를 long position한다.

(ii) 여분의 $P^E - P^A$를 이자율 r로 투자한다.

t=T에서

(i) S(T)<K이면 P^A로 P^E를 청산하고 $(P^E - P^A)e^{rT}$의 arbitrage가 발생하고,

(ii) S(T)>K이면 P^E가 행사되지 않으므로 short position을 청산할 필요가 없으며 P^A 역시 행사할 필요가 없게 되어 $(P^E - P^A)e^{rT}$의 arbitrage가 발생한다.

그러므로 $P^A \geq P^E$이다.

그러나 만약 배당이 있을 경우 $C^E = C^A$가 성립하지는 않는다. <그림 7.2>와 동일한 이항나무구조에서 t=2에서 10의 배당이 있다고 하자. 그러면 t=2에서 S(2)의 실제 가격은 S(2)-10이 되므로 <그림 7.2>는 아래 <그림 7.7>로 변하게 된다.

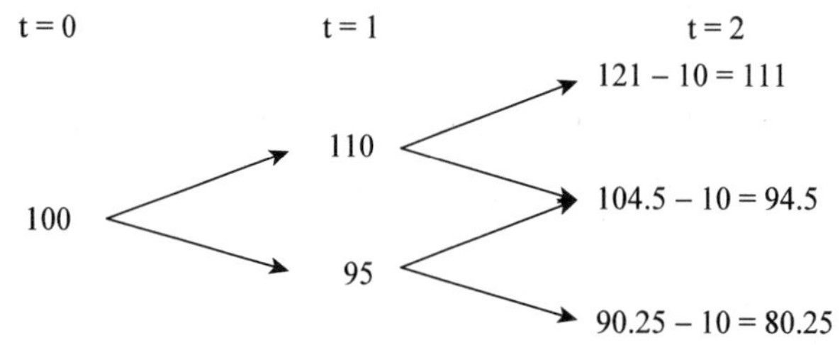

그림 7.7 ■ 배당금이 10이 있을 때의 S(t)

그러면 <그림 7.3>과 <그림 7.4>와 동일한 과정을 거쳐 다음 <그림 7.8>과 <그림 7.9>와 같이 유럽형 콜옵션에 비해 미국형 콜옵션의 가격이 더 높게 결정된다($p^* = 0.6$, $K = 100$).

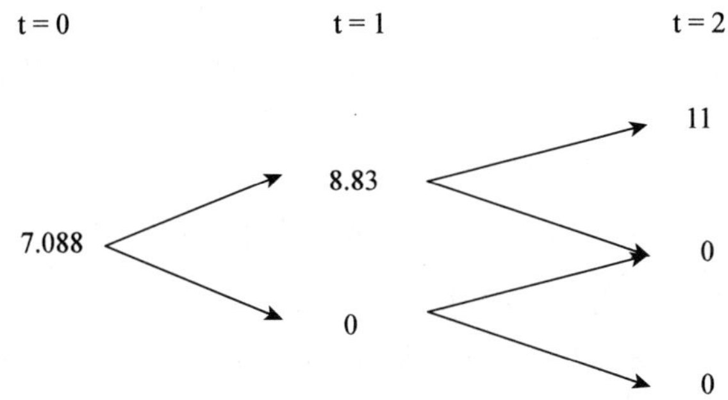

그림 7.8 ■ 배당금 10이 있을 때의 유럽형 콜옵션 가격

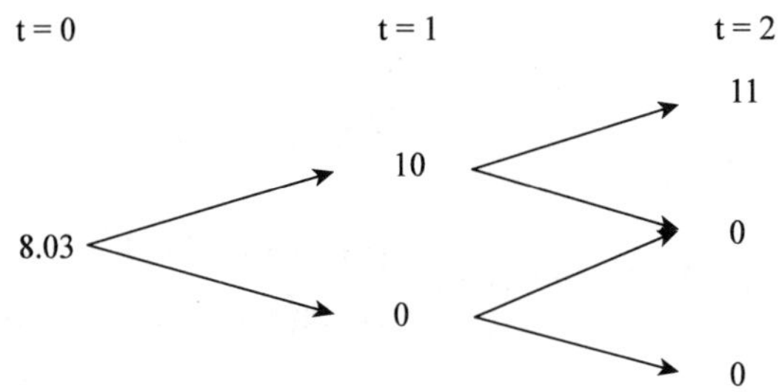

그림 7.9 ■ 배당금 10이 있을 때의 미국형 콜옵션 가격

연습문제 7.17

미국형 풋옵션의 가격이 행사가격 K보다 작아야 한다. 이를 무차익거래이론에 따라 증명하라.

연습문제 7.18

어떤 주식의 현재가격이 10,000원이고 1년 후 만기인 미국형 풋옵션의 행사가격이 80,000원이라고 한다. 이자율이 15%라고 할 때 이 풋옵션을 지금 행사해야 하는가? 이 풋옵션을 행사해야 하는 이유를 밝혀라. 단, 현재의 P^A는 70,000원보다 낮다고 가정한다.

이제 N-시점 이항나무구조를 이용하여 미국형 옵션의 가격 결정을 논의하여 보자. $S^i(t)$를 시점 0에서 t시점까지 S(0)에서 i번은 가격이 오르고 (t-i)번은 가격이 내려서 만들어진 가격이라고 할 때

$$S^i(t) = S(0)(1+u)^i(1+d)^{t-i}, \qquad i = 0,1,2,\cdots,t$$

가 된다. 여기에서 u>d를 가정한다.

시점 t=0에서 만기일 t=T으로 [0,T]를 N등분하면 $0 = t_0 < t_1 < t_2 < \cdots < t_N = T$가 되고 $t_j = j \cdot \Delta t$이다.

미국형 옵션의 만기일에서의 payoff는 콜옵션의 경우 $\max(S^i(t_N) - K, 0)$이고, 풋옵션의 경우 $\max(K - S^i(t_N), 0)$이다. 이러한 payoff를 $t = t_j$ 에서 정의하면 $V(S^i(j))$로 표현할 수 있다. 즉,

$$V(S^i(j)) = \begin{cases} \max\left(S^i\left(t_j\right) - K, 0\right): \text{콜옵션이면} \\ \max\left(K - S^i\left(t_j\right), 0\right): \text{풋옵션이면} \end{cases}$$

이며, $t = t_N = T$에서 $V(S^i(N)) = \begin{cases} \max\left(S^i(t_N) - K, 0\right): \text{콜옵션이면} \\ \max\left(K - S^i(t_N), 0\right): \text{풋옵션이면} \end{cases}$ 이다. 그러므로 시점 $t = t_N$ 에서의 미국형 옵션의 가치 V_N^i 는 $V_N^i = V(S^i(N))$ 이 된다. 그러나 $t = t_{N-1}$에서는 옵션의 가치 V_{N-1}^i은

$$V_{N-1}^i = \max\left\{V\left(S^i(N-1)\right),\ \ (p^* V_N^{i+1} + (1-p^*) V_N^i)\, e^{-r\Delta t}\right\}$$

이 된다. 첫 번째 항은 $t = t_{N-1}$에서 payoff이고, 두 번째 항은 위험중립확률 p^*로 계산된 옵션의 가치를 $t = t_{N-1}$ 시점의 가치로 환산($e^{-r\Delta t}$ 를 곱함으로써, 또는 $(1 + r \times \Delta t)$로 나누어 줌으로써)한 $t = t_{N-1}$에서의 옵션의 가치이다. 그러므로 미국형 옵션의 가치는 $V_N^i = V(S^i(N))$으로부터 출발하여,

$$V_j^i = \max\left\{V(S^i(j)),\ \ (p^* V_{j+1}^{i+1} + (1-p^*) V_{j+1}^i)\, e^{-r\Delta t}\right\}$$

$$i = 0,1,\cdots,j, \qquad j = 0,1,\cdots,N-1$$

으로 구하게 된다.

4 옵션의 가격 결정을 위한 모수의 추정

유럽형 옵션의 가격을 결정하기 위해서는 geometric Brownian motion에서 모

수인 변동성(σ)을 추정해야 하고 미국형 옵션은 이항나무를 이용해 구하고자 할 때 u와 d를 결정해야 한다.

$$S(t) = S(0)\exp\left(\left(r - \frac{1}{2}\sigma^2\right)t + \sigma W(t)\right)$$

이므로

$$S(t+\Delta t) = S(t)\exp\left(\left(r - \frac{1}{2}\sigma^2\right)\Delta t + \sigma\big(W(t+\Delta t) - W(t)\big)\right)$$

$$= S(t)\exp\left(\left(r - \frac{1}{2}\sigma^2\right)\Delta t + \sigma W(\Delta t)\right)$$

가 된다. 이로부터

$$\ln\frac{S(t+\Delta t)}{S(t)} = \left(r - \frac{1}{2}\sigma^2\right)\Delta t + \sigma W(\Delta t)$$

이므로

$$E\left[\ln\frac{S(t+\Delta t)}{S(t)}\right] = \left(r - \frac{1}{2}\sigma^2\right)\Delta t$$

이며,

$$\mathrm{Var}\left(\ln\frac{S(t+\Delta t)}{S(t)}\right) = \sigma^2\Delta t$$

이다. 그러므로 과거의 자료로부터 로그수익률 $\hat{X}_j = \ln\frac{S(t-(j-1)\Delta t)}{S(t-j\Delta t)}$, $j = 1,2,\cdots,N$의 N개의 자료를 이용하여

$$S^2 = \frac{1}{N}\sum_{j=1}^{N}(\hat{X}_j - \bar{\hat{X}})^2, \qquad \bar{\hat{X}} = \frac{1}{N}\sum_{j=1}^{N}\hat{X}_j$$

으로 $\sigma^2\Delta t$를 추정한다. 그러므로 σ^2의 추정치는

$$\hat{\sigma}^2 = \frac{S^2}{\Delta t}$$

가 된다. 이 $\hat{\sigma}^2$을 이용하여 변동성 σ를 대입하여 유럽형 옵션의 가격을 결정한다. 미국형 옵션 가격의 모수를 추정하기 위해 현재시점 t=0에서 만기일 t=T를 Δt 시간 간격으로 N등분(즉, $0 = t_0 < t_1 < \cdots < t_N = T$이고 $t_j - t_{j-1} = \Delta t$)으로 정의하자.

$$\text{또한 } k_j = \begin{cases} 1 & \text{만약 } t_{j-1}\text{시점의 가격이 } t_j \text{ 시점에 오르면} \\ 0 & \text{그렇지않으면} \end{cases}$$

으로 정의하면 이항나무구조에서

$$S(j\Delta t) = S\big((j-1)\Delta t\big)(1+u)^{k_j}(1+d)^{1-k_j}$$

가 된다. 그러므로

$$\ln\frac{S(j\Delta t)}{S((j-1)\Delta t)} = k_j \ln(1+u) + (1-k_j)\ln(1+d)$$

가 되며, 위험중립측도에서 $\Pr\big(k_j = 1\big) = p^*$이므로

$$E\left[\ln\frac{S(j\Delta t)}{S\big((j-1)\Delta t\big)}\right] = p^* \ln(1+u) + (1-p^*)\ln(1+d)$$

$$\mathrm{Var}\big(k_j\big) = E\big[{k_j}^2\big] - (E[k_j])^2 = E\big[k_j\big] - (E[k_j])^2 = p^* - p^{*2} = p^*(1-p^*)$$

이므로 $\mathrm{Var}\left(\ln\frac{S(j\Delta t)}{S((j-1)\Delta t)}\right) = (\ln(\frac{1+u}{1+d}))^2 p^*(1-p^*)$가 된다. 그런데 앞에서 논의했듯이 geometric Brownian motion에서

$$E\left[\ln\frac{S(j\Delta t)}{S\big((j-1)\Delta t\big)}\right] = \left(r - \frac{1}{2}\sigma^2\right)\Delta t,$$

$$\mathrm{Var}\left(\ln\frac{S(j\Delta t)}{S\big((j-1)\Delta t\big)}\right) = \sigma^2\Delta t$$

이므로

$$p^* \ln(\frac{1+u}{1+d}) - \ln(1+d) = \left(r - \frac{1}{2}\sigma^2\right)\Delta t \text{ 와 } \left(\ln\left(\frac{1+u}{1+d}\right)\right)^2 p^*(1-p^*) = \sigma^2 \Delta t$$

를 연립하여 u와 d를 구하면 된다. 일반적으로 $p^* = \frac{1}{2}$로 정한 후 u와 d를 구하여

$$u = e^{\sigma\sqrt{\Delta t}+\left(r-\frac{1}{2}\sigma^2\right)\Delta t} - 1 \text{ 이고 } d{=}e^{-\sigma\sqrt{\Delta t}+\left(r-\frac{1}{2}\sigma^2\right)\Delta t} - 1$$

이 된다. 여기에서 σ는 앞에서 구한 $\hat{\sigma}$을 대입하면 된다.

08 CHAPTER

이색옵션과 Monte Carlo Simulation에 의한 Pricing

옵션을 포함한 파생상품의 pricing은 제7장에서 논의한 Black-Scholes 공식 등과 같은 공식의 유도, 수학적 이론을 기반으로 한 미분방정식의 해를 구하는 방법(FDM, Finite Difference Method), 그리고 Monte Carlo simulation 방법 등 3가지가 있다. payoff가 복잡하거나 기초자산이 2개 이상으로 구성된 파생상품의 pricing은 예외적인 경우를 제외하고는 공식유도나 FDM이 불가능하다고 보아도 무리가 없다. 그러므로 Monte Carlo simulation에 의한 파생상품의 pricing은 가장 중요하고 보편적인 방법이라고 할 수 있다.

현재시점 t=0에서의 유럽형 콜옵션 가격은 위험중립측도에서 $E_Q[\max(S(T) - K, 0)]$를 계산한 후 e^{-rT}를 곱하여 구하게 된다. 어떤 확률변수 X가 있을 때 E[X]를 추정치는 i.i.d.한 표본 $X_1, X_2, \cdots, X_n$으로부터 구한 표본평균 $\bar{X} = \frac{1}{n}\sum_{i=1}^{n} X_i$이다. $n \to \infty$일 때 확률 1을 가지고 $\bar{X} \to E[X]$로 수렴한다. 이 법칙을 강대수의 법칙(strong law of large number, SLLN)이라고 한다. 이러한 강대수의 법칙을 이용한 파생상품 pricing이 Monte Carlo Simulation이다.

시점 t=0에서 만기일 t=T까지 N등분하여 $\Delta t = \frac{T}{N}$으로 하면 geometric Brownian motion의 가정에서 기초자산가격 S(t)는

$$S(j\Delta t) = S\big((j-1)\Delta t\big)\exp\left(\left(r - \frac{1}{2}\sigma^2\right)\Delta t + \sigma W(\Delta t)\right)$$

$$= S((j-1)\Delta t)\exp\left(\left(r - \frac{1}{2}\sigma^2\right)\Delta t + \sigma\sqrt{\Delta t}Z_j\right)$$

이다. 여기에서 Z_j는 i.i.d. N(0,1)인 확률변수이다. $\sigma W(\Delta t)$가 $\sigma\sqrt{\Delta t}Z_j$로 치환되는 이유는 W(t)가 Brownian motion이기 때문에 중복되지 않는 시간구간 (즉 0~Δ**t**, Δt~$2\Delta t$, ⋯, $(N-1)\Delta t$~$N\Delta t$)에서는 서로 간에 독립이며 구간의 거리가 모두 Δt이므로 $W(\Delta t) \sim N(0, \Delta t)$이기 때문이다. 그러므로 j=1을 시작점으로 해서 Z_1을 임의추출하여 S(0)로부터 S(Δt)를 생성하고, Z_2를 임의추출하여 S(Δt)로부터 S(2Δt)를 생성하고, 이를 반복해 Z_N을 임의추출하여 S((N-1)Δt)로부터 S(NΔt)를 만든 후 옵션의 payoff를 계산한다. 예를 들어, 유럽형 콜옵션의 경우 max(S(NΔt) –K, 0)이며 유럽형 풋옵션의 경우 max(K–S(NΔt), 0)를 계산한다. 이러한 절차를 M번 반복하며 M개의 payoff를 구해, 이를 평균하면 된다.

즉, V를 payoff라고 하고 V_i를 i번째 반복해서 구한 payoff라고 할 때 $E_Q[V]$의 추정치는 강대수의 법칙에 의해 $\frac{1}{M}\sum_{i=1}^{M} V_i$가 되고 이를 e^{-rT}를 곱해 할인하면 구하고자 하는 옵션의 가격이다. 이러한 옵션가격결정 방법을 Monte Carlo simulation 방법이라고 한다.

예제 8.1 다음은 행사가격이 K인 유럽형 콜옵션의 Monte Carlo simulation 방법을 위한 알고리즘이다. 여기에서 사용된 N은 0~T(만기일)까지를 N등분한 것이며 M은 M개의 payoff를 구하기 위한 S(t)의 path의 숫자이다(이를 the number of asset paths generated라고 표현한다).

For i=1 to M
    For j=0 to N–1
      generate Z_j from N(0,1)
      set $S_{j+1} = S_j e^{\left(r-\frac{1}{2}\sigma^2\right)\Delta t + \sigma\sqrt{\Delta t}Z_j}$
    end
set $V_i = e^{-rT}\max(S_N - K, 0)$
end
set $C_M = \frac{1}{M}\sum_{i=1}^{M} V_i$

1 이색옵션(Exotic Option)

이색옵션의 정의는 옵션의 payoff가 만기일의 기초자산가격 S(T)에만 의존하는 것이 아니라 S(t)의 path에 의존하거나($0 \le t \le T$) 옵션을 만기일 이전에 행사할 수 있는 옵션들을 일컫는다.

(1) Barrier option

Barrier option은 말 그대로 기초자산의 가격에 상한값(up) 또는 하한값(down)을 미리 정해 놓고 만기일 이전에 이 상한 또는 하한 값을 넘으면(cross) 옵션의 payoff가 0(out)이 되거나 넘지 않으면 payoff가 0(in)이 되고 그렇지 않으면 유럽형 옵션과 동일한 payoff를 갖는다. 그러므로 Barrier option은 down or up + out or in + call or put의 합성에 의해 8개의 옵션이 가능하다.

(ⅰ) A down-and-out call option

[0,T] 동안 S(t)가 미리 정해진 barrier B(단, B<S(0))보다 밑으로 내려가면 payoff가 0이고 그렇지 않으면 payoff가 max(S(T)−K, 0)인 콜옵션이다. 즉, B(<S(0))인 barrier에 대해

$$\text{payoff} = \begin{cases} 0 & \text{만약 } S(t) < B \\ \max(S(T) - K, 0) & \text{그렇지 않으면} \end{cases}$$

인 콜옵션을 말한다. 그러므로 S(t)가 B를 cross하지 않으면 유럽형 콜옵션과 payoff가 같다.

(ⅱ) A down-and-in call option

미리 정해진 B 아래로 내려가지 않으면 payoff가 0인 콜옵션으로

$$\text{payoff} = \begin{cases} 0 & \text{만약 } S(t) > B \\ \max(S(T) - K, 0) & \text{그렇지않으면} \end{cases}$$

(ⅲ) An up-and-out call option

S(0)보다 큰 미리 정해진 barrier B를 넘어서면 payoff가 0인 콜옵션으로

$$\text{payoff} = \begin{cases} 0 & \text{만약 } S(t) > B \\ \max(S(T) - K, 0) & \text{그렇지 않으면} \end{cases}$$

(iv) An up-and-in call option

미리 정해진 barrier B를 넘어서지 않으면 payoff가 0인 콜옵션으로

$$\text{payoff} = \begin{cases} 0 & \text{만약 S(t)} < B \\ \max(\text{S(T)} - \text{K}, 0) & \text{그렇지 않으면} \end{cases}$$

동일한 방법으로 풋옵션도 정의할 수 있다. 즉, barrier는 동일하며 payoff가 0이 아닐 경우 payoff를 max(K-S(T), 0)로 바꾼 barrier 풋옵션을 구성할 수 있다.

위에 나열된 barrier option을 기본으로 위쪽 및 아래쪽에 동시에 barrier를 만들어서 payoff가 knock in 또는 knock out되게 구성할 수 있으며 대표적인 것이 주식연계증권(equity linked security; ELS), ELW 등이 있다. 또한 미리 정해진 일정 시간 동안 barrier를 통과할 때만 payoff가 0이 되는 Parisian option도 있다.

(2) Lookback option

Payoff가 [0,T] 동안 기본자산 가격의 최대치 및 최소치에 의존하는 옵션으로 만기일 T에서만 행사가 가능하다. $S^{max} = \max_{[0,T]} S(t)$, $S^{min} = \min_{[0,T]} S(t)$라고 정의하자. Lookback option의 종류를 살펴보면 다음과 같다.

(i) A fixed strike lookback call option

만기일에서의 payoff=max(S^{max} − K, 0)

(ii) A fixed strike lookback put option

만기일에서의 payoff=max(K−S^{min}, 0)

(iii) A floating strike lookback call option

만기일에서의 payoff=max(S(T) −S^{min}, 0)

(iv) A floating strike lookback put option

만기일에서의 payoff=max(S^{max} −S(T), 0)

Lookback option은 유럽형 옵션보다는 좀더 값이 비싸고 lookback option의 가격을 결정하는 Black-scholes 공식을 구할 수 있다. 이 공식을 구하는 절차를 보이는 대신 다음 절에서 Monte Carlo 방법에 의해 lookback option의 가격을 계산할 것이다.

(3) Asian option

Asian option은 payoff가 기초자산가격의 평균에 의존하고 만기일 T에서만 행사가 가능한 옵션이다. 그 종류를 살펴보면 다음과 같다.

(i) Average price Asian call option

만기일에서의 payoff=max($\frac{1}{T}\int_0^T S(t)dt - K, 0$)

(ii) Average price Asian put option

만기일에서의 payoff=max(K$-\frac{1}{T}\int_0^T S(t)dt, 0$)

(iii) Average strike Asian call option

만기일에서의 payoff=max(S(T) $-\frac{1}{T}\int_0^T S(t)dt, 0$)

(iv) Average strike Asian put option

만기일에서의 payoff=max($\frac{1}{T}\int_0^T S(t)dt - S(T), 0$)

Asian option의 가격은 일부의 경우를 제외하고는 Black-Scholes 타입의 공식이 존재하지 않기 때문에 대부분의 경우 Monte Carlo simulation 방법에 의해 옵션 가격을 계산한다.

(4) Bermudan 옵션과 shout 옵션

Bermudan 옵션은 미국형 옵션과 동일하지만 미국형 옵션은 [0,T] 동안 언제든지 옵션을 행사할 수 있으나 Bermudan 옵션은 미리 결정된 몇 개의 시기에만 옵션을 행사할 수 있다는 차이점이 있다.

Shout 콜옵션은 옵션 보유자에게 최소한 한 번의 'shout'를 허용하며 payoff는

$$\text{payoff} = \begin{cases} \max(S(T) - K, S(\tau) - K) & \text{만약 옵션보유자가 시점 } t = \tau \text{에 shout를 할 때} \\ \max(S(T) - K, 0) & \text{만약 shout를 하지 않으면} \end{cases}$$

그러므로 shout 옵션은 최소한 payoff가 S(τ)-K가 보장되는 효과를 가지며 일반적으로 기초자산가격이 가장 높다고 판단하는 시점에서 'shout' 한다.

2 이색옵션가격결정을 위한 Monte Carlo 및 이항 Simulation

옵션의 payoff가 기초자산의 path(즉, t=0에서 만기일 T까지의 S(t)의 가격행태)에 의존하는 이색옵션의 가격은 Monte Carlo simulation으로 쉽게 구할 수 있다. 기초자산의 가격 S(t)가 geometric Brownian motion을 따르면 위험중심측도에서

$$S(t) = S(0)\exp\left(\left(r - \frac{1}{2}\sigma^2\right)t + \sigma W(t)\right)$$

를 따르므로

$$S(t + \Delta t) = S(t)\exp\left(\left(r - \frac{1}{2}\sigma^2\right)\Delta t + \sigma W(\Delta t)\right)$$

가 된다. $0 = t_0 < t_1 < t_2 < \cdots < t_N = T$로 [0,T]를 N분할하고 $t_j - t_{j-1} = \Delta t$으로 하면, 즉 [0,T]를 시간간격 Δt로 N개로 partition하면

$$S(t_j) = S(t_{j-1})\exp\left(\left(r - \frac{1}{2}\sigma^2\right)\Delta t + \sigma\sqrt{\Delta t}\,Z_j\right)$$

가 된다. 여기에서 Z_j는 i.i.d. N(0,1)이다. 이를 이용하여 barrier가 B(>S(0))인 up-and-out call option의 pricing을 위한 알고리즘은 다음과 같다.

Do i=1 to M

  Do j=1 to N

    generate Z_j from N(0,1)

    compute $S(t_j) = S(t_{j-1})\exp\left(\left(r - \frac{1}{2}\sigma^2\right)\Delta t + \sigma\sqrt{\Delta t}\,Z_j\right)$

  end

 set $S_i^{max} = \max_{1\le j\le N} S(t_j)$

 If S_i^{max}<B then $V_i = e^{-rT}\max(S(T) - E, 0)$

Otherwise V_i=0

end

set $C_M = \frac{1}{M}\sum_{i=1}^{M} V_i$

Asian option에서 사용되는 S(t)의 path의 평균인 $\frac{1}{\mathrm{T}}\int_0^T S(t)dt$는 Riemann 적분의 근사 $\Delta \mathrm{t}\frac{1}{\mathrm{T}}\sum_{j=0}^{N-1} S(t_j)$를 이용할 수 있다. Average price Asian call 옵션의 알고리즘은 다음과 같다.

Do i=1 to M

Do j=0 to N−1

generate Z_j from N(0,1)

compute $\mathrm{S}(t_{j+1}) = \mathrm{S}(t_j)\exp\left(\left(\mathrm{r} - \frac{1}{2}\sigma^2\right)\Delta\mathrm{t} + \sigma\sqrt{\Delta\mathrm{t}}\, Z_j\right)$

end

compute $\mathrm{mean}_i = \Delta\mathrm{t}\frac{1}{\mathrm{T}}\sum_{j=0}^{N-1} S(t_j)$

set $V_i = e^{-rT}\max(\mathrm{mean}_i - K, 0)$

end

Set $C_M = \frac{1}{M}\sum_{i=1}^{M} V_i$

Bermudan option과 shout option은 미국형 옵션과 같이 만기일 이전에 옵션을 행사할 수 있으므로 이항나무를 이용하여 근사적인 pricing을 할 수 있다.

Monte Carlo Simulation과 동일하게 $0 = t_0 < t_1 < t_2 < \cdots < t_N = T$이며 $t_j = j\Delta t$라고 가정할 때

$$S^i(t_j) = \mathrm{S}(0)(1+u)^i(1+d)^{j-i}, \qquad i = 0,1,\cdots,j, \qquad j = 1,\cdots,N$$

이며 7.4절에 논의하였듯이 위험중립측도에서의 geometric Brownian motion의 기대치와 분산을 일치시키기 위해 $\mathrm{u}=\exp\left(\sigma\sqrt{\Delta\mathrm{t}} + \left(\mathrm{r} - \frac{1}{2}\sigma^2\right)\Delta\mathrm{t}\right) - 1$이고, $\mathrm{d}=\exp\left(-\sigma\sqrt{\Delta\mathrm{t}} + \left(\mathrm{r} - \frac{1}{2}\sigma^2\right)\Delta\mathrm{t}\right) - 1$이다. 그러므로 이항나무에서 가격이 상승할 위험중립확률은 $p^* = \frac{1}{2}$이고 가격이 하락할 위험중립확률은 $1 - p^* = \frac{1}{2}$이 된다.

Bermudan option의 pricing을 위한 payoff는 $\mathrm{t} = \mathrm{t_N} = \mathrm{T}$에서

$$V(S^i(N)) = \begin{cases} \max(S^i(t_N) - K, 0) : \text{콜옵션이면} \\ \max(K - S^i(t_N), 0) : \text{풋옵션이면} \end{cases}$$

이므로 t=T에서의 옵션의 가치는 $V_N^i = V(S^i(N))$으로 유럽형 및 미국형 옵션과 동일하다. $t = t_{N-1}, t_{N-2}, \cdots, t_1$, $t_0 = 0$에 대해 Bermudan 옵션의 가치는 만약 t_j가 미리 정해진 행사시기이면

$$V_j^i = \max\{V\left(S^i(j)\right), (p^* V_{j+1}^{i+1} + (1 - p^*) V_{j+1}^i) e^{-r\Delta t}\}$$

이며 t_j가 행사시기가 아니면

$$V_j^i = e^{-r\Delta t}(p^* V_{j+1}^{i+1} + (1 - p^*) V_{j+1}^i),\ i = 0,1,2,\cdots,j,\ \ j = 0,1,2,\cdots,N-1$$

가 된다. 그러므로 Bermudan option은 행사시기에는 미국형 옵션과 가치계산이 동일하며 행사시기가 아닐 때는 가치계산이 유럽형 옵션과 동일하다.

Shout option의 경우 V_N^i는 Bermudan 옵션과 동일하며 만약 $t = t_j$에서 'shout' 할 경우, payoff는 $\max(S(T) - K,\ S(t_j) - K) = \max(S(T) - S(t_j),\ 0) + S(t_j) - K$로 재표현할 수 있다. 그러므로 $\max(S(T) - S(t_j),\ 0)$는 행사가격이 $S(t_j)$인 유럽형 콜옵션과 동일한 payoff를 가지게 된다. 시점 $t = t_j$에서의 가치는 Black-Scholes 공식에 의해 $e^{-r(T-t_j)} E_Q[\max(S(T) - S(t_j),\ 0)] + S(t_j) - K$ 이 된다. 즉, $V\left(S^i(j)\right) = e^{-r(T-t_j)} E_Q[\max(S(T) - S^i(t_j), 0)] + S^i(t_j) - K$으로 정의하면

$$V_j^i = \max[V\left(S^i(j)\right),\ e^{-r\Delta t}(p^* V_{j+1}^{i+1} + (1 - p^*) V_{j+1}^i)]$$

이 된다.

3 다변량 Geometric Brownian Motion

지금까지 파생상품을 논의할 때 기초자산이 하나인 경우만을 다루어 왔다. 그러나 대부분의 이색옵션은 두 개 이상의 기초자산을 이용하여 payoff를 구성하고 있다. 이 기초자산이 모두 독립적인 geometric Brownian motion을 따르면 지금까

지 논의한 방법에 따라 파생상품 Monte Carlo simulation으로 또는 이항나무모형을 이용하여 계산하면 된다. 그러나 불행하게도 기초자산의 가격변동은 경제여건, 국제경제환경 등에 동시에 영향을 받기 때문에 기초자산의 가격이 상호 의존하여 변화하게 되어 기초자산들이 서로 독립이라는 가정은 현실과 너무 동떨어진 가정이 되게 된다. 이를 극복하기 위해 이 절에서는 먼저 다변량 정규분포의 특성과 성질을 살펴보고 다변량 geometric Brownian motion의 Monte Carlo simulation의 방법과 응용을 살펴보고자 한다.

3.1 다변량 정규분포(Multivariate Normal Distribution)

어떤 확률 벡터 $\mathbf{X} = (X_1, X_2, \cdots, X_p)^T$의 평균을

$$\boldsymbol{\mu} = (E(X_1), E(X_2), \cdots, E(X_p))^T$$

으로 표현하고 $\sigma_{ij} = Cov(X_i, X_j)$라고 정의할 때

$$Var(\mathbf{X}) = \begin{pmatrix} Var(X_1) & Cov(X_1,X_2) & \cdots & Cov(X_1,X_p) \\ Cov(X_1,X_2) & Var(X_2) & & Cov(X_2,X_p) \\ \vdots & & \ddots & \vdots \\ Cov(X_1,X_p) & Cov(X_2,X_p) & \cdots & Var(X_p) \end{pmatrix}$$

$$= \begin{pmatrix} \sigma_{11} & \sigma_{12} & \cdots & \sigma_{1p} \\ \sigma_{12} & \sigma_{22} & & \sigma_{2p} \\ \vdots & & \ddots & \vdots \\ \sigma_{1p} & \sigma_{2p} & \cdots & \sigma_{pp} \end{pmatrix} \equiv \Omega$$

으로 표현된다.

$\mathbf{X}$가 평균이 $\boldsymbol{\mu}$이고 분산이 Ω인 다변량 정규분포를 따르면

$$\mathbf{X} \sim N(\boldsymbol{\mu}, \Omega)$$

으로 표기하고, 결합밀도함수는

$$f(x_1, x_2, \cdots, x_p) = \frac{1}{(2\pi)^{p/2}|\Omega|^{1/2}} \exp\left(-\frac{1}{2}(\mathbf{X}-\boldsymbol{\mu})^T\Omega^{-1}(\mathbf{X}-\boldsymbol{\mu})\right)$$

이다. 여기에서 $\mathbf{X} = (x_1, x_2, \cdots, x_p)^T$이다. p=1일 때의 정규분포 확률밀도함수

$$f(x) = \frac{1}{\sqrt{2\pi\sigma^2}} \exp\left(-\frac{1}{2}\frac{(x-\mu)^2}{\sigma^2}\right)$$

와 비교하여 보면 다변량 정규분포는 $\sqrt{2\pi}$를 $(2\pi)^{p/2}$로, $(\sigma^2)^{1/2}$를 $|\Omega|^{1/2}$로 그리고 $\frac{(x-\mu)^2}{\sigma^2} = (x-\mu)(\sigma^2)^{-1}(x-\mu)$를 $(\mathbf{X}-\boldsymbol{\mu})^T\Omega^{-1}(\mathbf{X}-\boldsymbol{\mu})$로 변경한 것으로 보면 된다. 다변량 정규분포의 특징은 확률변수의 분산뿐만 아니라 확률변수들 간의 공분산도 동시에 고려하고 있다는 것이다.

예제 8.2 이변량 정규분포

변수 X_1과 X_2가 이변량 정규분포를 따를 때의 분포함수를 고려하여 보자.

$$\mu_1 = E(X_1), \mu_2 = E(X_2), \sigma_{11} = Var(X_1), \sigma_{22} = Var(X_2), \sigma_{12} = Cov(X_1, X_2)$$

라고 정의하자. 그러면 $\rho_{12} = \sigma_{12}/\sqrt{\sigma_{11}\sigma_{22}}$는 X_1과 X_2의 상관계수가 된다.

$\Omega = \begin{pmatrix}\sigma_{11} & \sigma_{12}\\ \sigma_{12} & \sigma_{22}\end{pmatrix}$이므로 $\Omega^{-1} = \frac{1}{\sigma_{11}\sigma_{22}-\sigma_{12}{}^2}\begin{pmatrix}\sigma_{22} & -\sigma_{12}\\ -\sigma_{12} & \sigma_{11}\end{pmatrix}$이 된다.

$\sigma_{11}\sigma_{22} - \sigma_{12}{}^2 = \sigma_{11}\sigma_{22}(1-\rho_{12}{}^2)$가 되므로

$$(X-\boldsymbol{\mu})^T\Omega^{-1}(X-\boldsymbol{\mu})$$

$$= (X_1-\mu_1 \quad X_2-\mu_2)\frac{1}{\sigma_{11}\sigma_{22}(1-\rho_{12}{}^2)}\begin{pmatrix}\sigma_{22} & -\rho_{12}\sqrt{\sigma_{11}}\sqrt{\sigma_{22}}\\ -\rho_{12}\sqrt{\sigma_{11}}\sqrt{\sigma_{22}} & \sigma_{11}\end{pmatrix}\begin{pmatrix}X_1-\mu_1\\ X_2-\mu_2\end{pmatrix}$$

$$= \frac{1}{1-\rho_{12}{}^2}\left[\left(\frac{X_1-\mu_1}{\sqrt{\sigma_{11}}}\right)^2 + \left(\frac{X_2-\mu_2}{\sqrt{\sigma_{22}}}\right)^2 - 2\rho_{12}\left(\frac{X_1-\mu_1}{\sqrt{\sigma_{11}}}\right)\left(\frac{X_2-\mu_2}{\sqrt{\sigma_{22}}}\right)\right]$$

가 된다. $|\Omega| = \sigma_{11}\sigma_{22} - \sigma_{12}{}^2 = \sigma_{11}\sigma_{22}(1-\rho_{12}{}^2)$이므로

$$f(x_1, x_2) = \frac{1}{2\pi\sqrt{\sigma_{11}\sigma_{22}(1-\rho_{12}{}^2)}}\exp\left(-\frac{1}{2}\frac{1}{1-\rho_{12}{}^2}\left[\left(\frac{x_1-\mu_1}{\sqrt{\sigma_{11}}}\right)^2 + \left(\frac{x_2-\mu_2}{\sqrt{\sigma_{22}}}\right)^2 - 2\rho_{12}\left(\frac{x_1-\mu_1}{\sqrt{\sigma_{11}}}\right)\left(\frac{x_2-\mu_2}{\sqrt{\sigma_{22}}}\right)\right]\right)$$

이 된다. 만약 $\rho_{12} = 0$이면

$$f(x_1,x_2)=\frac{1}{2\pi\sqrt{\sigma_{11}\sigma_{22}}}\exp\left(-\frac{1}{2}\left[\left(\frac{x_1-\mu_1}{\sqrt{\sigma_{11}}}\right)^2+\left(\frac{x_2-\mu_2}{\sqrt{\sigma_{22}}}\right)^2\right]\right)$$

$$=\frac{1}{\sqrt{2\pi\sigma_{11}}}\exp\left(-\frac{1}{2}\frac{(x_1-\mu_1)^2}{\sigma_{11}}\right)\cdot\frac{1}{\sqrt{2\pi\sigma_{22}}}\exp\left(-\frac{1}{2}\frac{(x_2-\mu_2)^2}{\sigma_{22}}\right)$$

$$=f(x_1)\cdot f(x_2)$$

가 되어 확률변수 X_1과 X_2는 독립이 된다. 그러므로 이변량 정규분포에서 X_1과 X_2의 상관계수 $\rho_{12}=0$이면 X_1과 X_2가 독립이다. 물론, 이러한 성질은 일반적인 다변량 정규분포에서도 성립하게 된다. 다변량 정규분포가 아닌 경우에는 상관계수가 0이라고 해서 독립을 의미하지 않으므로 주의해야 한다.

3.2 다변량 정규분포로부터의 자료 생성

다변량 정규분포로부터의 자료 생성은 기초자산이 2개 이상으로 이루어진 파생상품의 가격을 Monte Carlo Simulation에 의해 결정할 때 반드시 논의되어야 할 과정이다.

p개의 기초자산의 로그수익률을 $\mathbf{R}=(R_1,R_2,\cdots,R_p)^T$라고 정의하고 이 $\mathbf{R}$가

$$\mathbf{R}\sim N(\boldsymbol{\mu},\Omega)$$

을 따르고 있다고 가정하자. $\boldsymbol{\mu}$와 Ω는 제3장에서 논의한 방법대로 추정되어 주어진 값이라고 할 때 $\mathbf{R}=(R_1,R_2,\cdots,R_p)^T$를 서로 독립인 표준정규분포 $Z_1,Z_2,\cdots,Z_p$로부터 생성하는 방법을 고려하여 보자.

먼저 다음의 하삼각행렬(lower triangular matrix)를 정의하자.

$$C=\begin{pmatrix} c_{11} & 0 & 0 & & 0 \\ c_{21} & c_{22} & 0 & \cdots & 0 \\ c_{31} & c_{32} & c_{33} & & 0 \\ & \vdots & & \ddots & \vdots \\ c_{p1} & c_{p2} & c_{p3} & \cdots & c_{pp} \end{pmatrix}$$

그리고 $CC^T=\Omega$를 만족하는 C를 구하면

$$CC^T = \begin{pmatrix} c_{11} & 0 & 0 & & 0 \\ c_{21} & c_{22} & 0 & \cdots & 0 \\ c_{31} & c_{32} & c_{33} & & 0 \\ & \vdots & & \ddots & \vdots \\ c_{p1} & c_{p2} & c_{p3} & \cdots & c_{pp} \end{pmatrix} \begin{pmatrix} c_{11} & c_{21} & c_{31} & & c_{p1} \\ 0 & c_{22} & c_{32} & \cdots & c_{p2} \\ 0 & 0 & c_{33} & & c_{p3} \\ & \vdots & & \ddots & \vdots \\ 0 & 0 & 0 & \cdots & c_{pp} \end{pmatrix}$$

$$= \begin{pmatrix} \sigma_{11} & \sigma_{12} & \sigma_{13} & & \sigma_{1p} \\ \sigma_{21} & \sigma_{22} & \sigma_{23} & \cdots & \sigma_{2p} \\ \sigma_{31} & \sigma_{32} & \sigma_{33} & & \sigma_{3p} \\ & \vdots & & \ddots & \vdots \\ \sigma_{1p} & \sigma_{2p} & \sigma_{3p} & \cdots & \sigma_{pp} \end{pmatrix}$$

이므로

$$c_{11}{}^2 = \sigma_{11}$$

$$c_{11}c_{21} = \sigma_{12}$$

$$\vdots$$

$$c_{11}c_{p1} = \sigma_{1p}$$

$$c_{21}{}^2 + c_{22}{}^2 = \sigma_{22}$$

$$c_{21}c_{31} + c_{22}c_{32} = \sigma_{23}$$

$$\vdots$$

$$c_{p1}{}^2 + c_{p2}{}^2 + \cdots + c_{pp}{}^2 = \sigma_{pp}$$

가 된다. 그러므로 주어진 Ω로부터 $c_{11}{}^2 = \sigma_{11}$이므로 $c_{11} = \sqrt{\sigma_{11}}$, 이를 이용하여 $c_{12} = \sigma_{12}/\sqrt{\sigma_{11}}$를, 이를 이용하여 다시 c_{13}를 구하여, 맨 마지막으로 c_{pp}를 구하게 된다. 이미 위의 식에서 알 수 있듯이, 앞의 식은 뒤의 식과 비교하여 정확하게 하나의 C의 원소가 나타나므로 위에서 밑으로 차례로 c_{ij}를 풀면 $CC^T = \Omega$를 만족하는 C를 구할 수 있다. 이러한 분해를 Cholesky 분해라고 한다. 위의 방정식으로부터

$$\sigma_{ij} = \sum_{k=1}^{i} c_{ik}c_{jk}, \ j \geq i$$

이므로

$$\sigma_{ii} = \sum_{k=1}^{i} c_{ik}c_{ik} = \sum_{k=1}^{i-1} {c_{ik}}^2 + {c_{ii}}^2$$

가 되어

$$c_{11} = \sqrt{\sigma_{11}}, \qquad c_{ii} = \sqrt{\sigma_{ii} - \sum_{k=1}^{i-1} {c_{ik}}^2}, \qquad i \geq 2$$

이다. 또한

$$\sigma_{ij} = \sum_{k=1}^{i-1} c_{ik}c_{jk} + c_{ii}c_{ji}, \qquad j > i$$

이므로

$$c_{j1} = \frac{\sigma_{1j}}{c_{11}},\ j = 2,3,\cdots,p \ \text{ 이며 } c_{ji} = \sigma_{ij} - \textstyle\sum_{k=1}^{i-1} c_{ik}c_{jk},\ j > i \geq 2$$

가 된다.

예제 8.3 $W(t)$가 표준 Brownian motion을 따를 때 $E(W(t))=0$이고 $Var(W(t))=t$인 정규분포를 따르며, $0<s<t$일 때 $W(t)=W(t)-W(s)+W(s)$이고 Brownian motion의 독립증분(independent increment)의 성질에 의해 $W(t)-W(s)$와 $W(s)$는 서로 간에 독립이다. 이를 이용하여

$$\begin{aligned} Cov(W(t), W(s)) &= Cov(W(t) - W(s) + W(s), W(s)) = Cov(W(s), W(s)) \\ &= Var(W(s)) = s \end{aligned}$$

가 됨을 쉽게 알 수 있다.

그러므로 $t_1 < t_2 < \cdots < t_n$이라고 할 때 $(W(t_1), W(t_2), \cdots, W(t_n))$은 다변량 정규분포를 따르며 평균은 0이며 분산은 Ω이다. 단, Ω의 (i,j)번째 항인 $\sigma_{ij} = \min(t_i, t_j)$이다. $CC^T = \Omega$를 만족하는 C는

$$C=\begin{pmatrix}\sqrt{t_1} & 0 & 0 & \cdots & 0\\ \sqrt{t_1} & \sqrt{t_2-t_1} & 0 & & 0\\ & \vdots & & \ddots & \vdots\\ \sqrt{t_1} & \sqrt{t_2-t_1} & \sqrt{t_3-t_2} & \cdots & \sqrt{t_n-t_{n-1}}\end{pmatrix}$$

이다.

연습문제 8.4

Cholesky 분해가 성립하기 위해서는 다변량 정규분포의 분산 Ω가 양정치행렬(positive definite matrix)이어야 한다. 양정치행렬의 정의를 쓰고 그 의미를 논의하라.

---

p개의 위험자산의 로그수익률 벡터 $\mathbf{R}=(\mathrm{R}_1,\mathrm{R}_2,\cdots,\mathrm{R}_\mathrm{p})^\mathrm{T}$가 $\mathbf{R}\sim \mathrm{N}(\boldsymbol{\mu},\Omega)$를 따르면

$$\mathbf{R}=\boldsymbol{\mu}+C\boldsymbol{Z}$$

로 표현할 수 있다. 여기에서 $\mathrm{CC}^\mathrm{T}=\Omega$이고 $\mathbf{Z}=(Z_1,Z_2,\cdots,Z_\mathrm{p})^\mathrm{T}$이다. $Z_1,Z_2,\cdots,Z_\mathrm{p}$는 서로간에 독립인 표준정규분포(즉, $Z_\mathrm{i}\sim N(0,1)$)를 따르는 확률변수이다. 즉,

$$\mathbf{Z}\sim\mathrm{N}(0,\mathrm{I})$$

이므로 $\mathrm{E}(\mathbf{R})=\boldsymbol{\mu}$이고 $\mathrm{Var}(\mathbf{R})=Var(C\mathbf{Z})=CVar(\mathbf{Z})C^T=CC^T=\Omega$가 되어

$$\mathrm{R}\sim N(\boldsymbol{\mu},\Omega)$$

가 됨을 알 수 있다. C가 하삼각 행렬이므로

$$R_1=\mu_1+c_{11}Z_1$$

$$R_2=\mu_2+c_{21}Z_1+c_{22}Z_2$$

$$\vdots$$

$$R_p=\mu_p+c_{p1}Z_1+c_{p2}Z_2+\cdots+c_{pp}Z_p$$

가 된다. 그러므로 서로간에 독립인 표준정규분포를 따르는 p개의 확률변수 $Z_1, Z_2, \cdots, Z_\mathrm{p}$를 생성한 후 Cholesky분해에 의해 구한 c_{ij}를 위의 식에 의해 곱하면 $\mathbf{R} \sim N(\boldsymbol{\mu}, \Omega)$를 따르는 $\mathrm{R}_1, \mathrm{R}_2, \cdots, \mathrm{R}_\mathrm{p}$를 생성하게 된다.

예제 8.5 <예제 8.3>으로부터 $(\mathrm{W}(t_1), W(t_2), \cdots, W(t_n))$은

$$W(t_1) = \sqrt{t_1}Z_1$$

$$W(t_2) = \sqrt{t_1}Z_1 + \sqrt{t_2 - t_1}Z_2$$

$$W(t_3) = \sqrt{t_1}Z_1 + \sqrt{t_2 - t_1}Z_2 + \sqrt{t_3 - t_2}Z_3$$

$$\vdots$$

$$W(t_n) = \sqrt{t_1}Z_1 + \sqrt{t_2 - t_1}Z_2 + \cdots + \sqrt{t_n - t_{n-1}}Z_n$$

이 되어 $W(t_1)$은 Z_1에 $\sqrt{t_1}$을 곱하여 생성하고 $W(t_2)$는 Z_2에 $\sqrt{t_2 - t_1}$를 곱한 후 $W(t_1)$ 을 더해 생성하고, 이를 반복적으로 하여 $W(t_n)$은 Z_n에 $\sqrt{t_n - t_{n-1}}$을 곱한 후 $W(t_{n-1})$을 더하여 생성하게 된다.

다변량 정규분포의 또 하나의 재미있는 성질은 조건부분포이다. $\mathbf{R} \sim N(\boldsymbol{\mu}, \Omega)$를 따를 때 $\mathbf{R}_1 = (\mathrm{R}_1, \mathrm{R}_2, \cdots, \mathrm{R}_{p_1})^\mathrm{T}$ 와 $\mathbf{R}_2 = (\mathrm{R}_{p_1+1}, \mathrm{R}_{p_1+2}, \cdots, \mathrm{R}_p)^\mathrm{T}$ 으로 $\mathbf{R} = (\mathrm{R}_1, \mathrm{R}_2, \cdots, \mathrm{R}_\mathrm{p})$를 두 개의 벡터로 나누고 이에 대응되는 평균을 $\boldsymbol{\mu} = \begin{pmatrix} \boldsymbol{\mu}_1 \\ \boldsymbol{\mu}_2 \end{pmatrix}$ 그리고 분산을 $\Omega = \begin{pmatrix} \Omega_{11} & \Omega_{12} \\ \Omega_{21} & \Omega_{22} \end{pmatrix}$으로 분할하자. 그러므로

$$\Omega_{11} = \mathrm{Var}(\mathrm{R}_1), \quad \Omega_{12} = \Omega_{21}^\mathrm{T} = \mathrm{Cov}(\mathrm{R}_1, \mathrm{R}_2), \quad \Omega_{22} = \mathrm{Var}(\mathrm{R}_2)$$

이다. 그러면 $\mathbf{R}_2$가 주어졌을 때의 $\mathbf{R}_1$의 조건부분포는 평균이 $\boldsymbol{\mu}_1 - \Omega_{12}\Omega_{22}^{-1}(\mathbf{R}2 - \boldsymbol{\mu}_2)$이고 분산이 $\Omega_{11} - \Omega_{12}\Omega_{22}^{-1}\Omega_{21}$인 정규분포를 따른다. 즉,

$$\mathrm{R}_1 \mid \mathrm{R}_2 \sim \mathrm{N}(\boldsymbol{\mu}_1 - \Omega_{12}\Omega_{22}^{-1}(\mathrm{R}_2 - \boldsymbol{\mu}_2), \Omega_{11} - \Omega_{12}\Omega_{22}^{-1}\Omega_{21})$$

이다.

예제 8.6 W(t)를 표준 Brownian motion이라고 할 때

$$X(t) = W(t) - t\,W(1)$$

이라고 정의하자. 여기에서 $0 \le t \le 1$이다. 그러면 $X(0) = X(1) = 0$임을 쉽게 알 수 있다. 이러한 단순한 이유 때문에 X(t)를 Brownian bridge라고 한다. 좀더 일반적인 Brownian bridge는 양끝점이 고정된 상태에서 중간의 과정이 Brownian motion을 따르는 과정을 말한다.

$0 < u < s < t$일 때 이미 논의한 대로

$$\begin{pmatrix} W(s) \\ W(u) \\ W(t) \end{pmatrix} \sim N\left(\begin{pmatrix} 0 \\ 0 \\ 0 \end{pmatrix}, \begin{pmatrix} s & u & s \\ u & u & u \\ s & u & t \end{pmatrix} \right)$$

를 따른다. 그러므로 $W(u) = x_1$, $W(t) = x_2$가 주어졌을 때 W(s)의 조건부분포는 평균이 $0-(u \quad s)\begin{pmatrix} u & u \\ u & t \end{pmatrix}^{-1}\begin{pmatrix} x_1 \\ x_2 \end{pmatrix} = \frac{(t-s)x_1+(s-u)x_2}{t-u}$이며, 분산은 $s-(u \quad s)\begin{pmatrix} u & u \\ u & t \end{pmatrix}^{-1}\begin{pmatrix} u \\ s \end{pmatrix} = \frac{(s-u)(t-s)}{(t-u)}$인 정규분포가 되어

$$W(s) \mid (W(u) = x_1, W(t) = x_2) \sim N\left(\frac{(t-s)x_1+(s-u)x_2}{t-u}, \frac{(s-u)(t-s)}{(t-u)}\right)$$

이다.

<예제 8.5>에 따르면 W(u)를 생성한 후, W(s) 그리고 마지막으로 W(t)를 생성해야 하지만 조건부분포에 의해 순서에 관계없이 W(u), W(s) 그리고 W(t)를 생성할 수 있게 된다. 두 개의 값이 주어진 상태에서 나머지 하나의 값을 생성하기 때문에 이를 Brownian bridge 자료 생성이라고 한다.

이를 좀더 일반화하여 살펴보기로 하자. $t_1 < t_2 < \cdots\cdots < t_k$에 대해 $W(t_1) = x_1$, $W(t_2) = x_2, \cdots\cdots, W(t_k) = x_k$가 주어져 있을 때 W(t), $t_i < t < t_{i+1}$을 생성하기 위한 W(t)의 조건부분포를 고려하여 보자.

$W(t) = W(t) - W(t_i) + W(t_i)$이므로 $W(t_i)$가 주어졌을 때 Brownian motion의 독립증분 성질에 의해 $W(t) - W(t_i)$는 모든 $\{W(s), s< t_i\}$에 대해 독립이다. 한편,

$W(t) = -(W(t_{i+1}) - W(t)) + W(t_{i+1})$이고 모든 $\{W(s), s > t_{i+1}\}$는 $W(s) = -(W(t_{i+1}) - W(s)) + W(t_{i+1})$으로 표현되므로 $W(t_{i+1})$이 주어졌을 때 Brownian motion의 독립증분 성질에 의해 $W(t)$와 $\{W(s), s > t_{i+1}\}$는 독립이다.

그러므로 $(W(t) \mid W(t_1) = x_1, \cdots\cdots, W(t_k) = x_k) \overset{d}{=} (W(t) \mid W(t_i) = x_i, W(t_{i+1}) = x_{i+1})$이 된다. 여기에서 $\overset{d}{=}$ 는 두 개의 확률변수가 동일한 분포를 가지고 있다는 것을 의미한다. 그러므로 앞에서 논의한 대로

$$(W(t) \mid W(t_1) = x_1, \cdots\cdots, W(t_k) = x_k) \sim N\left(\frac{(t_{i+1}-t)x_i + (t-t_i)x_{i+1}}{t_{i+1}-t_i}, \frac{(t_{i+1}-t)(t-t_i)}{t_{i+1}-t_i}\right)$$

가 된다. 이 조건부 분포를 이용하여 $[0,T]$를 $0 = t_1 < t_2 < t_3 < \cdots\cdots < t_n = T$로 정의할 때 $(W(t_1), W(t_2), \cdots\cdots, W(t_n))$은 Cholesky분해가 필요없을 뿐만 아니라 $t_1, t_2, \cdots, t_n$의 순서에 관계없이 생성할 수 있게 된다.

연습문제 8.7

Brownian motion $(W(t_1), W(t_2), \cdots\cdots, W(t_{100}))$, $t_1 < t_2 < \cdots\cdots < t_{100}$을 생성하기 위해 <예제 8.5>의 방법과 <예제 8.6>의 방법을 구현할 수 있는 알고리즘을 제공하라.

3.3 다변량(geometric Brownian motion)

$S_1(t), S_2(t), \cdots\cdots, S_p(t)$를 시점 t에서의 p개의 위험자산들의 가격이라고 정의할 때 Δt 시간 동안에 대응되는 로그수익률을 $R_1(\Delta t), R_2(\Delta t), \cdots, R_p(\Delta t)$라고 정의하자. $E(R_i(\Delta t)) = \mu_i \Delta t$, $Var(R_i(\Delta t)) = \sigma_{ii} \Delta t$, 그리고 $Cov(R_i(\Delta t), R_j(\Delta t)) = \sigma_{ij}\Delta t$의 관계를 반영하는 다변량 geometric Brownian motion은

$$\frac{dS_i(t)}{S_i(t)} = \mu_i dt + dX_i(t), \quad i = 1, 2, \cdots\cdots, p$$

이다. 여기에서 $X_i(t)$는 평균이 0이고 $Cov(X_i(t), X_j(t)) = \sigma_{ij}t$인 Brownian motion이다. 그러므로 $\mathbf{X}(\mathbf{t}) = (X_1(t), X_2(t) \ldots X_p(t))^T$ 라고 할 때 $E(\mathbf{X}(\mathbf{t})) = 0$ 이며 $Var(\mathbf{X}(\mathbf{t})) = \Omega \cdot t$가 된다.

$$\Omega = \begin{pmatrix} \sigma_{11} & \sigma_{12} & \cdots & \sigma_{1p} \\ \sigma_{21} & \sigma_{22} & \cdots & \sigma_{2p} \\ \vdots & \vdots & & \vdots \\ \sigma_{p1} & \sigma_{p2} & \cdots & \sigma_{pp} \end{pmatrix}$$ 라고 표현하고 이 Ω의 Cholesky 분해를 $\Omega = CC^T$ 라고 정의하면

$$\frac{dS_i(t)}{S(t)} = \mu_i dt + C_i^T dW(t) = \mu_i dt + \sum_{j=1}^{p} c_{ij} dW_j(t)$$

으로 재표현할 수 있다. 여기에서

$C_i = \begin{pmatrix} c_{i1} \\ c_{i2} \\ \vdots \\ c_{ip} \end{pmatrix}, i = 1,2,\cdots,p$ 이고 $W(t) = \begin{pmatrix} W_1(t) \\ W_2(t) \\ \vdots \\ W_p(t) \end{pmatrix}$ 이다. 단, $W_i(t)$는 서로간에 독립인 평균이 0이고 분산이 t인 표준 Brownian motion이다. 그러면

$$S_i(t) = S_i(0)\exp((\mu_i - \frac{1}{2}\sigma_{ii})t + \sum_{j=1}^{p} c_{ij} W_j(t))$$

을 보일 수 있다. 그러므로 $S_i(t)$는 다음 식에 의해 쉽게 생성할 수 있다.

$$S_i(t_{k+1}) = S_i(t_k)\exp((\mu_i - \frac{1}{2}\sigma_{ii})(t_{k+1} - t_k) + \sqrt{t_{k+1} - t_k}\sum_{j=1}^{p} c_{ij} Z_{k+1,j}),$$
$$k=0, 1, \cdots, N-1$$

여기에서 $Z_{k,j}$는 i.i.d. N(0,1)이다.

지금까지 논의된 내용을 증명하여 보자.

$$S_i(t) = S_i(0)\exp((\mu_i - \frac{1}{2}\sigma_{ii})t + \sum_{j=1}^{p} c_{ij} W_i(t))$$

를 $S_i(t) = S_i(0)e^{y(t)}$라고 표기하면 Itô 공식에 의해

$$dS_i(t) = S_i(0)e^{y(t)}dy(t) + \frac{1}{2}S_i(0)e^{y(t)}(dy(t))^2$$

이 된다.

$(dt)^2 = 0$ 이고 $(dW_i(t))^2 = dt$, $dt \cdot dW(t) = 0$ 그리고 $dW_i(t)\, dW_j(t) = 0, i \neq j$ 임을 이미 논의하였다. 사실 $(dW_i(t))^2$는 $W_i(t)$의 분산에 해당되고 $dW_i(t)dW_j(t)$는

$W_i(t)$와 $W_j(t)$의 공분산에 해당하므로 $\int_0^t (dW_i(t))^2 = \int_0^t dt = T$가 되며 $\int_0^t dW_i(t)dW_j(t) = 0$이 된다.

이를 이용하여

$$dy(t) = \left(\mu_i - \frac{1}{2}\sigma_{ii}\right)dt + \sum_{j=1}^{p} c_{ij} dW_i(t)$$

이므로

$$(dy(t))^2 = \left(\sum_{j=1}^{p} c_{ij} dW_i(t)\right)^2 = \sum_{j=1}^{p} c_{ij}^2 (dW_i(t))^2 = \sum_{j=1}^{p} c_{ij}^2 dt$$

이다. 그러므로

$$dS_i(t) = S_i(t)\left((\mu_i - \frac{1}{2}\sigma_{ii})dt + \sum_{j=1}^{p} c_{ij} dW_i(t) + \frac{1}{2}\sum_{j=1}^{p} c_{ij}^2 dt\right)$$

가 된다. 그런데 $\sum_{j=1}^{p} c_{ij}^2 = \sigma_{ii}$이므로

$$\frac{dS_i(t)}{S_i(t)} = \mu_i dt + \sum_{j=1}^{p} c_{ij} dW_i(t)$$

이며 $\sum_{j=1}^{p} c_{ij} dW_i(t) \overset{d}{=} dX_i(t)$이므로

$$\frac{dS_i(t)}{S_i(t)} = \mu_i dt + dX_i(t)$$

가 된다.

예제 8.8 Spread option

두 개의 기초자산 $S_1(t)$와 $S_2(t)$의 spread에 대한 콜옵션으로 만기일 T에서의 payoff는

$$\max[(S_1(T) - S_2(T)) - K, 0]$$

으로 정의된다. 이 스프레드 옵션의 가격을 구하기 위한 Monte Carlo simulation algorithm은 다음과 같다. 위험중립에서 가격을 계산하므로 무위험자산의 이자율을 r이라고 정의한다.

```
For i = 1 to M
    For j = 0 to N−1
      generate Z_{1,j} and Z_{2,j} independently from N(0,1)
      set S_{1,j+1} = S_{1,j} e^{(r − ½σ_1²)Δt + c_11 Z_{1,j} √Δt}
      set S_{2,j+1} = S_{2,j} e^{(r − ½σ_2²)Δt + (c_21 Z_{1,j} + c_22 Z_{2,j}) √Δt}
    end
set V_i = e^{−rT} max[(S_{1,N} − S_{2,N}) − K, 0]
end
set C_M = (1/M) Σ_{i=1}^{M} V_i
```

여기에서 배당수익률 δ_1과 δ_2가 존재하면 $S_{1,j+1}$과 $S_{2,j+1}$에서 r 대신 $r - \delta_1$, $r - \delta_2$로 대체하면 된다.

연습문제 8.9

다음의 3가지 옵션의 가격결정을 위한 Monte Carlo simulation algorithm을 제공하라.

(1) Basket option

p개의 기초자산의 포트폴리오에 대한 콜옵션으로 pay-off는 $\max(\sum_{i=1}^{P} w_i S_i(T) - K, 0)$이다.

(2) Outperformance option

2개 이상의 기초자산가격의 최대값 또는 최소값에 대한 옵션으로, 예를 들어 pay-off는 $\max[\max(w_1S_1(T), w_2S_2(T), \cdots\cdots, w_pS_p(T)) - K, 0]$이다. 여기에서 $w_1, w_2, \cdots, w_p$ 는 주어진 값이다.

(3) Barrier option

두 개 이상의 기초자산으로 구성된 Barrier 옵션으로, 예를 들어 pay-off는

$$1\{\min_{i=1,2,\cdots,n} S_2(t_i) < B\}\max(K - S_1(T), 0) \text{ 이다.}$$

여기에서 1{A}는 A가 참이면 1, 거짓이면 0인 지시함수이다. 즉 S_1에 대해 down-and-in put option으로 S_2가 시점 $t_1, t_2, \cdots, t_n$에서 barrier B보다 하락하지 않으면 Knock in하는 barrier option이다.

예제 8.10 **주가연계증권(Equity Linked Security: ELS)**

증권(security)이란 증권의 소유자에게 미래의 정해진 시간에 현금흐름(cash flow)를 약속하는 계약을 말한다. 주가연계증권(ELS)은 주가나 주가지수를 기초자산으로 해서 이 기초자산의 가격의 움직임에 따라 payoff가 결정되는 증권이다. 다음은 ELS의 예이다.

<table>
<tr><td rowspan="4">일자정보</td><td>발행일</td><td colspan="3">2007.3.5</td></tr>
<tr><td>기준가격결정일</td><td colspan="3">2007.3.5</td></tr>
<tr><td>만기일</td><td colspan="3">2009.3.5</td></tr>
<tr><td>만기평가일</td><td colspan="3">2009.3.5</td></tr>
<tr><td rowspan="4">의무중도</td><td>차수</td><td>중간평가일</td><td>중간행사가격</td><td>중간이표금리(연)</td></tr>
<tr><td>1차</td><td>2007.9.5</td><td>기준가격의 90%</td><td>5.5%</td></tr>
<tr><td>2차</td><td>2008.3.5</td><td>기준가격의 85%</td><td>11%</td></tr>
<tr><td>3차</td><td>2008.9.5</td><td>기준가격의 80%</td><td>16.5%</td></tr>
<tr><td rowspan="9">기타정보</td><td>액면</td><td colspan="3">10,000원</td></tr>
<tr><td>만기행사가격</td><td colspan="3">기준가격의 75%</td></tr>
<tr><td>Knock-In가격</td><td colspan="3">기준가격의 60%</td></tr>
<tr><td>기준가격</td><td colspan="3">기준가격결정일의 각 기초자산 종가</td></tr>
<tr><td>중간평가가격</td><td colspan="3">중간평가일의 각 기초자산의 종가</td></tr>
<tr><td>만기평가가격</td><td colspan="3">만기평가일의 각 기초자산의 종가</td></tr>
<tr><td>만기이표금리</td><td colspan="3">22%</td></tr>
<tr><td>만기dummy금리</td><td colspan="3">16%</td></tr>
<tr><td>기초자산</td><td colspan="3">A사 주가, B사 주가</td></tr>
<tr><td>상환조건</td><td>의무중도
상환조건</td><td colspan="3">• 각 중간평가일에 A사와 B사의 중간평가가격 모두 각각의 중간행사가격보다 크거나 같은 경우에는 다음의 금액을 중도상환함
⇒ 의무중도상환금액 = 액면 × (1+해당 중간이표금리)
• 의무중도상환 미 발생시 만기상환금액 결정
(1) 만기평가일에 A사와 B사의 만기평가가격 모두 각각의 만기행사가격 보다 크거나 같은 경우에 다음의 금액을 만기상환 함
⇒ 만기상환금액 =액면 × (1+만기이표금리)
(2) 만기평가일에 A사와 B사의 만기평가가격 중 어느 하나라도 각각의 만기행사가격 보다 작은 경우에 다음 조건을 추가로 검토하여 만기상환 함
① 발행일(불포함)부터 만기평가일(포함)까지 장중 또는 종가에 A사 또는 B사의 주가가 단 1회라도 각각의 Knock-In가격 보다 작은 적이 없는 경우
⇒ 액면금액 × (1+만기dummy금리)</td></tr>
</table>

상환조건	만기 상환조건	② 발행일(불포함)부터 만기평가일(포함)까지 장중 또는 종가에 A사 또는 B사의 주가가 단 1회라도 각각의 Knock-In가격보다 작은 적이 있는 경우 ⇒ 액면금액 × Min(A만기평가가격/기준가격, B만기평가가격/기준가격)

이 ELS를 pricing하기 위해서 기초자산의 분산 $\Omega = \begin{pmatrix} \sigma_{11} & \sigma_{12} \\ \sigma_{12} & \sigma_{22} \end{pmatrix}$가 필요하며 시장정보로는 무위험이자율 r과 A사와 B사의 주식배당률 δ_1과 δ_2가 필요하다.

일일종가 기준 A와 B 주식의 로그수익률을 이용하여 분산과 공분산을 추정한 후 365를 곱하여 Ω을 추정한다. Ω의 Cholesky분해를

$$\Omega = CC^T, \quad C = \begin{pmatrix} c_{11} & 0 \\ c_{21} & c_{22} \end{pmatrix}$$

로 표기하면 다음의 Monte Carlo simulation algorithm에 의해 기초자산의 표본 path를 생성할 수 있다.

```
For  i=1 to M
    For j=0 to N-1
      generate Z_{1,j} and Z_{2,j} independently from N(0,1)
      set S_{1,j+1} = S_{1,j} e^{(r-δ_1-½σ_11)Δt + c_11 Z_{1,j} √Δt}
      set S_{2,j+1} = S_{2,j} e^{(r-δ_2-½σ_22)Δt + (c_21 Z_{1,j} + c_22 Z_{2,j}) √Δt}
    end
end
```

여기에서 Δt는 1 day로 1년을 360일 기준으로 했을 때 $\frac{1}{360}$이다. 그리고 $S_{1,0}$와 $S_{2,0}$는 현재 시점의 종가이다. 각 $i = 1,2, \cdots, M$에 대해 생성된 $S_{1,j}$와 $S_{2,j}$를 이용하여

(i) 2007.9.5 종가 기준으로 1차 의무중도 상환조건을 만족하면

$$10{,}000 \times (1+0.055) = 10{,}550$$

의 payoff가 발생하고 1년을 360일로 했을 때 10,550의 현재가치는 위험중립에서 $10{,}500 \times e^{-r \cdot 180/360}$이 되고

(ii) 2008.3.5 종가 기준으로 2차 의무중도 상환조건을 만족하면 payoff는

$$10{,}000 \times (1+0.11) = 11{,}100$$

이며 위험중립에서의 현재가치는 $11{,}100 \times e^{-r \cdot 360/360}$이 된다.

(iii) 2008.9.5 종가 기준으로 3차 의무중도 상환조건을 만족하면 payoff는

$$10{,}000 \times (1+0.165) = 11{,}650$$

이며 위험중립에서의 현재가치는 $11{,}650 \times e^{-r \cdot 540/360}$이 된다.

(iv) 만기일 2009.3.5에 만기상환조건 (1)을 만족하면 payoff는

$$10{,}000 \times (1+0.22) = 12{,}200$$

이며 위험중립에서의 현재가치는 $12{,}200 \times e^{-r \cdot 720/360}$이다.

(v) 만기일 2009.3.5에 만기상환조건 (2)-①을 만족하는 경우, payoff는

$$10{,}000 \times (1+0.16)=11{,}600$$

이며 현재가치는 $11{,}600 \times e^{-r \cdot 720/360}$이다.

(vi) 만기일 2009.3.5에 만기상환조건 (2)-②을 만족하고 예를 들어 2009.3.5의 종가가 A 주식의 경우 기준가격의 67%, B 주식의 경우 기준가격의 70%로 생성되었을 경우, payoff는

$$10{,}000 \times 0.67 = 6{,}700$$

이며 현재가치는 $6{,}700 \times e^{-r \cdot 720/360}$이 된다.

이 여섯 가지 경우 중 하나가 i번째 path에서의 현재가치 V_i가 된다. 그러므로 이 ELS의 가격은

$$\frac{1}{M}\sum_{i=1}^{M} V_i$$

이 된다.

연습문제 8.11

<예제 8.10>에서 $M=10^5$이고, $r=0.05$, $\delta_1=0.01$, $\delta_2=0.015$, $\Delta t=1\text{day}$, 그리고

$$\Omega = \begin{pmatrix} 0.72 & 0.45 \\ 0.45 & 0.95 \end{pmatrix}$$

라고 할 때, 이 ELS의 가격을 산출하는 프로그램의 algorithm을 완성하라.

09 CHAPTER

이자율

이자율 시장은 제6, 7, 8장에서 논의한 자산의 수익률 시장에 비해 훨씬 복잡하다. 근본적인 이유는 이자의 종류가 너무 많기 때문이다. 이자율은 만기일에 의존하고, 고정이자와 변동이자, short rate와 forward rate 등의 정의가 다를 뿐만 아니라 계산절차도 다르다. 그러나 좀더 중요한 것은 고정이자를 제외한 위에 열거된 이자율은 모두 불확실성을 가지고 있는 확률변수라는 것이다. 제6, 7, 8장에서 파생상품가격을 계산하기 위해 사용한 이자율은 미리 알려진 상수로 가정하였으나, 실제 이자율 시장에서 무위험자산의 이자율은 시점 t에 의존하여 변동할 뿐만 아니라, 미래의 값을 알 수 없는 확률변수이다.

미래의 현금흐름(cash flow)을 정해진 시간에 약속한 증서를 증권(security)이라고 하며, 이러한 증권에의 투자를 fixed-income 투자라고 한다. 은행에 saving account나 CD(certificate of deposit), 미국의 T-bills(만기가 13, 26, 52주인 zero-coupon bond), T-notes(만기가 1년에서 10년이고 6개월마다 coupon을 지급하는 coupon bond), 그리고 T-bonds(만기가 10년 이상이며 6개월마다 coupon을 지급하는 coupon bond) 등이 대표적인 fixed-income 투자대상이다. 이자율 시장은 이러한 fixed-income securities를 포함하고 있을 뿐만 아니라, swap, swaption, cap 그리고 floor 등의 이자율 파생상품을 포함한 시장을 말한다.

1 Yield

만기일 T에서 액면가 1을 지급하는 채권(bond)을 zero-coupon unit bond라고 하며 현시점에서 만기일 T 사이에 1번 이상의 coupon을 지급하면 이를 coupon bond라고 한다. 여기에서 다루는 채권은 모두 무위험채권을 가정하고 있다. 즉, 채무불이행의 가능성(credit risk)이 완전히 배제된 국채, T-bond 등과 같은 채권을 의미한다.

B(t,T)를 현재시점 t에서 zero-coupon unit bond의 가치라고 정의하면(즉, 현재시점 t에서의 거래가격)

$$B(t,T) = e^{-(T-t)y(t,T)}$$

를 만족하는 y(t,T)를 yield라고 하며 고정된 t에 대해 y(t,T)는 만기일 T의 함수이며 이 함수를 이자율의 기간구조(term structure)라고 말한다.

Yield y(t,T)는 현재시점 t뿐만 아니라 만기일 T에도 의존하여 변동하지만 특수한 경우로 만기일에 의존하지 않는 yield인 y(t)를 고려하여 보자.

먼저, 현재시점 t=0에서 y(t), t>0을 안다고 가정하면 y(t)=y(0)이어야 한다. 만약 y(t)>y(0)이면 t=0에서 1원을 빌려서 시점 t까지 은행에 저축을 하면 연속복리로 시점 t에서 $e^{ty(0)}$가 되고 이를 찾은 후 다시 저축을 하면 시점 T(>t)에서 $e^{ty(0)+(T-t)y(t)}$이 된다. 한편 t=0에서의 빚(loan)은 시점 T에서 $e^{Ty(0)}$가 되므로

$$e^{ty(0)+(T-t)y(t)} > e^{Ty(0)}$$

가 되어 차익거래수익(arbitrage profit)이 발생하게 된다. 그러므로 무차익거래이론에 따라 y(t) ≤ y(0)가 된다.

동일한 방법으로 y(t)<y(0)라고 가정하자. t=0에서 1원을 빌려 은행에 저축하면 시점 t에서 빚이 $e^{ty(0)}$가 된다. 시점 t에서 연속복리이율 y(t)로 은행에서 $e^{ty(0)}$원을 빌려서 빚을 청산하면 시점 T(>t)에서 갚아야 할 빚은 $e^{ty(0)}e^{(T-t)y(t)}$가 된다. 한편, t=0에 저축한 돈은 $e^{Ty(0)}$가 된다. $e^{Ty(0)} > e^{ty(0)+(T-t)y(t)}$이므로

차익거래가 발생하므로 y(t)=y(0)가 되어야 한다.

즉, y(t,T)가 만기일에 의존하지 않고 현재시점에서 미리 알고 있다면 y(t)는 상수가 되어야만 한다는 것을 의미한다. 이러한 이자율의 상수개념은 제6장에서 사용한 바가 있으나, 현실적인 면에서는 y(t,T), t>0은 t와 T에 모두 의존할 뿐만 아니라 현재시점 t=0에서 알지 못하는 확률변수이다.

B(t, t*)가 만기가 t*인 zero-coupon unit bond의 시점 t에서의 가치이므로 만기가 T인 coupon bond의 시점 t에서 가치는 아래와 같이 계산된다. 시점 $t_1, t_2, \cdots, t_N = T$ 에서 coupon $C_1, C_2, \cdots, C_N$ 이 지급되고 채권의 액면가가 F원인 coupon bond의 시점 t에서의 가치는

$$B_c(t) = \sum_{i=1}^{N} C_i\, B(t, t_i) + \mathrm{F} \cdot \mathrm{B(t, T)}$$

$$= \sum_{i=1}^{N} C_i\, e^{-(t_i - t)y(t,t_i)} + \mathrm{F} \cdot e^{-(T-t)y(t,T)}$$

가 된다. 그러므로 coupon bond는 만기일이 $t_1, t_2, \cdots, t_N$ 인 zero-coupon bond의 포트폴리오로 해석할 수 있다. 여기에서 다시 $y(t, t_i)$를 y(t)로 놓으면

$$B_c(t) = \sum_{i=1}^{N} C_i\, e^{-(t_i - t)y(t)} + \mathrm{F} \cdot e^{-(T-t)y(t)}$$

가 되며 이러한 인위적인 y(t)를 yield to maturity라고 말한다. 이 yield는 다음 절에서 논의될 duration에서 매우 유용하게 사용된다.

2 Duration과 이자율 hedge

Coupon bond의 duration은 yield to maturity를 이용하여 정의된

$$B_c(t) = \sum_{i=1}^{N} C_i\, e^{-(t_i - t)y(t)} + \mathrm{F} \cdot e^{-(T-t)y(t)}$$

을 이용하여

$$\mathrm{D(y)} = \frac{\sum_{i=1}^{N}(t_i - t)C_i e^{-(t_i-t)y(t)} + (T-t)F \cdot e^{-(T-t)y(t)}}{B_c(t)}$$

으로 정의된다. 즉,

$$\frac{\partial B_c(t)}{\partial y} = -\sum_{i=1}^{N}(t_i - t)C_i\, e^{-(t_i-t)y(t)} - (T-t)\mathrm{F} \cdot e^{-(T-t)y(t)}$$

$$= -\mathrm{D(y)}B_c(t)$$

이므로 duration은 coupon-bond의 가격이 이자율에 얼마나 민감하게 움직이는가의 척도로 해석할 수 있다. 또한 duration의 정의에 의해 zero-coupon bond의 duration은 현재시점에서 만기일까지의 시간거리이다.

이제 현재시점을 t=0이라고 하면 coupon bond의 현재가격은 $B_c(0)$가 되고 이 coupon bond를 만기일 이전인 임의의 시점 t^*까지 투자하면 시점 t^*에서의 $B_c(0)$의 가치는 $B_c(0)e^{t^*y(0)}$가 된다. 이 미래가치 $B_c(0)e^{t^*y(0)}$가 이자율 y(0)에 얼마나 민감한지를 측정하기 위해

$$B_c(0)e^{t^*y(0)} = \left(\sum_{i=1}^{N} C_i\, e^{-t_i y(0)} + \mathrm{F} \cdot e^{-Ty(0)}\right)e^{t^*y(0)}$$

를 y(0)에 대해 미분을 취하면

$$\frac{\partial B_c(0)e^{t^*y(0)}}{\partial y(0)} = \frac{\partial B_c(0)}{\partial y(0)}e^{t^*y(0)} + t^*B_c(0)e^{t^*y(0)}$$

$$= \{t^* - D(y(0))\}B_c(0)e^{t^*y(0)}$$

가 됨을 알 수 있다.

그러므로 $\mathrm{D(y(0))} = t^*$이면 $\frac{\partial B_c(0)e^{t^*y}}{\partial y} = 0$가 되어 coupon bond의 미래시점 t^*에서의 가격이 이자율의 변화에 덜 민감하다는 것을 의미한다. 이는 이자율의 변동에 따른 채권의 위험을 hedge하기 위한 중요한 결과이다.

즉, 만기일 이전의 특정시점 t^*까지 채권에 대한 투자를 할 경우, 이자율 변동에 따른 채권의 위험을 hedge하기 위해 채권의 duration을 t^*와 일치시키면 된다. 그러나 단일 채권의 duration은 채권의 구조에 의해 완전히 결정되므로 채권의 포트폴리오에 의해 이러한 hedge가 가능하다. 이 문제는 다음 절에서 다루기로 한다.

예제 9.1 액면가격이 100,000원인 3년 만기 coupon bond로 6개월마다 10,000원의 coupon을 지급하며 yield to maturity가 10%인 coupon bond의 현재가치는

$$10{,}000(e^{-0.5(0.1)} + e^{-1(0.1)} + e^{-1.5(0.1)} + e^{-2(0.1)} + e^{-2.5(0.1)} + e^{-3(0.1)})$$
$$+100{,}000e^{-3(0.1)} = 124{,}633.07\text{원}$$

이며 duration은

$$D(0.1) = \frac{307029.79}{124633.07} = 2.463\text{년}$$

이다.

연습문제 9.2

5년 만기 coupon bond로 1년에 한 번씩 10,000원의 coupon을 지급하며 yield가 10%일 때 duration이 4년이 되기 위한 bond의 액면가를 구하라.

2.1 채권 포트폴리오

현재시점 t=0에서의 yield to maturity를 y라고 표현하면 채권의 현재가격을 B(y)로 표현할 수 있다. 두 개의 채권 A와 B의 현재가치를 $B_A(y)$, $B_B(y)$라 표현할 때 이 두 채권으로 구성된 포트폴리오의 가치는

$$P(y) = x_1 B_A(y) + x_2 B_B(y)$$

이다. 여기에 x_1은 $B_A(y)$의 투자단위이고, x_2은 $B_B(y)$의 투자단위이다.

$$\frac{\partial \mathrm{P}(y)}{\partial y} = x_1 \frac{\partial B_A(y)}{\partial y} + x_2 \frac{\partial B_B(y)}{\partial y}$$

이고 $\frac{\partial \mathrm{B}(y)}{\partial y} = -\mathrm{D(y)B(y)}$이므로

$$\begin{aligned}\frac{\partial \mathrm{P}(y)}{\partial y} &= x_1\left(-\mathrm{D}_A(\mathrm{y})\mathrm{B}_A(\mathrm{y})\right) + x_2\left(-\mathrm{D}_B(\mathrm{y})\mathrm{B}_B(\mathrm{y})\right) \\ &= -\left[\frac{x_1 B_A(y)}{x_1 B_A(y) + x_2 B_B(y)} \cdot D_A(y) + \frac{x_2 B_B(y)}{x_1 B_A(y) + x_2 B_B(y)} \cdot D_B(y)\right] \times \\ &\quad \left(x_1 B_A(y) + x_2 B_B(y)\right) \\ &= -\left(\omega_1 D_A(y) + \omega_2 D_B(y)\right)\left(x_1 B_A(y) + x_2 B_B(y)\right) \\ &= -D_P(y)P(y)\end{aligned}$$

가 된다. $\omega_1 = \frac{x_1 B_A(y)}{x_1 B_A(y)+x_2 B_B(y)}$이고 $\omega_2 = \frac{x_2 B_B(y)}{x_1 B_A(y)+x_2 B_B(y)}$이며 $\omega_1 + \omega_2 = 1$이다. 그러므로 포트폴리오 $P(y) = x_1 B_A(y) + x_2 B_B(y)$의 duration $D_P(y)$는 채권 A와 채권 B의 duration의 가중평균, 즉

$$D_P(y) = \omega_1 D_A(y) + \omega_2 D_B(y)$$

으로 계산된다.

예제 9.3 현재시점 기준으로 만기가 3년, 5년이 남은 zero-coupon 채권에 1,000,000원을 2년간 투자하려고 한다. Yield의 변화에 민감하지 않은 채권 포트폴리오를 구성하기 위해 이 포트폴리오의 duration을 2년으로 하는 포트폴리오를 구성하려고 한다. 3년 만기 zero-coupon의 가격은 3,700원, 5년 만기 zero-coupon은 현재 500원으로 거래되고 있다고 한다.

Zero-coupon의 duration은 현재시점부터 만기까지의 시간거리이므로 $\mathrm{D}_A = 3$이고 $\mathrm{D}_B = 5$이 된다. 만기 3년의 채권 A의 투자비율 ω_A, 만기 5년 채권 B의 투자비율을 ω_B라고 표현하면 $\omega_\mathrm{A} + \omega_\mathrm{B} = 1$이고 $2 = 3 \times \omega_\mathrm{A} + 5 \times \omega_\mathrm{B}$을 동시에 만족해야 하므로 $\omega_\mathrm{A} = 1.5, \omega_\mathrm{B} = -0.5$가 된다.

그러므로 만기 3년에 1,500,000원을 투자하고, 만기 5년에 -500,000원을 투자하는 포트폴리오를 구성하면 된다. 즉 만기 3년인 zero-coupon 채권을 $\frac{1500000}{3700} = 405.41$단위 구입하고, 만기 5년인 zero-coupon 채권 $\frac{500000}{500} = 1000$ 단위를 발행한다.

연습문제 9.4

액면가 100,000원인 만기 1년 zero-coupon 채권이 현재 85,000원에 거래되고 있다. 만기가 5년인 coupon 채권은 매년 20,000원씩의 coupon을 지불하고 액면가는 100,000원이다. 1,000,000원을 투자하여 duration이 3년인 포트폴리오를 구성하라. 단, yield to maturity는 7%라고 가정한다.

2.2 Duration을 통한 이자율 hedge

채권 포트폴리오의 현재가치를 $B_P(y)$라고 표현하고 이자율 y가 고정되어 있을 때 이 포트폴리오의 미래시점 t까지의 미래가치는 $B_P(y)e^{yt}$가 된다. 이미 살펴본 바와 같이, 이자율 y에 대한 미래가치의 변동은

$$\frac{\partial B_P(y)e^{yt}}{\partial y} = -D_p(y)B_P(y)e^{yt} + tB_P(y)e^{yt}$$

$$= (\mathrm{t} - D_P(y))B_P(y)e^{yt}$$

가 되므로 이자율 y의 변동에 영향을 받지 않는 미래가치 $B_P(y)e^{yt}$를 확보하기 위해서는 투자기간 t와 채권 포트폴리오의 duration을 일치시키면 된다. 채권 포트폴리오의 duration 조정은 7.2.1절에서 살펴본 바와 같이 채권의 투자비율의 조정을 통해 달성할 수 있다.

Zero-coupon 채권의 duration은 현재시점과 만기일까지의 시간거리로 일정하지만 coupon 채권의 경우에는 coupon의 지급 때문에 zero-coupon 채권과 같이 duration이 다음 예제에서 보이는 바와 같이 상수가 아니다.

예제 9.5 3년 만기 액면가격 100,000원인 coupon 채권으로 coupon은 1년에 10,000원을 지급하며 이자율이 10%이면 duration은

$$\frac{10{,}000(e^{-0.1}+2e^{-0.2})+110{,}000\times 3e^{-0.3}}{10{,}000(e^{-0.1}+e^{-0.2})+110{,}000\times e^{-0.3}}=\frac{269{,}893}{98{,}725.7}=2.734\text{년}$$

이 된다. 1년 후 10,000원의 coupon이 지급되고 채권의 만기는 2년으로 되며 duration은

$$\frac{10{,}000\times e^{-0.1}+110{,}000\times 2e^{-0.2}}{10{,}000\times e^{-0.1}+110{,}000\times e^{-0.2}}=\frac{189{,}169.1}{99{,}108.76}=1.91\text{년}$$

이 된다. coupon 채권의 duration이 zero-coupon 채권과 다르기 때문에 채권 포트폴리오의 투자기간과 duration을 일치시켜 이자율 변동에 따른 위험을 hedge하기 위해 채권 포트폴리오를 재구성하여야 한다.

예제 9.6 만기가 5년이고 1년에 10,000원의 coupon을 지급하는 액면가가 100,000원인 coupon bond와 액면가가 100,000인 1년 만기 zero-coupon bond로 구성된 포트폴리오를 이용하여 투자 3년 후 목표가치가 1,000만원인 포트폴리오를 구성하고자 한다. 현재의 이자율이 10%이므로 740만 8천원을 투자하였다. 그러므로 3년 동안 현재의 10% 이자율이 유지되면 3년 후에는 1,000만원의 목표가치를 달성하게 된다. 그러나 다음의 4가지의 이자율 scenario를 고려하여 보자.

	t=1년	t=2년
S1	14%	16%
S2	14%	6%
S3	6%	16%
S4	6%	6%

위의 4가지 시나리오에서 duration을 투자기간 3년과 일치시켜 모두 3년 후 1,000만원의 목표가치를 달성하고자 한다. 현재의 이자율이 10%이므로 coupon 채권의 현재가격은

$$10{,}000(e^{-0.1}+e^{-0.2}+e^{-0.3}+e^{-0.4})+110{,}000e^{-0.5}=98{,}065\text{원}$$

이고 zero-coupon 채권의 현재가격은

$$100{,}000 \times e^{-0.1} = 90{,}480\text{원}$$

이다. Coupon bond의 duration은

$$\frac{10{,}000(e^{-0.1} + 2e^{-0.2} + 3e^{-0.3} + 4e^{-0.4}) + 110{,}000 \times 5 \times e^{-0.5}}{10{,}000(e^{-0.1} + e^{-0.2} + e^{-0.3} + e^{-0.4}) + 110{,}000e^{-0.5}} = 4.16\text{년}$$

이 된다.

w_1을 coupon 채권의 투자비율이라고 하고 w_2를 zero-coupon의 투자비율이라고 하면

t=0에서

$$w_1 + w_2 = 1$$

$$4.16w_1 + w_2 = 3$$

을 만족하는 $w_1 = 0.633, w_2 = 0.367$이 된다. t=0에서 총 투자금액이 7,408,000원이므로 coupon bond에 $7{,}408{,}000 \times 0.633 = 4{,}689{,}264$원을 투자한다. coupon bond의 가격이 98,065원이므로 coupon bond를 $4{,}689{,}264/98{,}065 = 47.82$단위 보유하고 zero-coupon bond에 $7{,}408{,}000 \times 0.367 = 2{,}718{,}736$원을 투자하여 zero-coupon bond의 가격이 90,480원이므로 zero-coupon bond를 $2{,}718{,}736/90{,}480 = 30.45$단위를 보유하게 된다.

(i) 시나리오 S1인 경우

t=1에서 이자율이 14%이므로 coupon 채권의 만기가 4년으로 줄어들고 coupon 채권의 가격은

$$10{,}000(e^{-0.14} + e^{-2\times0.14} + e^{-3\times0.14}) + 110{,}000 \times e^{-4\times0.14} = 85{,}655\text{원}$$

이 되고 duration은

$$\frac{10{,}000(e^{-0.14} + 2e^{-2\times0.14} + 3e^{-3\times0.14}) + 110{,}000 \times 4e^{-4\times0.14}}{85{,}655} = 3.44\text{년}$$

이 된다. Zero-coupon 가격은 $100{,}000\times e^{-0.14}$=86,935.8원이다.

t=1에서 자산의 가치는 10,000원의 coupon, t=0에서 투자한 zero-coupon, 그리고 4년 만기 coupon 채권이므로

$$10{,}000 \times 47.82 + 100{,}000 \times 30.45 + 85{,}655 \times 47.82 = 8{,}019{,}222\text{원}$$

이다. t=1에서 새로운 투자비율 w_1과 w_2는 투자기간이 2년 남아있으므로

$$w_1 + w_2 = 1, \qquad 3.44w_1 + w_2 = 2$$

의 해가 된다. 즉, $w_1 = 0.4094$, $w_2 = 0.5906$ 이 되어 coupon 채권에 $8{,}019{,}222 \times \frac{0.4094}{85{,}655} = 38.33$ 단위, zero-coupon 채권에 $8{,}019{,}222 \times \frac{0.5906}{86935.8} = 54.48$단위를 보유한다.

그러므로 coupon 채권은 $47.82 - 38.33 = 9.49$단위를 팔고, zero-coupon 채권은 $54.48 - 30.45 = 24.03$단위를 구입한다.

t=2에서의 자산의 가치는 coupon으로 받은 10,000원의 38.33단위, t=1에서 투자한 zero-coupon 채권으로부터 $100{,}000 \times 54.48$단위, 그리고 만기가 3년 남은 coupon 채권의 t=2에서의 가치(이자율 16%를 이용) $10{,}000 \times (e^{-0.16} + e^{-2\times0.16}) + 110{,}000 \times e^{-3\times0.16} = 83849.12$원의 38.33단위의 합인

$$10{,}000 \times 38.33 + 100{,}000 \times 54.48 + 83849.12 \times 38.33 = 9{,}045{,}237\text{원}$$

이 된다.

이제 투자기간이 1년 남아있으므로 이 자산을 모두 zero-coupon에 투자한다. 즉, t=2에서의 zero-coupon 채권의 가격은

$$100{,}000 \times e^{-0.16} = 85214.38\text{원}$$

이므로 $\frac{9{,}045{,}237}{85{,}214.38} = 106.147$ 단위의 zero-coupon을 구입하면 zero-coupon의 만기일 t=3에서 10,614,700원이 되어 목표자산 1,000만원을 달성하게 된다.

(ii) 시나리오 S2의 경우
t=1에서는 시나리오 S1과 동일하게 이자율이 14%이므로 자산가치와 w_1, w_2이 모두 시나리오 S1과 동일하다. 즉, t=1에서의 자산가치는 8,019,222원이며,

$w_1 = 0.4094,\ w_2 = 0.5906$이므로 만기가 4년 남은 coupon 채권을 38.33단위, zero-coupon 채권을 54.48단위로 보유한다. t=2에서 이자율이 6%로 떨어지게 되어 만기가 3년이 된 coupon 채권의 가격은

$$10{,}000 \times (e^{-0.06} + e^{-2\times0.06}) + 110{,}000 \times e^{-3\times0.06} = 110{,}166.6\text{원}$$

이 되어, t=2에서 자산의 가치는

$$10{,}000 \times 38.33 + 100{,}000 \times 54.48 + 110{,}166.6 \times 38.33 = 10{,}053{,}985.8\text{원}$$

이 된다. 이 자산을 모두 zero-coupon에 투입하면, t=2에서 zero-coupon의 가격이 $100{,}000 \times e^{-0.06} = 94176.5$원이 되어 $\frac{10{,}053{,}985.8}{94176.5} = 106.757$단위를 구입하여 t=3에서 10,675,700원으로 목표자산 1,000만원을 달성하게 된다.

(iii) 시나리오 S3의 경우
t=1에서 이자율이 6%가 되므로 만기가 4년이 된 coupon 채권의 가치는

$$10{,}000 \times (e^{-0.06} + e^{-2\times0.06} + e^{-3\times0.06}) + 110{,}000 \times e^{-4\times0.06} = 113{,}168.6\text{원}$$

이 되고 zero-coupon의 가격은 $100{,}000 \times e^{-0.06} = 94176.5$원이 된다.

그러므로 t=1에서 총 자산은

$$10{,}000 \times 47.82 + 100{,}000 \times 34.45 + 113{,}168.6 \times 47.82 = 9{,}334{,}923.4\text{원}$$

이 된다. Coupon bond의 duration은 3.52년으로 계산되었으므로

$$w_1 + w_2 = 1, \qquad 3.52w_1 + w_2 = 2$$

에 의해, $w_1 = 0.3969,\ w_2 = 0.6031$이 되어 coupon 채권은 $9{,}334{,}923.4 \times \frac{0.3969}{113{,}168.6} = 32.74$단위, zero-coupon 채권은 $9{,}334{,}923.4 \times \frac{0.6031}{94176.5} = 59.78$단위를 보유한다. t=2에서 이자율이 16%이므로 만기가 3년이 된 coupon 채권의 가치는

$$10{,}000 \times (e^{-0.16} + e^{-2\times0.16}) + 110{,}000 \times e^{-3\times0.16} = 83{,}849\text{원}$$

이며 zero-coupon 채권은 $100{,}000 \times e^{-0.16} = 85{,}214.4$ 원이 된다. 그러므로

t=2에서의 총 자산은

$$10{,}000 \times 32.74 + 100{,}000 \times 59.78 + 83{,}849 \times 32.74 = 9{,}050{,}616\text{원}$$

이 되어 이 자산을 모두 zero-coupon에 투자하면 $\frac{9{,}050{,}616}{85{,}214.4} = 106.21$단위를 구입하게 되어, t=3에 10,621,000원으로 1,000만원을 목표자산으로 달성하게 된다.

(iv) 시나리오 S4의 경우
동일한 계산에 의해 t=2에서 zero-coupon 105.25단위를 구입하여 10,525,000원으로 1,000만원의 목표자산을 달성하게 된다.

연습문제 9.7

<예제 9.6>의 시나리오 S4의 t=1, t=2, t=3에서의 계산절차를 보여라.

연습문제 9.8

만기가 모두 3년인 coupon bond A와 B 각각에 2년간 820만원을 투자하려고 한다. 채권 A의 coupon은 매년 20,000원이고 액면가가 200,000원, 채권 B는 매년 5,000원의 coupon을 지급하고 액면가가 500,000원이라고 가정했을 때 duration이 2년인 duration 투자전략을 구성하라. 단 현재 이자율은 10%, 1년 후의 이자율이 12%라고 가정한다.

---

3 Bond, yield, short rate 그리고 forward rate

시점 T가 만기이고 액면가가 1인 zero-coupon bond의 시점 t에서의 가격을 B(t,T)로 표현할 때, 이미 논의하였듯이 yield y(t,T)는 $B(t,T)= e^{-(T-t)y(t,T)}$을 만족하는 이자율이다.

B(T,T)=1이고 $0 \le t \le T$에 대해 $0 \le B(t,T) \le 1$이므로 $y(t,T) \ge 0$이다. 현재 시점 t=0에서의 y(0,T)를 spot rate라고 하며, B(0,T)가 관찰되므로 y(0,T)도 현재

시점 t=0에서 관찰되는 값이다. y(0,T)를 만기일 T의 함수로 표현되며 이를 t=0에서의 이자율기간구조(term structure of interest rates)라고 한다.

이자율기간구조는 n개의 서로 다른 만기일을 가진 T-bill, T-bond 등의 무위험 채권(default-free bond)를 가지고 파악하게 된다. 예를 들어, 액면가가 100,000원이고 만기가 1년인 zero-coupon 채권이 90,484원에 현재 거래되고 있고 동일한 액면가를 가지고 있는 2년 만기 coupon채권(coupon이 1년에 10,000원이라고 가정)이 106,000원에 거래되고 있다고 가정하자. 그러면

$$90{,}484 = 100{,}000e^{-y(0,1)}$$

$$106{,}000 = 10{,}000e^{-y(0,1)} + 110{,}000e^{-2y(0,2)}$$

가 되어 첫 번째 식에서 $y(0,1) = 10\%$이고 이를 두 번째 식에 대입하여 y(0,2)를 구하면 $y(0,2) = 6.31\%$가 된다. 이 결과를 3년 만기 coupon 채권에 대입하여 y(0,3)를 구하고 이를 반복하여 $T \geq 4$에 대해 y(0,T)를 구하면 이를 시점 t=0에서의 이자율기간구조라고 한다.

예제 9.9 1년 후에 1억의 자금을 빌려서 2년 동안 이 자금을 쓴 후 상환하려고 한다. 그런데 1년 후의 이자율이 어떻게 변동될지 몰라, 안정적으로 현재시점에서 1년 후의 이자율을 고정하려고 한다. 이자율기간구조에 의해 $y(0,1) = 8\%$, $y(0,3) = 10\%$라고 가정하자.

1억 $\times\, e^{-0.08} = 92{,}311{,}635$원을 3년 동안 이자율 $y(0,3) = 10\%$로 빌려서 만기가 1년인 zero-coupon 채권을 구입한다. 그러면 1년 후에 zero-coupon 채권으로 1억원의 자금이 마련되고 3년 후 $92{,}311{,}635 \times e^{3\times 0.1} = 124{,}607{,}673$원의 빚을 청산하면 된다. 그러므로 구체적으로 1년 후에 1억을 빌려서 3년 후에 124,607,673원을 지불하게 되므로 단순이자율의 관점에서

$$1억 \times (1 + 2x) = 124{,}607{,}673$$

의 관계를 가지게 되며 x=0.123이 되어 이자율이 12.3%로 고정되는 효과와 동일하다. 이러한 이자율을 forward rate라고 한다.

Forward rate은 미래의 특정시점에 자금을 빌리거나 빌려주는 이자율을 현재 시점 기준으로 고정한 이자율을 말한다.

$F(t, T_1, T_2)$를 시점 t에서 정해진 미래시점 $[T_1, T_2]$ 동안 지불할 simple forward rate라고 정의하자. 즉, 시점 T_1 에서 1을 빌려서 시점 T_2 에서 $1 + (T_2 - T_1) \times F(t, T_1, T_2)$를 지불하는 계약을 시점 t에서 체결한 이자율계약이다. 물론 시점 t에서 이러한 계약을 위한 비용은 없다.

한편, 시점 t에서 만기일이 T_1 인 zero-coupon 채권을 구입하고 이 구입비용을 만기일이 T_2 인 zero-coupon 채권을 k개 발행하여 충당한다. 그러므로 $B(t, T_1) = k \cdot B(t, T_2)$이 되어 시점 t에서의 비용은 없다. 시점 T_1에 도달하면 1을 받고 T_2에는 k를 지불하게 된다. Simple forward rate 계약과 이러한 zero-coupon bond 거래의 자산 가치의 일치는 무차익거래의 이론에 따라

$$k = 1 + (T_2 - T_1)F(t, T_1, T_2)$$

이 성립되어야 하고

$B(t, T_1) = k \cdot B(t, T_2)$로부터 $k = \frac{B(t,T_1)}{B(t,T_2)}$이므로

$$F(t, T_1, T_2) = \frac{1}{T_2 - T_1}\left(\frac{B(t, T_1) - B(t, T_2)}{B(t, T_2)}\right)$$

가 된다.

Simple forward rate의 가장 대표적인 예가 the London InterBank Offer Rates for deposit (LIBOR)와 the London Interbank Bid Rate for borrowing (LIBID)이다. LIBOR와 LIBID는 매일 발표되며 London에 소재한 다수의 은행들로부터 제의된 (offered or bidden)이자율의 평균이다. Forward LIBOR는

$$L(t, T) = F(t, T, T + \delta) = \frac{1}{\delta}\left(\frac{B(t, T) - B(t, T + \delta)}{B(t, T + \delta)}\right)$$

이며 $\delta = \frac{1}{12}$(월), $\frac{1}{4}$(3개월), $\frac{1}{2}$(6개월) 등이다.

Simple forward rate에 대응되는 연속복리 forward rate $f(t, T_1, T_2)$는

$$1 + (T_2 - T_1)F(t, T_1, T_2) = \exp((T_2 - T_1)f(t, T_1, T_2))$$

의 관계식으로부터 구할 수 있다. $F(t, T_1, T_2) = \frac{1}{T_2 - T_1}\left(\frac{B(t,T_1) - B(t,T_2)}{B(t,T_2)}\right)$이므로

$$f(t, T_1, T_2) = \frac{\ln B(t, T_1) - \ln B(t, T_2)}{T_2 - T_1}$$

이다. $T_2 \rightarrow T_1$으로 보내면 미분의 정의에 따라

$$f(t, T) = \lim_{h \rightarrow 0} f(t, T, T + h) = -\frac{\partial}{\partial T} \ln B(t, T)$$

가 된다. 이 f(t,T)를 instantaneous forward rate(또는 통상적으로 forward rate)라고 한다.

f(t,T)의 정의에 따라

$$\int_t^T f(t, u)du = -\ln B(t, T) + \ln B(t, t) = -\ln B(t, T)$$

이 된다. 그러므로

$$B(t, T) = \exp\left(-\int_t^T f(t, u)du\right)$$

이다.

그런데 $B(t, T) = e^{-(T-t)y(t,T)}$이므로

$$y(t, T) = \frac{1}{T - t}\int_t^T f(t, u)du$$

의 관계를 가지고 있다. 그러므로 yield는 forward rate의 평균으로 해석될 수 있으며 forward rate가 yield보다 좀더 기본적이라는 것을 의미한다.

r(t)를 short rate라고 하며 r(t)=f(t,t)으로 정의한다. 이 short rate에 의해 money market account가 다음과 같이 정의된다.

$$\beta(t) = \exp\left(\int_0^t r(u)du\right).$$

이 β(t)의 의미는 채권을 사고 파는 투자은행에 1원의 투자에 대한 미래시점 t에서의 가치이다. 그러므로 $\frac{1}{\beta(t)}$를 discount factor라고 한다. 이 discount factor의 역할은 제6장에서 e^{-rt}와 동일한 역할을 한다. 즉, β(t)는 위험중심측도이며 파생상품의 pricing 을 할 때 현재가치를 구하기 위한 discount factor로 사용된다. 다만, 차이점은 6장에서 사용한 short rate는 r(t)=r인 즉, short rate가 시간에 의존하지 않는 상수이고 여기에서 소개하는 r(t)는 시간에 의존할 뿐만 아니라 확률변수이다.

현재시점을 t=0라고 하면, 시장에서 $B(0,T),\ T > 0$가 관찰되므로 $B(0,T) = e^{-T\cdot y(0,T)}$와 $f(0,T) = -\frac{\partial}{\partial T}\ln B(0,T)$의 관계에 의해 $y(0,T)$와 $f(0,T)$, $T > 0$는 관찰되는 상수이다. 그러나 $B(t,T),\ 0 < t \le T$은 현재시점에서 관찰되지 않은 확률변수이므로, $y(t,T)$와 $f(t,T),\ 0 < t \le T$ 도 확률변수가 된다. 이는 r(t)=f(t,t) 역시 확률변수임을 의미하므로 $\beta(t) = \exp(\int_0^t r(u)du)$ 역시 확률변수가 된다.

예제 9.10 **(Capinski and Zastawniak (2004)의 책에서 발췌)**

다음의 spot rate가 주어져 있다고 하자.

	LIBOR	LIBID
1개월	8.41%	8.59%
2개월	8.44%	8.64%
3개월	9.01%	9.23%
6개월	9.35%	9.54%

그러므로 예를 들어 3개월 동안일 때, $\delta = \frac{1}{4}$이며 자금을 적립하면 $f(0,0,\delta) = 9.01\%$이고 자금을 빌리면 $f(0,0,\delta) = 9.23\%$임을 의미한다. B(0,0)=1 이므로

$$f(0,0,\delta) = \frac{\ln B(0,0) - \ln B(0,\delta)}{\delta} = -\frac{1}{\delta}\ln B(0,\delta)$$

가 되어

$$B(0,\delta) = \exp\left(-\delta \cdot f(0,0,\delta)\right)$$

이 된다. 은행의 manager 입장에서 1개월 후에 \$100,000을 빌려서 6개월 후에 이를 청산하기 위한 forward rate은

$$f(t, T_1, T_2) = \frac{\ln B(t, T_1) - \ln B(t, T_2)}{T_2 - T_1}$$

과 $B(0, \delta) = \exp(-\delta \cdot f(0,0,\delta))$을 이용하여

$$f\left(0, \frac{1}{12}, \frac{6}{12}\right) = \frac{\ln B\left(0, \frac{1}{12}\right) - \ln B\left(0, \frac{6}{12}\right)}{\frac{5}{12}} = \frac{-\frac{1}{12}(8.41\%) + \frac{6}{12}(9.54\%)}{\frac{5}{12}}$$

$$= 9.766\%$$

이 된다.

$B\left(0, \frac{1}{12}\right)$를 계산할 때 LIBOR 8.41%를 이용하고 $B\left(0, \frac{6}{12}\right)$를 계산할 때는 LIBID 9.54%를 이용한 이유는 다음과 같다. t=0에서 $100{,}000 \times e^{-8.41\% \times \frac{1}{12}} =$ \$99301.62를 8.41%로 적립한 후 1개월 후 \$100,000을 고객에게 빌려주고 \$99301,62를 9.54%로 빌려서 6개월 후에 돌려주게 되기 때문에 $f\left(0,0, \frac{1}{12}\right)$은 LIBOR를 $f\left(0,0, \frac{6}{12}\right)$는 LIBID를 사용한 것이다.

어떤 제2금융기관이 지금부터 2개월 후 년 10.23%로 4개월 동안 적립이자를 지불하겠다고 하면 무차익거래가 발생하는지를 점검하여 보자.

$f\left(0,0, \frac{2}{12}\right)$의 이율로 돈을 빌려서(즉, LIBID), 이 돈을 $f\left(0,0, \frac{6}{12}\right)$의 이율로 적립하는(즉, LIBOR) forward rate이므로

$$f\left(0, \frac{2}{12}, \frac{6}{12}\right) = \frac{-\frac{2}{12}(8.64\%) + \frac{6}{12}(9.35\%)}{\frac{6}{12} - \frac{2}{12}} = 10.09\%$$

이다. 그러므로, $f\left(0, \frac{2}{12}, \frac{6}{12}\right)$의 이율로 자금을 2개월 후에 빌려서 제2금융기관에 이 자금을 적립하면 지금부터 6개월 후 10.23%−10.09%=0.14%의 무차익 수익이 생기게 된다.

예제 9.11 $f(t,T) = \lim_{h\to 0} f(t,T,T+h)$는 $h = \frac{1}{365}$ 즉, 1일 이자율(overnight interest)로 근사할 수 있다. 시점 t에서 T를 N등분하여, 즉 $t < t_1 = t+h < t_2 = t+2h < \cdots < t_N = t+Nh = T$로 정의하면 Riemann 적분의 정의에 따라

$$\int_t^T f(t,u)du \approx \sum_{i=0}^{N-1} f(t,t_i)(t_{i+1}-t_i) = \sum_{i=0}^{N-1} f(t,t_i)h$$

가 된다. 여기에서 $t_0 = t$ 이다.

$B(t,T) = \exp\left(-\int_t^T f(t,u)du\right)$이므로 위의 근사식을 이용하여

$$B(t,T) = \exp\left(-\sum_{i=0}^{N-1} f(t,t_i)h\right)$$

이 된다. 한편

$$B(t,T) = B(t,t_N) = \exp\big(-(t_N - t)y(t,t_N)\big) = \exp\left(-N\cdot h\cdot y(t,t_N)\right)$$

이므로

$$N\,y(t,t_N) = \sum_{i=0}^{N-1} f(t,t_i)$$

가 되어

$$f(t,t_{N-1}) = N\cdot y(t,t_N) - (N-1)\cdot y(t,t_{N-1})\text{이며 } y(t,t_1) = f(t,t_0) = f(t,t)$$

가 된다.

short rate r(t)=f(t,t)이므로 money market account

$$\beta(t) = \exp\left(\int_0^T r(t)dt\right) \approx \exp\left(\sum_{i=0}^{N-1} r(t_i)\cdot h\right) = \exp\left(\sum_{i=0}^{N-1} f(t_i,t_i)\cdot h\right)$$

로 근사적으로 구할 수 있다.

연습문제 9.12

아래와 같이 액면가가 1인 zero-coupon 채권의 일일가격이

$$B(0,\frac{1}{365}) = 0.9997,\quad B(0,\frac{2}{365}) = 0.9994,\quad B(0,\frac{3}{365}) = 0.9992$$

$$B(\frac{1}{365},\frac{2}{365}) = 0.9998,\quad B(\frac{1}{365},\frac{3}{365}) = 0.9999,\quad B(\frac{2}{365},\frac{3}{365}) = 0.9997$$

로 주어졌을 때,

(i) $y(0,\frac{1}{365}), y(0,\frac{2}{365}), y(0,\frac{3}{365}), y(\frac{1}{365},\frac{2}{365}), y(\frac{1}{365},\frac{3}{365})$ 그리고 $y(\frac{2}{365},\frac{3}{365})$를 구하라.

(ii) $f(0,0), f(0,\frac{1}{365}), f(0,\frac{2}{365}), f(\frac{1}{365},\frac{1}{365}), f(\frac{1}{365},\frac{2}{365}), f(\frac{2}{365},\frac{2}{365})$를 구하라.

(iii) $r(0), r(\frac{1}{365}), r(\frac{2}{365})$를 구하고 $\beta(\frac{1}{365}), \beta(\frac{2}{365}), \beta(\frac{3}{365})$를 구하라.

4 Swap Rate and Forward Swap Rate

스왑이란 정해진 명목금액(notional principal)에 대해서 두 당사자가 변동금리와 고정금리를 교환하여 지불하는 계약을 말한다. 스왑의 일반적인 거래는 미리 정해진 시간간격 δ(보통 3개월, 6개월 등)로 시점 $t_n = n\delta$(n=1, 2, ⋯⋯ , N)에 변동금리 $L(t_{n-1}, t_{n-1})$을 지불하고, 고정금리 Rδ를 받는 거래이다. 여기에서 $L(t_{n-1}, t_{n-1}) = F(t_{n-1}, t_{n-1}, t_{n-1} + \delta)$로 LIBOR가 대표적이다. 특히, 고정금리 R을 swap rate라고 한다. 이 swap rate는 무차익 거래의 원칙에 의해 다음과 같이 구해진다.

Swap에서는 실제 자금이 교환되지 않지만 100이 시점 T_N에 서로 교환된다고 하자(이 100은 서로간에 교환되기 때문에 실제로는 자금이 교환되지 않는 것과 동일하게 된다). 그러면 시점 t_n에서 고정금리는 100Rδ이고 변동금리는 100 δ $L(t_{n-1}, t_{n-1})$ δ 가 된다.

시점 t_k에서 고정금리를 지불하는 계약자의 가치는

$$100\,R\delta\sum_{i=k+1}^{N} B(t_k, t_i) + 100\ B(t_k, t_N)$$

이 된다. 한편 변동금리를 지불하는 계약자는 시점 t_k에 100을 LIBOR금리로 투자하면 시점 t_{k+1}에 $100\delta L(t_k, t_k)$, t_{k+2}에는 $100\delta L(t_{k-1}, t_{k-1})$, …, t_N에는 $100\delta L(t_{N-1}, t_{N-1})$의 이자수익이 발생하게 된다. 그러므로 변동금리를 지불하는 계약자의 시점 t_k에서의 payoff는

$$100\,R\delta\sum_{i=k+1}^{N} B(t_k, t_i) + 100\ B(t_k, t_N) - 100$$

이다.

이 값이 양의 값이면 변동금리를 지불하고 고정금리를 받는 계약자가 이익이 발생하고 음의 값이면 반대의 경우가 되므로 두 계약자 중 1명은 차익거래가 생기게 된다. 그러므로 no arbitrage의 원칙에 따라서

$$100\,R\delta\sum_{i=k+1}^{N} B(t_k, t_i) + 100\ B(t_k, t_N) - 100 = 0$$

을 만족하는 R이 되어야 한다. 이로부터

$$R(t_k) = \frac{1 - B(t_k, t_N)}{\delta\sum_{i=k+1}^{N} B(t_k, t_i)}$$

이 된다. 이 $R(t_k)$를 시점 t_k에서의 swap rate라고 한다.

Forward swap 거래는 현재의 시점을 t라고 할 때 미래의 시점 t_n에 swap이 개시되고 $t_{n+1}, t_{n+2}\cdots$, t_N에 $R\delta$의 고정금리와 $\delta L(t_n, t_n)$, $\delta L(t_{n+1}, t_{n+1})$, …, $\delta L(t_{N-1}, t_{N-1})$의 변동금리를 교환하는 거래이다. 앞에서와 동일하게 시점 t_N에서 100을 명목적으로(notionally) 교환한다고 가정하면 고정금리 지불자의 시점 t에서의 가치는

$$100\,R\delta\sum_{i=n+1}^{N} B(t, t_i) + 100\ B(t, t_N)$$

이고 변동금리 지불자는 미래시점 t_n에서 100을 LIBOR금리로 투자하면 t_{n+1}에서는 $100\delta L(t_n,\ t_n)$, t_{n+2}에서는 $100\delta L(t_{n+1}, t_{n+1})$, …, t_N에서는 $100\delta L(t_{N-1}, t_{N-1})$의 이자수익이 발생하게 된다. 미래시점 t_n에 투자한 100의 현재시점 t에서의 가치는 $100B(t, t_n)$이므로 무차익거래의 원칙에 따라

$$100R\delta\sum_{i=n+1}^{N} B(t,t_i) + 100\ B(t,t_N) - 100\,B(t,t_n) = 0$$

이 되므로 이를 만족하는

$$R_t(t_n) = \frac{B(t,t_n)\ - B(t,t_N)}{\delta\sum_{i=n+1}^{N} B(t,t_i)}$$

이 된다. 이 $R_t(t_n)$을 forward swap rate라고 하며, N=n+1이면 $R_t(t_n)$은 LIBOR금리 $L(t,t_n)$이 된다.

연습문제 9.13

액면가가 100,000원이고 만기가 6개월인 zero-coupon 채권이 90,484원에 현재 거래가 되고 있다. 그리고 매 6개월마다 coupon을 10,000원을 지급하고 100,000원의 액면가를 가지고 있는 1년 만기, 1년 6개월 만기인 coupon 채권이 각각 현재 106,000원, 110,000원에 거래된다고 하자. 현재시점부터 매 6개월 고정금리와 변동금리를 교환하고 1년 6개월 후에 만기가 되는 swap거래에서의 swap rate를 구하라.

5 이자율 파생상품

변동금리가 일정수준 이상 오를 것을 대비한 caps는 자산에 대한 콜옵션과 대응되는 이자율 파생상품이며 변동금리가 일정수준 이하로 떨어질 것에 대비한 floors는 풋옵션과 대응되는 이자율 파생상품이다.

L(t, t)를 시점 t에서 관찰되어 t+δ에 지급되는 LIBOR라고 정의할 때 이 L(t, t)가 미리 정해둔 K보다 높으면 시점 t+δ에서 K 만큼의 이자율만 지급하고 K보다 낮을 경우에는 L(t, t) 그대로 지급하는 이자율 옵션을 caplet이라고 한다. 그러므로 시점 t에서 체결된 caplet 의 t+δ에서의 payoff는

$$\delta \max(L(t,t)\text{-}K, 0)$$

가 된다. 즉, 시점 t+δ에서의 자산가격 S(t+δ)가 L(t, t)로 대체된 자산의 콜옵션의 payoff와 동일하다. 이러한 caplet이, 예를 들어 2년 동안 매 6개월마다 구성되면 이를 caps라고 한다. 이러한 의미에서 caps를 caplet으로 구성된 portfolio라고 한다.

유사하게, floorlet은 시점 t+δ에 이자율 L(t, t)보다 미리 정해둔 K보다 낮게 되면 K − L(t, t)만큼의 수익이 발생하고 그렇지 않으면 수익이 발생하지 않는 풋옵션과 동일한 payoff를 갖는 이자율 파생상품이다. 즉, floorlet의 시점 t+δ에서의 payoff는

$$\delta \max(K - L(t,t), 0)$$

이다. floor는 일정기간 동안 floorlet으로 구성된 portfolio이다. 예를 들어, 2년 동안 매 6개월마다 구성된 floorlet을 floors라고 한다.

시점 T에서 체결한 caplet의 pricing을 위해, 시점 T+δ에 지불되는 payoff

$$\delta \max(L(T,T) - K, 0)$$

를 고려하여 보자. 이 payoff는 시점 t(<T)에서

$$B(t, T+\delta)\, \delta \max(L(T,T) - K, 0)$$

를 지급하는 것과 동일하다. 그러므로, 만약 L(t, T)가

$$\frac{dL(t,T)}{L(t,T)} = \sigma dW(t)$$

라고 가정하면(여기에서 W(t)는 표준 Brownian motion이다), Black-Scholes (7.2절 참조) 공식에 의해 시점 t(<T)에서의 caplet의 가치는

$$\delta\, B(t, T+\delta)(L(t,T)\, \Phi(d_1) - K\, \Phi(d_2))$$

가 된다. 여기에서 $d_1 = \frac{\ln\left(\frac{L(t,T)}{K}\right)+\sigma^2(T-t)/2}{\sigma\sqrt{T-t}}$, $d_2 = \frac{\ln\left(\frac{L(t,T)}{K}\right)-\sigma^2(T-t)/2}{\sigma\sqrt{T-t}}$이다.

연습문제 9.14

시점 T에서 체결한 floorlet의 시점 t(<T)에서의 가치를 Black-Scholes 공식에 의해 구하라.

Swaption은 option과 swap이 결합된 이자율 파생상품으로써 미래의 특정시점 T_n은 swap 계약을 할 것인지 또는 하지 않을 것인지를 결정하는 옵션의 만기일이며, 만약 swap 계약을 한다면 이 만기일 이후 T_{n+1}, T_{n+2}, ⋯, T_{n+N}에 고정금리와 변동금리를 교환하는 swap 거래를 하게 된다. 예를 들어, 3년 후에 5년 동안의 swap 거래를 3×5 또는 3-into-5 swaption이라고 한다.

Swaption의 가격결정을 위해 명목금액 1에 대해 고정금리를 지불하고 변동금리를 받는 swap 계약을 고려하여 보자. 9.4절에서 논의한 swap의 가치를 계산하는 공식을 이용해서 option 만기일 T_n에서 고정금리를 지불하는 입장에서의 swap계약의 가치는

$$V(T_n) = 1 - R\delta \sum_{i=n+1}^{N} B(T_n, T_{n+i}) - B(T_n, T_{n+N})$$

이 된다.

이 $V(T_n)$이 양이면 option을 행사하고 그렇지 않으면 option은 가치가 없게 된다. 9.4절에서 시점 T_n에서의 forward swap rate는

$$R_{T_n}(T_n) = \frac{1 - B(T_n, T_{n+N})}{\delta \sum_{i=1}^{N} B(T_n, T_{n+i})}$$

이므로 $1 - B(T_n, T_N) = R_{T_n}(T_n)\, \delta \sum_{i=1}^{N} B(T_n, T_{n+i})$가 된다. 그러므로

$$\begin{aligned} V(T_n) &= 1 - R\delta \sum_{i=1}^{N} B(T_n, T_{n+i}) - B(T_n, T_{n+N}) \\ &= \delta \sum_{i=1}^{N} B(T_n, T_{n+i})(R_{T_n}(T_n) - R) \end{aligned}$$

이 되어, 시점 T_n에서의 option의 payoff는

$$\begin{aligned} V^+(T_n) &= \max\{\delta \sum_{i=1}^{N} B(T_n, T_{n+i})(R_{T_n}(T_n) - R), 0\} \\ &= \delta \sum_{i=1}^{N} B(T_n, T_{n+i}) \max(R_{T_n}(T_n) - R, 0) \end{aligned}$$

가 된다. 시점 $t(<T_n)$에서의 payoff는

$$V^+(t) = \delta \sum_{i=1}^{N} B(t, T_{n+i})\ \max(R_{T_n}(T_n) - R, 0)$$

이므로 $\frac{dR_t(T_n)}{R_t(T_n)}$ =σdW(t)의 가정하에서 Black-Scholes 공식에 의해 시점 t에서의 swaption의 가격은

$$\delta \sum_{i=1}^{N} B(t, T_{n+i})[R_t(T_n)\ \Phi(d_1) - R\Phi(d_2)]\ \text{가 된다.}$$

여기에서 $d_1 = \frac{\ln\left(\frac{R_t(T_n)}{R}\right) + \sigma^2(T_n - t)/2}{\sigma\sqrt{T_n - t}}$, $d_2 = \frac{\ln\left(\frac{R_t(T_n)}{R}\right) - \sigma^2(T_n - t)/2}{\sigma\sqrt{T_n - t}}$ 이다.

Caplet이나 floorlet을 pricing 할 때 LIBOR L(t, t)의 확률과정을 $\frac{dL(t,T)}{L(t,T)} = \sigma dW(t)$로 가정하고 swaption의 pricing을 위해서 forward swap rate $R_t(t_n)$의 확률과정을 $\frac{dR_t(t_n)}{R_t(t_n)} = \sigma dW(t)$로 가정하였다. 그러나 $L(t,t) = \int_t^{t+\delta} f(t, u)du$이고 $B(t,T) = \exp(-\int_t^T f(t, u)du)$이므로 forward rate $f(t, T)$의 확률과정을 고려하는 것이 $L(t, T)$와 $R_t(t_n)$의 확률과정을 고려하는 것보다 caps, floors, 그리고 swaption의 정확한 pricing을 위해 훨씬 자연스럽다. 사실 위에 주어진 caplet과 swaption을 위한 Black-Scholes 공식은 시장에서 참고용으로 사용할 뿐, 이자율 파생상품의 pricing은 forward rate의 동적구조(dynamic structure)를 이용하여 계산되고 있다.

Forward rate에 대한 가장 유용한 모형 중의 하나는 HJM(Heath, Jarrow, and Morton) 모형이다. 이에 대한 논의는 상당한 수준의 수학적 배경을 요구하므로 여기에서는 이러한 모형이 있으며 이 모형이 실제로 시장에서 이용된다는 사실만 언급하는 것으로 만족하고자 한다.

시점 t에서 거래되고 있는 zero-coupon bond의 가격 $B(t, T)$가 적절한 것인지 또는 시점 t가 미래 시점인 경우 $B(t, T)$는 평균적으로 얼마인지를 알고 싶을 때 제6장에서 논의한 바와 동일한 방법으로 위험중립측도인 Q측도에서

$$\frac{B(t, T)}{\beta(t)} = E_Q\left(\frac{B(T, T)}{\beta(T)} \middle| B(t, T)\right)$$

의 성질을 이용하여 $B(t, T)$를 계산할 수 있다. $B(T, T) = 1$이며 $\beta(t) =$

$\exp(\int_0^t r(u)du)$이다. 그러므로 위험중립에서 short rate r(t)의 동적구조를 가정하여 B(t, T)를 계산할 수 있다.

r(t)에 대한 대표적인 모형은 Vasicek 모형과 CIR(Cox, Ingersoll, and Ross) 모형이 있다. Vasicek 모형은

$$dr(t) = \alpha(b\text{-}r(t))dt + \sigma dW(t)$$

또는

$$dr(t) = \alpha(b(t)\text{-}r(t))dt + \sigma dW(t)$$

이다. 이 모형의 특징은 r(t)가 b또는 b(t)를 평균값으로 하여 움직이지만 r(t)가 음의 값을 가질 수 있다는 약점을 가지고 있다.

CIR 모형은

$$dr(t) = \alpha(b\text{-}r(t))dt + \sigma\sqrt{r(t)}dW(t)$$

또는

$$dr(t) = \alpha(b(t)\text{-}r(t))dt + \sigma\sqrt{r(t)}dW(t)$$

이다. $\sigma\sqrt{r(t)}dW(t)$의 $\sqrt{r(t)}$ 때문에 CIR 모형은 r(t)가 항상 양의 값을 갖게 된다. Vasicek 모형과 CIR 모형에서 b와 b(t)의 차이점은 b(t)를 사용함으로써 현재시점 t=0에서 관찰되는 bond 가격 B(0,T)와 모형을 일치시키는 효과가 있어 실무에서는 b 대신 b(t)를 사용한다.

참고문헌

박유성 · 김기환(2002), SAS/ETS를 이용한 시계별 자료분석 I. 자유아카데미

박유성 · 김기환(2004), 기초금융통계. 자유아카데미

Etheridge, A. (2004), A Course in Financial Calculno. Cambridge.

Bossu, S. and Henrotte, P. (2005), Finance and Derivativeo - Theory and Practice. Wiley.

Capinski, M. and Zastawniak, T. (2003), Mathematics for Finance – An Introduction to Financial Engineering. Springer.

Frieo, C. (2007). Mathematical Finance – Theory, Modeling, Implementation. Wiley.

Glasserman, P. (2004). Monte Carlo Methods in Financial Engineering. Springer.

Higham, D.J. (2005). An Introduction to Financial option Valuation. Cambridge.

McNeil, A.J., Frey, R. and Embrechts, P. (2005). Quantitative Risk Management. Princeton.

Mikosch, T. (2006), Elementary Stochastic Calculno with Finance in View. World Scientific.

Neftci, S. N. (2000), An Introduction to the Mathematics of Financial Derivativeo. Academic Press.

Ruppert, D. (2004), Statistics and Finance – An Introduction. Springer.

Shreve, S.E. (2004), Stochastic Calculno for Finance II – Continuouo – Time Modelo. Springer.

Williams, R.J. (2006), Introduction to the Mathematics of Finance. American Mathematical Society.

찾아보기

I~K

L

M~N

O

P

Q

R

S

T

V~W

ㅅ

ㅇ

ㅈ

ㅊ

ㅋ

ㅌ

ㅍ

ㅎ

| 저자 소개 |

박유성
고려대학교 정경대학 통계학과/금융공학과 교수

수리금융의 이해와 응용 (개정판)

| 저　　자 박유성
| 발 행 인 주정희
| 발 행 처 자유아카데미
| 주　　소 경기도 파주시 문발동 527-2
파주출판도시
| 전　　화 031-955-1321
| 팩　　스 031-955-1322
| 홈페이지 www.freeaca.com
| 전자우편 main@freeaca.com(대표)
editor@freeaca.com(편집)
| 등　　록 제406-2003-017호, 1980. 7. 12
| 제2판1쇄 2012년 12월 5일 발행
| 정　　가 22,000원

ISBN 978-89-7338-969-8 93310